Das große Buch der Kinderkrankheiten

Dr. Norbert Kriegisch
Gisela Sommer

Das große Buch der Kinderkrankheiten

Bewährte und ärztlich geprüfte Hausmittel gegen die häufigsten Krankheiten bei Kindern

Südwest

Inhalt

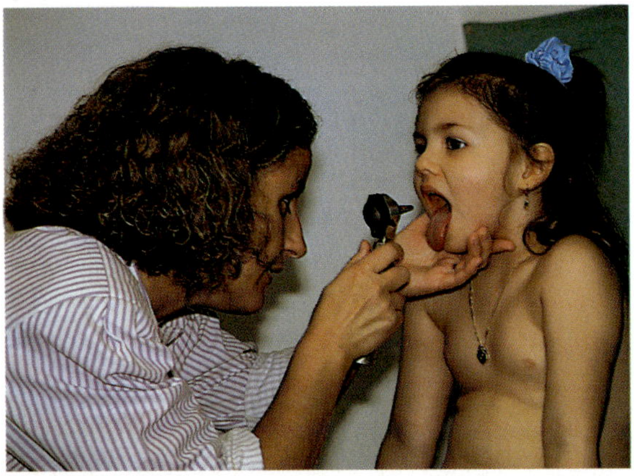

Viele Kinderkrankheiten beginnen mit Halsschmerzen.

Der Sonnenhut stärkt das Immunsystem.

Erste Hilfe bei Unfällen und Verletzungen

Im Haushalt lauern viele Unfallgefahren.

Gehirn und Nervensystem

Hautprobleme

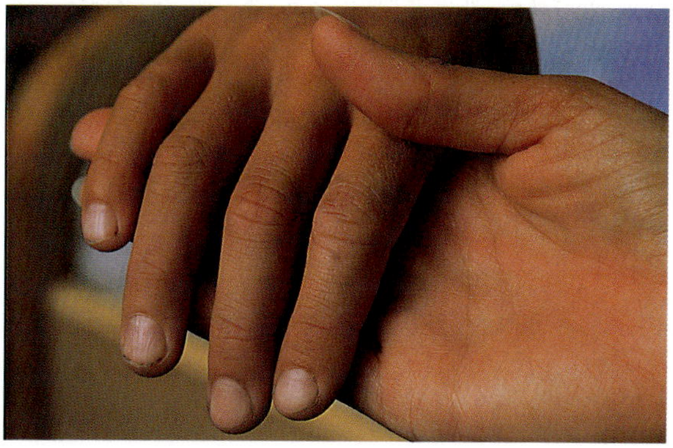

Neurodermitis kann auch die Finger befallen.

Hals-, Nasen- und Ohrenerkrankungen

Inhalieren lindert Erkältungskrankheiten.

Mund und Zähne

Frisches Gemüse kräftigt Zähne und Zahnfleisch.

Es gibt autogenes Training speziell für Kinder.

Psychische Störungen und Beschwerden

Verdauungsorgane

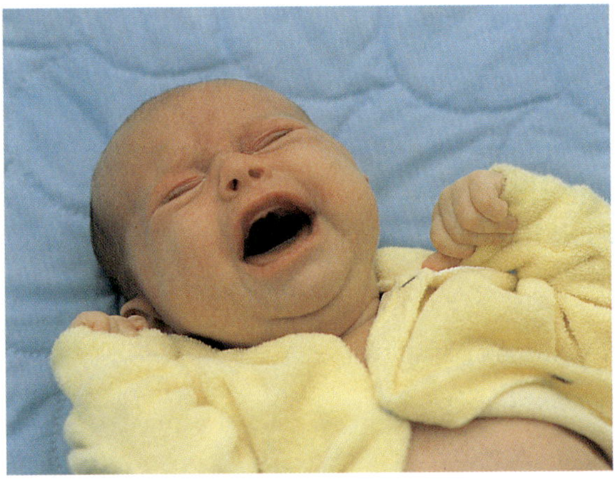

Säuglinge leiden oft unter Bauchschmerzen.

Hygiene – wichtiger Bestandteil der Gesundheitsvorsorge.

Rund um die Gesundheit Ihres Kindes

Die richtige Ernährung

Maßnahmen im Krankheitsfall

Nasentropfen zu verabreichen ist nicht immer einfach.

Die Bindung zwischen Eltern und Kind wird durch eine Krankheit oft intensiviert.

Schutz fürs ganze Leben

Geben Sie Ihrem Kind die Möglichkeit, seine Kinderkrankheiten durchzumachen und sich damit einen kräftigenden Schutz für das ganze Leben zu erwerben. Nicht nur für die körperliche Gesundheit, sondern für die ganze Persönlichkeit Ihres Kindes ist eine durchgemachte Kinderkrankheit von Bedeutung!

Einige Bemerkungen zu diesem Buch

Krankheit – positiv für die Entwicklung Ihres Kindes

Es gibt verschiedene Möglichkeiten, mit einer Krankheit fertigzuwerden. Man kann sie unterdrücken und man kann sie begleiten. Die Schulmedizin neigt eher zur ersten Methode, weil sie in Krankheiten etwas Negatives sieht. Die Naturheilkunde dagegen sieht in Krankheiten – vor allem in den klassischen Kinderkrankheiten – einen wichtigen Entwicklungsprozeß, der einen Menschen auf lange Sicht kräftiger und gesünder macht.

Band zwischen Eltern und Kind

Sehen Sie auch für sich selbst die Krankheit Ihres Kindes nicht nur als etwas Negatives an – trotz der zusätzlichen Belastung durch Pflegemaßnahmen, Umstellung Ihres eigenen Tagesrhythmus usw. Während der Krankheit ergibt sich die Möglichkeit, daß Sie Ihrem Kind viel näher sein können als sonst, wo es mehr oder weniger in seiner eigenen Welt lebt. Sie haben nicht nur die Gelegenheit, Ihrem Kind beim Überstehen der Krankheit zu helfen, sondern auch seine Entwicklung sehr bewußt mitzuerleben, die ja im Falle einer Erkrankung immer sehr intensiv geschieht.

Naturheilmethoden und Hausmittel richtig einsetzen

Natürlich ist in unklaren Fällen und bei schweren Erkrankungen die Diagnose und Behandlung durch einen Arzt notwendig. Aber bei den vielen Unpäßlichkeiten, die der Alltag mit sich bringt – Übelkeit, Kopfweh, Erkältungen, kleinere Verletzungen usw. –, können Sie selbst helfen. Dazu will Ihnen dieses Buch Anleitung und Unterstützung geben. Auch wenn Ihr Kind schwerer erkrankt ist und ärztliche Hilfe benötigt, können Sie die therapeutischen Maßnahmen durch bewährte Hausmittel wie Wickel, Tees usw. unterstützen.

Auch die Seele will betreut werden

Kranke Kinder sind meistens sehr empfindsam und verletzlich. Deshalb brauchen sie während der Zeit ihrer Erkrankung besondere Fürsorge und Zuwendung.
Halten Sie sich, wenn Ihr Kind krank ist, deshalb möglichst immer in seiner Rufweite auf, und setzen Sie sich in Ihrer freien Zeit an

sein Bett. Viele Hausarbeiten wie Bügeln, Stopfen, Handarbeiten lassen sich ins Krankenzimmer verlegen.
In Ihrer Gegenwart wird sich das Kind – besonders bei einer schweren Erkrankung – nicht ängstigen. Deshalb ist es wichtig, daß Sie Ihr Kind Ihre eigene Angst und Sorge nicht spüren lassen. Versuchen Sie, möglichst viel Ruhe und Gelassenheit auszustrahlen, und erdrücken Sie Ihr Kind nicht mit übertriebener Fürsorglichkeit.

Langeweile macht unruhig

Geben Sie ihm die Gewißheit, daß Krankheiten zwar kommen, aber auch wieder vorübergehen. Vorlesen, Erzählen, Singen usw. erleichtern das Kranksein und vertreiben – vor allem, wenn es dem Kind schon wieder bessergeht – die Langeweile.
Sind die ersten Tage überstanden, und ist das Kind auf dem Wege der Genesung, können Sie gemeinsam spielen und basteln. Das Kind darf sich nicht einsam und verlassen fühlen. Andererseits darf es auch nicht durch Besuche und allzu muntere Geschwister in seiner notwendigen Ruhe gestört werden.
Meist weiß der Körper des Kindes am besten, was ihm guttut. Sicherlich braucht Ihr Kind viel Ruhe und wird auch mehr schlafen als sonst, aber wenn es wach ist und aktiv sein möchte, darf es auch einmal aufstehen. Sorgen Sie nur dafür, daß es angemessen gekleidet ist und keinen Zug bekommt. Meist werden kranke Kinder schnell müde und ziehen sich von selbst wieder zurück.

Ernährung im Krankheitsfall

Kranke Kinder mögen häufig nicht viel essen. Zwingen Sie sie dann auch nicht dazu. Auch hier sollte das Körpergefühl des Kindes die Regie übernehmen – und der kranke Organismus braucht häufig seine Kräfte an anderer Stelle nötiger, anstatt daß er sie für die Verdauung einsetzen muß.
Von großer Bedeutung ist jedoch, daß Ihr Kind ausreichend trinkt. Es gibt eine Menge Möglichkeiten, von Wasser über verdünnte Obstsäfte bis hin zu Tees. Sicher werden Sie etwas finden, was Ihr Kind auch im Krankheitsfall mag.

Wenn Ihr Kind wieder Appetit bekommt, sollten Sie ihm leichte Mahlzeiten und zunächst nur kleine Portionen servieren. Heiße Brühen oder Gemüse- und Kartoffelpüree rutschen leicht und belasten den entwöhnten Magen nicht zu stark.
Regen Sie in dieser Phase der Rekonvaleszenz den Appetit des Kindes durch phantasievolle Zubereitung (z. B. durch lustige Dekoration oder Anordnung von kleinen Gerichten) an – und bereiten Sie ihm seine Lieblingsspeisen, wenn es den Empfehlungen des Arztes nicht widerspricht.

Ruhe bewahren!

Allzu besorgte, aufgeregte und das Kind sichtbar bemitleidende Eltern verbreiten Unsicherheit und Furcht, wo doch eher eine Atmosphäre der Geborgenheit herrschen sollte. Was auch immer passiert – verlieren Sie nicht die Nerven! Ihr Kind orientiert sich ja an Ihnen – vor allem, wenn es Schmerzen hat. Mehr als alle Medikamente helfen ihm dann Ihre Ruhe und Zuversicht. Ihr Kind setzt sein ganzes Vertrauen in Sie – dadurch werden Sie zu einem wesentlichen Faktor für seine Gesundung.

Unser Tip

Zeit für das Kind

Nehmen Sie sich viel Zeit für Ihr krankes Kind. Zuwendung und Liebe von seiten der Eltern sind ebenso notwendig wie die wirksamen Medikamente aus der Hand des Arztes.

Bei Diphtherie fällt dem kranken Kind das Schlucken oft recht schwer. Achten Sie darauf, daß es nur kleine Schlucke zu sich nimmt, auch ein Strohhalm kann dem Kind eventuell das Trinken erleichtern.

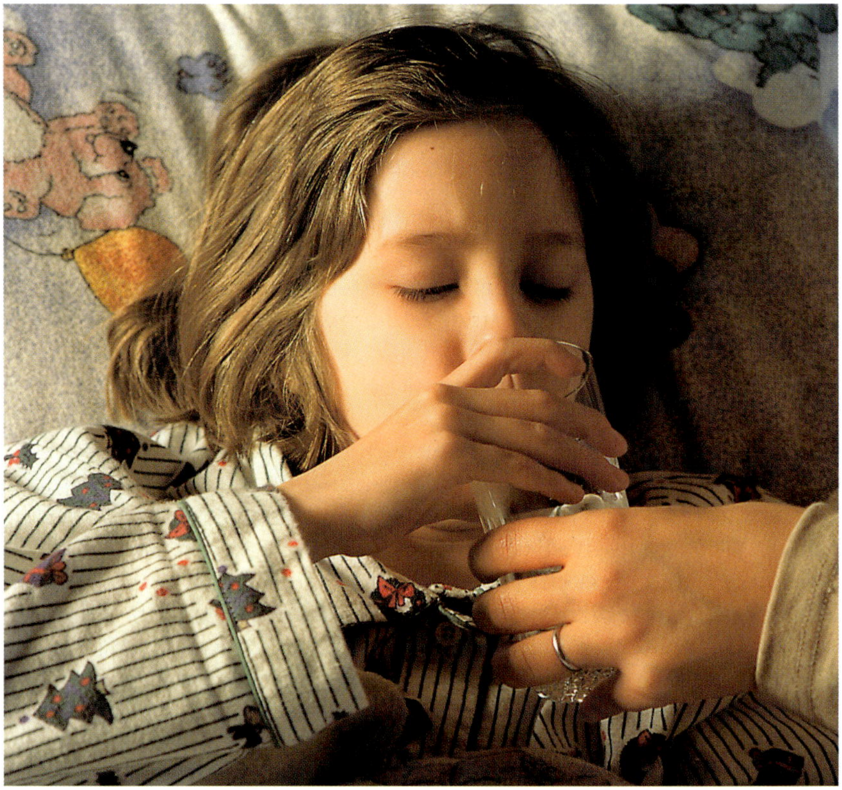

So helfen Sie Ihrem Kind

Falls der Arzt eine Behandlung zu Hause erlaubt, können Sie seine Therapie durch verschiedene Maßnahmen unterstützen.

Hausmittel

Ruhe und feuchte Luft

Achten Sie auf strenge Bettruhe und äußerste Schonung des Kindes. Halten Sie die Luft im Krankenzimmer durch das Aufhängen nasser Tücher (öfter wechseln!) feucht. Nach überstandener Krankheit sollte sich das Kind unbedingt noch längere Zeit schonen.

Die richtige Ernährung

Geben Sie Ihrem Kind in den ersten Krankheitstagen ausschließlich flüssige Kost, frisch gepreßte Säfte aus verschiedenen Obst- und Gemüsesorten. Vermeiden Sie aber Zitrusfrüchte, denn sie reizen den entzündeten Hals des Kindes nur unnötig.

Bei großem Durst können Sie auch kleinere Mengen von warmem Hagebuttentee mit etwas Honig geben.

Beim »Fehlschlucken« lassen Sie das Kind die Flüssigkeit durch einen Strohhalm trinken.

Hinweis

Wichtig sind die allgemeinen Hygienemaßnahmen. Alle Ausscheidungen aus Nase und Mund und anderen befallenen Gebieten müssen sorgfältig entfernt werden – am besten mit Papiertüchern aufnehmen und ins WC geben. Wäsche, Geschirr, Spielzeug usw. sollten nur von dem kranken Kind benutzt werden.

Achten Sie auf einen regelmäßigen Stuhlgang Ihres Kindes. Bei Bedarf geben Sie ihm einen speziellen Abführtee für Kinder, beispielsweise Clairo-Tee von Weleda (aus der Apotheke), oder machen Sie ihm einen Einlauf.

Rachen- und Mundhygiene
Mund und Rachen des Kindes sollten mehrmals täglich mit Salbeitee ausgespült werden.
Betupfen Sie die diphtherischen Beläge mit etwas Zitronensaft, oder lassen Sie das Kind den Mund mit verdünntem Zitronensaft ausspülen.

So hilft der Arzt

Eine Diphtherie muß unbedingt und sofort ärztlich behandelt werden! Das Hauptheilmittel gegen die Diphtherie ist das Heilserum. Es soll die Gifte im Blut abfangen, ehe diese in die Gewebe eindringen. Deshalb muß die Serumbehandlung möglichst frühzeitig einsetzen. Je früher das Serum gegeben wird, um so besser wird seine Wirkung sein. Deshalb sollten Sie schon beim geringsten Verdacht auf Diphtherie den Arzt rufen! Eine sofortige Injektion des Heilserums läßt die Symptome bereits innerhalb einer Woche verschwinden. In den meisten Fällen wird die Behandlung einer Diphtherie im Krankenhaus durchgeführt.
Bei einer Diphtherie kann es durch die Verengung der Atemwege auch zu einer Atemnot kommen. Treten bellende Hustenanfälle hinzu, spricht man von »echtem Krupp«. Wenn Sie Ihr Kind zu Hause pflegen, sollten Sie bei solchen Anfällen sofort den Arzt rufen.
Wenn in schweren Fällen, die glücklicherweise selten vorkommen, die Erstickungsanfälle nicht mit Medikamenten gebessert werden können, muß der Arzt eventuell einen Luftröhrenschnitt machen.

Vorbeugen – so bleibt Ihr Kind gesund

- **Vorbeugend wirkt die Diphtherieimpfung. Der Diphtherieimpfstoff wird häufig in Verbindung mit der Tetanusimpfung gegeben.**
- **Diphtherie ist lange nicht mehr so bedrohlich wie zu Anfang des Jahrhunderts, und das Heilserum hilft auch nach Ausbruch der Krankheit meist schnell und zuverlässig.**

Dennoch hat durch eine gewisse Impfmüdigkeit, die in den letzten Jahren zu beobachten ist, sowie durch ein verstärktes Einschleppen der Krankheit aus Osteuropa die Gefahr einer Epidemie wieder zugenommen.

Hinweis
Eine frühzeitige Schutzimpfung bewahrt zuverlässig vor dieser schweren Krankheit und sollte deshalb immer durchgeführt werden. Sie wird meist in Kombination mit der Tetanusschutzimpfung (gegen Wundstarrkrampf) durchgeführt.

Verdacht auf Diphtherie
Wenn Sie den Verdacht haben, daß Ihr Kind an einer Diphtherie erkrankt ist, bitten Sie Ihren Kinderarzt um eine entsprechende Untersuchung des Kindes. Gerade jüngere Ärzte, die noch nie einen Diphtheriefall erlebt haben, diagnostizieren mitunter eine harmlosere Erkrankung.

Achtung!
Diphtherie hinterläßt nur eine kurzzeitige Immunität. Eine Wiederansteckung ist durchaus möglich. Ein vollständiger Impfschutz hält insgesamt fünf Jahre an.

Pflanzliche Hustentropfen können die Hustenanfälle zwar nicht verhindern, aber lindern.

Keuchhusten

Symptome

- **Erstes Stadium:**
  Leichtes Fieber, Hüsteln, entzündeter Rachenraum
- **Zweites Stadium:**
  Heftiges Husten, besonders nachts, juchzendes Einatmen, Atemnot durch die Hustenanfälle, rote oder bläuliche Gesichtsfarbe, heftiger Schleimauswurf, oft mit Erbrechen verbunden
- **Drittes Stadium:**
  Nachlassender Husten, Einatmung zwischen dem Husten jedoch immer noch von Keuchen begleitet

Ursachen

Keuchhusten wird durch Bakterien verursacht. Übertragen werden sie durch Tröpfcheninfektion (Husten, Anspucken, Niesen) oder durch die Berührung ansteckender Aussscheidungen. Die Inkubationszeit beträgt 3 bis 21 Tage. Nach etwa sechs Wochen ist die Ansteckungsgefahr vorbei.

Organische Hintergründe

Keuchhusten ist eine ansteckende Erkrankung der oberen Luftwege, die häufig langwierig und zum Teil dramatisch (nur bei Säuglingen) verläuft. Meist verändern sich jedoch die Kinder, die eine Keuchhustenerkrankung durchmachen, in positiver Weise. Sie zeigen eine stabilere Gesundheit, nervöse Kinder sind ruhiger geworden, und schlechte Esser zeigen einen verbesserten Appetit.

Wichtig!

Keuchhusten ist hochansteckend – und das auch schon, bevor die eigentlichen Hustenanfälle auftreten und noch bevor die wahre Natur des Hustens erkannt wird. Ein an Keuchhusten erkranktes Kind sollte von jüngeren Geschwistern, insbesondere Säuglingen, ferngehalten werden.

Rezeptfreie Medizin

Hustenlindernder Tee: 20 g Eibischwurzel, 20 g Holunderblüten, 15 g Thymian, 10 g Anis, 10 g Männertreu, 20 g Quendel, 10 g Sonnentau. Lassen Sie die Zutaten in der Apotheke mischen, und setzen Sie 1 TL dieser Mischung mit 1/4 l kaltem Wasser an. 6 Stunden ziehen lassen, kurz aufkochen und abseihen. Eventuell mit Honig süßen. Ihr Kind darf täglich 3 Tassen davon trinken.

So helfen Sie Ihrem Kind

Keuchhustenkinder benötigen sehr viel Zuwendung. Besonders während der quälenden Hustenanfälle sollten sie nicht alleingelassen werden. In aufrechter Haltung mit leicht nach vorn gebeugtem Kopf übersteht Ihr Kind die Hustenattacken am besten.

Naturheilmittel

Thymianbäder

Hustenlindernd und allgemein beruhigend sind Thymianbäder. Übergießen Sie 1 Handvoll Thymian (aus der Apotheke) mit 1/2 l kochendem Wasser. Lassen Sie den Sud 10 Minuten ziehen, seihen Sie ihn direkt ins Badewasser ab. Lassen Sie Ihr Kind etwa 5 bis 10 Minuten baden. Ein fertiges Thymianbadeöl aus der Apotheke oder dem Reformhaus leistet ebenfalls gute Dienste.

Entspannung durch Beinwell

Nach dem Bad können Sie Ihrem Kind Brust und Rücken mit Beinwellsalbe (aus der Apotheke) massieren. Beinwell wirkt entspannend und kräftigt die Lungen.

Kupfersalbe lindert Hustenanfälle

0,4prozentige Kupfersalbe (Deutschland: Cuprum metallicum von Weleda; Österreich: keine; Schweiz: keine) mildert Hustenanfälle. Reiben Sie die Salbe zweimal täglich zwischen den Schulterblättern des Kindes ein.

Bewährte Hausmittel

Hilfe während der Anfälle

Während der heftigen Hustenanfälle des zweiten Stadiums sollten Sie im Zimmer Ihres Kindes schlafen, damit es beim Hustenanfall oder wenn es erbrechen muß, nicht alleine ist. Reden Sie ihm während der Anfälle beruhigend zu, reinigen Sie das Kind von Erbrochenem und Schleim, dann wird es schnell wieder ruhig einschlafen. Bei Atemnot oder Blaufärbung der Lippen (bei Säuglingen) müssen Sie sofort den Arzt rufen.

Für die notwendige Ruhe sorgen

Bettruhe ist wichtig für das keuchhustenkranke Kind, insbesondere wenn es noch Fieber hat. Achten Sie auch darauf, daß Ihr Kind den durch Hustenanfälle versäumten Nachtschlaf tagsüber nachholt. Lebhafte Spiele sind für Keuchhustenkinder nicht das Richtige, weil sie eine erneute Hustenattacke auslösen können.

Frische Luft und Luftveränderung

Der Aufenthalt an der frischen Luft tut Ihrem Kind gut; häufig sind auch die Hustenanfälle im Freien erträglicher. Vermeiden Sie jedoch allzu kalten Wind. Auch sollte Ihr Kind nicht zuviel herumtoben. Dadurch können erneut Hustenanfälle ausgelöst werden. Ein ruhiger Spaziergang ist vorzuziehen. Falls Sie es ermöglichen können, fahren Sie mit Ihrem Kind längere Zeit ins Mittel- oder Hochgebirge. Das dortige Klima wirkt deutlich krankheitsverkürzend.

Alternativtee

Als Tee bewährt hat sich auch folgende Mischung, deren Zutaten Sie in der Apotheke besorgen können:
Sie benötigen zu gleichen Anteilen:
Huflattichblätter,
Fenchel,
Thymian,
Melisse,
Spitzwegerich.
2 TL dieser Mischung mit 1/4 l kochendem Wasser überbrühen und 10 Minuten ziehen lassen, abseihen und mit etwas Honig süßen. Je nach Alter darf Ihr Kind täglich bis zu 5 Tassen dieses Tees trinken.

Unser Tip

Fiebersenkend

Fügen Sie obigem Tee noch einige Lindenblüten hinzu, wenn Ihr Kind fiebert. Ab 39 °C sollte Ihr Kind noch ein Fieberzäpfchen erhalten, damit es nicht noch zusätzlich zu einem Fieberkrampf kommt.

Viel frisches Obst, das reich an Vitaminen (besonders an Vitamin C und A) ist, stärkt das Immunsystem Ihres Kindes, damit es die Infektion besser überwinden kann. Der Gartenthymian ist die ideale Heilpflanze für alle Hustenerkrankungen. Thymiantee bzw. Inhalationen mit Thymianextrakt wirken beruhigend auf die gereizten Bronchien.

Hinweis

Kinder haben mit den – oft sehr heftigen – Hustenanfällen weniger Probleme als ihre Eltern. Während diese wegen der Anzeichen von Atemnot verständlicherweise leicht in Panik geraten, hat das Kind den Anfall meist schnell wieder vergessen.

Temperaturschwankungen vermeiden

Große Temperaturunterschiede, z. B. zwischen drinnen und draußen, reizen die Atemwege des Kindes und führen zu erneuten Keuchhustenattacken. Wo es nicht möglich ist, sich allmählich an die veränderte Temperatur zu gewöhnen, hilft eventuell ein Schal vor dem Mund, der die kalte Außenluft anwärmt und befeuchtet.

Wasser weckt die körpereigene Abwehr

Zur Stärkung der Abwehrkräfte Ihres Kindes können Sie es alle paar Stunden mit kühlem bis lauwarmem Wasser abwaschen. Stecken Sie es anschließend sofort ins warme Bett.

Die richtige Ernährung

Obst und Gemüse

Unterstützen Sie die Therapie des Arztes durch eine gesunde Ernährung des Kindes. Geben Sie ihm reichlich frisches Obst und Gemüse, und vermeiden Sie Fett und Süßigkeiten in der kindlichen Ernährung.

Mahlzeiten portionieren
Da Keuchhustenanfälle häufig mit Erbrechen einhergehen und auch leichte Reize im Rachen dieses Erbrechen auslösen können, sollten Sie Ihrem Kind zunächst nur eine kleine Portion seiner Mahlzeit geben. Achten Sie darauf, daß es gründlich kaut. Durch das Schlucken wird häufig ein erneuter Hustenanfall ausgelöst, in dessen Folge es zu Erbrechen kommen kann. Anschließend können Sie Ihrem Kind die restliche Mahlzeit geben, weil kurz nach einem Anfall die Reizbarkeit des Rachens herabgesetzt ist und die Gefahr eines erneuten Erbrechens in der Regel nicht mehr besteht.

Nächtliches Erbrechen vermeiden
Keuchhustenattacken kommen meist nachts. Daher sollten Frühstück und Mittagessen die Hauptmahlzeiten des Kindes sein. Geben Sie ihm nachmittags und abends nur wenig zu essen, um nächtliches Erbrechen zu vermeiden.

Zusätzliche Vitamine
Geben Sie Ihrem Kind täglich eine warme Gemüsesuppe. Sie ist angenehm zu schlucken, hat viele Vitamine und stärkt die Widerstandskraft des Kindes. Besonders geeignet sind frisch zubereitete Suppen, die vor allem Karotten und Kohl enthalten.

So hilft der Arzt

Wegen der möglichen Spätfolgen (Lungenentzündung, Bronchitis) sollte Keuchhusten unbedingt ärztlich behandelt werden. In schweren Fällen – sie sind allerdings nicht sehr häufig – kann sogar ein Krankenhausaufenthalt notwendig werden.

Notwendige Medikamente
In schweren Fällen von Keuchhusten oder bei erkrankten Säuglingen ist häufig eine Antibiotikatherapie notwendig.
Auch schleimverflüssigende Medikamente (z. B. zur Inhalation) werden häufig verordnet und erleichtern das Husten.

Vorbeugen – so bleibt Ihr Kind gesund

- **Das beste Mittel zur Vorbeugung ist die Impfung. Ob eine Impfung bei Ihrem Kind nicht durchgeführt werden sollte, kann nur nach eingehender Untersuchung der Kinderarzt entscheiden.**
- **Karotten enthalten eine große Menge an Provitamin A, das entzündungshemmend auf die Schleimhäute und damit lindernd auf die Hustenanfälle wirkt. Kohl enthält schleimlösende Wirkstoffe und ist reich an Schwefel, Jod und Vitamin C.**

Hinweis

Keuchhustenerkrankungen sprechen sehr gut auf homöopathische Heilmittel an. Ihr Vorteil ist, daß sie den Körper nicht mit Nebenwirkungen belasten. Sie aktivieren und stärken sogar das körpereigene Immunsystem. Vielfach kann Keuchhusten dadurch sehr schnell zum Ausheilen gebracht werden. Ziehen Sie aber auf jeden Fall einen Fachmann zu Rate.

Kein Grund zur Sorge

Machen Sie sich keine Sorgen, wenn Ihr Kind nur wenig essen kann oder möchte.
Gerade Kinder, die weniger essen, werden meist besonders schnell mit dem Stadium der Anfälle fertig. Sorgen Sie aber dafür, daß Ihr Kind genügend trinkt, das hilft auch den Schleim zu verflüssigen und hält den Mineralstoffhaushalt des kindlichen Körpers in Ordnung.

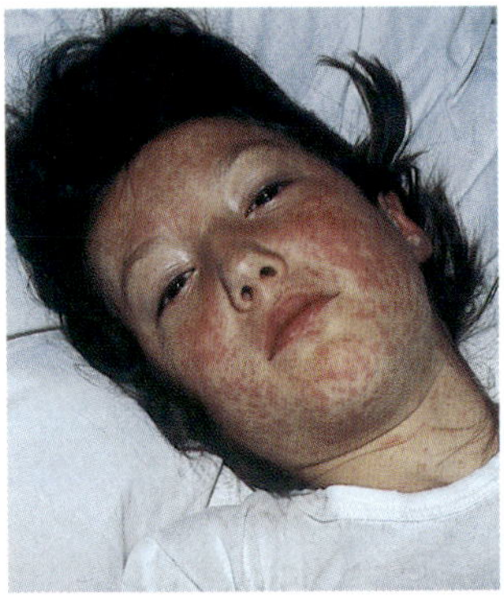

Der charakteristische Hautausschlag wird oftmals von einer Bindehautentzündung begleitet.

Masern

Symptome

- **Erste Phase:**
  Steiler Anstieg der Körpertemperatur sowie Symptome einer schweren Erkältung (Schnupfen, Husten, Bindehautreizung mit Lichtscheu, Mattigkeit, Appetitlosigkeit)
- **Zweite Phase:**
  Typischer Hautausschlag (rosaviolette klein- oder großflächige Flecken), der sich von den Ohren aus über den ganzen Körper ausbreitet; nochmaliger Anstieg des Fiebers
- **Dritte Phase:**
  Erholung von der Krankheit, weiterhin aber Anfälligkeit gegenüber anderen Erkrankungen; die Flecken heilen unter Schuppenbildung (ohne Narben) ab

Ursachen

Die Masernerkrankung wird durch ein Virus verursacht, das sowohl durch Körperkontakt als auch durch Tröpfcheninfektion übertragen wird. Es kann auch über größere Entfernungen anstecken.

Organische Hintergründe

Masern sind hochgradig ansteckend. Schon beim ersten Verdacht auf eine Masernerkrankung sollte Ihr Kind nicht mehr mit anderen Kindern in Kontakt kommen. Die Inkubationszeit, also die Zeit von der Ansteckung bis zum Ausbruch der Krankheit, dauert 8 bis 14 Tage.

Vorsicht – sofort zum Arzt!

Sofort den Arzt rufen sollten Sie, wenn

- **Ihr Kind Husten bekommt, Schmerzen in der Brust hat, nur flach atmet oder keucht wie bei einem Asthmaanfall**
- **Ihr Kind bewußtlos ist**
- **Das Fieber über 40 °C und höher steigt und wenn zusätzlich Fieberkrämpfe auftreten**

Rezeptfreie Medizin

Geben Sie diesen unterstützenden Tee: 1 TL Schafgarbe (aus der Apotheke) mit 1 Tasse kochendem Wasser übergießen. 5 Minuten ziehen lassen, abseihen und eventuell mit etwas Honig süßen. Ihr Kind darf 2 Tassen täglich davon trinken. Dieser Tee trägt dazu bei, daß sich der Hautausschlag kräftig entwickelt, die Krankheit sich nicht nach innen ausbreitet und etwa eine Lungenentzündung hervorruft.

Komplikationen

In den meisten Fällen heilen Masern problemlos aus. Ist das Kind nach einer Woche wieder fieberfrei, ist im allgemeinen mit Komplikationen nicht mehr zu rechnen.

Bleibt das Fieber darüber hinaus bestehen oder steigt es erneut, besteht die Gefahr einer Komplikation (Lungenentzündung, Mittelohrentzündung, Kehlkopfentzündung, Gehirnentzündung). Da durch die Masern auch die körpereigene Abwehr geschwächt wird, kann es auch zu anderen Infektionen kommen (Diphtherie, Scharlach, andere bakterielle Infektionen, Tuberkulose).

So helfen Sie Ihrem Kind

Masern können als Viruserkrankung bisher noch nicht medikamentös behandelt werden. Sie können Ihrem Kind jedoch mit einer Reihe von Maßnahmen die Symptome erleichtern.

Naturheilmittel

Kamillentee lindert Entzündungen
Sind die Augen des Kindes infolge der Masern gereizt, oder hat sich bereits eine Bindehautentzündung ausgebildet, können Sie die Lider des Kindes mit einem in Kamillentee getauchten Tuch abtupfen. Größeren Kindern können Sie auch abgekühlte Kamillenteebeutel auf die Augen legen. Hat sich die Mundschleimhaut Ihres Kindes entzündet, empfehlen sich Spülungen mit Kamillentee.

Die Giftausscheidung unterstützen
Mit einem Tee aus Linden- und Holunderblüten regen Sie den Körper Ihres Kindes zum Schwitzen an. Dadurch werden die durch die Masernerkrankung entstehenden Giftstoffe schneller aus dem Körper gespült. Mischen Sie Linden- und Holunderblüten (aus der Apotheke), und gießen Sie 1 TL der Mischung mit 1 Tasse kochendem Wasser auf. 5 Minuten ziehen lassen, abseihen und mit etwas Honig süßen. Lassen Sie Ihr Kind täglich 3 Tassen dieses Tees trinken.

Pulsatilla D6
Das homöopathische Mittel wurde von Hahnemann, dem Entdecker der Homöopathie, als besonders geeignet gegen die Masern empfohlen. Geben Sie Ihrem Kind 3mal täglich 1 Tablette.

Teebaumöl
Teebaumöl wirkt stark desinfizierend und bekämpft Viren. Es sollte jedoch nicht zusammen mit homöopathischen Mitteln verwendet werden, da sich die Wirkstoffe gegenseitig aufheben können. Die Anwendungsmöglichkeiten sind vielfältig.
Inhalation: Geben Sie einige Tropfen Teebaumöl in einen Behälter mit heißem Wasser, und lassen Sie Ihr Kind mit geschlossenen Augen 5 bis 10 Minuten inhalieren.
Waschung: Geben Sie einige Tropfen Teebaumöl in lauwarmes Wasser, waschen Sie Ihr Kind damit ab.

Beruhigt den Husten
Spitzwegerichtee bereiten Sie aus 1 TL Spitzwegerichblättern, die mit 1 Tasse kochendem Wasser übergossen werden. 5 Minuten ziehen lassen, abseihen, mit etwas Honig süßen. Das Kind darf über den Tag verteilt 1 bis 2 Tassen in kleinen Schlucken trinken.

Unser Tip

Angenehm
Himbeersaft aus dem Reformhaus wirkt bei Fieber erfrischend. Er enthält Natrium und Kalzium und wirkt aufbauend auf den kindlichen Organismus.

Die Blüten bzw. Beeren des Holunders (oben) eignen sich zur Herstellung von heilenden Tees und Säften. Die Himbeere (unten) enthält besonders viel immunstärkendes Vitamin C sowie Vitamin A und Biotin (Vitamin aus der B-Gruppe).

Hinweis

Sehr unruhigen Kindern helfen Abwaschungen mit Essigwasser. Mischen Sie 1/3 Obst- oder Weinessig in 2/3 lauwarmes Wasser, und rubbeln Sie mit einem Lappen, den Sie in diese Mischung getaucht haben, Rumpf und Beine Ihres Kindes ab. Trocknen Sie das Kind nicht ab, sondern ziehen Sie ihm gleich einen Schlafanzug an und stecken Sie es ins Bett, wo es gut zugedeckt ruhen sollte.

Gurgeln: Geben Sie 5 bis 10 Tropfen in 1 Glas Wasser, und lassen Sie Ihr Kind mit der Mischung gurgeln. Dabei ist es wichtig, daß Ihr Kind die Technik des Gurgelns beherrscht, denn Teebaumöl darf nicht geschluckt werden.
Aromatherapie: Stellen Sie eine Duftlampe mit einigen Tropfen Teebaumöl ins Krankenzimmer.

Bewährte Hausmittel

Bettruhe

Die ersten und wichtigsten Maßnahmen bei Fieber und Ausschlag sind Bettruhe und wohltuende Bettwärme. Wenn möglich, sollte Ihr Kind keine Musik hören, nicht fernsehen und keinen Besuch empfangen. Komplikationen können Sie vorbeugen, indem Ihr Kind noch mindestens acht Tage nach Abklingen des Fiebers Bettruhe einhält.

Frische Luft und ätherische Öle

Die Luft im Krankenzimmer sollte feucht sein. Wasserbehälter oder nasse Tücher tragen dazu bei. Lüften Sie das Krankenzimmer regelmäßig, aber achten Sie darauf, daß keine Zugluft entsteht.

Leidet Ihr Kind unter starkem Hustenreiz, hilft oft das Verdampfen von ätherischen Ölen: Besonders gut geeignet sind einige Tropfen Eukalyptus- oder Teebaumöl in einer Duftlampe oder einer Schale dampfend heißem Wasser, die Sie im Krankenzimmer aufstellen.

Gedämpftes Licht
Die meisten Kinder sind bei einer Masernerkrankung sehr lichtempfindlich. Schirmen Sie das Krankenzimmer mit einem Vorhang gegen direktes Tageslicht ab. Ein vollständiges Verdunkeln des Raumes ist jedoch nicht notwendig und würde dem Kind nicht guttun, da es dann seine Spielzeuge nicht mehr sehen kann.

Nur sehr hohes Fieber senken
Fieber ist für den günstigen Verlauf einer Masernerkrankung wichtig und sollte nicht gewaltsam gesenkt werden. Bei kleinen Kindern sind auch Temperaturen von 39,5 °C akzeptabel. Nur wenn das Fieber länger andauert oder noch höher steigt, sollten Sie einen Wadenwickel (siehe dazu Seite 298f.) oder einen Einlauf (siehe dazu Seite 306f.) machen.

Leichte Kost
Geben Sie Ihrem Kind während der Erkrankung leichte Kost: Frisches Obst, Obstsäfte und gedünstetes Gemüse werden am besten vertragen.

So hilft der Arzt

Kommt es bei Ihrem Kind während der Masernerkrankung zu Ohrenschmerzen, wird der Arzt in der Regel ein Antibiotikum verordnen, um den gefürchteten Komplikationen (Mittelohrentzündung, Gehirnentzündung) entgegenzuwirken.
Kindern, die sehr unter Augenbeschwerden leiden und denen aufgrund der Lichtempfindlichkeit die Augen sehr weh tun, kann der Arzt Augentropfen verschreiben, die die Reizzustände mindern.

Vorbeugen – so bleibt Ihr Kind gesund

- **Die beste Vorbeugung ist die Impfung. Es gibt inzwischen einen gut verträglichen Impfstoff gegen Masern, der meist in Kombination mit der Röteln- und Mumpsimpfung verabreicht wird.**
- **Die Naturmedizin geht eher davon aus, daß das Kind durch eine Maserninfektion für seine Entwicklung profitiert. Dennoch gilt auch hier der Grundsatz, daß die Erkrankung grundsätzlich wegen der gefährlichen Komplikationen ärztlich behandelt werden muß.**

Hinweis
Wenn das Allgemeinbefinden Ihres Kindes nicht so schlecht ist, daß ein Hausbesuch des Arztes notwendig wird, sollten Sie bei Verdacht auf Masern einen Termin ausmachen und die Arzthelferin auf Ihren Verdacht hinweisen, damit andere Kinder im Wartezimmer nicht angesteckt werden.

Achtung!
Erwachsene, die noch keine Masern hatten, sollten sich von maserkranken Kindern fernhalten. Eine Kinderkrankheit kann bei Erwachsenen sehr schwer und mit Komplikationen verlaufen.

Mumps

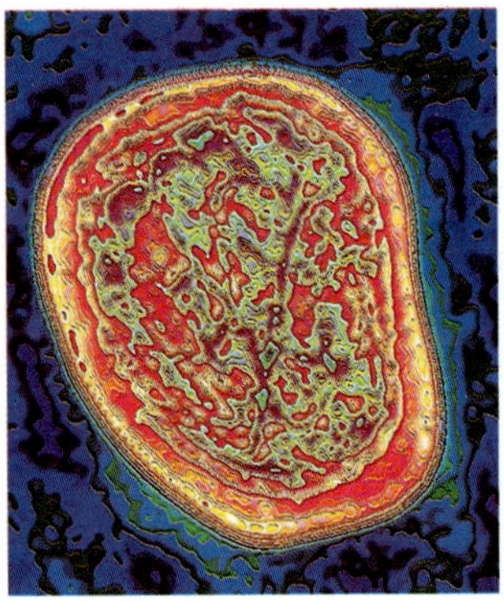

Das Mumpsvirus in 100 000facher Vergrößerung.

Symptome

- Kopf- und Gliederschmerzen
- Häufig ein kurzer, aber erheblicher Temperaturanstieg
- Appetitlosigkeit
- Mattheit
- Meist Hals- und Kopfschmerzen
- Typische Schwellungen vor den Ohren, schmerzhaft, meist erst links, dann rechts
- Hinter der Ohrmuschel gespannte und glänzende Haut
- Ohrenschmerzen und Kaubeschwerden
- Schmerzen beim Öffnen des Mundes
- Schonhaltung des Kopfes zur erkrankten Körperseite hin
- Manchmal Schwellung der übrigen Speicheldrüsen

Ursachen

Die Übertragung des Mumpsvirus erfolgt meist vom Erkrankten über Tröpfcheninfektion (Husten, Niesen, Anspucken), seltener durch gesunde Zwischenträger oder infizierte Gegenstände.

Organische Hintergründe

Mumps ist eine Viruserkrankung, die die großen Speicheldrüsen befällt; die Inkubationszeit beträgt 12 bis 22 Tage.

Vorsicht!

Mumps kann schwere Erkrankungen nach sich ziehen, da er auf alle Drüsen des Körpers übergreifen kann. Er gehört deshalb unbedingt in die Behandlung eines Arztes. Informieren Sie sich über Alarmsymptome, bei denen Sie sofort den Arzt rufen müssen.

Komplikationen

- Außer den Speicheldrüsen können auch andere Drüsen in Mitleidenschaft gezogen werden. Schwerwiegend ist eine Bauchspeicheldrüsenentzündung, die sich durch Schmerzen im Oberbauch und gleichzeitiges Erbrechen bemerkbar macht.
- Auch eine Zuckerkrankheit kann auf diese Weise entstehen.
- Wie bei anderen Kinderkrankheiten, die durch Viren hervorgerufen werden, kann es auch in der Folge von Mumps zu einer Gehirnentzündung kommen, die aber meist gutartig verläuft.

Rezeptfreie Medizin

Lindenblüten und Holunderblüten, als Tee zubereitet, sorgen für kräftiges Schwitzen und eine Entgiftung des Körpers. Salbei wirkt entzündungshemmend und tötet Keime ab. Lindernd gegen Schwellungen helfen: Calendula, Archangelica, Sonnenblumenöl, Olivenöl, Mandelöl, Avocadoöl.

● Bei erneutem Anstieg des Fiebers nach zwei bis drei Wochen, Kopfschmerzen, Erbrechen und Nackensteifigkeit sollten Sie sofort einen Arzt holen.

So helfen Sie Ihrem Kind

Bei Mumps stehen Ihnen eine Reihe von Maßnahmen zur Verfügung, mit denen Sie Ihrem Kind Erleichterung verschaffen können.

Naturheilmittel

Ölkompressen

Kompressen lindern die schmerzhaften Schwellungen der Ohrspeicheldrüsen. Tränken Sie einen Wattebausch mit angewärmtem Öl (Sonnenblumen-, Oliven-, Mandel- oder Avocadoöl; alle in der Apotheke erhältlich). Legen Sie diesen Watteverband auf die geschwollenen Drüsen, und befestigen Sie ihn mit einem Leinen- oder Baumwolltuch. Das Öl darf nicht zu heiß sein, damit die empfindliche Kinderhaut nicht verbrennt!

Salbenkompresse

Auch eine Kompresse mit Calendula- und Archangelicasalbe aus der Apotheke lindert Beschwerden in den betroffenen Drüsen. Tragen Sie die Salbe auf ein Mulltuch auf, das Sie auf die geschwollenen Drüsen legen und anschließend mit einem Leinen- oder Baumwolltuch befestigen.

Gurgeln mit Salbeitee

Bereiten Sie aus 1 TL Salbei (aus der Apotheke) und 1/4 l kochendheißem Wasser einen Tee zu, den Sie 5 Minuten ziehen lassen und dann abseihen. Wenn der Tee abgekühlt ist, lassen Sie Ihr Kind mehrmals täglich damit gurgeln.

Entgiften über die Haut

Für den Entgiftungsvorgang ist ein schweißtreibender Tee eine wichtige Unterstützung. Dazu eignet sich am besten ein Tee aus je 1 TL Lindenblüten und Holunderblüten, die Sie mit 1/4 l kochendem Wasser überbrühen. Nach 5 Minuten seihen Sie den Tee ab und süßen ihn mit etwas Honig. Ihr Kind darf 3mal täglich eine Tasse davon trinken.

Bewährte Hausmittel

Umgang mit Fieber

Bei Fieber gehört das Kind ins Bett. Nicht zu hohes Fieber (bis etwa 39 °C) sollte jedoch möglichst nicht gesenkt werden, weil es die Aktivität der Viren abschwächt und damit möglichen Komplikationen entgegenwirkt.

Gefährdet

Erkranken männliche Jugendliche nach der Pubertät oder Erwachsene an Mumps, so kommt es nicht selten zu einer einseitigen Hodenentzündung, die sehr schmerzhaft ist und zur Einbuße der Funktion dieses Hodens führen kann. Eine bei Mädchen bzw. Frauen ebenfalls mögliche Eierstockentzündung bei Mumps bleibt in der Regel ohne Folgen. Während einer Mumpserkrankung sollten Sie Ihr Kind besonders von Männern, die noch keine Mumpsinfektion durchgemacht haben, fernhalten. Mumps im Erwachsenenalter kann zur Zeugungsunfähigkeit führen.

Unser Tip

Die Drüsen schonen

Mumps ist eine Krankheit, die die Drüsen und speziell die Speicheldrüsen betrifft. Geben Sie Ihrem Kind keine herben oder sauren Getränke. Die regen plötzlichen Speichelfluß an und können dadurch Schmerzen in den Drüsen verursachen.

Für viele mumpskranke Kinder eignet sich ein warmer Wickel, der über die Ohren gelegt wird. Allerdings gibt es auch Fälle, bei denen ein kalter Wickel als wohltuender empfunden wird.

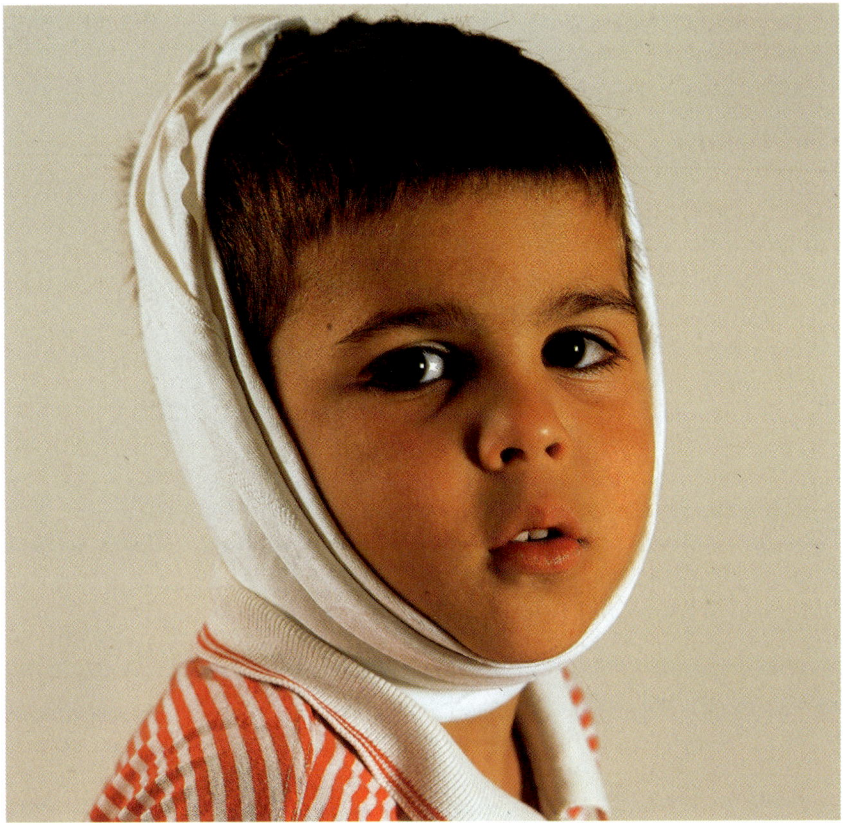

Wichtig!
Ein fieberfreies Kind darf ruhig aufstehen, sollte sich aber in einem warmen Raum aufhalten. Während einer Mumpserkrankung ist Ihr Kind sehr ruhebedürftig, auch wenn es das selbst häufig nicht so empfindet. Fernsehen und Computerspiele sind zu anstrengend und keine angemessene Beschäftigung.

Sehr hohes Fieber mit steigender Tendenz sollten Sie mit Wadenwickeln behandeln. Dazu ein Geschirrtuch in kaltes Wasser tauchen und gut auswringen. Die Wickel werden um die Waden des Kindes gelegt und mit trockenen Tüchern abgedeckt. Bei Bedarf können Sie die Wickel zwei- bis dreimal täglich wiederholen.
Schwitzt Ihr Kind sehr stark, können Sie es mehrmals täglich feucht abwaschen. Achten Sie aber darauf, daß es keiner Zugluft ausgesetzt ist.

Die richtige Ernährung

Nahrungskarenz

Zu Beginn der Erkrankung mag Ihr Kind möglicherweise gar nichts essen. Dann können Sie ihm die ersten zwei bis drei Tage reichlich Obstsaft zu trinken geben.

Weiche Kost

Wegen der Kauschwierigkeiten und der Kieferschmerzen, die häufig bei Mumps auftreten, sollten Sie Ihrem Kind eine möglichst flüssige oder breiige Kost geben. Geeignet sind Suppen oder Pürees aus Kartoffeln und Gemüse (enthalten wichtige Vitamine und Mineralstoffe) sowie Brei aus Getreideflocken, den Sie mit Gewürzen und Käse oder Früchten schmackhaft zubereiten können.

Leichte Kost
Da Mumps eine Krankheit ist, die die Drüsen betrifft, sollten Sie darauf achten, daß die Ernährung Ihres Kindes während der Erkrankung fettarm und möglichst zuckerfrei ist, um die (eventuell mitbetroffene) Bauchspeicheldrüse zu schonen.

Tägliche Darmentleerung
Auch die tägliche Darmentleerung trägt zur wichtigen Körperentgiftung bei. Für Kinder gibt es einen speziellen Abführtee (z.B. Clairo-Tee von Weleda).

Kühlende Umschläge
Manchen Kindern helfen auch kühlende Umschläge mit essigsaurer Tonerde, die Sie auf die betroffene Gesichtshälfte legen. Manche Kinder erfahren allerdings durch warme Umschläge eine Linderung. Richten Sie sich danach, was dem Kind guttut.

So hilft der Arzt

In der Regel bedarf eine Mumpserkrankung keiner ärztlichen Behandlung. Homöopathisch arbeitende Ärzte können zur Kräftigung der Konstitution des Kindes homöopathische Medikamente verordnen. Bewährt haben sich bei Mumps im Hauptstadium Joborandi D6 oder Pilocarpinum muriaticum D3. Bei Hodenschwellung hilft auch Pulsatilla D12. Lassen Sie sich von Ihrem Arzt beraten.
Auf jeden Fall sollten Sie den Arzt fragen, wenn die Krankheit nicht den normalen Verlauf nimmt und erneut Fieber oder andere ungewöhnliche Symptome auftreten.

Vorbeugen – so bleibt Ihr Kind gesund

- **Je kräftiger das Immunsystem Ihres Kindes ist, um so leichter wird sein Körper mit den Viren, durch die es zu einer Mumpserkrankung kommt, fertig. Stärken Sie also das Immunsystem Ihres Kindes.**
- **Schicken Sie Ihr Kind so oft wie möglich an die frische Luft, damit es sich bewegen kann und der Organismus gekräftigt wird.**
- **Nach überstandenen Infektionskrankheiten, oder wenn Ihr Kind sehr anfällig ist, können Sie das Immunsystem auch mit Echinacin (Sonnenhut) unterstützen.**

Richtig auflegen
Bei den Kompressen ist es wichtig, daß diese in erster Linie Hals und Wangen wärmen und nicht den oberen Kopfbereich.

Flüssigkeitszufuhr
Achten Sie darauf, daß Ihr Kind genügend trinkt, dadurch werden schädliche Stoffe aus dem Körper geschwemmt. Aber vermeiden Sie Getränke, die den Speichelfluß zu sehr anregen und die Drüsen reizen.

Das Rubeolavirus ist der Erreger der Röteln.

Rezeptfreie Medizin

Lindenblüten- oder Holunderblütentee oder eine Mischung aus beiden unterstützt die Entgiftung des Körpers. Sorgen Sie dafür, daß Ihr Kind außer dem Tee genügend andere Flüssigkeit zu sich nimmt, damit Giftstoffe schnell aus dem Körper geschwemmt werden.

Röteln

Symptome

- **Ausschlag, meist ohne vorherige Krankheitszeichen**
- **Der Ausschlag beginnt gewöhnlich hinter den Ohren, bevor er auf die Stirn und den restlichen Körper übergreift**
- **Gelegentlich leichte Erkältungsanzeichen, leichte Rachen- oder Bindehautentzündung**
- **Leichter Temperaturanstieg, Drüsenschwellung im Nacken und hinter den Ohren**
- **Nur geringe Beeinträchtigung des Allgemeinbefindens**
- **Beim Abklingen der Krankheit verschwindet der Ausschlag in der Reihenfolge seines Auftretens**

Ursachen

Röteln werden durch ein Virus verursacht. Dieses ist außerhalb des menschlichen Organismus nur sehr kurzlebig. Die Infektion erfolgt im direkten Kontakt von Mensch zu Mensch (etwa durch Anhusten oder Niesen). Die Inkubationszeit für Röteln beträgt im allgemeinen 12 bis 23 Tage.

Vorsicht!

Wie bei allen Viruserkrankungen kann es in sehr schweren Fällen zu einer Mitbeteiligung des Gehirns kommen (Gehirnentzündung, Hirnhautentzündung).
Rufen Sie sofort den Arzt, wenn Ihr Kind hohes Fieber bekommt, matt ist, Kopfschmerzen hat oder erbricht. Auch Krämpfe können ein Zeichen für diese schwere Komplikation sein.

Organische Hintergründe

Manchmal ist der Verlauf der Infektion so leicht, daß sie unentdeckt bleibt. Anhand einer Blutuntersuchung läßt sich jedoch nachweisen, ob Ihr Kind gegen Röteln bereits immun ist. Das ist besonders wichtig für Mädchen, weil eine Rötelninfektion während der Schwangerschaft das ungeborene Kind schwer schädigen kann.

So helfen Sie Ihrem Kind

Röteln verlaufen in der Regel so harmlos, daß die erkrankten Kinder keine weitere Behandlung benötigen. Tritt leichtes Fieber auf, sollte Ihr Kind jedoch für einen oder zwei Tage ins Bett.

Naturheilmittel

Entgiften durch schweißtreibenden Tee

Einen schweißtreibenden Tee können Sie aus Holunder- und Lindenblüten (aus der Apotheke) herstellen. Übergießen Sie je 1 TL Blütenblätter jeder Sorte mit 1/4 l kochendem Wasser, und lassen Sie den Tee 5 Minuten ziehen. Süßen Sie den abgeseihten Tee eventuell mit etwas Honig. Ihr Kind darf täglich 3 Tassen davon trinken.

Bewährte Hausmittel

Andere vor Ansteckung schützen

Um vor allem unbekannte Schwangere zu schützen, sollten Sie Ihr Kind einige Tage zu Hause behalten, damit es andere nicht mit Röteln anstecken kann.

Leichte Kost

Geben Sie Ihrem Kind einige Tage lang nur leichte vegetarische Kost (z.B. gedünstetes Gemüse, eventuell als Beilage die Lieblingsspaghetti) und reichlich vitaminhaltige Obst- und Gemüsesäfte.

Besuch

Da eine Rötelnerkrankung für das Kind meist nicht sehr anstrengend ist, darf Ihr Kind, während es krank ist, auch Besuch von Freunden bekommen – aber nur, wenn diese bereits an Röteln erkrankt waren.

Wichtig!

Eine Rötelnerkrankung hinterläßt eine lebenslange Immunität, die auch durch bestimmte Blutfaktoren nachweisbar ist. Wenn die Krankheit bei Ihrer Tochter sehr leicht verlaufen ist, sollten Sie zu Beginn der Pubertät feststellen lassen, ob eine vollständige Immunität aufgebaut worden ist. Wenn nicht, dann ist es ratsam, sie jetzt noch impfen zu lassen.

Vorbeugen – so bleibt Ihr Kind gesund

- **Im Alter von 15 Monaten kann Ihr Kind gegen Röteln geimpft werden. Ob eine solche Impfung für Ihr Kind sinnvoll ist, sollten Sie mit dem Arzt besprechen. Im Normalfall verlaufen Rötelninfektionen harmlos, und der kindliche Organismus wird gut mit den Erregern fertig.**
- **Hat ein Mädchen bis zur Pubertät noch keine Rötelnimmunität aufgebaut, empfiehlt sich im Hinblick auf eine spätere Schwangerschaft eine Rötelnimpfung.**

Vorsicht!

Rötelnausschlag kann leicht mit Masern verwechselt werden. Deshalb sollten Sie Ihr Kind sicherheitshalber von einem Arzt anschauen lassen, damit eine sichere Diagnose gestellt und die richtige Behandlung eingeleitet werden können.

Unser Tip

Wenn Sie nicht sicher sind, ob Sie bereits Röteln hatten, lassen Sie es beim nächsten Arztbesuch testen; lassen Sie sich gegebenenfalls impfen, bevor Sie schwanger werden.

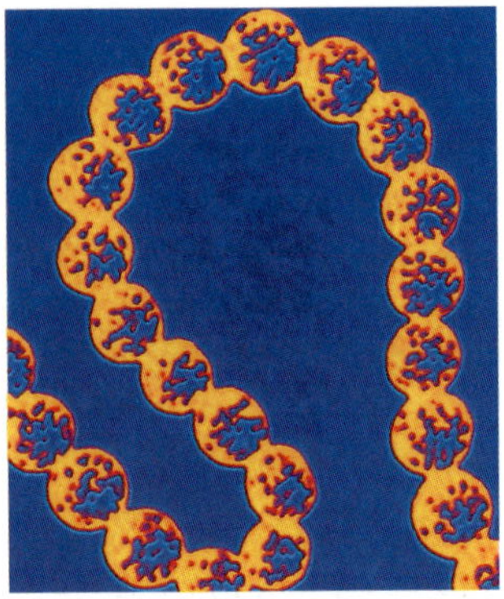

Eine gefürchtete Gruppe der Streptokokken (Bakterienart) ist für die stark ansteckende Scharlacherkrankung verantwortlich.

Scharlach

Symptome

- **Erste Phase**
Plötzliches hohes Fieber über 39 °C, Erbrechen, Hals- und Kopfschmerzen, Schüttelfrost, Schluckbeschwerden, flammendrote Verfärbung des Rachens, geschwollene Rachenschleimhaut und Lymphdrüsen im Kopfbereich, gelblichweißer Belag auf den Mandeln, dick belegte Zunge (meist nur zwei oder drei Symptome)

- **Zweite Phase**
Oft typischer Hautausschlag, zunächst kleine, dichtstehende rote Pünktchen, die später zu einer roten Fläche zusammenfließen, zu Beginn häufig gering ausgeprägt, manchmal nur in der Schenkelbeuge oder an den Oberschenkelinnenseiten, später über den gesamten Körper verteilt; nach einigen Tagen himbeerrote Verfärbung der Zunge und Selbstreinigung

- **Dritte Phase**
Verblassender Hautausschlag und Beginn einer großflächigen Hautabschuppung

Ursachen

Scharlach ist eine ansteckende Krankheit, die durch Bakterien (Streptokokken) ausgelöst wird. Sie wird durch Berührung oder Tröpfcheninfektion (Husten, Niesen) weitergegeben.

Vorsicht!

**Bei Scharlach kann es zu schweren Komplikationen kommen: Nebenhöhlenentzündung, eitrige Mittelohrentzündung, Angina, Herzmuskelentzündung, »Scharlachrheumatismus« (Gelenkrheumatismus), Nierenentzündung.
Ziehen Sie deshalb bei Verdacht auf Scharlach einen Arzt hinzu.**

Organische Hintergründe

Da Scharlacherreger auch außerhalb des Körpers lebensfähig sind, kann die Erkrankung auch durch Wäsche oder Spielzeug des Kranken übertragen werden. Die Zeit zwischen Ansteckung und Ausbruch der Krankheit beträgt zwei bis sieben Tage.

Rezeptfreie Medizin

Belladonna D30 unterstützt die Immunabwehr des scharlachkranken Kindes und kann bei leichtem Verlauf die Krankheit mildern. Geben Sie Ihrem Kind nach Rücksprache mit einem homöopathisch erfahrenen Arzt 3mal 5 Globuli am Tag. Je nach Krankheitsschwere und Zustand des Kindes hat sich auch Ferrum jodatum D12 während der Zeit der Bettruhe bewährt. Geben Sie dem Kind 2mal täglich 5 Tropfen, wenn der Arzt es befürwortet.

So helfen Sie Ihrem Kind

Das wichtigste Heilmittel während einer Scharlacherkrankung (neben vom Arzt verordnetem Penizillin) ist konsequente Bettruhe für einige Tage, wenn Fieber auftritt. Das tückische an einer Scharlacherkrankung ist nämlich, daß sich Komplikationen erst im späteren Verlauf ergeben können. Auch wenn das Kind schon wieder einen recht gesunden Eindruck macht, sollte es unbedingt geschont werden.

Naturheilmittel

Kamille und Salbei

Mund- und Rachenspülungen ergänzen ärztliche Maßnahmen in effektiver Weise. Lassen Sie Ihr Kind stündlich mit Kamillen- oder Salbeitee gurgeln. Diese Tees wirken desinfizierend und heilend.

Darmreinigung

Zur Entgiftung des Körpers ist die tägliche Darmentleerung von großer Bedeutung. Falls Ihr Kind damit Probleme hat, geben Sie ihm einen Kinderabführtee aus der Apotheke (z. B. Clairo-Tee von Weleda), oder machen Sie einen Einlauf (siehe dazu Seite 306f.).

Den Stoffwechsel anregen

Lindenblütentee regt die Schweißbildung an und treibt die Krankheit aus dem Körper. Überbrühen Sie 1 TL Lindenblüten (aus der Apotheke) mit 1/4 l kochendem Wasser. Lassen Sie den Tee 5 Minuten ziehen, seihen Sie ihn ab, schmecken Sie ihn dann mit etwas Honig und 1 Spritzer Zitronensaft ab. Geben Sie Ihrem Kind 3 bis 5 Tassen täglich.

Hausmittel

Umschläge und Wickel

Gegen die Schwellung der Halsdrüsen machen Sie Ihrem Kind einen Prießnitz-Umschlag. Tauchen Sie ein sauberes Geschirrtuch in lauwarmes Wasser, wringen Sie es gründlich aus, und legen Sie es Ihrem Kind um den Hals. Decken Sie den feuchten Umschlag mit einem zusammengefalteten Handtuch und einem Wollschal ab. Lassen Sie den Wickel 2 Stunden wirken, und wiederholen Sie ihn gegebenenfalls nach einer Pause von 1 Stunde.
Bei hohem Fieber mit ansteigender Tendenz helfen Wadenwickel (siehe dazu Seite 298f.). Der Wickel sollte 1/2 Stunde liegen bleiben und kann 3mal täglich wiederholt werden.

Abkühlung

Schonender als ein Wickel ist ein abkühlendes Bad. Es sollte 10 Minuten dauern und kann 2- bis 3mal täglich angewendet werden. Füllen Sie die Badewanne mit 35 °C warmem Wasser, und setzen

Keine Immunität

Anders als beispielsweise Masern oder Mumps gehört Scharlach zu den Erkrankungen, die man mehrmals bekommen kann. Deshalb ist eine kräftige und gesunde Immunabwehr von besonderer Bedeutung.

Unser Tip

Andere schützen

Auch nicht erkrankte Kinder im Hause eines Scharlachpatienten sollten nach Ausbruch der Erkrankung eine Woche zu Hause bleiben, damit sie die Erkrankung nicht auf andere Kinder im Kindergarten oder in der Schule übertragen.

Eine ausreichende Flüssigkeitszufuhr ist bei allen kranken, vor allem fiebernden Kindern von großer Wichtigkeit. Wird Ihr Kind mit Penizillin behandelt, müssen seine Freunde nur für drei bis vier Tage auf einen Besuch verzichten, danach ist dann die Ansteckungsgefahr vorüber.

Hinweis

Früher war Scharlach eine schwere Infektionskrankheit. Heute verläuft diese Erkrankung meist in einer wesentlich milderen Form und mit weniger ausgeprägten Symptomen. Scharlach kann einen so leichten Verlauf nehmen, daß nicht einmal Fieber auftritt. Seien Sie dennoch wachsam, damit es nicht zu schweren Komplikationen kommt.

Sie Ihr Kind hinein. Lassen Sie das Wasser von selbst abkühlen, oder geben Sie nach und nach kühleres Wasser hinzu.
Reiben Sie das Kind anschließend kräftig ab. Dann muß es gut zugedeckt ins Bett. Sollte das Kind zu irgendeinem Zeitpunkt frösteln, muß das Bad sofort abgebrochen werden.

Nicht zum Essen zwingen!

Wenn Ihr Kind nichts essen mag, lassen Sie es ruhig einen oder zwei Tage fasten, das schadet nicht. Sorgen Sie jedoch in jedem Fall für eine ausreichende Flüssigkeitszufuhr. Kräutertees sowie Gemüsesäfte sind in so einem Fall besonders geeignet.

So hilft der Arzt

Scharlach kann mit Antibiotika behandelt werden. Obwohl die Krankheit jedoch heute meist harmlos verläuft, wird der Arzt auf eine antibiotische Behandlung mit Penizillin nicht verzichten. Desweiteren wird er in Betracht ziehen, Familienmitglieder (Eltern, Geschwister), die noch kein Scharlach hatten, ebenfalls mit Penizillin zu behandeln – um einer möglichen Ansteckung vorzubeugen.

Nicht selbsttätig absetzen!
Wenn nach der Beratung mit dem Arzt dennoch eine Antibiotikatherapie angezeigt ist, muß Ihr Kind diese auch ganz konsequent durchführen. Meist tritt unter Penizillin – oder einem anderen Antibiotikum, wenn Ihr Kind kein Penizillin verträgt – eine rasche Besserung ein. Dennoch muß das Antibiotikum genau nach Vorschrift des Arztes zehn Tage lang eingenommen werden, auch wenn Ihr Kind schon ganz gesund erscheint. Erst danach ist die Gefahr eines Rückfalls und einer Resistenzbildung gebannt.

Regelmäßige Urinkontrolle
Da eine der möglichen Komplikationen bei Scharlach die Nierenentzündung ist, sollte der Arzt regelmäßig den Urin des Kindes untersuchen, damit diese Folgeerscheinung nicht übersehen wird und unnötig lange unbehandelt bleibt.

Fiebersenkende Medikamente
Sinkt das Fieber trotz der Wadenwickel oder eines abkühlenden Bades nicht oder steigt es gar weiterhin an, kann auch eine Therapie mit fiebersenkenden Medikamenten in Betracht gezogen werden. Das ist insbesondere dann wichtig, wenn Ihr Kind zu Fieberkrämpfen neigt.

Wichtig!

Da die Scharlacherreger auch außerhalb des Körpers lebensfähig sind, kann die Krankheit auch von gesunden Personen übertragen werden. Deshalb ist Hygiene in dieser Zeit besonders wichtig, damit die Erreger nicht durch die Pflegepersonen weiterverbreitet werden.

Vorbeugen – so bleibt Ihr Kind gesund

- **Halten Sie Ihr Kind von erkrankten Kindern und deren Geschwistern fern.**
- **Ein starkes Abwehrsystem hilft dem Organismus Ihres Kindes, eindringende Bakterien wirkungsvoll zu bekämpfen. Eventuell reicht das schon aus, um eine Scharlacherkrankung gar nicht ausbrechen zu lassen; ansonsten trägt ein funktionierendes Abwehrsystem auf jeden Fall dazu bei, daß die Erkrankung schnell und komplikationslos abheilt.**
- **Auch wenn Ihr Kind schon an Scharlach erkrankt war, gelten dieselben Ratschläge der Vorbeugung, denn Scharlach hinterläßt nicht, wie viele der klassischen Kinderkrankheiten, eine lebenslange Immunität. Man kann Scharlach genau fünfmal bekommen.**

Hinweis
Sollte die Scharlacherkrankung bei Ihrem Kind so sanft verlaufen, daß sich ein möglicher Verdacht erst im Abheilstadium durch die auffällige großfetzige Abschuppung der Haut ergibt, sollte das Kind trotzdem noch dem Arzt vorgestellt werden, um versteckte Schädigungen oder Komplikationen auszuschließen.

Achtung!
Scharlach ist während der gesamten Dauer der Erkrankung ansteckend. Besonders infektiös sind genesende Kinder mit eitrigen Absonderungen beispielsweise aus den Ohren. Wird Ihr Kind jedoch mit Penizillin behandelt, ist es nach drei bis vier Tagen nicht mehr ansteckend.

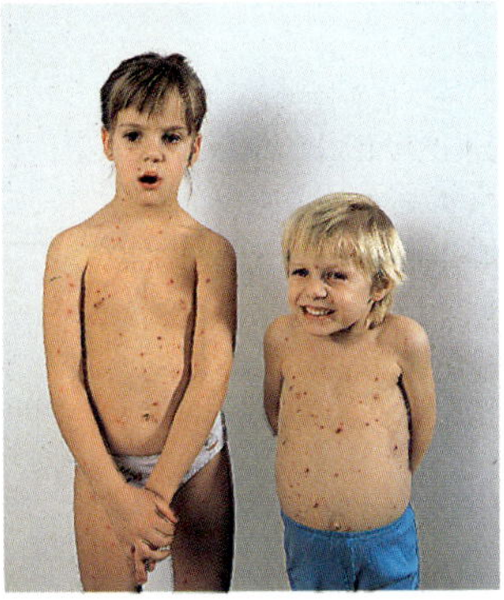

Kinder fühlen sich oft – trotz der juckenden Bläschen – gar nicht besonders krank.

Windpocken

Symptome

- **Charakteristische, leicht gerötete Bläschen, deren Mitte mit einer wäßrigen Flüssigkeit gefüllt ist**
- **Starker Juckreiz**
- **Beginn des Ausschlags meist auf der Brust, den Armen oder im Gesicht; später sind häufig auch die Kopfhaut, die Augenlider, die Mundschleimhaut oder die Schamgegend betroffen**
- **Bei schwerem Verlauf dehnt sich der Ausschlag auf den gesamten Körper aus; leichtes Fieber, eventuell Husten**
- **Nach zwei bis drei Tagen trocknen die Bläschen aus und fallen danach ab**

Ursachen

Windpocken werden durch ein Virus verursacht, das zur Gruppe der Herpesviren gehört, das bei Jugendlichen und Erwachsenen unter Umständen eine Gürtelrose verursacht. Die Übertragung erfolgt durch Tröpfcheninfektion (Husten, Niesen). Sie wird durch direkten Kontakt, aber auch durch die Luft übertragen.

Buntes Bild

Charakteristisch ist, daß gleichzeitig alle Stadien der Bläschen (vom Auftreten bis zur Verkrustung und Abheilung) auf der Haut vorhanden sind.

Vorsicht!

Ist Ihr Kind noch durch eine bestehende und kurz vorher abgeheilte Krankheit geschwächt, können Windpocken auch einmal einen ernsten Verlauf nehmen. Das muß bei der Behandlung in Betracht gezogen werden.

Organische Hintergründe

Windpocken verlaufen in der Mehrzahl der Fälle harmlos. Die Zeit von der Ansteckung bis zum Ausbruch der Krankheit beträgt 9 bis 28 Tage.

Rezeptfreie Medizin

Kühlende Abwaschungen lindern den quälenden Juckreiz. Verwenden Sie Kamillentee oder Essigwasser (1 Teil Obstessig, 3 Teile Wasser). Ein lauwarmes Bad mit Kamillen- oder Fichtennadelzusatz hilft ebenfalls gegen den Juckreiz und fördert den Schlaf.

Komplikationen

- Durch das Aufkratzen der Bläschen kann eine Bakterieninfektion entstehen, die – wenn sich daraus Abszesse entwickeln – auch zu Narben führen kann.
- Die Ansteckungsbereitschaft für andere Erkrankung wie z.B. Scharlach ist erhöht.
- Eine sehr seltene, aber schwere Komplikation ist die Gehirnentzündung.

So helfen Sie Ihrem Kind

Bei Windpocken ist strenge Bettruhe nur notwendig, wenn das Kind fiebert. Es sollte bis zum Abfallen der Krusten nicht baden.

Bewährte Hausmittel

Angenehme Stoffe

Die Kleidung – einschließlich der Unterwäsche – sollte aus Baumwolle oder Seide bestehen, da diese Stoffe die Haut am wenigsten reizen und einen kühlenden Effekt ausüben.

Die Haut schützen

Um das Aufkratzen der Haut soweit wie möglich zu vermeiden, sollten Sie die Nägel des Kindes ganz kurz schneiden. Manchmal hilft es auch, ihm (besonders nachts) leichte Baumwollhandschuhe überzuziehen. Außerdem sollten Sie die Hände und Fingernägel Ihres Kindes mehrmals täglich gründlich reinigen, um eine Infizierung der aufgekratzten Bläschen mit Bakterien zu vermeiden.

Entzündungen vermeiden

Bläschen und Krusten sollten Sie dreimal täglich mit juckreizstillendem Wecesin-Puder oder Anaesthesulf P Lotio (Österreich: keine rezeptfreien Präparate; Schweiz: Wild-Balsam) betupfen.

Wichtig!

Windpocken bedürfen meist nicht der ärztlichen Behandlung. Treten jedoch hohes Fieber, Mattigkeit, Kopfschmerzen, Erbrechen oder Krämpfe auf, sollten Sie umgehend den Arzt holen. Diese Symptome können auf eine Gehirnentzündung hinweisen. Glücklicherweise tritt sie nur selten als Folge von Windpocken auf.

Vorbeugen – so bleibt Ihr Kind gesund

- **Stärken Sie das Immunsystem Ihres Kindes durch eine gesunde, vollwertige Ernährung mit viel frischem Obst und Gemüse und gelegentlich Fisch oder Fleisch.**
- **Sorgen Sie dafür, daß sich Ihr Kind täglich an der frischen Luft bewegt.**
- **Ist das Immunsystem des Kindes durch eine vorangegangene Erkrankung angegriffen, können Sie es durch Echinacin (Sonnenhut; aus der Apotheke) unterstützen.**
- **Achten Sie darauf, daß Ihr Kind nicht schwitzt. Der salzige Schweiß verschlimmert den Juckreiz und verhindert das Austrocknen und Verschorfen der Bläschen.**

Vorsicht!

Die Ansteckungsgefahr für andere Kinder beginnt bereits einen bis zwei Tage vor dem Ausbruch des Hautausschlags und endet erst mit dem Eintrocknen der letzten Bläschen.

Keine Wadenwickel

Im Falle von Windpocken sind Wadenwickel zur Fiebersenkung nicht geeignet, da die feuchte Wärme unter dem Wickel die Entstehung der Windpockenbläschen begünstigt.

Unser Tip

Windeln wechseln

Trägt Ihr windpockenkrankes Kind noch Windeln, sollten diese möglichst oft gewechselt werden oder ganz weggelassen werden. Die warme, feuchte Atmosphäre verschlimmert den Juckreiz und verhindert ein schnelles Verschorfen der Bläschen.

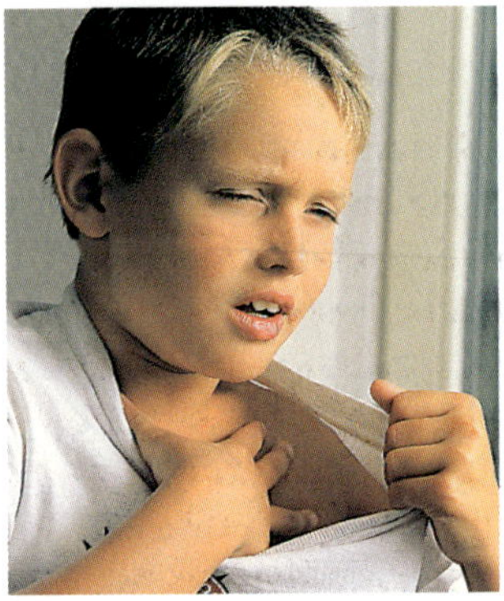

Auf die Ängste des Kindes vor der Luftnot müssen Sie behutsam eingehen.

Asthmatischer Anfall

Symptome

- Pfeifende Atmung
- Stoßartige Atemzüge ohne entspannte Ausatmung
- Enge- und Druckgefühl in der Brust
- Krampfartiger Husten
- Starke Ängste des Kindes vor der Atemnot
- Kalte Hände und Füße
- Bläulich verfärbte Lippen

Ursachen

Bei jüngeren Patienten wird Asthma in den meisten Fällen durch eine Allergie verursacht. Auslöser sind dann dieselben Stoffe, auf die Ihr Kind auch sonst mit allergischen Beschwerden reagiert.
Bronchien und Atemmuskulatur besitzen einen starken Bezug zur Psyche. Asthma gehört daher zu den psychosomatischen Erkrankungen, asthmatische Anfälle treten häufig unter seelischen Belastungen auf. Die Psyche kann auch alleinige Ursache sein.

Wichtig!

Bronchialasthma sollte möglichst früh vom Arzt behandelt werden, um den Ursachen der Atemnot auf die Spur zu kommen. Die hier gemachten Vorschläge dienen zur Ergänzung der ärztlichen Therapie und sollen helfen, die Anzahl der Asthmaattacken zu verringern oder ihnen zumindest etwas von ihrer Stärke zu nehmen.

Organische Hintergründe

Während des Schlafs sorgt das Nervensystem für eine Engstellung der Bronchien, weil zu dieser Zeit weniger Luft benötigt wird, da sich der Körper wenig bewegt.
Diese Engstellung hält auch noch eine gewisse Zeit nach Beginn der Aufwachphase vor, obwohl dann eigentlich schon wieder mehr Luft benötigt wird, da noch nicht ausreichend Kortison gebildet wird, das die Bronchien wieder erweitert. Aus diesem Grunde geschehen Asthmaanfälle meist in den frühen Morgenstunden.

So helfen Sie Ihrem Kind

Wichtig sind Maßnahmen, die umstimmend auf das Körpergeschehen wirken und so zur Stärkung des Immunsystems beitragen. Oft hilft da schon eine Luftveränderung.

Rezeptfreie Medizin

Für Kinder, die häufig mit Atemproblemen zu tun haben, bietet sich ein Thymianbad an. Überbrühen Sie 2 Tassen Thymian mit 1 l kochendem Wasser. Zugedeckt 15 Minuten ziehen lassen, abseihen und ins Badewasser geben. Die Wirkstoffe des Thymians gelangen über die Hautblutgefäße und die Lungen in den Körper und sorgen dort für eine allgemeine Entspannung und Entkrampfung der Atemorgane. Das Bad sollte ungefähr 15 Minuten dauern.

Naturheilmittel

Senfwickel

Senfwickel entspannen die Atemwege und befreien sie von zähem Schleim. So werden sie angelegt:
15 g Senfmehl in 1 l warmem Wasser anrühren und ein Leinentuch in die Flüssigkeit eintauchen. Das Leinentuch abtropfen lassen und auf die Brust legen. Danach wird die Brust mit einem warmen Tuch abgedeckt. Die Anwendung sollte mindestens 20, höchstens 30 Minuten dauern.

Atemnot durch Tee lindern

Lungenkrauttee: Übergießen Sie 2 TL Lungenkraut (aus der Apotheke) mit 1 Tasse kochendem Wasser. 10 Minuten lang ziehen lassen und abseihen. Geben Sie Ihrem Kind täglich 2 Tassen dieses Tees, den Sie eventuell mit Honig süßen können.

Isländisch-Moos-Tee: Kochen Sie 1 TL Isländisch Moos (aus der Apotheke) mit 1 Tasse kochendem Wasser auf. 10 Minuten ziehen lassen, dann abseihen. Geben Sie Ihrem Kind täglich 1 Tasse dieses wohlschmeckenden und wirksamen Tees.

Huflattichtee: Übergießen Sie 2 TL Huflattich (aus der Apotheke) mit 1/4 l kochendem Wasser. 5 Minuten ziehen lassen, dann abseihen und mit etwas Honig süßen. Über den Tag verteilt schluckweise trinken lassen.

Teemischungen

Teemischung I: Lassen Sie in der Apotheke 10 g Isländisch Moos, 10 g Huflattich, 8 g Gundermann, 10 g Eisenkraut, 10 g Spitzwegerich, 1 g Wasserfenchel mischen. 1 TL der Mischung mit 1 Tasse kochendem Wasser übergießen. 15 Minuten ziehen lassen, abseihen und mit etwas Honig süßen. Geben Sie dem Kind täglich 3 Tassen davon.

Teemischung II: Mischen Sie 25 g Holunderblüten, 20 g Huflattich und 5 g Fenchelsamen (alles aus der Apotheke). 1 TL der Mischung mit 1/2 l kochendem Wasser übergießen, 10 Minuten ziehen lassen und mit etwas Honig süßen. Geben Sie dem Kind über den Tag verteilt alle 15 Minuten einen Schluck warmen Tee.

Homöopathische Mittel

- Cuprum metallicum D6 hilft, wenn das Kind krampfartig hustet und sich eine Blauverfärbung der Lippen zeigt. Geben Sie zu Beginn des Anfalls 5 Tropfen auf die Zunge, 15 Minuten später noch einmal 5 Tropfen.

Atemtherapie

Mit der sogenannten Atemtherapie hat sich in den letzten Jahren eine interessante und erfolgversprechende Alternative in der deutschen Asthmatherapielandschaft entwickelt. Wer mehr darüber wissen will, wendet sich am besten an die Afa, Arbeitsgemeinschaft für Atempflege, Waldstraße 5, 10551 Berlin.

Unser Tip

Atmen lernen

Halten Sie Ihr Kind dazu an, durch die Nase zu atmen. Auf diese Weise wird die Luft vor dem Eintritt in die Bronchien gereinigt und erwärmt. Während eines Anfalls soll das Kind mit gespitzten Lippen ausatmen.

Isländisch Moos (links) kann asthmatische Beschwerden lindern. Lungenkraut (rechts) eignet sich – wie der Name bereits besagt – für die meisten Erkrankungen, die die Atemwege betreffen.

Atemwiderstand messen
Mit einem einfachen Gerät läßt sich der Atemwiderstand messen und die Dosis der Medikamente genau anpassen. Lassen Sie sich ein solches Gerät für Ihr Kind verschreiben.

- Sambucus nigra D6 wirkt, wenn die Nase verstopft ist und das Kind während des Anfalls heftig schwitzt. Geben Sie bei Beginn eines Anfalls 5 Tropfen auf die Zunge und noch einmal 5 Tropfen nach 15 Minuten.

Bewährte Hausmittel

Die richtige Haltung

Bei einem plötzlich auftretenden Anfall setzen Sie das Kind möglichst gerade auf einen Stuhl, der Bauch sollte locker nach vorne durchgewölbt werden, um dem Zwerchfell – einem der wichtigsten Atemmuskeln – die Arbeit zu erleichtern. Das Kind sollte dabei die Arme locker herunterhängen lassen. Sagen Sie ihm, daß es die Luft nicht auf einmal auspusten soll, sondern schubweise mit gespitzten Lippen (wie beim Pfeifen).

Entspannend

Lassen Sie Ihr Kind weinen! Besser als die »Heulszene in den Lungen« ist es, den Gefühlen durch echtes Schluchzen Luft zu machen. Egal, ob Frust, Trauer oder Wut – alles, was den Druck in den Tränensäcken erhöht, sollte bei Kindern (und auch bei Erwachsenen) rausgelassen werden. Keinesfalls dürfen sich Kinder ihres Weinens schämen. Während des Asthmaanfalls reden Sie Ihrem Kind gut zu, daß es ruhig weinen kann. So mancher Anfall kann durch heulendes Schluchzen beendet werden!

Quarkwickel
Bei leichten Atembeschwerden sollten Sie Ihrem Kind einen Quarkwickel anlegen (siehe dazu Seite 300f.). Ansonsten müssen Sie mit Ihrem Kind zum Arzt.

Zitronenwickel
Einfacher und beinahe genauso wirkungsvoll ist ein Zitronenwickel. Legen Sie ein in reinem Zitronensaft ausgewrungenes Leinentuch über die Brust Ihres Kindes, und decken Sie dieses mit einem Frotteetuch ab. Diesen Wickel können Sie über Nacht liegen lassen. Er hilft, die Verkrampfung der Bronchien zu lösen.

Wichtig!

Da Asthma bei Kindern in vielen Fällen einen allergischen Hintergrund hat, ist es wichtig, über einen Allergietest den oder die Auslöser der Allergie festzustellen und den Kontakt mit diesen Stoffen möglichst zu unterbinden. Ob sich für Ihr Kind möglicherweise eine Desensibilisierungsbehandlung eignet, können Sie nur zusammen mit dem Arzt entscheiden.

Vorbeugen – so bleibt Ihr Kind gesund

- **Lungenkraut enthält Kieselsäure, die das Lungengewebe elastisch hält. Brauen Sie Ihrem Kind einen Tee nach folgendem Rezept: 2 Teelöffel Lungenkraut mit 1 Tasse kochendem Wasser übergießen. 10 Minuten ziehen lassen, danach abseihen. Dieser Tee sollte am besten 3mal täglich zu den Mahlzeiten getrunken werden.**
- **Schützen Sie Ihr Kind vor strenger Kälte! Akute Kältereize führen zur spontanen Engstellung der Bronchien. Lassen Sie Ihr Kind bei arktischen Temperaturen lieber zu Hause, oder ziehen Sie ihm wenigstens einen Schal über Mund und Nase!**
- **Weisen Sie Ihr Kind darauf hin, stets durch die Nase zu atmen! Nehmen Sie sich die Zeit, diese Atemtechnik mit ihm zu üben! Durch Nasenatmung wird die Luft vor dem Eintritt in die Bronchien gereinigt und erwärmt.**
- **Regen Sie Ihr Kind zum Sporttreiben an! Besonders geeignet sind Ausdauersportarten wie Schwimmen, Radfahren und Joggen.**

Hinweis
Asthmakranke Kinder haben oft große Schwierigkeiten in der Schule, da sie häufig fehlen oder aufgrund ihrer Atemnot unter Konzentrationsschwäche leiden. Aus diesem Grunde sind in Deutschland spezielle Schulen für asthma- und allergiekranke Kinder eingeführt worden.
Der Aufenthalt in diesen Schulen wird unter bestimmten Voraussetzungen vom Sozialamt oder von den Krankenkassen bezahlt. Nähere Auskünfte erhalten Sie beim Jugenddorf Buchenhöhe in Berchtesgaden.

Husten ist ein Symptom, das bei sehr vielen Erkrankungen auftritt.

Rezeptfreie Medizin

Teemischung I vermindert den Hustenreiz und beseitigt das Wundgefühl in den Bronchien: Eibisch, Spitzwegerich, Königskerze, Huflattich und Isländisch Moos. Teemischung II wirkt schleimlösend: Schlüsselblume, Alant, Seifenkraut, Lungenkraut, wohlriechendes Veilchen, Bibernelle. Teemischung III wirkt hustendämpfend: Thymian, Anis, Fenchel, Sonnentau. Mischen Sie die für jede Teemischung angegebenen Kräuter zu gleichen Teilen. Überbrühen Sie 1 TL einer Teemischung mit 1/4 l Wasser. Lassen Sie den Tee 5 Minuten ziehen, danach abseihen und mit etwas Honig süßen. 2- bis 3mal täglich eine Tasse.

Husten

Symptome

- **Leichtes Kratzen im Hals**
- **Trockenes Hüsteln**
- **Husten, mit oder ohne Auswurf**
- **Bellender Husten**
- **Hustenanfälle, zum Teil mit Würgereiz bis zum Erbrechen**
- **Mattheit**
- **Eventuell zusätzlich Fieber**

Ursachen

Die Ursachen für Husten, der selbst nur ein Symptom ist, sind vielfältig. Husten kann durch Bakterien, Viren oder Fremdkörper, die in die Luftwege geraten sind, ausgelöst werden. Er ist meist harmloser Natur, sollte aber dennoch nicht auf die leichte Schulter genommen werden.

Organische Hintergründe

Husten ist eine natürliche Abwehrreaktion des Körpers gegen Schleim, entzündliche Reizungen der Luftröhre oder der Bronchien oder gegen eingeatmete Fremdkörper. Die explosionsartig ausgestoßene Luft soll bewirken, daß Reizursachen aus der Luftröhre und den Bronchien hinausgeschleudert werden.

Vorsicht!

Meist ist Husten völlig harmlos, aber für die Umgebung schwerer erträglich als für das betroffene Kind. Dennoch sollten Sie bei einem Husten, der länger als eine Woche dauert, einen Arzt zu Rate ziehen. Er kann nicht nur abklären, ob der Husten Ihres Kindes tatsächlich harmloser Natur ist, sondern auch Vorsorge treffen gegen eine chronische Bronchitis oder Asthma.

So helfen Sie Ihrem Kind

Zur Behandlung von Husten empfehlen sich hauptsächlich Tees und Wickel.

Naturheilmittel

Zwiebelsud lindert den Husten

Zwiebel ist aufgrund bestimmter Inhaltsstoffe besonders geeignet, den Husten zu lindern. Bereiten Sie einen Zwiebelsud vor, indem

Sie 2 größere Küchenzwiebeln schälen und sie 1 Stunde in 3/4 l Wasser kochen. Gießen Sie den Zwiebelsud durch ein Sieb, und geben Sie der nur noch lauwarmen Flüssigkeit etwas Honig zu. Von diesem Sud kann Ihr Kind alle 2 Stunden 1 bis 2 EL einnehmen.

Bewährte Hausmittel

Ölwickel

Mit einem Ölwickel können Sie Ihr Kind in eine Wolke von ätherischen Duftstoffen einhüllen, die – je nach Wirkstoff – den Hustenreiz lindern, das Atmen erleichtern und die Bronchien beruhigen. Mischen Sie 9 Teile Olivenöl mit 1 Teil ätherischem Öl (Eukalyptus, Latschenkiefer, Lavendel). Wärmen Sie ein brustbreites und ganz um den Brustkorb des Kindes reichendes Tuch an. Erwärmen Sie 5 bis 10 ml des Ölgemischs vorsichtig in einem Wasserbad, und geben Sie das Öl tropfenweise auf das vorgewärmte Tuch. Wickeln Sie das Öltuch möglichst rasch vom Rücken her um den Brustkorb, und befestigen Sie es straff mit einem Wollschal. Am besten wirkt ein Ölwickel über Nacht ein.

Quarkwickel

Ein Quarkwickel wirkt hustenstillend und kühlend. Er ist besonders dann angezeigt, wenn der Husten von hohem Fieber begleitet wird. Wie der Quarkwickel vorbereitet und angelegt wird, lesen Sie auf Seite 300f. Bei Hustenerkrankungen bleibt der Quarkwickel tagsüber 1 Stunde liegen; über Nacht angelegt, ist er noch wirksamer.

Kartoffelwickel

Auch bei Husten – wie bei vielen anderen Erkrankungen der Atemwege – hilft ein Kartoffelwickel (Anwendung wie Quarkwickel, nur statt Quark gekochte, zerquetschte Kartoffeln). Achten Sie sorgfältig darauf, daß Ihr Kind keine Verbrennungen erleidet.

Ernährung bei Husten

Reizfreie Ernährung

Husten, insbesondere trockener Reizhusten, kann durch vielerlei Faktoren ausgelöst werden. Deshalb sollten Sie bei der Ernährung eines hustenkranken Kindes darauf achten, Nahrungsmittel anzubieten, die die Kehle passieren, ohne sie zu reizen. Geeignet sind in der Regel flüssige und breiige Nahrungsmittel, die nicht zu stark säurebetont sind. Probieren Sie es mit Fleisch oder Gemüsebrühen, Kartoffel- oder Gemüsebrei, Bananenbrei oder Haferschleim.

Biostoffe gegen Husten

- Zink, Magnesium, Vitamin C, Vitamin B6 (Pyridoxin), Folsäure und Vitamin E stärken die Immunabwehr.

Wichtig!

Bei sehr hartem Husten kann es zu Brustschmerzen und Erschöpfung kommen. Bei kleineren Kindern kann es auch zu Erbrechen kommen.

Meist unbedenklich

Selbst stundenlanger Husten, der nur nachts und ohne weitere Beeinträchtigung des Wohlbefindens auftritt, ist in den meisten Fällen harmlos. Oft handelt es sich um Reizzustände der Luftröhre. Feuchte Luft oder Tees können hier helfen.

Unser Tip

Vorsicht!

Geben Sie Ihrem Kind bei nächtlichen Hustenanfällen kein Bonbon; dieses könnte beim Einschlafen in die Luftröhre rutschen und einen Erstickungsanfall hervorrufen.

Der Vogelbeerbaum (Sorbus aucuparia), vielerorts auch Eberesche genannt, ist zur Zeit seiner Beerenreife nicht nur für Vögel als leckere Mahlzeit sehr attraktiv. In den hübschen roten Beeren verbergen sich auch heilkräftige Wirkstoffe, die zur Behandlung von Hustenerkrankungen eingesetzt werden können.

- Vitamin A stärkt die Widerstandskraft der Schleimhäute im Nasen-, Rachen- und Bronchialbereich. Ideale Vitamin-A-Lieferanten sind Kürbisse und Karotten.
- Magnesium unterstützt die Bildung von Zellen, aus denen die Antikörper gebildet werden. Durch ausreichend Mineralwasser und Rohkost kann die Magnesiumzufuhr abgesichert werden.
- Zink ist an der Bildung der Antikörper beteiligt und hält die für die Immunabwehr wichtigen T-Lymphozyten (Untergruppe der weißen Blutkörperchen) auf Trab. Man findet das Mineral vor allem in Mandeln, Erdnüssen, Kürbiskernen und grünem Blattgemüse.
- Sorbitansäure lindert den Hustenreiz. Man findet diese Säure vorwiegend in den Beeren der Eberesche.

Ablenkung

Insbesondere bei einem trockenen Reizhusten hilft es häufig, das Kind mit einem interessanten Spiel oder einer spannenden Geschichte abzulenken, um den Hustenreiz zu stillen.

Die idealen Nahrungsmittel gegen Husten

- Kürbis ist bei Husten ein sehr gutes Mittel, um die Abwehrkräfte im Bronchialsystem aufzubauen. Er enthält überdurchschnittlich viele Karotinoide, Vorstufen des wichtigen Schleimhautvitamins A. Beeindruckend auch sein Vitamin-C-Gehalt sowie sein Gehalt an Folsäure, Vitamin B6, Vitamin E, Magnesium und Zink (das sich besonders in den Kernen befindet).
- Honig enthält nicht nur Vitamine und Mineralien, die sich positiv auf den Husten auswirken, sondern auch seine physikalische Beschaffenheit hat lindernde Eigenschaften. Die eigenartig weiche und doch in sich geschlossene Honigmasse legt sich wie ein Balsam auf die strapazierten Bereiche im Hals- und Rachenraum. Der Hustenreiz kann dadurch mitunter vollständig zum Erliegen gebracht werden. Besonders geeignet für Kinder ist Fenchelhonig.

- Ebereschensaft schmeckt Kindern besonders gut, wenn er mit Honig vermischt ist. Die Beeren der Eberesche enthalten sehr viel Vitamin C und Karotinoide, aus denen sich Vitamin A bildet. Darüber hinaus wirkt sich der Gerbstoff Sorbitansäure lindernd auf den Hustenreiz aus. Ebereschensaft erhält man im Reformhaus oder in der Apotheke. Mischen Sie ihn mit Honig; seine heilende Wirkung wird dadurch verstärkt.
- Rettich – der alte »Radi« – hat sich schon häufig bei der Linderung von Hustenbeschwerden bewährt, vor allem bei Keuchhusten. Er enthält Biostoffe, die sich entspannend auf die Muskeln der Atemwege auswirken.
Rettich schmeckt besonders gut, wenn man ihn fein raspelt und mit Kopf- oder Feldsalat sowie Tomaten oder Karotten mischt. Als Sauce eignet sich eine mild gewürzte Öl-Essig-Mischung. Hierdurch werden auch die E-Vitamine der Rohkost optimal gelöst.
- Brunnenkresse enthält überdurchschnittlich viel Vitamin C und E sowie Karotinoide (Vorstufen von Vitamin A). Ihr Gehalt an Senföl verbessert die Sekretion der Schleimhäute im Bronchial- und Rachenbereich.
Dadurch eignet sich das vitaminreiche Wildgemüse zur Behandlung von trockenem Husten, keinesfalls aber zur Behandlung von Husten, der bereits von starken Auswürfen begleitet ist.
Die Brunnenkresse eignet sich aufgrund ihres strengen Geschmacks nur bedingt zum eigenständigen Salatanteil, am besten verwendet man sie als Gewürz zu Butterbrot, Bratkartoffeln, Eiern und Rohkostsalat.
- Anis wirkt ähnlich wie Brunnenkresse entkrampfend auf die Muskeln der Atemwege. Kinder mögen allerdings seinen Geschmack in der Regel nicht, und in Form von Aniskuchen, Anisschnitten oder Anisplätzchen geht die Wirkung der ätherischen Anisöle leider größtenteils verloren.

Vorbeugen – so bleibt Ihr Kind gesund

- **Im Winter sollten Sie darauf achten, daß Wohn- und insbesondere Schlafräume nicht überheizt werden. Zum einen belastet der Wechsel von überhitzten Wohnungen in die Kälte im Freien den Körper des Kindes, zum anderen trocknet Heizungsluft die Schleimhäute aus, wodurch eine Infektanfälligkeit gefördert wird bzw. sich ein bereits bestehender Husten sogar verschlimmern kann.**
- **Im Sommer kann ein hartnäckiger Husten auch allergischer Natur sein. Lassen Sie das abklären, und sorgen Sie dafür, daß Ihr Kind die allergieauslösenden Stoffe weitgehend meidet.**

Brunnenkresse – zu Unrecht vergessen

Die Brunnenkresse führt in der Küche heutzutage eher ein Schattendasein. Völlig zu Unrecht. Denn sie gibt gerade den bei Kindern so beliebten Bratkartoffeln ein unverwechselbares Aroma.

Keine Milch

Leidet Ihr Kind unter einem Husten, bei dem sich viel Schleim bildet, der so aus den Lungen und Bronchien transportiert wird, sollten Sie ihm einige Tage keine Milch zu trinken geben, da sie die Verschleimung noch verschlimmert.

Passivraucher

Wird ein Kind häufig verrauchter Luft ausgesetzt, kann das bei ihm zu einem chronischen Reizhusten führen.

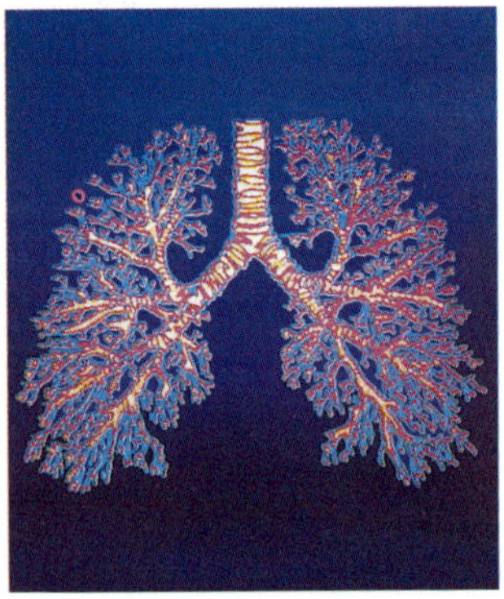

Bei der Lungenentzündung sind das Lungengewebe und teilweise auch die fein verästelten Bronchien betroffen.

Lungenentzündung

Symptome

- Fieber, Schüttelfrost
- Appetitlosigkeit
- Zunehmende Atemnot mit beschleunigter, oberflächlicher Atmung
- Beschleunigter Puls
- Erbrechen, Kopfschmerzen
- Abgeschlagenheit, schlechtes Allgemeinbefinden
- Trockener Husten
- Blaßgraue Haut, bläuliches Dreieck um den Mund herum

Ursachen

Auslöser einer Lungenentzündung (in der Fachsprache Pneumonie) können Bakterien, Viren oder Pilze sein. Sie kann als Begleiterscheinung anderer Krankheiten, aber auch als selbständige Erkrankung auftreten. Auch Fremdkörper, die in die Lunge eindringen, können eine Lungenentzündung verursachen

Organische Hintergründe

Bei Erkrankungen der oberen Luftwege (Bronchitis, Erkältungen, grippale Infekte), aber auch als Komplikation einiger Infektionskrankheiten (Masern, Keuchhusten) kann es in der Folge zu einer Lungenentzündung kommen.
Als selbständiges Krankheitsgeschehen kann die Lungenentzündung von verschiedenen Erregern ausgelöst werden, wobei vor allem das Alter des Kindes häufig ausschlaggebend für die Art der Erkrankung und deren Verlauf ist.

Rezeptfreie Medizin

Mit rezeptfreier Medizin können Sie in Absprache mit dem Arzt Ihrem Kind die Krankheit erleichtern. Eibisch wirkt gegen Fieber und dämpft den quälenden Husten. Huflattich bekämpft die Entzündung und Verschleimung der Atemwege und hemmt krampf- und anfallsartigen Husten. Spitzwegerich wirkt schleimlösend und auswurffördernd. Er ist eines der bekanntesten Hausmittel gegen Lungenerkrankungen aller Art.

Vorsicht!

Eine Lungenentzündung gehört immer in die Behandlung eines Arztes. Wachsamkeit ist schon angeraten, wenn starker Husten und hohes Fieber länger als zwei Tage andauern. Bei Blutspuren im Auswurf bzw. Brustschmerzen muß Ihr Kind sofort zum Arzt!

So helfen Sie Ihrem Kind

Naturheilmittel

Einreiben verschafft Erleichterung

Sie können den Brustkorb des Kindes mit einer Olivenöl-Lavendelöl-Mischung einreiben. Diese können Sie selbst herstellen, indem

Sie 9 Teile Olivenöl mit 1 Teil Lavendelöl mischen. Sie können sich aber auch die Mischung in der Apotheke herstellen lassen oder eine fertige Mischung in der Apotheke oder im Reformhaus kaufen. Wichtig ist, daß Sie vor der Behandlung das Öl in einem kleinen Fläschchen anwärmen. Das können Sie entweder in einem Wasserbad tun, oder Sie stellen das Fläschchen für einige Zeit auf die Heizung. Sorgen Sie außerdem vor allen Dingen dafür, daß Ihr Kind während der Einreibung nicht friert.

Gesunder Tee

Zusätzlich bewährt hat sich die folgende Teemischung.
Rezept: Zu gleichen Teilen Eibisch, Huflattich, Lungenkraut, Spitzwegerich und Süßholz mischen. Davon 1 TL 4 Stunden lang in 1/4 l kaltem Wasser ansetzen, dann kurz aufkochen, abseihen und mit etwas Honig süßen. Geben Sie Ihrem Kind von dem abgekühlten Tee stündlich einen Teelöffel.

Bewährte Hausmittel

Hochlagern

Lagern Sie den Oberkörper des Kindes, speziell den Brustkorb, hoch. Dabei sollte der Kopf etwas tiefer, also nach unten geneigt, zu liegen kommen. Dadurch wird die Atmung erleichtert. Falten Sie dafür eine Wolldecke zusammen, und legen Sie sie unter das Kopfkissen. Durch eine Rolle (oder eine zusammengefaltete Decke) unter den Oberschenkeln verhindern Sie das Wegrutschen des Kindes.

Frische Luft

Achten Sie auch auf die Luftverhältnisse im Krankenzimmer des Kindes. Die Luft sollte immer möglichst frisch sein – jedoch ohne Durchzug. Wichtig ist auch eine ausreichende Luftfeuchtigkeit, denn diese erleichtert dem Kind das Atmen. Verwenden Sie deshalb Luftbefeuchter für die Heizung, oder legen Sie feuchte Tücher über die Heizkörper.

Richtige Bekleidung

Wichtig ist auch die Bekleidung des kranken Kindes. Empfehlenswert ist – auch im Sommer – ein langärmeliges, schafwollenes Unterhemd, das über die Ellenbogen und über die Nieren reicht.

Brustwickel mit Quark

Bei starkem Husten helfen Brustwickel mit Quark.
Rezept: Legen Sie auf ein Frottiertuch eine Mullwindel, so daß sie nach unten über das Tuch hinausragt. Streichen Sie den zimmerwarmen Quark auf die Windel. Sie können den Quark eventuell auch mit etwas Essig verrühren. Die Quarkauflage sollte ca. 1 cm dick

Beruhigend

Für viele Eltern hat die Diagnose »Lungenentzündung« noch immer etwas sehr Beängstigendes. Dabei verläuft diese Krankheit schon im Kindesalter und auch später in den meisten Fällen keineswegs besonders gefährlich. Allerdings können sich Lungenschäden entwickeln, wenn eine Lungenentzündung nicht sofort behandelt wird.

Unser Tip

Zeit für das Kind

Nehmen Sie sich viel Zeit für Ihr krankes Kind. Zuwendung und Liebe von seiten der Eltern sind ebenso notwendig wie die wirksamen Medikamente aus der Hand des Arztes.

Der Kinderarzt kann durch Abhorchen des ganzen Brustraums hören, ob Ihr Kind an einem einfachen grippalen Infekt mit Husten oder an einer Lungenentzündung leidet. Er kann dadurch auch beurteilen, ob die ganze Lunge oder nur ein Teil betroffen ist.

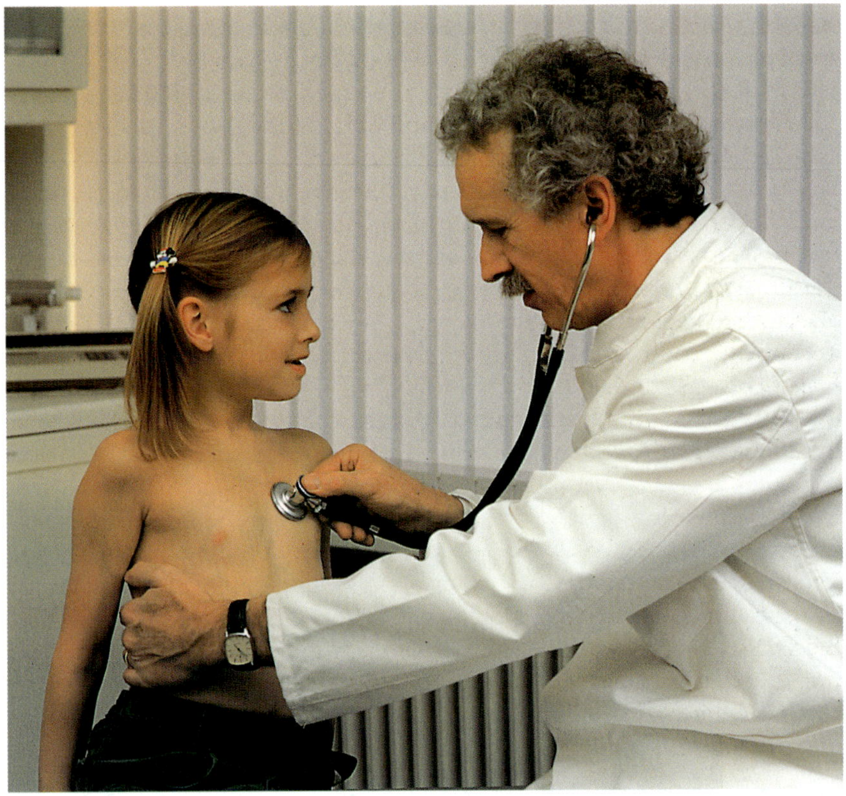

Hinweis

Das wichtigste Erkennungszeichen einer fortgeschrittenen Lungenentzündung ist das sogenannte Nasenflügeln: Dabei wird die Luft stoßweise ausgeatmet; man hört den Atemstoß und sieht das gleichzeitige Öffnen der Nasenflügel. Das ist ein (fast) sicheres Zeichen für eine bereits schwerwiegende Lungenentzündung. Der Arzt stellt im frühen Stadium die Diagnose mittels Abhorchen.

und so groß sein, daß sie den Brustkorb des Kindes bedeckt. Diese decken Sie mit dem nach unten hängende Windelteil ab. Das Kind wird auf den Wickel gelegt, dieser um den Oberkörper gewickelt und zusammengeheftet. Tagsüber den Brustwickel eine Stunde liegen lassen; besser noch entfaltet sich seine Wirkung jedoch über Nacht.

So hilft der Arzt

Bei Verdacht auf Lungenentzündung sollte unbedingt sofort der Arzt gerufen werden, um ernsthafte Komplikationen zu vermeiden. Er entscheidet über die Art der Therapie und ob Ihr Kind ins Krankenhaus muß. In den meisten Fällen wird Ihr Kind zu Hause behandelt werden können. Dann können Sie als Eltern die verordneten Maßnahmen des Arztes gezielt und wirksam unterstützen und die Genesung des Kindes beschleunigen.

Antibiotika – ja oder nein?

Bei komplizierten Fällen sind Antibiotika unbedingt notwendig, denn sie helfen dem Kind über eine schwierige Krankheit hinweg, die es sonst eventuell nicht ohne Schaden überstehen würde. Aber

in einigen Fällen kann selbst eine Lungenentzündung mit nur kurzzeitiger Antibiotikabehandlung ausgeheilt werden und auf diese Weise dem Kind ein Immunschutz mitgegeben werden. Vertrauen Sie dem Arzt in dieser Entscheidung. Er allein kann erkennen, ob eine langfristige Antibiotikatherapie notwendig und sinnvoll ist.
Der Vorteil bei einer antibiotikafreien Behandlung ist, daß es kaum zu Wiederholungen dieser Krankheit kommt. Der kindliche Organismus ist durch seine »Eigenarbeit« gegen weitere Erkrankungen dieser Art gewappnet. So steht er neuen Infekten gewissermaßen elastischer gegenüber, während ihm bei einem »Abblocken« der Erkrankung durch Antibiotika die eigenen Kräfte genommen werden. Das bedeutet, daß der kindliche Körper aus der Krankheit nicht gestärkt gegen weitere Erkrankungen hervorgeht, sondern durchaus eine Wiederholung der gleichen Krankheit möglich ist.

Wichtig!

Erbrochenes oder Fremdkörper, die in die Lunge gelangen, können leicht eine Lungenentzündung auslösen. Achten Sie besonders bei Säuglingen darauf, daß sie Erbrochenes nicht einatmen.
Bei größeren Kindern besteht die Gefahr, daß sie durch ihren Spiel- und Entdeckungstrieb Fremdkörper (z.B. Erdnüsse, Murmeln) einatmen, die dann die Atmung durch Verstopfung der Bronchien behindern. Auch das kann mitunter zu einer Lungenentzündung führen.

Vorbeugen – so bleibt Ihr Kind gesund

- **Lassen Sie Ihr Kind so oft wie möglich im Freien spielen – auch in der kalten Jahreszeit. Das stärkt die Widerstandskraft der oberen Atemwege und härtet sie ab.**
- **Falls Ihr Kind besonders infektanfällig ist, können Sie seine Abwehrkraft durch Echinacin kräftigen. Entsprechende Präparate finden Sie in der Apotheke. Lassen Sie sich von Ihrem Apotheker beraten, welche Dosierung für Ihr Kind angemessen ist.**
- **Geben Sie Ihrem Kind Nahrung mit viel Vitamin A und C! Vitamin C schützt vor Infektionen, während Vitamin A eine spezielle Immunwirkung in den Schleimhäuten entfaltet. Ergiebige Vitamin-A- und Vitamin-C-Quellen sind Spinat und Brokkoli sowie Salat, Tomaten und Spargel. Kürbis und Karotten enthalten vor allem Vitamin A, Holunderbeeren und Kiwis zählen zu den besten Vitamin-C-Versorgern. Bedenken Sie jedoch, daß beide Vitamine extrem lichtempfindlich sind. Belassen Sie die angegebenen Nahrungsmittel möglichst frisch oder roh, und setzen Sie Schnittflächen nicht der Sonnenbestrahlung aus.**

Hinweis

Manche Erreger der Lungenentzündung findet man beim gesunden Kind als »friedliche Schmarotzer« im Mund oder in der Luftröhre. Erst wenn eine schwere Erkältung, eine körperliche Überanstrengung oder eine seelische Erschütterung die körpereigenen Abwehrkräfte beeinträchtigt, werden sie – zu mitunter sehr gefährlichen – Krankheitserregern.

Aromatherapie mit Teebaumöl

Das Öl des australischen Teebaums ist ideal zur Verbesserung der Raumluft in einem Krankenzimmer. Das ätherische Öl wirkt stark antibakteriell. Träufeln Sie einige Tropfen Teebaumöl in eine Duftlampe, auf einen Duftstein oder einfach in ein Schälchen mit heißem Wasser. Die aufsteigenden Dämpfe reinigen dann die Zimmerluft von Keimen.

Eine Hochdruckwetterlage kann bei empfindlichen Kindern ein Mitauslöser für einen Pseudokrupp-anfall sein.

Rezeptfreie Medizin

Einige homöopathische Mittel unterstützen Ihr Kind im Akutfall. Geben Sie Ihrem Kind bei einem Anfall im Abstand von 5 Minuten abwechselnd 3mal 5 Tropfen der Heilmittel. Apis mellifera D6 läßt die Schleimhäute abschwellen, Sambucus D6 und Spongia D5 wirken schleimlösend.

Pseudokrupp

Symptome

- **Plötzliches Anschwellen der Schleimhäute im Kehlkopf**
- **Verengung der Luftröhre mit Atemnot**
- **Lauter, bellender Husten**
- **Pfeifendes Einatmen**
- **Meist nachts auftretend**
- **Heiserkeit**
- **Blaufärbung der Lippen**

Ursachen

Pseudokrupp oder Krupphusten ist eine meist durch eine vorhergehende Erkältung oder andere Viruserkrankung hervorgerufene Entzündung, bei der die Schleimhäute in den Atemwegen und im Rachen anschwellen. (Der »echte Krupp« tritt bei der Diphtherie auf.)
Die zunehmende Luftverschmutzung ist zwar kein direkter Auslöser von Pseudokrupp, verursacht jedoch einen ständigen Reiz der Atemwege, der bei vielen Kindern zu einer ständigen Entzündungsbereitschaft führt.
Ebenso wie Asthma kann auch Pseudokrupp von Wetterumschlägen beeinflußt werden.

Organische Hintergründe

Da besonders der Kehlkopf betroffen ist, kommt Pseudokrupp vorwiegend im Alter bis acht Jahre vor. In dieser Zeit ist der Kehlkopfspalt noch relativ eng und wird durch die anschwellenden Schleimhäute so eingeschränkt, daß die Luft nicht mehr ungehindert ein- und ausströmen kann.

Vorsicht!

Bei Kindern zwischen drei und zehn Jahren kann auch eine akute Epiglottitis vorliegen. Dabei schwellen innerhalb kurzer Zeit die Schleimhäute im Kehlkopf (der Kehlkopfdeckel) und in den Luftwegen an. Rufen Sie auf jeden Fall den Arzt, da sich schnell ein lebensbedrohlicher Zustand entwickeln kann.

So helfen Sie Ihrem Kind

Im Liegen verschlimmert sich die Atemnot des Kindes. Deshalb sollte es sich aufsetzen. Kleinere Kinder nehmen Sie aufrecht auf den Arm und gehen mit ihnen ans offene Fenster.

Naturheilmittel

Naturheilmittel und insbesondere homöopathische Präparate wirken sehr spezifisch. Meist müssen sehr viele Faktoren in Betracht gezogen werden, bis das richtige Mittel herausgefunden ist. Für eine längerfristige homöopathische Behandlung sollten Sie einen homöopathisch ausgebildeten Arzt zu Rate ziehen. Er kann am besten beurteilen, was für Ihr Kind geeignet ist.
Bedenken Sie auch, daß homöopathische Heilmittel während der Behandlung möglicherweise ausgetauscht werden müssen, wenn sich das Krankheitsbild Ihres Kindes ändert.

Eine Anregung

Aconitum D12 kann als erstes Mittel bei Pseudokrupp eingesetzt werden, bei Husten und lauten Geräuschen beim Ausatmen. Es hilft insbesondere, wenn der Pseudokruppanfall durch kalten und trockenen Wind ausgelöst wurde.

Bewährte Hausmittel

Ruhe bewahren

Bleiben Sie ruhig, wenn Ihr Kind während eines heftigen Hustenanfalls in Atemnot gerät, und tun Sie alles, diese Ruhe auf das Kind zu übertragen. Nehmen Sie es auf den Arm, sprechen Sie beruhigend auf es ein, lassen Sie eventuell eine entspannende und beruhigende Musik laufen – je ruhiger Ihr Kind ist, um so leichter bekommt es Luft.

Den Arzt rufen

Wenn Sie noch keine Erfahrung mit Pseudokruppanfällen haben, oder wenn Sie den Eindruck haben, daß der Anfall gefährlich ist, rufen Sie den Arzt, oder bringen Sie Ihr Kind ins Krankenhaus.
Sofort den Arzt rufen müssen Sie, wenn

- Sich die Atemnot verschlimmert
- Juchzende Geräusche beim Einatmen auftreten
- Ihr Kind sehr unruhig ist
- Lippen und Fingernägel sich bläulich verfärben
- Der Puls stark und hart zu fühlen ist

Frische Luft

Bei einem leichteren Anfall packen Sie Ihr Kind in eine Decke und öffnen Sie das Fenster, oder gehen Sie auf den Balkon oder die Terrasse. Naßkalter Nebel oder Sprühregen sind jedoch keine günstigen Witterungsbedingungen. In diesem Fall sollten Sie das heiße Wasser im Badezimmer eine Zeit laufen lassen und sich dann mit Ihrem Kind in die feuchte Luft setzen.

Beruhigen
Schlafen Sie im Kinderzimmer oder bei offener Tür im angrenzenden Zimmer. Damit geben Sie Ihrem Kind die Sicherheit, daß Sie im Falle eines Anfalls gleich zur Stelle sind. Das vermindert die Angst Ihres Kindes und kann Anfälle vermeiden oder wesentlich schwächer verlaufen lassen.

Unser Tip

Panik vermelden
Panik bewirkt, daß der Körper mehr Sauerstoff verbraucht – die Folge: Die Atmung wird schneller und hektischer, die Atemnot wird schlimmer. Bleiben Sie ganz ruhig, nehmen Sie Ihr Kind aufrecht auf den Arm, und vermitteln Sie ihm Sicherheit.
Je ruhiger das Kind atmet, um so leichter fällt ihm das Luftholen.

Feuchte Luft ist wichtig für Kinder, die unter Pseudokrupp leiden. Geben Sie mit Ihrem Kind z.B. während eines Anfalls ins Badezimmer, wo Sie heißes Wasser in die Badewanne laufen lassen. Der Dampf wirkt lindernd auf die Atemwege des Kindes.

Bedrohlich

Durch Anstrengung und Angst kann es zu einem lebensbedrohlichen Kreislaufschock kommen. Rufen Sie den Arzt, wenn die Haut Ihres Kindes bläßlichblau oder grau wird und kalt ist, obwohl das Kind schwitzt. Auch Benommenheit, Unruhe oder ein schwacher, schneller Puls sind Warnsignale.

Feuchte Luft

Vorbeugend sollten Sie für möglichst feuchte Luft im Schlafzimmer Ihres Kindes sorgen. Dazu können Sie z.B. feuchte Tücher um das Kinderbett hängen. Wenn Sie Luftbefeuchter benützen, müssen Sie streng auf Hygiene achten, damit die Geräte nicht verkeimen und so die Atemwege Ihres Kindes weiter belasten.

Hochlagern

Lagern Sie den Kopf Ihres Kindes höher als gewöhnlich. Das erleichtert ihm die Atmung ebenfalls. Am besten eignet sich ein Kopfkeil, zur Not tut es auch ein zweites Kopfkissen.

Viel trinken

Geben Sie Ihrem Kind, das an Pseudokrupp erkrankt ist, viel zu trinken, um den Schleim so locker wie möglich zu halten. Speziell nach einem Anfall ist es besonders wichtig, daß Ihr Kind viel trinkt, weil sich durch die Angstgefühle und die starke Anstrengung die Flüssigkeitsverhältnisse im Körperhaushalt verschieben können und im Extremfall Ihr Kind in die Nähe eines Kreislaufschocks bringen können.

So hilft der Arzt

Schon beim ersten Anfall von Pseudokrupp sollten Sie Ihr Kind einem Arzt vorstellen. Er berät Sie, wie Sie Ihrem Kind bei einem Anfall helfen können, und verschreibt lindernde Medikamente.

Notärztliche Behandlung

In akuten Notfällen wird der Arzt ein Kortisonpräparat verordnen, das die Schwellungen der Atemwege schnell abklingen läßt. Wenn Ihr Kind sehr große Erstickungsängste hat und deswegen in Panik gerät, kann auch ein Beruhigungsmittel angezeigt sein.

Behandlung im Krankenhaus

Führen diese Maßnahmen nicht zu einer deutlichen Verbesserung des Zustands Ihres Kindes, muß das Kind zur weiteren Behandlung ins Krankenhaus gebracht werden.

Hier besteht bei starken Atemproblemen die Möglichkeit, ein Plastikröhrchen durch den Mund oder die Nase in die Atemwege einzuführen. Dadurch wird die Atemnot sofort überwunden. Man nennt diesen Vorgang Intubieren.

Hausärztliche Behandlung

Zur weiteren Behandlung einer Pseudokrupperkrankung verschreibt der Arzt schleimlösende und hustendämpfende Mittel. Als Notfallmedikament für einen akuten Anfall wird er Ihrem Kind auch Kortisonzäpfchen verschreiben, die Sie aber nur im Ernstfall einsetzen sollten.

Vorbeugen – so bleibt Ihr Kind gesund

- **Schicken Sie Ihr Kind möglichst oft ins Freie – auch in der kalten Jahreszeit. Das stärkt die Widerstandskraft der oberen Atemwege und härtet sie ab.**
- **Echinacin kräftigt die Abwehrkraft. Entsprechende Präparate finden Sie in der Apotheke. Lassen Sie sich von Ihrem Apotheker beraten, welche Dosierung für Ihr Kind richtig ist.**
- **Achten Sie auf eine Vitamin-A- und Vitamin-C-reiche Ernährung mit viel grünem Gemüse, Karotten und frischem Obst.**
- **Thuja ist ein altes Naturheilmittel, das sich ebenfalls in der Behandlung von Abwehrschwächen und zur Vorbeugung von Infektionskrankheiten bewährt hat.**
  Sie erhalten entsprechende Präparate in der Apotheke. Der Apotheker wird Sie gerne über die richtige Dosierung und Einnahmezeit informieren.

Hinweis

Kortison ist ein sehr umstrittenes Medikament, das aber in vielen Fällen unumgänglich ist und vor allem sehr schnell hilft. Es hat jedoch auch viele Nebenwirkungen. Ein verantwortungsbewußter Umgang mit Kortison wird Ihrem Kind in der Regel jedoch mehr nützen als schaden.

Virenbekämpfung mit Teebaumöl

Das Öl des australischen Teebaums ist ideal zur Verbesserung der Raumluft in einem Krankenzimmer und wirkt antiviral, d. h. es bekämpft auch Viren. Träufeln Sie einige Tropfen Teebaumöl in eine Duftlampe, auf einen Duftstein oder einfach in ein Schälchen mit heißem Wasser. Die aufsteigenden Dämpfe reinigen dann die Zimmerluft von Keimen.

Achten Sie darauf, daß Ihr Kind seine Brille regelmäßig trägt.

Sehstörungen

Symptome

- Häufiges Stoßen an Ecken und Kanten
- Häufiges Stolpern
- Zusammenkneifen der Augen
- Gegenstände werden ganz nah vor die Nase gehalten
- Abneigung gegen Lesen
- Häufiges Augenreiben
- Kopfschmerzen, besonders nach längerem Fernsehen
- Empfindlichkeit gegen Helligkeit

Ursachen

Die häufigsten Sehstörungen bei Kindern sind Weit- oder Kurzsichtigkeit. Betrifft diese Sehstörung nur ein Auge und ist sie sehr stark ausgebildet, kann es zum Schielen kommen. In sehr seltenen Fällen ist die Ursache für Schielen eine Augenmuskellähmung.

Organische Hintergründe

Kurzsichtigkeit entsteht dadurch, daß der Augapfel zu lang ist, und deshalb weit entfernte Gegenstände nur unscharf auf der Netzhaut erscheinen. Nahe Objekte hingegen erscheinen scharf. Kurzsichtigkeit entwickelt sich häufig erst im Schulalter oder in der Pubertät.
Weitsichtigkeit ist bei Kindern eher selten. Sie entsteht, wenn der Augapfel zu kurz ist. Nahe Objekte erscheinen dann unscharf. Weitsichtigkeit, die schon während der Kindheit bestanden hat, bessert sich häufig während des Heranwachsens.

Die wichtigste Maßnahme

Nutzen Sie die Vorsorgeuntersuchungen für Kinder, und schildern Sie dem Arzt Ihre eigenen Beobachtungen. Durch die Zusammenarbeit von Arzt und Eltern kann vermieden werden, daß Sehstörungen übersehen oder erst spät entdeckt werden.

Vorsicht!

Wenn bei Ihrem Kind eine Fehlsichtigkeit festgestellt worden ist, die durch eine Brille korrigiert wird, sollten Sie darauf achten, daß es die Brille auch trägt.
Besonders wenn sich die Fehlsichtigkeit auf ein Auge konzentriert, kann es sonst zum Schielen kommen.

So helfen Sie Ihrem Kind

Sehstörungen müssen von einem Augenarzt behandelt werden. Bei kleinen Kindern bedarf es dazu Ihrer intensiven Mitarbeit. Je genauer Sie Ihr Kind beobachten und je detailliertere Angaben Sie dem Arzt über die Auswirkungen der Sehstörung bei Ihrem Kind machen können, um so besser wird er das Kind behandeln können.

So hilft der Augenarzt

Brille

Bei Fehlsichtigkeit im Kindesalter gibt es in der Regel nur ein Mittel, nämlich die Korrektur mittels einer Brille. Inzwischen gibt es für Kinder eine Reihe von Modellen zur Auswahl, die meistens von den Kindern auch gerne getragen werden.
Achten Sie darauf, daß das Gestell strapazierfähig ist und alle Aktivitäten des Kindes mitmacht.

Behandlung des schielenden Kindes

Die Behandlung des Schielens richtet sich nach Art und Ursache der Erkrankung. Verschiedene Behandlungsmethoden stehen zur Verfügung:

- Korrektur des Brechungsfehlers mit Hilfe einer Brille
- Einseitige Augenschlußverbände
- Spezielle Sehübungen unter Verwendung geeigneter Instrumente und Apparaturen
- Operative Korrekturen

So früh wie möglich behandeln

Mit der Behandlung sollte so früh wie möglich – schon im zweiten Lebensjahr – begonnen werden. Bei der Einschulung sollte die Behandlung des Schielens möglichst abgeschlossen sein.
Meist wird das nicht schielende Auge durch einen Klebeverband verschlossen, um dadurch das schielende Auge zum Sehen anzuregen. In der Regel stellt sich nach zwei bis sechs Monaten ein Sehvermögen ein, das hinter dem des anderen Auges nicht zurücksteht. Wird das Schielen durch eine Lähmung des Augenmuskels verursacht, führt in vielen Fällen eine relativ einfache Augenmuskeloperation zur Heilung.

Ernährung bei Sehstörungen

Biostoffe gegen Nachtblindheit

- Vitamin A ist am Aufbau des Sehpurpurs Rhodopsin beteiligt und daher unentbehrlich für das Farbensehen und die Anpassung an ungünstige Lichtverhältnisse.

Biostoffe gegen müde und entzündete Augen

- Vitamin A als Schleimhautvitamin sorgt für ausreichend Flüssigkeit in den Augen – und damit schützt es die Augen vor rascher Ermüdung und zudringlichen Krankheitserregern.
- Vitamin B2 (Riboflavin) garantiert unsere Energieversorgung, indem es als Enzymbestandteil die Energieproduktion aus Kohlenhydraten und Fetten ankurbelt. Sein Mangel führt neben geröteter Zunge zu müden und leicht entzündeten Augen.

Unbedingt zum Arzt

Sie sollten unbedingt den Arzt aufsuchen, wenn Sie folgende Symptome bei Ihrem Kind feststellen: Kurzsichtigkeit (oft bei erweiterten Pupillen), Weitsichtigkeit (oft bei verengten Pupillen), Schielen, fehlender Ausdruck von Freude und Schmerz in den Augen (Glanz oder Tränen), fehlende Pupillenreaktion (bei Helligkeit oder beim Blick in die Ferne).

Unser Tip

Empfehlenswert

Es ist sinnvoll, wenn Sie Ihrem Kind eine Sportbrille kaufen, deren Bügel biegsam sind und die Brille sehr sicher hinter dem Ohr fixieren. Sie behindert das Kind weder beim Spiel noch beim Sport.

- Die Vitamine C und E sowie die Mineralien Zink, Eisen und Kupfer verbessern die Immunabwehr der Bindehaut. Chronische Bindehautentzündungen lassen sich oftmals unter dem Einsatz dieser Biostoffe in den Griff bekommen.

Nahrungsmittel zur optimalen Vitamin-A-Versorgung
Thunfisch, Brokkoli, Feldsalat, Fenchel, Grünkohl, Kürbis, Karotten, Spinat, Süßkartoffeln, Borretsch, Dill, Petersilie, Zitronenmelisse, Käse, Schlagsahne, Aprikosen, Backobst, Hagebutten, Honigmelonen, Mangos.

Biostoffe gegen matte und glanzlose Augen

- Als Bestandteil des Augenfarbstoffs und Feuchtigkeitsgarant der Augenoberfläche ist Vitamin A auch für den Augenglanz von großer Bedeutung.
- Zink wird in bestimmten Teilen des Augenhintergrunds gespeichert und ist entscheidend am Glanz, der Leuchtkraft und dem gesunden Aussehen der Augen beteiligt. Darüber hinaus unterstützt Zink zusammen mit Eisen und Kupfer die Immunabwehr in der Bindehaut.

Tips zur Vitamin-A-Versorgung

Fertiges Vitamin A gibt es nur bei Tieren, in Pflanzen existieren jedoch Karotinoide, die vom Menschen problemlos zur Synthese des Vitamins genutzt werden können und daher auch als Provitamine bezeichnet werden.

- Vitamin A ist fettlöslich, muß also immer mit ein wenig Fett oder Öl verzehrt werden, damit es verwertet werden kann. Wer seine Karotten als Beilage zu einem Stück Fleisch ißt, kann aber darauf verzichten, das Gemüse auch noch in Butter zu dünsten. Auch die für Kinder üblichen Mischungen aus Fleisch und Karottenbrei sorgen für eine optimale Aufnahme von Vitamin A.
- Lange Zeit galten Vitamin A und Karotinoide (Vorstufen des Vitamin A) als licht- und hitzeempfindlich. Neuere Untersuchungen lassen allerdings Zweifel aufkommen. Kochen scheint danach die Aufnahme von Vitamin A nicht zu behindern.
- Frisch- und Tiefkühlgemüse sind dem Gemüse aus der Dose weit überlegen. Ihre Karotinwerte sind zum Teil um gut 50 Prozent höher.
- Wer die Vitamin-A-Versorgung hauptsächlich über Pflanzenkost abdecken will, muß auf die Zufuhr wichtiger Biostoffe achten, die bei der Umwandlung der Karotinoide zu Vitamin A unentbehrlich sind. Dazu gehören vor allem die Mineralien Zink, Selen und Jod. Salzen Sie also Ihre Gemüsespeisen grundsätzlich mit jodiertem Speisesalz. Außerdem sollten dem Gemüse stets mineralreiche Kräuter beigegeben werden. Kerbel, Dill, Majoran, Schnittlauch und Petersilie erfüllen diese Aufgabe sehr gut.

Tips zur Vitamin-B2-Versorgung

- Vitamin B2 (Riboflavin) ist wasserlöslich. Versuchen Sie daher, das Kochwasser beim Zubereiten der Speisen mitzuverwenden.

• Riboflavin ist lichtempfindlich. Lagern Sie Ihr Gemüse nur kurz und möglichst im Dunkeln! Milch und Vitaminsäfte sollten Sie nur im Karton oder in getönter Flasche kaufen! Eine ausschließlich vegetarische Ernährung vermag in der Regel den Vitamin-B2-Bedarf (1,5 Milligramm pro Tag) nicht zu decken. Die Pflanzenkost sollte zumindest mit Milchprodukten ergänzt werden.

Tips zur Zinkversorgung Ihres Kindes

Viele zinkhaltige Nahrungsmittel enthalten Phytat. Durch diesen Stoff wird die Zinkaufnahme wesentlich eingeschränkt. Nahrungsmittel mit hohem Zinkanteil bei geringem Phytatvorkommen sind bespielsweise: Haferflocken, Hülsenfrüchte, Mohn, Sesam und Sonnenblumenkerne.

• Geben Sie Ihrem Kind regelmäßig Hülsenfrüchte wie Sojabohnen und Erbsen zu essen, denn diese Nahrungsmittel enthalten außerdem das wichtige Augenvitamin Riboflavin! Bevorzugen Sie dabei Frisch- oder Gefrierprodukte.

• Kochen Sie die Mahlzeiten nicht zu lange! Bevorzugen Sie eine Zubereitungsart mit geringen Garzeiten.

• Zu den echten Zinkbomben gehört Bierhefe. Es gibt sie mittlerweile als Flocken, die über das Essen gestreut werden, und als geschmacksneutrale Pillen, die auch von Kindern geschluckt werden können.

Zinkräuber

Bestimmte Medikamente (wie z.B. Penizillamin, Tetrazyklin und Isoniazid) rauben dem Körper das wichtige Zink.

Fragen Sie Ihren Arzt oder Apotheker, denn möglicherweise ist eine Ergänzung der Ernährung mit Zinkpräparaten angezeigt. Zinkpräparate wirken übrigens am besten, wenn sie abends vor dem Schlafengehen eingenommen werden.

Vorbeugen – so bleibt Ihr Kind gesund

• Achten Sie schon bei Ihrem Säugling auf Anzeichen, die auf eine Sehstörung hinweisen könnten. Bei Kindern im ersten Lebensjahr ist das jedoch schwer feststellbar, da es durchaus normal ist, daß sie danebengreifen oder Bilderbücher auf den Kopf stellen.

• Sie schützen die Augen Ihres Kindes vor Überanstrengung, indem Sie dafür sorgen, daß zum Lesen und Spielen ausreichend helles Licht zur Verfügung steht. Fernsehen und Computerspiele beanspruchen die Augen übermäßig und sollten nur sehr dosiert genossen werden.

Nahrungsmittel mit hohem Vitamin-B2-Anteil

Roggentoast, Vollkornbrot, Vollkornbrötchen, Rumpsteak, Schweineschnitzel, Wurstwaren, Erbsen (reif und frisch), Grünkohl, Sojabohnen (reif), Spinat, Edamer, Emmentaler, Gorgonzola, Gouda, Speisequark, Vollmilch.

Haltungsfehler

Regelmäßiges Schwimmen stärkt die Rückenmuskulatur.

Symptome

- Rückenschmerzen
- Hüftgelenkschmerzen
- Knie- und Fußbeschwerden
- Rundrücken
- Hohlkreuz
- Wirbelsäulenverkrümmung

Ursachen

Nur selten sind Haltungsfehler angeboren. Allerdings besteht in vielen Fällen eine besondere Anfälligkeit bzw. eine Haltungsschwäche aufgrund erblicher Anlagen. Auch eine Rachitis kann Ursache für Haltungsfehler sein. Außerdem kommen Bewegungsmangel und Übergewicht in Betracht.

Organische Hintergründe

Wirbelsäule, Bandscheiben, Muskeln, Gelenke und Bänder wirken zusammen und machen die Haltung des Menschen aus. Durch eine Fehlhaltung werden zunächst einzelne, später alle Strukturen geschädigt, so daß sich schon bei Jugendlichen Verschleißerscheinungen an Wirbelsäule und Bandscheiben zeigen, die zu chronischen Beschwerden führen können.

Vorsicht!

Haltungsfehler können die Folge zu frühen Sitzens oder Stehens von Kleinkindern sein. Jedes Kind macht seine eigenen Entwicklungsphasen durch.
Entwickeln Sie nicht zu großen Ehrgeiz, etwa weil die anderen Kinder der Krabbelgruppe schon sitzen oder laufen. Das kann der Wirbelsäule Ihres Kindes unter Umständen nur schaden.

Zu vieles sitzen, zuwenig Bewegung

Bei vielen Kindern entwickeln sich Haltungsfehler erst während der ersten Schuljahre. Die Kinder sitzen zuviel und zu lange und außerdem auf häufig anatomisch völlig ungeeigneten Sitzgelegenheiten. Sie sitzen nicht nur morgens, sondern auch am Nachmittag, nicht nur während der Woche, sondern auch am Wochenende.
Darüber hinaus trägt der zunehmende Bewegungsmangel auch dazu bei, daß die Muskulatur, die die Wirbelsäule stützen soll, zunehmend erschlafft.

Rezeptfreie Medizin

Sport- und Bewegungstraining ist das Beste, was Sie für den Rücken Ihres Kindes (und Ihren eigenen!) tun können. Schwimmen, Laufen, Gymnastikspiele und vieles mehr machen Kindern Spaß. Auch das Angebot an Sport für Kinder in Volkshochschulen, Sportvereinen und Sportstudios wird immer größer. Achten Sie jedoch darauf, daß alle Muskelgruppen zu ihrem Recht kommen und daß Ihr Kind nur seinem Alter und seiner körperlichen Verfassung entsprechend belastet wird.

Verschiedene Arten von Haltungsfehlern

Der Rundrücken (Kyphose)

Das ist der häufigste Haltungsfehler; er tritt vornehmlich bei männlichen Jugendlichen auf. Die normale, nach hinten gerichtete Krümmung der Wirbelsäule im Brustbereich tritt dabei verstärkt auf. Die Schultern hängen etwas nach vorn. Wird dieser Haltungsfehler nicht behoben, verkürzt sich die Brustmuskulatur, und es kann zu dauerhaften Schädigungen kommen. Kinder mit einem Rundrücken erkennen Sie an dem – besonders in der Seitenansicht – extrem runden Rücken. Manchmal klagen sie auch über Rückenschmerzen.

Das Hohlkreuz (Lordose)

Hierbei ist die Krümmung der Brustwirbelsäule nach hinten stark ausgeprägt. Zusätzlich ist jedoch auch die natürliche Vorwärtskrümmung der Lendenwirbelsäule abnorm verstärkt.
Bandscheiben und Wirbelkörper werden übermäßig beansprucht. Durch diese Fehlhaltung kippt das Becken zu stark nach vorn und die Bauchdecke erschlafft. Viele Kinder leiden an Hüftgelenkbeschwerden und Störungen im Bauchraum. Das Hohlkreuz ist die typische Fehlhaltung bei einer schwach ausgebildeten Muskulatur. Meist steht der Bauch des Kindes stark vor.

Die seitlich verkrümmte Wirbelsäule (Skoliose)

Dabei ist das Rückgrat seitlich S-förmig verbogen, und die einzelnen Wirbelkörper sind gegeneinander verdreht. Um diese krankhafte Verkrümmung auszugleichen und um den Kopf geradezustellen, kommt es auch in anderen Bereichen der Wirbelsäule zu Verkrümmungen. Diese Fehlhaltung findet sich hauptsächlich bei Mädchen. Sie kann auf einer unterschiedlichen Beinlänge beruhen oder durch eine angeborene Hüftfehlstellung hervorgerufen werden. Auch angeborene Wirbelsäulenschädigungen kommen als Ursache in Frage. In vielen Fällen beruht eine Skoliose jedoch auf einer Schwäche der Rückenmuskulatur.
Die Kinder klagen über Rückenschmerzen. Wenn das Kind mit durchgedrückten Knien den Oberkörper nach vorn beugt, tritt eine Seite des Rückens höckerförmig vor.

So helfen Sie Ihrem Kind

Bewegung ist das A und O

Nur aktive Bewegung kann Haltungsschäden vermeiden, sie ausgleichen und bessern. Gymnastik, Schwimmen, Radfahren, Laufen – es gibt viele Möglichkeiten, die Muskulatur zu trainieren und die Knochen zu entlasten. Wichtig ist jedoch, daß das Kind mit Freude und Spaß bei der Sache ist.

Bewegung tut not

Verhindern Sie, daß Ihr Kind auch noch am Nachmittag stundenlang sitzt. Schicken Sie es zum Toben ins Freie, gehen Sie mit ihm zum Schwimmen, oder machen Sie mit ihm zusammen einen kleinen Radausflug. Sorgen Sie dafür, daß Ihr Kind regelmäßig Bewegung als Ausgleich zu langem Sitzen erhält.

Unser Tip

Richtig sitzen

Die beliebten bequemen Sitzpositionen fördern meist Bandscheibenschäden. Halten Sie Ihr Kind von Beginn an zu einer anatomisch verträglichen Sitzhaltung an.

Achten Sie darauf, daß Ihr Kind möglichst oft gerade sitzt und nicht auf seinem Stuhl »herumlümmelt«. Die richtige Sitzhaltung beugt Haltungsschäden vor.

Pezzibälle

Pezzibälle sind ideale Sitzalternativen und eignen sich darüber hinaus auch noch als Spiel- und Gymnastikgeräte. In Kinderturngruppen können Sie viele Ideen erhalten, wie Sie den Pezziball einsetzen können, damit der Rücken Ihres Kindes gesund bleibt.

Grundbausteine der richtigen Haltung

Die anatomisch richtige Haltung in jeder Situation trägt dazu bei, die Belastung in verschiedenen Positionen möglichst gering zu halten. Die Formel für diese anatomisch richtige Haltung lautet: Kopf hoch, Kinn nach unten, Brust heraus, Bauch hinein!

Passive Entlastung

Eine wichtige Rolle bei der Vorbeugung von Haltungsschäden spielen auch gute Matratzen, Holzlattenroste im Bett, körpergerechte Tische und Stühle. Wichtig ist aber auch das richtige Schuhwerk.

So hilft der Arzt

Der Rundrücken (Kyphose)

In leichteren Fällen können Krankengymnastik und Schwimmen die fortschreitende Wirbelsäulenverkrümmung aufhalten. Bei sehr starken Ausprägungen einer Kyphose kann unter Umständen das Tragen eines Korsetts erforderlich werden.

Das Hohlkreuz (Lordose)
Gute Erfolge auch bei ausgeprägten Fällen erzielt man durch Haltungsturnen oder Krankengymnastik.

Die seitlich verkrümmte Wirbelsäule (Skoliose)
Bei der frühzeitigen Diagnose und Therapie durch einen Orthopäden kann die Skoliose oft schon durch krankengymnastische Übungen gebessert oder geheilt bzw. ein Fortschreiten gestoppt werden. Bei schweren Skoliosen empfiehlt sich das Tragen eines Korsetts. In seltenen Ausnahmefällen muß eine chirurgische Wirbelsäulenkorrektur vorgenommen werden.

Aktive Mitarbeit
Die beste ärztliche Behandlung kann im Fall von Haltungsfehlern nichts bewirken, wenn Ihr Kind nicht aktiv mitarbeitet. Krankengymnastische Übungen nützen nur, wenn auch zu Hause konsequent weitergeübt wird.
Am leichtesten motivieren Sie Ihr Kind natürlich, indem Sie sich möglichst viel mit ihm zusammen bewegen. Gehen Sie so oft wie möglich mit Ihrem Kind ins Freie, entdecken Sie gemeinsam die Freude an der Bewegung.

Rückenschule
Für eine Rückenschule ist es nie zu früh; hier lernt das Kind, den Rücken zu belasten, ohne ihm zu schaden.

Vorbeugen – so bleibt Ihr Kind gesund

- Gegen Haltungsfehler hilft nur eins: Bewegung, Bewegung, Bewegung.
- Kinder sind von Natur aus bewegungsfreudig. Unterstützen und fördern Sie diesen natürlichen Spaß an der Bewegung. Dadurch können Sie Ihr Kind nicht nur vor Haltungsfehlern bewahren, sondern es trainiert auch seine Koordinationsfähigkeit.
- Auch wenn es für Eltern und Kinder lästig ist: Werden Sie nicht müde, Ihr Kind zu einer geraden Körperhaltung zu erziehen. Die Devise lautet: Kopf hoch, Kinn runter, Brust raus, Bauch rein!
- Seien Sie Ihrem Kind ein gutes Vorbild – und legen Sie sich nach getanem Tagwerk nicht gleich bedingungslos vor den Fernseher auf die Couch. Ein zügiger Spaziergang oder ein Besuch des Schwimmbads sind nicht nur für die körperliche Fitneß der gesamten Familie gut, sondern fördern auch den Zusammenhalt.

Minitrampolin
Das Trimlin, ein Minitrampolin, ist ein Sportgerät, das den Aufbau der Muskulatur und die Ernährung der Bandscheiben ebenfalls fördert. Darüber hinaus lieben es Kinder, auf weichen Oberflächen zu hüpfen – und da eignet sich ein Minitrampolin allemal besser als Postermöbel oder Betten. Allerdings ist bei Kindern mit starker Skoliose Vorsicht geboten – hier kann Hüpfen gefährlich werden.

Sitzenbleiber
In der Schule sitzen die Kinder täglich mehrere Stunden – und häufig auf Möbeln, die der Größe der Kinder nicht angepaßt oder ungünstig angeordnet sind. Machen Sie das Thema »Sitzen« zum Thema der nächsten Elternversammlung. Denn wenn das Sitzen nicht anstrengt, fällt auch das Lernen leichter.

Häufiges Barfußlaufen kräftigt die Fußmuskulatur und beugt dem Plattfuß vor.

Plattfuß

Symptome

- Abgeflachte Längswölbung des Fußes
- Häufig Auswärtsdrehung des Fußes beim Laufen
- Müdigkeit oder Schmerzen in den Füßen

Ursachen

Einige Plattfüße, besonders wenn sie durch Fehlentwicklung im Knochenbau bedingt werden, sind angeboren. Die meisten jedoch sind erworben – meist durch falsche Ganggewohnheiten wie z.B. platschendes, lautes Laufen oder Schlurfen sowie falsches Schuhwerk. Zu den wichtigsten Faktoren, die Plattfüße verursachen, gehören:

- Fehlentwicklung im Knochenbau
- Schwächungen oder Dehnungen im Bändersystem des Fußes
- Schwäche in den Fuß- und Unterschenkelmuskeln

Wichtig!

Die wichtigste Vorbeugung bzw. Therapie gegen Plattfüße ist die Fußgymnastik. Dabei dürfen natürlich keine Schuhe getragen werden. Optimal ist es, wenn die Übungen barfuß durchgeführt werden.

Rezeptfreie Medizin

Homöopathische Mittel helfen, die Beschwerden in der überforderten Muskulatur zu lindern. Bryonia D6 hilft bei stechenden Schmerzen, die bei Bewegung schlimmer werden. Ihr Kind kann 3mal täglich 2 Tabletten nehmen. Rhus toxicodendron D6 (3mal täglich 2 Tabletten) hilft bei Muskelsteifheit und Schmerzen, die in Ruhe oder nach der Bewegung schlimmer werden.

Organische Hintergründe

Falsche Ganggewohnheiten können wichtige Stützmuskeln der Unterschenkel- und Fußmuskulatur schwächen. Das Körpergewicht lagert dann zunehmend auf dem knöchernen Fußgewölbe, das unter der Last mehr und mehr einsinkt. Heutzutage rückt für diesen Verlust der stützenden Fuß- und Unterschenkelmuskulatur auch der sich ausbreitende Bewegungsmangel in den Blickpunkt.

So helfen Sie Ihrem Kind

Fußgymnastik kann bei Kindern wahre Wunder wirken und auch ausgeprägte Plattfüße vollständig zum Verschwinden bringen. Entscheidend ist, daß die Übungen regelmäßig durchgeführt werden.

Übung 1

Das Kind sitzt auf einem Stuhl, wobei die Beine leicht gespreizt sind und die Kniegelenke nach außen schauen. Die Füße sollen flach auf dem Boden stehen. Nun werden die Kniegelenke zusammengeführt und aneinandergepreßt, so daß die Fußaußenseiten deutlich vom Boden entfernt werden müssen. Diese Position soll 10 Sekunden gehalten werden. Nach 30 Sekunden Pause wiederholen.

Übung 2
Das Kind sitzt auf einem Stuhl. Ein Fuß steht nur mit der Ferse auf dem Boden. Mit dem freien Fuß drückt das Kind auf den Fußrücken des Fußes mit Bodenkontakt, der jedoch mit voller Kraft dagegen hält. Die Muskelspannung soll 10 Sekunden gehalten werden, dann den Standfuß wechseln und die Übung wiederholen.

Übung 3
Das Kind liegt auf dem Rücken. Die Fußsohlen drücken bei gebeugten Kniegelenken sanft gegen die Hand. Das Kind soll die Zehen beugen und dadurch mit dem Fuß langsam, so weit es geht, wie eine Schmetterlingsraupe »die Wand hochkrabbeln«. Dadurch wird die Wadenmuskulatur gedehnt und das Fußbett deutlich erwärmt.

Trainingshäufigkeit
Die Übungen sollten anfangs 5mal wiederholt werden und später auf 10 Wiederholungen gesteigert werden. Das Training sollte 2- bis 3mal täglich wiederholt werden.

So hilft der Arzt

Wenn Gymnastik und Muskelkräftigung zunächst nicht die gewünschten Erfolge erzielen, oder wenn Ihr Kind starke Beschwerden hat, kann der Arzt Einlagen verschreiben, die zu einer deutlichen Linderung beitragen. Ihr Kind sollte die Gymnastik jedoch unbedingt fortführen. Fußfehlstellungen sind die häufigsten Ursachen für spätere Knie-, Hüft- und Wirbelsäulenbeschwerden.

Vorbeugen – so bleibt Ihr Kind gesund

- **Ihr Kind braucht ausreichend Bewegung. Lauf- und Springspiele, Fahrradfahren, Klettern etc. kräftigen die Muskulatur, insbesondere auch die wichtige Stützmuskulatur z. B. in Unterschenkeln und Füßen.**
- **Machen Sie Ihr Kind freundlich, aber bestimmt darauf aufmerksam, wenn es wieder in einen platschenden, lauten Gang verfällt oder anfängt zu schlurfen.**
- **Lassen Sie Ihr Kind so viel wie möglich barfuß laufen; vor allem das Barfußlaufen im Sand oder auf einer Wiese trägt positiv zur Fußentwicklung bei.**

Vorsicht!
Achten Sie darauf, daß Ihr Kind passendes Schuhwerk trägt. Zu enge oder nicht paßgerechte Schuhe fördern Fehlbelastungen und Muskelschwächen im Fuß. Spätestens alle drei Monate sollten Sie überprüfen, ob die Schuhe Ihres Kindes noch passen. Kinderfüße wachsen manchmal in überraschenden Schüben.

Unser Tip

Partyspiel
Fußgymnastik kann der Renner auf der nächsten Party Ihres Kindes werden. Lassen Sie die Kinder nacheinander z. B. ein Gästehandtuch vom Boden aufheben und in eine bereitgestellte Kiste oder einen Korb werfen. Dabei darf nur mit dem Fuß gegriffen werden. Welches Kind schafft das am schnellsten? Und wer kann es sowohl mit dem rechten als auch mit dem linken Fuß? Können das auch die Eltern?

Früher trat die Rachitis bevorzugt bei Kindern, die in Industriezentren lebten, auf.

Rachitis

Symptome

- Starke Schweißbildung ohne erkennbaren Grund, vor allem am Hinterkopf, den Händen und den Fußsohlen
- Haarausfall und Ausbildung der »rachitischen Glatze«
- Schlaffe Bauchmuskulatur, Ausbildung des »rachitischen Froschbauchs«
- Verzögerte Zahnbildung
- Verzögerte Entwicklung beim Greifen, Aufrichten, Sitzen, Stehen, Sprechen und Denken
- Hohe Infektanfälligkeit
- Blässe
- Appetitlosigkeit
- Auftreten von Krämpfen
- Verdickung der Knochen an den Handgelenken und an den Fingern
- Zunehmende Unruhe
- Abnorm brüchige Knochen, insbesondere der langen Knochen
- Knochendeformationen mit Ausbildung von:
  - »Hühner«- oder »Trichter«-brust
  - O- oder X-Beinen
  - Weichen, nicht verknöcherten Stellen am Hinterkopf
  - Verformung der Wirbelsäule (Buckel)

Ursachen

Rachitis wird hervorgerufen durch Vitamin-D-Mangel. Es ist eine Krankheit, die durch mangelndes Sonnenlicht und falsche Ernährung ausgelöst wird. Auch eine Kalzium- und Blutarmut der Mutter kann beim Kind zu einer Rachitis führen.

Rezeptfreie Medizin

Vitamin D gibt es als Lebertran in Form von Pasten, Kapseln oder Säften in der Apotheke. Achten Sie jedoch darauf, daß es nicht zu einer Überdosierung kommt – der Arzt wird Sie über die richtige Dosierung informieren.

Vorsicht!

Eine Sonderform der Rachitis ist die Rachitis renalis. Sie wird verursacht durch angeborene oder erworbene Nierenkrankheiten oder durch Stoffwechselstörungen. Diese führen zu Mineralisationsstörungen der Knochensubstanz, also zu einer mangelhaften Kalkbildung. Die Rachitis renalis zeigt dasselbe Krankheitsbild wie eine durch Vitamin-D-Mangel entstandene Rachitis. Bei dieser Form der Rachitis müssen gezielt die Nieren- und Stoffwechselstörungen behandelt werden. Andernfalls ist keine Heilung möglich, weil die Mineralsalze nicht in die Knochensubstanz eingebaut werden können. Vitamin D hilft in solchen Fällen nicht.

Bei »überfütterten« Kindern besteht ebenfalls die Gefahr einer Rachitiserkrankung, da hierbei oft der vermehrte Bedarf an Vitamin D nicht berücksichtigt wird.

Organische Hintergründe

Früher war die Rachitis eine der häufigsten Kinderkrankheiten. Diese Erkrankung tritt hauptsächlich in den Industriezentren der gemäßigten Zonen auf – damit ist sie zugleich eine Zivilisationskrankheit. Im wesentlichen ist die Rachitis eine Lichtmangelerkrankung, in deren Folge bei Nichtbehandlung schwere Knochenverbiegungen, Wachstumsstörungen sowie eine Abwehrschwäche gegen Infektionskrankheiten auftreten können. Sie war besonders verbreitet in den frühen Industriezentren in England, wo die Kinder kaum an die Luft kamen und zudem schlecht ernährt waren. Daher kommt auch der Name »Englische Krankheit«.

So helfen Sie Ihrem Kind

Naturheilmittel

Lebertran

In der Rachitisvorsorge hat sich Lebertran bewährt. Das darin enthaltene Vitamin D stammt aus der Leber des Fisches und ist nicht synthetisch hergestellt. Lebertran gibt es heute in geruchs- und geschmacksfreien Kapseln. Dadurch wird die Einnahme für die Kinder sehr erleichtert. Verabreichen Sie Vitamin D nie ohne vorherige Rücksprache mit dem Arzt. Bei einer Überdosierung kann es nämlich zu Vergiftungserscheinungen kommen – das gilt auch für Lebertranpräparate!

Vorbeugen – so bleibt Ihr Kind gesund

- Stillen Sie Ihr Kind so lange wie möglich (mindestens ein halbes Jahr, wenn es Ihnen möglich ist).
- Gönnen Sie sich und Ihrem Kind eine vollwertige Ernährung mit ausreichend Vitamin D (vor allem enthalten in Fisch, Fleisch und Vollkornprodukten).
- Frische Luft und Sonnenlicht bewirken, daß sich im Körper das lebenswichtige Vitamin D bildet. Trotzdem ist ausreichender Sonnenschutz durch Kopfbedeckung, Sonnencreme usw. heute wegen der erhöhten Strahlenbelastung unbedingt nötig.
- In der Medizin wird zur Rachitisvorbeugung die Gabe von fluoridhaltigen Tabletten über das gesamte erste Lebensjahr empfohlen.

Wichtig!

Dem frühen Zeichen der rachitischen Schädelerweichung folgt schnell die Brustkorbrachitis. An den Knorpelknochen der Rippen bilden sich knopfförmige Verdickungen, bekannt als »rachitischer Rosenkranz«.

Besonders gefährdet

Die Rachitis ist eine Erkrankung des wachsenden Organismus und tritt deshalb vorwiegend zu den Zeiten des größten Wachstums auf, also im Säuglings- und Kleinkindalter. Mitunter findet man sie aber auch als Spätrachitis im Pubertätsalter.

Unser Tip

Natürliche Vitamine bevorzugen

Die Schulmedizin verordnet vorbeugend regelmäßige Gaben von Vitamin D vom Neugeborenenalter bis über den zweiten Winter. Wenn Sie sich für diese Behandlung entscheiden, sollten Sie darauf achten, daß es sich nicht um synthetisch hergestellte Vitamine handelt!

Abwehrschwäche

Der Rote Sonnenhut (Echinacea purpurea) ist eine Heilpflanze zur Stärkung des Immunsystems.

Symptome

- **Gehäuft auftretende Infektionen wie Erkältungen, Bronchitis, Akne etc.**
- **Verzögerte Ausheilung von Infektionen**
- **Geistige und körperliche Ermüdung**
- **Harmlose Erkrankungen verlaufen zum Teil sehr viel schwerer als sonst üblich**

Ursachen

Auslöser für Abwehrschwächen sind Ernährungs- und Verhaltensfehler, Umweltgifte, psychische Belastungen, Erkrankungen des Immunsystems.

Psychische Hintergründe

Das Immunsystem steht in engem Kontakt zur Psyche, so daß sich psychische Belastungen, ebenso wie Infektionen, abwehrschwächend auswirken können. Immunstärkend wirken Hoffnung, Lebens- und Bewegungsfreude, Gelassenheit, Zufriedenheit; immunschwächend wirken Trauer, Angst (vor allem Versagensangst), Unruhe, Verzweiflung, Pessimismus.

Rezeptfreie Medizin

Die Natur hat zur Stärkung der Abwehrkräfte einige wirksame Pflanzen parat – u. a. Echinacin (Sonnenhut) und Thuja.

Vorsicht!

Mit einer Schwächung der körperlichen Abwehr ist nicht zu spaßen. Sie trägt nicht nur dazu bei, daß Ihr Kind häufiger krank wird und langsamer gesundet, sondern sie beeinträchtigt auch sonst das Allgemeinbefinden Ihres Kindes und schwächt sein Konzentrationsvermögen.

Immunstärkende Medikamente

- **Deutschland:** Contra Infekt, Contramutan N, Echiherb, Echinacin Madaus, Echinacin ratiopharm, Immunopret
- **Österreich:** Echinaforce
- **Schweiz:** Resivit

So helfen Sie Ihrem Kind

Aus der Naturheilkunde und aus der Homöopathie stehen eine Reihe von Substanzen zur Verfügung, die eine positive Wirkung auf die Abwehrkräfte haben und das Immunsystem Ihres Kindes kräftigen.

Naturheilmittel

Echinacea D4 oder D6

Homöopathisch aufbereitete Sonnenhutpräparate, wie z. B. Echinacin, stärken das Immunsystem. Ihr Kind soll 3mal täglich 5 Tropfen auf der Zunge zergehen lassen.

Thuja D6
Eine Alternative zum Sonnenhut ist der Lebensbaum. Lassen Sie 3mal täglich 5 Tropfen auf der Zunge Ihres Kindes zergehen.

Aromatherapie
Düfte wirken auf die Teile des zentralen Nervensystems, die das Immunsystem steuern. Faulige und ätzende Gerüche schwächen den Immunapparat, stärkend wirken die Düfte von Engelwurz, Bergamotte, Cajeput, Eukalyptus, Teebaum und Thymian.
Geben Sie einige Tropfen der jeweiligen Öle auf einen Duftstein oder in eine Aromalampe, die Sie im Kinderzimmer aufstellen.

Schwarzkümmel
Schwarzkümmel enthält viel Linol- und Gamma-Linolensäure. Diese Fettsäuren unterstützen die Synthese wichtiger Immunstoffe. Darüber hinaus enthält der Schwarzkümmel Substanzen, durch die überschießende Reaktionen des Immunsystems gedämpft werden.

Quendeltee
Quendel gehört zu den Thymianpflanzen. Er wirkt keimtötend und stärkt vor allem die Abwehrkraft in Magen und Darm.
Rezept: 1 TL getrockneten Quendel mit 1 großen Tasse kochendem Wasser übergießen, zugedeckt 10 Minuten ziehen lassen, abseihen. Das Kind sollte von diesen Tee 2mal täglich trinken, besonders in streßreichen Situationen (z. B. vor Klassenarbeiten).

Bewährte Hausmittel

Viel trinken
Viele Kinder trinken zu wenig, besonders im Sommer. Das vermindert die Beweglichkeit der umherstreifenden Zellen des Immunsystems und schwächt damit die Abwehrkraft.

Bewegung an der frischen Luft
Kinder brauchen nach der Schule oder dem Kindergarten Zeit, um draußen herumzutoben. Zwei Stunden täglich sollten es mindestens sein. Bewegung ist nicht nur gut für die körperliche Entwicklung Ihres Kindes. Sie fördert auch die seelische Ausgeglichenheit und vermindert Aggressionen. Darüber hinaus fördert sie einen ruhigen und gesunden Schlaf. All diese Faktoren tragen dazu bei, daß sich das Immunsystem stabil entwickelt.

Ernährung bei Abwehrschwäche

Vitamine stärken das Immunsystem
- Vitamin-A-Mangel führt zur Schwächung der Immunorgane Milz und Thymusdrüse, die Zahl der Immunzellen geht zurück.

Schwarzkümmel
**Man erhält das immunstärkende Schwarzkümmelöl, z. B. in Form von Kapseln, in der Apotheke.
Man kann aber auch die Schwarzkümmelsamen direkt verwenden.
Mehr darüber erfahren Sie in dem Ratgeber »Natürlich heilen mit Schwarzkümmel«, der ebenfalls im Südwest Verlag erschienen ist.**

Unser Tip
Oft trinken Kinder das Falsche. Colagetränke beispielsweise mobilisieren die Wasserausscheidung und sind daher für den Wasserhaushalt ungünstig. Außerdem ist der enorme Zuckeranteil ungesund. Gewöhnen Sie Ihr Kind an Mischgetränke aus Fruchtsaft und Mineralwasser.

Vitamin A – durchaus hitzebeständig
Lange Zeit galten Vitamin A und die Karotinoide als überaus licht- und hitzeempfindlich. Neuere Untersuchungen lassen allerdings Zweifel an dieser alten These aufkommen. So verabreichten zwei Düsseldorfer Physiologen ihren Versuchspersonen Tomatensaft, den sie zuvor eine Stunde lang umgerührt hatten – einmal bei Zimmertemperatur und einmal bei 100 °C. Das Überraschende: Lediglich der zuvor erhitzte Saft führte bei den Versuchspersonen zu einem beträchtlichen Anstieg von Karotinoiden im Blut. Kochen scheint also der Aufnahme von Vitamin A nicht hinderlich zu sein!

- Vitamin B6 (Pyridoxin) erfüllt im Organismus unterschiedliche Aufgaben. Es unterstützt das Verstoffwechseln der Aminosäuren und damit den Aufbau von Proteinen.
Dieser Vorgang ist im Körper von zentraler Bedeutung, gerade für das Immunsystem. Ist er gestört, muß es zwangsläufig zu schweren Krankheiten kommen. Chemiker und Physiologen sind der Ansicht, daß jeder sechste erkrankt, weil ihm Vitamin B6 fehlt.
- Folsäure gehört zur Vitamin-B-Gruppe und sorgt für das Wachstum und die Teilung der roten und weißen Blutzellen. Ferner stößt sie die Bildung von Antikörpern an.
Folsäure aus tierischen Lebensmitteln ist vom Körper nur eingeschränkt verwertbar. Pflanzliche Kost ist demnach im Hinblick auf die Folsäureversorgung das Nahrungsmittel der ersten Wahl.
- Vitamin C ist das mit Sicherheit bekannteste Immunvitamin. Es macht den Freßzellen unseres Immunsystems Appetit auf ungebetene Eindringlinge wie Viren und Bakterien.
- Vitamin E fördert im Immunsystem die Bildung von Antikörpern, außerdem schützt es empfindliche Substanzen des Immunapparats vor dem Angriff der schädlichen freien Radikale.

Mineralien für die Abwehr

- Magnesium ist an der Bildung jener Zellen beteiligt, aus denen die Antikörper entstehen. Unter ständigem Streß sinkt der Magnesiumanteil im Körper dramatisch.
- Das Spurenelement Selen ist Bestandteil eines Enzyms, das die Zellen des Immunsystems vor dem Angriff freier Radikale schützt. Selen erfüllt ähnliche Aufgaben wie Vitamin E.
- Zink ist an der Bildung der Antikörper beteiligt und hält die wichtigen T-Lymphozyten auf Trab.
- Ohne Kupfer kann unser Körper kein Vitamin C verwerten, denn das Mineral ist Bestandteil des Enzyms Askorbinsäureoxidase.

Weitere Biostoffe zur Stärkung des Immunsystems

- Karotinoide bilden nicht nur die Vorstufe des Vitamin A, sondern erhöhen auch die Anzahl der im Blut zirkulierenden Killerzellen.
- Saponine sind stark bitter schmeckende Substanzen, die die Antikörperkonzentration im Blut erhöhen.
- Flavonoide sind in der pflanzlichen Nahrung sehr verbreitet. Sie beeinflussen das immunologische Gleichgewicht und verhindern das Überschießen von Immunreaktionen.
- Sulfide kommen überwiegend in Knoblauch und Zwiebeln vor und stimulieren die Aktivität von Killerzellen.
- Die Stoffwechselprodukte der Milchsäurebakterien im Joghurt stärken den Abwehrapparat, indem sie die Konzentration der krebshemmenden Immunglobuline erhöhen.

Der ideale Speiseplan bei Abwehrschwäche

- Orange Farbe von Gemüse oder Obst läßt auf einen hohen Anteil von Karotinoiden schließen. Versorgen Sie Ihr Kind ausreichend mit Karotten, Aprikosen, Pfirsichen, Melonen und Kürbis.
Die Orangenfrucht enthält allerdings nur wenig Karotinoide, ist aber aufgrund ihres hohen Vitamin-C-Gehalts ebenfalls von großer Bedeutung für das Immunsystem.
- Zitrusfrüchte enthalten viel Vitamin C und eine beachtliche Zahl von Flavonoiden. Kinder essen allerdings saure oder bittere Früchte wie Zitronen und Grapefruit nur ungern. Geben Sie ihnen Orangen, Kiwis, als Gemüse Tomaten oder Paprika.
- Ein bitterer Geschmack von Lebensmitteln läßt oft auf einen hohen Saponingehalt schließen. Besonders reich an Saponinen sind Kichererbsen, Sojabohnen und grüne Bohnen.
- Zwiebeln oder Knoblauch sollten eigentlich in keinem Mittagessen fehlen. Denn die beiden Pflanzen enthalten Sulfide, die das Immunsystem in Hochstimmung versetzen. Zwiebeln sind außerdem reich an Flavonoiden und Vitamin C.
- Nüsse und Samen bestechen vor allem durch ihren hohen Gehalt an B-Vitaminen, Vitamin E, Magnesium, Zink und Kupfer. Geben Sie Ihrem Kind statt Süßigkeiten Mandeln, Walnüsse, Sesam, Haselnüsse, Cashewnüsse oder Kokosnüsse.
- Ihr Kind sollte mindestens zweimal pro Woche einen Fruchtjoghurt essen. Denn dadurch kommt es an wichtige Mineralien und an Milchsäurebakterien, deren Fermente vor allem im Darmbereich das Immunsystem stimulieren.
Dabei ist es nicht nur wichtig, daß das Abwehrsystem selbst gestärkt wird, sondern auch, daß eine funktionierende und gut ausgebaute Darmflora dafür sorgt, daß Giftstoffe und Krankheitserreger schneller aus dem Körper hinaustransportiert werden, somit ihre schädigende Wirkung gar nicht erst aktiv wird.

Vorbeugen – so bleibt Ihr Kind gesund

- **Stillen Sie Ihr Baby, wenn es irgendwie möglich ist. Das schafft die Grundlagen für eine solide Immunabwehr.**
- **Greifen Sie – wenn überhaupt – nur zur Zigarette, wenn Ihr Kind nicht in der Nähe ist. Ihr Kind raucht mit, und Zigarettenqualm schwächt die Immunabwehr!**
- **Härten Sie Ihr Kind ab. Lassen Sie es möglichst häufig an die frische Luft – auch im Winter! Sorgen Sie jedoch dafür, daß es angemessen bekleidet ist und vor allem Kopf, Hände und Füße gut geschützt sind.**

Das Abc des Immunsystems

Antikörper markieren Eindringlinge, damit sie leichter vernichtet werden können.
Freßzellen bilden die vorderste Abwehrfront des Immunsystems.
Immunglobuline gehören zu den Antikörpern.
Killerzellen töten alles, was ihnen fremd erscheint.
Lymphozyten gehören zur spezifischen Körperabwehr, die erst dann gegen den Feind antreten, wenn dieser erkannt ist.

Milchsäurebakterien halten lange vor

Wissenschaftliche Untersuchungen konnten nachweisen, daß Milchsäurebakterien sogar noch zwei Wochen nach ihrer Einnahme im Darm nachweisbar sind.
Wer regelmäßig Milchsäurebakterien im Joghurt verspeist, fördert das Wachstum der Milchsäurebakterien, die sich bereits in seinem Darm befinden.

Lindenblüten liefern einen schweißtreibenden, fiebersenkenden Tee.

Fieber

Symptome

- Körpertemperatur bis 38 °C: erhöhte Temperatur; bis 38,5 °C: mäßiges Fieber; darüber: hohes Fieber
- Verhaltensveränderungen
- Appetitlosigkeit
- Schwitzen oder Frösteln
- Rotes Gesicht, heiße Stirn
- Erhöhter Puls und beschleunigte Atmung
- Schmutziggelb belegte Zunge
- Gelegentlich Kopfschmerzen
- Selten Geschwüre am Mund, je nach Ursache des Fiebers

Ursachen

Fieber deutet häufig auf eine Infektion hin. Achten Sie auf weitere Symptome, um der eigentlichen Erkrankung auf die Spur zu kommen. Das Fieber selbst ist keine Erkrankung, sondern eine Reaktion des Körpers. Durch erhöhte Stoffwechselaktivitäten wird vermehrt Körperwärme gebildet. Ein fiebernder Körper zeigt an, daß die körpereigene Abwehr in Gang gesetzt wurde!

Organische Hintergründe

Fieber gibt wichtige Anhaltspunkte für die Diagnose. So legen Temperaturen über 39,5 °C, aschfahle (oder feuerrote) Hautfarbe und Trinkschwäche bei Kleinkindern den Verdacht einer bakteriellen Infektion nahe, während es bei viralen Infektionen vorkommen kann, daß die Kinder trotz hoher Körpertemperaturen einen wachen und aktiven Eindruck machen. Letzte Gewißheit über die Art der Infektion kann aber erst durch eine Blut- und Stuhluntersuchung beim Arzt erzielt werden.

Vorsicht!

Salizylsäurehaltige Mittel (Aspirin) verfälschen Krankheitssymptome und sollten bei Kindern generell nicht zum Einsatz kommen, weil sie zusätzlich eine bestimmte Krankheit auslösen können!

So helfen Sie Ihrem Kind

Kinder haben ein sehr natürliches Körpergefühl. Zwingen Sie Ihr Kind bei Fieber nicht zum Essen, und achten Sie auf seine seelischen Bedürfnisse nach Nähe oder Ruhe. Sorgen Sie auch dafür, daß Ihr Kind genügend trinkt.

Rezeptfrei und wohlschmeckend

Viele Kinder mögen Tee nicht so gerne. Dann können sie auch Säfte trinken. Apfelsaft (naturtrüb) reguliert die Verdauung und stabilisiert den Kaliumhaushalt. Morgens ein Glas Brombeersaft wirkt schweißtreibend und unterstützt die Wirkung des Fiebers. Geben Sie Ihrem Kind täglich 1 bis 2 Tassen erwärmten Brombeersaft. Himbeersaft wirkt erfrischend und ersetzt wichtige Mineralien.

Bewährte Hausmittel

Bettruhe

Fiebernde Kinder gehören ins Bett. Sorgen Sie für viel frische Luft im Krankenzimmer, und achten Sie darauf, daß das Kind gut zugedeckt ist. Es darf unter den Decken jedoch nicht zu heiß werden. Kleidung und Bettzeug sollten leicht und luftdurchlässig sein. Baumwolle oder Seide sind geeignete Materialien.

Häufiger Wäschewechsel

Wenn das Kind stark schwitzt, fühlt es sich wohler, wenn Kleidung und Bettwäsche möglichst oft gewechselt werden. Dann können Sie das Kind auch mit lauwarmem Wasser abwaschen. Anschließend stecken Sie das Kind sofort wieder ins warme Bett.

Viel trinken

Bei Fieber ist der Wasserbedarf des Körpers deutlich erhöht. Das Kind muß viel trinken, die Getränke sollten ihm gut schmecken. Colagetränke fördern jedoch die Wasserausscheidung; versuchen Sie daher, den kleinen Patienten zu Säften oder Wasser-Saft-Gemischen oder zu Tee mit Honig und Zitrone zu überreden.

Kalte Wadenwickel

Sie sind ein bewährter Klassiker der Fiebertherapie. Legen Sie das Kind ins Bett. Nehmen Sie ein Handtuch, und tauchen Sie es in kaltes Wasser. Ausgewrungen wird es um den kindlichen Unterschenkel gelegt (es darf nicht über das Knie gehen!) und mit einem weiteren Handtuch umwickelt, damit es keine Flecken im Bett gibt. Die Anwendung darf nicht länger als fünf Minuten dauern; danach kann noch einmal ein neuer Wickel angelegt werden.

Naturheilkunde

Tee aus Thymian, Linden- und Kamillenblüten

Dieser Tee unterstützt den Körper in seinem Abwehrkampf. Thymian tötet Bakterien, Kamille dämpft Entzündungen, und Lindenblüten fördern das abkühlende Schwitzen. Die Kräuter werden zu gleichen Teilen gemischt. 1 TL dieser Mischung mit 1/4 l kochendem Wasser übergießen, 5 Minuten ziehen lassen und abseihen. Süßen Sie den Tee mit etwas Zucker oder Honig.

Reiner Lindenblütentee regt den Stoffwechsel an

Lindenblütentee fördert das Schwitzen und treibt die Krankheit aus dem Körper. Übergießen Sie 1 TL Lindenblüten (aus der Apotheke) mit 1/4 l kochendem Wasser. 5 Minuten ziehen lassen, abseihen, mit Honig und Zitrone abschmecken. 3 bis 5 Tassen täglich. Bei weniger starkem Fieber reicht 1/2 TL Lindenblüten.

Regelmäßig messen

Bei hohem Fieber ist es sinnvoll, alle zwei bis drei Stunden die Temperatur zu kontrollieren.

Vorsicht!

Sehr hohe Temperaturen über 39,5 °C führen zu einer Beeinträchtigung der Körperfunktionen und der Stoffwechselvorgänge. So hohes Fieber muß unbedingt gesenkt werden, da diese Temperaturen die Gesundheit Ihres Kindes gefährden, wenn sie über längere Zeit andauern.

Unser Tip

Hilfreich für den Arzt

Aufzeichnungen der Fiebermessungen, z. B. als Fieberkurve, sind wichtig für den Arzt zur Beurteilung des Erkrankungsverlaufs. Messen Sie deshalb regelmäßig, und notieren Sie die Werte.

Fieber hat zahlreiche Wirkungen auf die Psyche des Kindes. So drosselt es den Appetit, es schwächt die Konzentration, macht müde und zwingt den Kranken damit, den Körper zu schonen. Einige Kinder werden schmuse- und schutzbedürftig, andere begeben sich wiederum in die Isolation, wollen mit niemandem etwas zu tun haben. Beide Reaktionen sind ganz natürlich.

Hinweis

Fieber ist eines der häufigsten Krankheitssymptome bei Kindern. Viele Eltern sind durch den oft sehr starken Fieberanstieg so besorgt, daß sie gleich zu Fieberzäpfchen oder anderen Maßnahmen greifen, um das Fieber zu senken. Das ist meistens unnötig (außer bei fieberkrampfgefährdeten Kindern), denn Fieber ist eine der wichtigsten Selbstheilungskräfte im Körper und läßt die meisten Bakterien und Viren absterben.

Schafgarbe wirkt schweißtreibend

Mit Tee aus Schafgarbe helfen Sie Ihrem Kind, bei Schüttelfrost ins Schwitzen zu kommen. Der Tee wirkt kräftigend und kann auch noch einige Tage nach Abklingen des Fiebers getrunken werden, um Appetit und Kräfte zu stärken. 1 TL Schafgarbenkraut mit 1/4 l kochendem Wasser übergießen. 5 Minuten ziehen lassen, abseihen und mit etwas Honig süßen. 2 bis 3 Tassen täglich.

Teebaumöl desinfiziert

Einige Tropfen Teebaumöl, die in einer Duftlampe verdunsten, desinfizieren die Luft im Krankenzimmer. Eine solche Duftlampe sollte auch im Zimmer des fieberkranken Kindes nicht fehlen.
Nachts können Sie einige Tropfen Teebaumöl auf das Kopfkissen des Kindes geben.

Homöopathische Mittel

Aconit D6 gegen Wärmestau

Wenn das Kind Symptome zeigt wie Unruhe, Furcht, blasse oder rote Haut, die aber immer trocken ist, und hohes Fieber mit Schüttelfrost, hilft Aconit D6. 50 Tropfen in 1 Glas Wasser geben und davon alle 15 Minuten einen Schluck trinken lassen, bis der Wärmestau überwunden ist und das Kind kräftig schwitzt.

Belladonna D6
Wenn das Fieber plötzlich aufgetreten ist, das Kind schwitzt und erregt-aggressiv ist, geben Sie 50 Tropfen in 1 Glas Wasser und lassen das Kind alle 30 Minuten einen Schluck davon trinken.

Eupatorium perfoliatum D6
Das Fieber ist morgens schlimmer als am Abend, das Kind erbricht häufiger und hat Durst auf kalte Getränke. Geben Sie 50 Tropfen Eupatorium perfoliatum D6 in 1 Glas Wasser, und geben Sie Ihrem Kind alle 30 Minuten einen Schluck.

Gelsemium D6
Das Fieber ist am Nachmittag am schlimmsten und das Kind verspürt keinen Durst. 50 Tropfen Gelsemium D6 in 1 Glas Wasser träufeln und das Kind alle 2 Stunden einen Schluck trinken lassen.

Bach-Blütentherapie
Geben Sie 1 bis 2 Tropfen Rescue-Remedy-Notfalltropfen in 1 Glas Wasser, und lassen Sie Ihr Kind nach Belieben davon trinken.

Ernährungsempfehlungen bei Fieber

Biostoffe gegen Fieber

- Inhibin wirkt als natürliches Antibiotikum keimtötend, ohne die Nebenwirkungen antibiotischer Fertigarzneimittel zu besitzen. Inhibin findet sich vor allem in naturbelassenem Honig.
- Sulfide sind keimtötende Schwefelverbindungen. Sie kommen vor allem in Knoblauch und Zwiebeln vor.
- Vitamin C stärkt die Immunabwehr und unterstützt den Körper im Kampf gegen eingedrungene Fremdkörper.
- Vitamin E stärkt ebenfalls die Immunabwehr. Es findet sich in Pflanzenölen, Vollkornwaren, Kürbis, Spargel, Grünkohl und Avocados. Vitamin E ist sehr licht- und hitzeempfindlich.
- Magnesium unterstützt die Bildung von Zellen, aus denen Antikörper gebildet werden. Durch Mineralwasser und Rohkost kann die Magnesiumzufuhr gesichert werden.
- Zink ist an der Bildung von Antikörpern beteiligt, es hält die für die Immunabwehr wichtigen T-Lymphozyten auf Trab. Man findet das Mineral in Mandeln, Erdnüssen, Kürbiskernen und grünem Blattgemüse.
- Phenolsäuren hemmen das Wachstum von Viren und Bakterien. Besonders wirksam sind die Phenolsäuren der Moos- und Heidelbeeren.

Fieber messen

Messen Sie bei kleinen Kindern das Fieber mindestens 5 Minuten unter dem Arm oder 2 bis 3 Minuten im After. Die Messung unter der Zunge ist gefährlich, da Kinder schnell einmal auf das Thermometer beißen. Vorsicht, Quecksilbervergiftung! Sie können auch (gefahrlose) elektronische Thermometer verwenden.

Das richtige Heilmittel

Fieber an sich ist keine Krankheit, sondern ein Symptom, das Ausdruck für die unterschiedlichsten Störungen im Körper sein kann. Homöopathische Heilmittel wirken sehr spezifisch; deshalb sollten Sie einen erfahrenen Fachmann zu Rate ziehen, welche Substanz im aktuellen Fall für Ihr Kind richtig ist.

Grippetee
Wenn das Fieber Symptom einer Grippe ist, dann versuchen Sie doch folgenden Tee: 30 g Weidenrinde, 10 g Mädesüß, 40 g Lindenblüten, 10 g Kamillenblüten, 10 g Orangenschalen (ungespritzt) mischen. 1 EL davon pro Tasse mit heißem Wasser aufgießen, 10 Minuten ziehen lassen, abseihen. Lassen Sie Ihr Kind davon täglich 3 bis 4 Tassen trinken.

Isotonische Getränke
Bei fiebrigen Erkrankungen wird viel geschwitzt; dieser Flüssigkeitsverlust sollte möglichst schnell ausgeglichen werden. Hierzu eignen sich Gemische aus Fruchtsaft und Mineralwasser ebenso wie isotonische Getränke, die aufgrund ihres süßlichen Geschmacks und des bunten Aussehens von Getränk und Verpackung von Kindern sehr gerne getrunken werden.

- Senföle wirken antibiotisch. Das wirksamste Senföl Benzylisothiozyanat ist in Garten- und Kapuzinerkresse sowie Meerrettich enthalten.

Viel trinken, wenig essen!

Das Nervensystem des Menschen reagiert bei Fieber meist mit einer Senkung des Appetits und einer Steigerung des Durstempfindens. Geben Sie diesen Bedürfnissen Ihres Kindes nach. Denn sein Körper muß alle Kräfte auf den Kampf gegen Viren bzw. Bakterien richten. Die Verdauung opulenter Speisen würde wichtige Kraftreserven beanspruchen. Der Flüssigkeitsbedarf ist bei Fieber deutlich erhöht, und die Zellen des Immunsystems sind um so beweglicher und aggressiver, je mehr sie mit Wasser versorgt sind.
Geben Sie Ihrem kranken Kind nur dann etwas zu essen, wenn es wirklich danach verlangt! Denn der kindliche Körper weiß selbst, was er im Falle einer Erkrankung benötigt. Sorgen Sie jedoch dafür, daß Ihr Kind viel trinkt. Optimale Getränke sind Tee oder Gemische aus Fruchtsaft und Mineralwasser (im Verhältnis 1:3).

Ideale Nahrungsmittel gegen Fieber

- Die Zwiebel enthält viel Vitamin C und schwefelhaltige Substanzen (Methylzysteinsulfoxide), die in ihrer Wirkung den Sulfonamiden ähneln, die als Antibiotikum schon lange in der Medizin eingesetzt werden. Da Sie Ihr Kind schwerlich überreden werden können, bis zu einem Dutzend rohe Zwiebeln pro Tag zu essen, geben Sie ihm Zwiebelsirup. Hierzu werden mehrere Zwiebeln in Scheiben geschnitten und mit Honig vermischt. Das Gemisch lassen Sie 12 Stunden ziehen. Der so entstandene Saft sollte mehrmals täglich eßlöffelweise eingenommen werden.
- Knoblauch enthält zahlreiche Vitamine zur Stärkung des Immunsystems, sein Inhaltsstoff Allizin wirkt keimtötend. Für Kinder, die Knoblauch nicht mögen, empfiehlt es sich, die Zehen zu zerdrücken und mit Petersilie zu vermischen. Sie erhalten dadurch eine Gewürzmischung, die Sie auf die Speisen des Kindes geben können und die nicht sehr stark nach Knoblauch schmeckt.
- Rote Johannisbeeren werden von den meisten Kindern gerne gegessen. Sie enthalten viel Wasser und reichlich Vitamin C, entsprechen also dem gesteigerten Wasserbedürfnis des Fieberkranken und stärken die Immunabwehr.
- Blätter und Früchte der Preiselbeere eignen sich wegen ihres Arbutin- und Methylarbutingehalts (es handelt sich dabei um entzündungshemmende und fiebersenkende Stoffe) vorzüglich als Antifiebermittel. Überbrühen Sie 1 TL Preiselbeerblätter mit 1 Tasse kochendem Wasser. 10 Minuten ziehen lassen. Die Beeren enthalten viel Vitamin C und Magnesium.

• Garten- und Kapuzinerkresse sind Kreuzblütler mit einem hohen Gehalt an Benzylisothiozyanat, einem der wirksamsten antibiotischen Stoffe, die die Natur zu bieten hat. Darüber hinaus enthalten sie viel Vitamin C. Beide Pflanzen eignen sich als Gewürz zu Salaten oder als Brotaufstrich.

• Heidel- und Moosbeeren enthalten viel Wasser, Vitamin C und zahlreiche antibiotische Phenolsäuren. Besonders wirksam ist Moosbeerensaft aus dem Reformhaus.

Ernährung des genesenden Kindes

Nach länger andauerndem Fieber sollten Sie Ihrem Kind zunächst nur mit Vorsicht Nahrung geben.

Beginnen Sie mit Haferschleim, püriertem Gemüse oder einer leichten Gemüsesuppe. Später können Sie Kartoffeln und Gemüse mischen und pürieren.

Geben Sie Ihrem Kind anfangs fett- und eiweißarme Kost. Nüsse und Süßigkeiten beanspruchen den Organismus zu stark.

Auch wenn das Kind sehr hungrig ist, sollte es zunächst nur kleine Portionen bekommen. Warten Sie ab, wie der geschwächte Organismus darauf reagiert.

Langsam beginnen

Nach einer halben bis einer Stunde können Sie Ihrem Kind dann die nächste kleine Portion geben, wenn ihm die vorherige gut bekommen ist.

Achten Sie auch darauf, daß Ihr Kind langsam ißt – und auch pürrierte Speisen kaut, damit die Verdauung schon im Mund beginnt.

Vorbeugen – so bleibt Ihr Kind gesund

• Stärken Sie die Abwehrkräfte Ihres Kindes. Gewöhnen Sie es rechtzeitig an frisches Obst und Gemüse. Man kann Kinder auch ohne Vitaminkiller wie Schokolade oder Bonbons mit Bananen, Ananas und anderen Früchten verwöhnen!

• Gönnen Sie Ihrem Kind viel Bewegung an frischer Luft, wobei Sie seine Kleidung dem Temperament anpassen: Aktive Kinder mit großem Bewegungsdrang brauchen Kleidung mit Knöpfen und Reißverschlüssen, die sie leicht ausziehen können, wenn es ihnen warm wird. Ängstliche Kinder mit weniger Bewegungsdrang sind am besten in Pullovern aufgehoben.

• Beim Baden oder Duschen ist es empfehlenswert, mit einer kalten Brause aufzuhören. Das hält die Gefäße aktiv und steigert die Abwehrkraft.

Der Unterschied der beiden Kressen

Während die Gartenkresse zu den einheimischen Gewächsen gehört, stammt die Kapuzinerkresse aus Südamerika. Auch in ihrer Wirksamkeit bestehen Unterschiede. So sind die Biostoffe der Kapuzinerkresse noch viele Stunden nach dem Essen im menschlichen Organismus nachweisbar, während die der Gartenkresse relativ kurz im Körper kursieren. Wer also mit Gartenkresse therapeutische Effekte erzielen will, muß die Kressemahlzeiten über den ganzen Tag verteilen.

Fieberkrämpfe

Geben Sie Ihrem Kind nach einem Fieberkrampf viel zu trinken, z. B. Vitamin-C-reichen Orangensaft.

Symptome

- **Sehr hohes Fieber**
- **Zunächst rotes Gesicht, starkes Schwitzen, später Blässe**
- **Unruhe, Verwirrtheit**
- **Zu Beginn des Krampfes drehen sich meist die Augen nach oben, so daß nur noch das Weiße zu sehen ist**
- **Zittern, zunächst der Hände und Füße, schließlich des gesamten Körpers**
- **Wildes Umherschlagen**
- **Gekrümmter Rücken**
- **Verzerrte Gesichtszüge**
- **Auf den Fieberkrampf kann Bewußtlosigkeit folgen**

Ursachen

Durch sehr hohes Fieber kann bei empfindlichen Kindern ein Fieberkrampf ausgelöst werden. Die Gefahr ist besonders groß, wenn das Fieber die Folge einer Entzündung im Kopfbereich (Mittelohrentzündung, fiebrige Zahnerkrankungen etc.) ist.

Organische Hintergründe

Fieberkrämpfe kommen recht häufig vor. Viele Kinder erleiden im Laufe ihrer ersten Lebensjahre einen solchen Krampf. Meistens sehen die Krämpfe bedrohlicher aus als sie sind. Bei einer Krampfdauer von weniger als 10 Minuten besteht meist keine Gefahr.

Rezeptfreie Medizin

Bei Kindern, die zu Fieberkrämpfen neigen, sollten Sie das Fieber nicht zu hoch steigen lassen und schon bald (ab 38 bis 38,5 °C) mit fiebersenkenden Maßnahmen beginnen. Gut geeignet sind kalte Abwaschungen oder Wadenwickel (siehe dazu das Kapitel »Begleitende Behandlung«).

Vorsicht!

In seltenen Fällen kann eine Hirnhautentzündung (Meningitis) die Ursache für einen Fieberkrampf sein. Typische Anzeichen sind: hohes Fieber, Unruhe, Kopfschmerzen, unterschiedliches Temperaturempfinden rechts und links.
Bei diesen Symptomen sollten Sie sofort den Notarzt holen. Ihr Kind braucht umgehend Hilfe!

Komplikationen

Halten Fieberkrämpfe länger an oder wiederholen sie sich innerhalb weniger Tage, kann die Sauerstoffversorgung im Gehirn beeinträchtigt werden. Manchmal wird sie so stark gestört, daß ein bleibender Hirnschaden entsteht. Zusätzlich zu Wadenwickeln oder abkühlenden Bädern sollten Sie bei fieberkrampfgefährdeten Kindern immer ab 38 bis 38,5 °C Fieberzäpfchen für Kinder einsetzen.

So helfen Sie Ihrem Kind

Beim ersten Krampfanfall, gleich welcher Art, sollten Sie sofort den Arzt rufen. Erst seine Diagnose gibt Ihnen Sicherheit, daß es sich um einen Fieberkrampf und nicht um ein Krampfgeschehen anderer Art – etwa einen epileptischen Anfall – handelt. Da alle Krämpfe ähnlich aussehen, ist eine genaue Diagnose besonders wichtig.

Vorsicht!
Bewußtlosen oder krampfenden Kindern sollten Sie nichts einflößen. Es könnte zu Erstickungsanfällen kommen.

Bewährte Hausmittel

Bewegungsfreiheit
Halten Sie Ihr Kind bei einem Krampfanfall nicht fest. Das könnte als bedrohlich empfunden werden, oder wegen der starken Kräfte, die bei einem Krampf freigesetzt werden, zu Verletzungen führen. Reden Sie aber beruhigend auf das Kind ein.

Verletzungsfrei lagern
Legen Sie das Kind auf eine weiche Unterlage möglichst frei in den Raum, damit Kopf und Glieder nicht anschlagen können.

Kalt abwaschen
Wischen Sie Stirn und Körper des Kindes wiederholt mit einem kalten Waschlappen ab.

Wadenwickel
Versuchen Sie, die Temperatur Ihres Kindes mit Wadenwickeln zu senken. Neigt Ihr Kind zu Fieberkrämpfen, sollten Sie auch bei leichtem Fieber schon Wadenwickel machen, damit die Temperatur erst gar nicht so hoch wird, daß ein Krampf droht.

Vorbeugen – so bleibt Ihr Kind gesund

- **Bei Fieber, das sehr schnell sehr hoch steigt, sollten Sie mit Wadenwickeln oder abkühlenden Bädern versuchen, die Fieberspitze herunterzudrücken.**
- **Geben Sie Ihrem Kind, wenn es sehr stark schwitzt, mineralhaltige Getränke, um den Verlust wertvoller Mineralien möglichst gering zu halten.**
- **Sorgen Sie dafür, daß Ihr Kind ausreichend Flüssigkeit trinkt, um den Kreislauf in Gang zu halten und das Flüssigkeitsgleichgewicht aufrechtzuerhalten.**

Vorsicht!
Fieberkrämpfe können auch dadurch ausgelöst werden, daß ein fieberndes Kind zuwenig trinkt, der Mineralstoffhaushalt aus dem Gleichgewicht gerät. Sorgen Sie dafür, daß Ihr fieberkrankes Kind stets ausreichend Flüssigkeit zu sich nimmt. Geeignet sind Gemische von 1 Teil Fruchtsaft und 2 Teilen Mineralwasser, Tees oder isotonische Getränke.

Unser Tip

Ganz normal
Nach einem Fieberkrampf ist das Kind sehr erschöpft und noch mehrere Stunden benommen.
Das ist kein Grund zur Sorge. Die starke Anspannung der Muskeln während der Krampfphase ist sehr anstrengend und verbraucht eine Menge Energie.

Die einfache und gut verträgliche Schluckimpfung kann Ihr Kind vor Polio schützen.

Rezeptfreie Medizin

Durch rohkost- und ballaststoffreiche Ernährung helfen Sie dem Körper Ihres Kindes, Giftstoffe möglichst schnell loszuwerden, wenn es an Kinderlähmung erkrankt ist. Unterstützen können Sie diesen Vorgang eventuell auch durch ein mildes Abführmittel wie Milchzucker.

Kinderlähmung

Symptome

Vorstadium:

- **Unspezifische Symptome wie Erkältung, Halsentzündung, Husten, Durchfall oder Erbrechen**
- **Mäßiges Fieber**
- **Vielfach Anzeichen einer Beteiligung der Hirnhaut:**
  - **Allgemeine Schmerzempfindlichkeit**
  - **Berührungsempfindlichkeit**
  - **Kopfschmerzen**
  - **Nackensteifigkeit**
- **Auffallendes Schwitzen**

Hauptstadium:

- **Erneuter Fieberanstieg**
- **Kopfschmerzen, Nackensteife, Erbrechen, Berührungsempfindlichkeit**
- **Allgemeine Mattigkeit und Muskelschwäche, sehr schwere Krankheitsausprägung**
- **Weiter steigendes Fieber, vorwiegend in den Gliedmaßen ein- oder beidseitige Lähmungen**
- **Im schlimmsten Fall Atembeschwerden oder -lähmung**

Ursachen

Kinderlähmung (Poliomyelitis) wird durch Viren verursacht. Die Übertragung erfolgt vor allem durch infizierte Gegenstände, verseuchtes Wasser oder verunreinigte Gegenstände.

Wichtig!

Oft bleibt eine mehr oder minder große Zahl von Muskeln gelähmt, und es kommt zu Muskelschwund. Dadurch, daß eine Anzahl von Muskeln ausfällt, während andere tätig bleiben, kann es zu Gelenkfehlstellungen oder -versteifungen kommen. Durch eine frühzeitige ärztliche Behandlung kann häufig vermieden werden, daß die Krankheit überhaupt bis ins Hauptstadium, wo es erst zu Lähmungen kommt, fortschreitet. Am besten ist die vorbeugende Impfung.

Organische Hintergründe

Die Viren gelangen über die Verdauungsorgane in den menschlichen Körper und dringen von dort ins Rückenmark vor. Verbreitet wird die Krankheit vorwiegend durch gesund erscheinende Keimträger. Die Inkubationszeit beträgt 3 bis 14 Tage.

So helfen Sie Ihrem Kind

Am besten helfen Sie Ihrem Kind, indem Sie Ruhe und Zuversicht ausstrahlen. So geben Sie ihm die Kraft, die schweren Krankheitssymptome leichter zu ertragen.

Bewährte Hausmittel

Entgiftung durch Ernährung

Achten Sie auf eine vegetarische, rohkostreiche Nahrung. Sie bindet Giftstoffe, die dann über den Darm entsorgt werden.
Zuckerhaltige Speisen und Getränke sollte das Kind nicht erhalten. Regelmäßiger Stuhlgang ist zur Entgiftung unumgänglich. Im Bedarfsfall erhalten Sie in der Apotheke speziell für Kinder entwickelte Abführtees (z. B. Clairo-Tee von Weleda). Auch ein Einlauf kann Ihrem Kind helfen.

So hilft der Arzt

Die Behandlung der Kinderlähmung gehört wegen des schweren Verlaufs, den die Krankheit nehmen kann, unbedingt in die Hand eines Arztes. Er kann im Anfangsstadium der Erkrankung Gamma-Globuline spritzen. Dieses Serum besteht aus Antikörpern und kann einen milderen Krankheitsverlauf bewirken.

Bei Lähmung ins Krankenhaus

Kommt es zu Lähmungserscheinungen, ist ein Krankenhausaufenthalt für das erkrankte Kind am sichersten. Dort gibt es die Möglichkeit, erkrankte Glieder besonders zu lagern, um Versteifungen vorzubeugen. Außerdem steht jederzeit eine künstliche Atemhilfe zur Verfügung, wenn die Krankheit zu Atemwegslähmungen führt.
In schweren Fällen von Muskellähmung werden später eventuell orthopädisch-chirurgische Korrekturen und ein Stützapparat notwendig.

Vorbeugen – so bleibt Ihr Kind gesund

- **Kinderlähmung ist eine schwere Erkrankung, die sich auch auf Skelett und Atemmuskulatur ausbreiten kann. Deshalb sollten Sie Ihr Kind auf jeden Fall vorsorglich impfen lassen. Der Impfstoff wird auf ein Stück Zucker geträufelt oder ist in eine süße Flüssigkeit eingebettet. Er wird geschluckt.**
- **Die Schluckimpfung muß im Abstand von zehn Jahren wiederholt werden. Lassen Sie dann möglichst die gesamte Familie impfen. Zehn Jahre gehen schnell vorbei, und bei vielen Jugendlichen und Erwachsenen hapert es bereits mit dem Impfschutz.**

Krankengymnastik

Mit physiotherapeutischen Übungen sollte so früh wie möglich begonnen werden: Bäder, Massagen, Krankengymnastik und Bewegungsübungen sollen zur schnellstmöglichen Mobilisierung beitragen. Wichtig ist dabei, daß Ihr Kind auch zu Hause ständig weiterübt.

Unser Tip

Wasser schont Gelenke

Schwimmen und Wassergymnastik unter fachkundiger Anleitung können Ihr Kind bei der Rückbildung der Lähmungserscheinungen unterstützen. Sie kräftigen die Muskeln, ohne daß die Gelenke überlastet werden.

Schicken Sie Ihr Kind nach überstandenem Pfeifferschen Drüsenfieber nicht zu früh wieder in die Schule – es benötigt viel Zeit zur Erholung.

Pfeifferschs Drüsenfieber

Symptome

- **Fieber, Kopfschmerzen, Erbrechen**
- **Milzvergrößerung; Schwellung am linken Oberbauch**
- **Masernähnlicher Ausschlag**
- **Häufig Halsschmerzen mit weißen Belägen auf den Mandeln**
- **Häufig Schwellung der Lymphknoten am Hals, in den Achseln und der Leistenbeuge**

Ursachen

Pfeiffersches Drüsenfieber (Mononukleose) wird durch ein Virus aus der Gruppe der Herpesviren verursacht. Der Erreger befindet sich im Speichel (und im Blut) und wird von der erkrankten Person durch Tröpfcheninfektion weitergegeben.

Organische Hintergründe

Pfeiffersches Drüsenfieber kommt meist bei Jugendlichen und jungen Erwachsenen vor und wird häufig durch Küssen übertragen. Deshalb hat es im Volksmund auch den Namen »Kußkrankheit« oder »Studentenkrankheit«. Es verläuft oftmals fast ohne Symptome. Die Inkubationszeit beträgt 8 bis 21 Tage.

Wichtig!

Im Verlauf der Erkrankung kann es zu Entzündungen der Luft- und Atemwege sowie des Nervensystems kommen. Das sind schwerwiegende Erkrankungen, die in ärztliche Behandlung gehören. Achten Sie auf entsprechende Symptome (Atembeschwerden, Husten bei Atemwegsentzündung; Kopfschmerzen, Erbrechen, Fieber, Mattigkeit bei Entzündungen des Gehirns oder Nervensystems).

So helfen Sie Ihrem Kind

Grundsätzlich gilt, daß sich alle Maßnahmen, die Ihrem Kind bei einer Erkältungskrankheit helfen, auch günstig auf die Behandlung des Pfeifferschen Drüsenfiebers auswirken.

Naturheilmittel

Viele Symptome des Pfeifferschen Drüsenfiebers können mit Ailanthus glandulosa D6 gemildert werden. Geben Sie Ihrem Kind 3mal täglich eine Dosis (laut Ihrem Homöopathen) bis die Besserung anhält.

Homöopathie

Ailanthus glandulosa D6 bessert Beschwerden wie Abgeschlagenheit und Schwäche, Kopfschmerzen, Schläfrigkeit, schmerzhafte Halsgeschwüre, vergrößerte Lymphknoten oder fleckigen Ausschlag. Belladonna D6 hilft im Frühstadium bei hohem Fieber sowie empfindlichen und geschwollenen Drüsen.

Bewährte Hausmittel

- Wenn das Kind fiebert, sollte es unbedingt im Bett bleiben und ruhen.
- Lassen Sie das Kind während der Erkrankung reichlich trinken, geeignet sind vor allem Kräutertees und Obstsäfte.
- Als Krankenkost eignen sich leicht verdauliche, flüssig-breiige Speisen wie beispielsweise Getreidebrei, püriertes Gemüse, Kartoffelpüree, Suppen.

So hilft der Arzt

Wenn die Krankheit einen schweren Verlauf nimmt, sollten Sie den Arzt rufen, um Folgeerkrankungen und damit Komplikationen zu vermeiden.

Diagnosemöglichkeit
Die Krankheit ist wegen ihrer zum Teil unspezifischen Symptome und wegen des häufig uncharakteristischen Verlaufs schwierig zu diagnostizieren. Sicherheit kann durch eine Blutuntersuchung gewonnen werden, da sich im Blut nach Krankheitsbeginn eine starke Vermehrung der weißen Blutkörperchen (Leukozytose) sowie besondere Reizform der weißen Blutkörperchen befinden – die sogenannten mononukleären Zellen oder Downey-Zellen.

Wichtig!

Eine Impfung gegen Pfeiffersches Drüsenfieber gibt es nicht. Die Krankheit hinterläßt jedoch eine lebenslange Immunität.

Vorbeugen – so bleibt Ihr Kind gesund

- **Eine gesunde, vollwertige Nahrung stärkt das Immunsystem Ihres Kindes und macht es bereit, Krankheitserreger abzuwehren.**
- **Im Vordergrund der Ernährung Ihres Kindes sollten Obst und Gemüse stehen. Fleisch und Fisch sollten gelegentlich die Mahlzeiten als Beilage ergänzen.**
- **Bewegung an der frischen Luft kräftigt den gesamten Organismus und wirkt damit positiv auf das gesamte Abwehrsystem Ihres Kindes ein.**
- **Wenn Ihr Kind über Tage und Wochen kränkelt, müde und abgeschlagen ist und zu nichts Lust hat, oder wenn Halsschmerzen trotz fachgerechter Behandlung nicht verschwinden wollen, besteht Verdacht auf Pfeiffersches Drüsenfieber, dem dann durch eine Blutuntersuchung nachgegangen werden sollte.**

Wichtig!

Diese Erkrankung nimmt bei verschiedenen Personen einen sehr unterschiedlichen Verlauf. Manchmal verläuft sie fast ohne Symptome und dauert kaum ein paar Stunden, in anderen Fällen kommt und geht das Fieber während mehrerer Wochen.

Unser Tip

Ruhebedürftig
Während fiebriger Perioden, aber auch während der symptomfreien Zwischenphasen, ist das Kind häufig matt und abgeschlagen und braucht viel Ruhe. Große körperliche Anstrengungen sind unbedingt zu meiden.

Wundstarrkrampf

Schützen Sie Ihr Kind vor Wundstarrkrampf: Lassen Sie es impfen.

Symptome

- Müdigkeit
- Unruhe
- Abgeschlagenheit
- Kopfschmerzen
- Appetitlosigkeit
- Eventuell leichtes Fieber
- Lichtempfindlichkeit
- Schwitzen ohne Fieber
- Verkrampfung der Nacken-, Rücken- und Bauchmuskulatur
- Krampfhafte Starre der Kaumuskulatur (Schwierigkeiten beim Sprechen und Schlucken)
- Starre der mimischen Muskulatur im Gesicht mit einem eigentümlich verzerrten Lächeln
- Zunehmende Steifheit der Muskeln bis hin zu schmerzhaften Krämpfen

Achtung!
Besonders bei den sogenannten Bagatellwunden, die kaum bluten und häufig nicht einmal sichtbar sind, ist die Gefahr groß, daß Tetanusbakterien eindringen und ihre gefürchteten Giftstoffe freisetzen. Bei stark blutenden Wunden werden diese Bakterien häufig aus der Wunde herausgespült.

Ursachen

Wundstarrkrampf (Tetanus) wird durch spezielle Bakterien hervorgerufen, die unter Luftabschluß Giftstoffe (Toxine) bilden. Diese Giftstoffe dringen durch geringste Verletzungen der Haut oder Schleimhaut in den Körper ein und schädigen das Nervensystem. Der Zeitraum zwischen Ansteckung und Ausbruch der Krankheit beträgt eine bis zwei Wochen, kann aber im Einzelfall auch länger sein.

Vorsicht!
Jede auch noch so geringfügige Verletzung kann mit Wundstarrkrampfbakterien infiziert werden. Wundstarrkrampf ist eine in vielen Fällen lebensbedrohliche Erkrankung. In anderen Fällen hinterläßt sie wegen des Übergriffs auf das Nervensystem häufig schwere körperliche Beeinträchtigungen.
Lassen Sie Ihr Kind auf jeden Fall gegen Tetanus impfen!

Organische Hintergründe

Oft sind es nur geringfügige Verletzungen, die zu einer Tetanusinfektion führen. Viele Alltagswunden können mit diesen Keimen in Kontakt kommen. Besonders gefährdet sind Wunden, die im Garten oder auf dem Spielplatz mit Erde in Kontakt kommen, sowie Wunden, die durch Haustiere, insbesondere Katzen, zugefügt wurden. Die Tetanuserreger vermehren sich im Gewebe und scheiden dabei Gifte aus, die die schwere, lebensbedrohende Krankheit auslösen.

So helfen Sie Ihrem Kind

Rufen Sie möglichst schnell einen Arzt, insbesondere wenn Erkältungssymptome in Verbindung mit Nackensteife oder Verkrampfungen der Muskulatur auftreten. Auch wenn Sie sich nicht an eine Verletzung Ihres Kindes im Vorfeld erinnern können – eine Tetanusinfektion könnte trotzdem unbemerkt stattgefunden haben (vorausgesetzt, Ihr Kind war nicht gegen Wundstarrkrampf geimpft).

So hilft der Arzt

Bei einer Tetanuserkrankung muß Ihr Kind immer ins Krankenhaus. Nur dort kann ihm die intensive Behandlung zukommen, die nötig ist, um die Krankheit möglichst komplikationslos zu überstehen. Einem nicht oder nur unzureichend durch Impfung geschützten Kind kann Tetanusimmunglobulin mit hohem Antitoxingehalt sowie Tetanusimpfstoff (zur Auffrischung eines früheren Impfschutzes) gegeben werden.
Bei Krämpfen bekommt Ihr Kind krampflösende Mittel. Spezielle Lagerungstechniken verhindern, daß es zu Verletzungen kommt.

Wichtig!
Tetanuserreger kommen überall vor – und keiner, weder Kind noch Erwachsener, ist davor gefeit, sich mit ihnen zu infizieren.
Beim Spiel im Freien, bei der Gartenarbeit oder beim Sport – immer wieder kommt es zu kleinen, unscheinbaren Wunden, in denen sich die Erreger festsetzen können und von wo aus sie ihr Gift in den gesamten Körper schicken.

Achtung, Haustiere!
Insbesondere wenn Sie Haustiere haben, sollten Sie den Impfschutz Ihrer Familie gegen Tetanus (Wundstarrkrampf) sehr ernst nehmen. Zähne, Krallen und Pfoten, besonders von Katzen, sind die idealen Transportmittel für Tetanuserreger.

Vorbeugen – so bleibt Ihr Kind gesund

- **Eine Tetanuserkrankung ist vermeidbar. Lassen Sie Ihr Kind durch die Tetanusschutzimpfung immunisieren. Die Impfung kann kombiniert werden mit einer Schutzimpfung gegen Diphtherie.**
- **Die Schutzimpfung gegen Tetanus muß alle zehn Jahre wiederholt werden. Überprüfen Sie dann auch, wie es um Ihren eigenen Impfschutz bestellt ist.**
- **Reinigen Sie auch kleinere Wunden, Risse oder Schürfwunden sorgfältig, und tragen Sie ein mildes Desinfektionsmittel auf.**

Wichtig!
Die therapeutischen Möglichkeiten einer Tetanusbehandlung sind relativ gering und beschränkten sich im wesentlichen darauf, die Lebensfunktionen zu erhalten. Da eine Tetanusschutzimpfung in der Regel komplikationslos verläuft und Kinder sich häufig verletzen, empfiehlt sich eine Tetanusschutzimpfung auf jeden Fall.

Unser Tip

Impfschutz für alle
Überprüfen Sie den Impfschutz der gesamten Familie, wenn eines Ihrer Kinder gegen Tetanus geimpft werden muß. Führen Sie auch sorgfältig die Impfpässe, lassen Sie alle Impftermine vom Arzt eintragen.

Beinwell lindert Schmerzen und Schwellungen bei einem Bluterguß.

Bluterguß

Symptome

- **Eine Stelle, die sich nach einem Stoß oder Sturz nicht sofort bläulich verfärbt, aber sehr schmerzempfindlich ist**
- **Häufig Schwellungen**
- **Bläuliche bis violette Verfärbung der Haut**
- **Blaue Flecken sind – vor allem unter Druckeinwirkung – sehr schmerzempfindlich**

Ursachen

Blutungen unter der Haut, meist ausgelöst durch Verletzungen an Bändern, Sehnen, Muskeln oder Knochen, führen zu einem Bluterguß. Solche Verletzungen werden häufig verursacht durch Gewalteinwirkungen von außen (Prellungen), Stöße, Tritte, Fausthiebe etc. Kommt es dabei zu Quetschungen des Muskelgewebes, dem berühmten »Pferdekuß«, ist das besonders schmerzhaft.

Organische Hintergründe

Manche Verletzungen, die tief unten im Gewebe stattgefunden haben, führen erst einige Stunden oder sogar Tage später zu einem erkennbaren blauen Fleck. Sinnvoll ist es daher, nach allen schmerzhaften Stößen, Schlägen, Stürzen u.ä. grundsätzlich kühlende Maßnahmen einzuleiten, um einem Bluterguß vorzubeugen.

Rezeptfreie Medizin

Arnika und Beinwell wirken abschwellend. Der beste Ersatz für die frische Wurzel des Beinwells ist ein Konzentrat aus Comfrey. Sie erhalten es in der Apotheke.

Vorsicht!

Prellungen am Schädel werden manchmal von erstaunlichen Beulen begleitet, da die Schwellung aufgrund des darunter liegenden Schädelknochens nur nach außen, in Richtung Haut, abgeleitet werden kann. Sie sind daher kein Hinweis auf schwere Verletzungen. Kommt es jedoch im Anschluß an Prellungen im Kopfbereich zu Schwindelanfällen, Übelkeit oder Erbrechen, muß das Kind umgehend ins Krankenhaus gebracht werden.

So helfen Sie Ihrem Kind

Schmerz wird schlimmer empfunden, wenn Körper und Seele zur Ruhe kommen, also meist am Abend. Das gilt besonders für Kinder, die während des Spielens häufig gar nicht bemerken, daß sie sich einen blauen Fleck zugezogen haben, den Schmerz am Abend jedoch besonders intensiv spüren.

Hausmittel

Kühlung

Lang andauerndes Kühlen als Erste-Hilfe-Maßnahme lindert Schmerzen und schließt die verletzten Blutgefäße. Prellungen an Knochen oder Gelenken sollten mindestens 20 Minuten, Verletzungen im Muskelbereich 30 Minuten gekühlt werden. Zur Kühlung verwendet man Eiswürfel, die in einen Waschhandschuh oder ein dickes Handtuch eingerollt werden. Ist kein Eis vorhanden, sollte das betroffene Körperteil wenigstens für 15 Minuten mit einem naßkalten Lappen gekühlt werden. Erneuern Sie den Lappen, wenn die Kühlwirkung nachläßt.

Essigsaure Tonerde

Altbekannt ist auch die Wirkung der essigsauren Tonerde. 1 EL in 1 Glas Wasser verrühren, einen Mullverband damit tränken, über die verletzte Stelle legen und luftdurchlässig umwickeln.

Naturheilmittel

Arnikaessenz

Arnika beschleunigt die Heilung und verhindert Schwellungen; sie sollte unmittelbar nach der Kühlung angewendet werden. Sie erhalten Arnikaessenz in der Apotheke. Zur Anwendung wird sie im Verhältnis 1:9 mit Wasser verdünnt und auf ein Tuch geträufelt, das Sie als Umschlag auf die Verletzung bringen. Zur Ergänzung kann Arnika D6, 3mal pro Tag 5 Tropfen, eingenommen werden.

Beinwell

Seine Wurzeln sind ein uraltes Heilmittel gegen Beulen. Etwa 100 g mit etwas Wasser pürieren und auf einen Lappen streichen. Lassen Sie den Lappen für mindestens 20 Minuten auf der Verletzung liegen, wiederholen Sie die Anwendung so oft wie möglich.

Vorbeugen – so bleibt Ihr Kind gesund

- **Blaue Flecken sind für Kinder eine wertvolle Erfahrung. Beim Fahrradfahren sollten sie natürlich einen Helm tragen, ansonsten ist es jedoch falsch, sie von »riskanten« Orten wie Abenteuerspielplätzen, Treppen, Bolzplätzen etc. fernzuhalten. Denn durch kleine, schmerzhafte Mißgeschicke lernen sie, sich im Alltag richtig zu bewegen.**

Wer sich etwa beim ungestümen Treppensteigen mal einen blauen Fleck geholt hat, wird sich das nächste Mal vielleicht überlegen, ob er unbedingt vier Stufen auf einmal nehmen muß.

Vorsicht!

Eine zu starke Unterkühlung der Haut kann zu Frostbeulen führen. Deshalb immer ein dickes Handtuch zwischen Eis und Haut legen.

Teebaumöl

Manche Kinder vertragen Arnika nicht und reagieren allergisch. In solchen Fällen können Sie einige Tropfen Teebaumöl auf die betroffenen Stellen auftupfen. (Da auch hier allergische Reaktionen auftreten können, sollten Sie Teebaumöl zuerst mit einem Tropfen an einer unverletzten Hautstelle testen.) Es baut das Zellgewebe wieder auf.

Unser Tip

Eispackungen

Besorgen Sie sich aus der Apotheke einen Eispack, und legen Sie ihn in das Eiswürfelfach Ihres Kühlschranks. So sind Sie bereit, wenn es zu einer Prellung kommt. Achten Sie auch hier darauf, die Haut durch ein Tuch vor zu starker Eiseinwirkung zu schützen.

Lassen Sie Ihr Kind nie ohne Helm radfahren – ein Sturz ist allzu schnell passiert.

Rezeptfreie Medizin

Arnika zur innerlichen und äußerlichen Anwendung erhalten Sie in der Apotheke als homöopathische Zubereitung, Salbe oder Essenz. Zur äußerlichen Anwendung eignen sich Umschläge, die mit Arnikaessenz getränkt sind. Die Arnikaessenz muß im Verhältnis 1:9 mit Wasser verdünnt werden. Ist es Ihrem Kind nach einer Gehirnerschütterung schwindlig, können Sie ihm stündlich Aconitum D12 geben.

Gehirnerschütterung

Symptome

- Schwindel
- Kopfschmerzen
- Unruhe
- Übelkeit mit oder ohne Erbrechen
- Erinnerungslücke bezüglich des Unfallereignisses
- Gesichtsblässe
- Bewußtlosigkeit
- Eventuell kurze Verwirrtheit

Ursachen

Durch Gewalteinwirkung auf den Kopf, etwa durch Stürze, Stöße oder Schläge, kann es zu inneren, nicht sichtbaren Verletzungen kommen, die ärztlich beobachtet und behandelt werden müssen. Solche Unfälle passieren häufig im Haushalt oder beim Sport.

Organische Hintergründe

Eine Gehirnerschütterung ist häufig verbunden mit kurzer Bewußtlosigkeit und einem Verlust der Erinnerung an das Unfallgeschehen. Manchmal ist auch das Wissen um einen gewissen Zeitraum vor und nach dem Unfall beeinträchtigt. Gelegentlich kann auch die Erinnerung an den eigenen Namen oder die Umgebung getrübt sein. Besonnenes Verhalten der Helfer baut Streß beim Verletzten ab und trägt dazu bei, daß das Gedächtnis bald wieder zurückkehrt.

Wichtig!

Eine Gehirnerschütterung gehört grundsätzlich in ärztliche Behandlung. Es muß vor allem abgeklärt werden, ob nicht ernsthaftere Kopfverletzungen vorliegen. Bei einer Gehirnerschütterung, die mit Bewußtlosigkeit einhergeht, sollten Sie dafür sorgen, daß Ihr Kind in ein Krankenhaus kommt.

So helfen Sie Ihrem Kind

Besonders wichtig ist die richtige Erste Hilfe. Legen Sie das Kind, falls es bei Bewußtsein ist, flach auf den Boden. Decken Sie es warm zu, und sorgen Sie für eine isolierende Unterlage, damit es nicht auskühlt. Ist das Kind bewußtlos, sollten Sie es in die stabile Seitenlage bringen: Dazu legen Sie es auf den Rücken und schieben seine rechte Hand unter den Po; das rechte Bein des Kindes anwinkeln und aufstellen. Drehen Sie das Kind auf die rechte Seite, legen

Sie seinen unteren Arm nach hinten und die obere Hand unter das Gesicht. Das stabilisiert die Lage. Damit die Luftwege freibleiben, überstrecken Sie den Kopf des Kindes leicht nach hinten.

Naturheilmittel

Bach-Blütentherapie
Für Notfälle gibt es im Bereich der Bach-Blütentherapie die sogenannten Rescue-Remedy-Notfalltropfen. Sie helfen bei Gehirnerschütterung auch, wenn diese mit Bewußtlosigkeit einhergeht.

Homöopathische Mittel

Natrium sulfuricum D6
3mal täglich 1 Tablette lindert die Übelkeit, die bei Gehirnerschütterungen häufig auftritt. Manche Kinder sind nach einer solchen Verletzung auch bedrückt und niedergeschlagen. Auch dagegen hilft Natrium sulfuricum D6.

Arnika D6
Arnika bewährt sich auch nach Gehirnerschütterungen. Geben Sie Ihrem Kind 3mal täglich 5 Tropfen.

Begleitende Behandlung

Ruhe halten und flach liegen
Nach einer Gehirnerschütterung muß das Kind viel ruhen und möglichst flach liegen. Es sollte weder lesen noch fernsehen oder mit dem Gameboy spielen, darf aber auch nicht zu lange allein bleiben. Kinder mit Kopfverletzungen sind besonders anlehnungsbedürftig. Gehen Sie deshalb regelmäßig in das Zimmer Ihres Kindes, und sprechen Sie mit ihm, damit es sich nicht verlassen fühlt.

Vorbeugen – so bleibt Ihr Kind gesund

- **Besonders Stürze vom Fahrrad führen häufig zu einer Gehirnerschütterung. Kaufen Sie Ihrem Kind einen Fahrradhelm, und achten Sie darauf, daß es ihn auch trägt.**
- **Bei Säuglingen und Kleinkindern passieren Gehirnerschütterungen meist durch einen Sturz vom Wickeltisch. Sorgen Sie beim Wickeln dafür, daß vor dem Wickeln alles, was Sie benötigen, in Griffweite steht. Halten Sie das Kind mit einer Hand fest, wenn Sie mit der anderen nach etwas greifen.**
- **Müssen Sie das Wickeln kurzfristig unterbrechen, setzen Sie Ihr Kind auf den Boden. Lassen Sie es nicht unbeaufsichtigt auf dem Wickeltisch liegen.**

Wichtig für den Arzt

Jede Information ist wichtig für den Arzt. Falls Sie Zeuge des Unfalls waren, prägen Sie sich den Unfallvorgang gut ein. Wenn Ihr Kind bewußtlos war, sollten Sie dem Arzt mitteilen können, wie lange die Bewußtlosigkeit angedauert hat. Diese Angaben geben wichtige Hinweise für Diagnose und Behandlung.

Körperkontakt

Kinder mit Kopfverletzungen sind oft verunsichert. Halten Sie die Hand Ihres Kindes oder nehmen Sie es in den Arm, um ihm die notwendige Sicherheit zu geben.

Unser Tip

Ruhe bewahren

Je ruhiger Sie bleiben und je weniger Sie Ihr Kind von Ihren Sorgen und Bedenken merken lassen, um so leichter wird Ihr Kind seine Ängste los.

Auf Wespen- oder Bienenstiche reagieren viele Kinder mit allergischen Symptomen. Also Vorsicht!

Medikamente

- **Deutschland: Fenistil, Soventol, Systral, Tavegil Gel, Ingelan Gel, Anaesthecomp N Gel**
- **Österreich: Fenistil Gel, Soventol Gelee, Systral Salbe, Ingelan Gel, Anaestherit Salbe**
- **Schweiz: Fenistil Gel, S Tavegyl Gel, Stilex Creme, Caladryl Lotion**

Insektenstich

Symptome

- **Spannungsgefühl**
- **Schmerzempfindlichkeit**
- **Rötung**
- **Juckreiz**
- **Schwellung oder Quaddelbildung an der Stichstelle**

Ursachen

Insekten sondern beim Stich in die Haut verschiedenste Substanzen aus, die eine rasch verlaufende Entzündung der Haut an der Einstichstelle auslösen und die klassischen Symptome wie Rötung oder Schwellung hervorrufen.

Komplikationen

Auf Insektenstacheln befinden sich immer auch viele Keime, die bei empfindlichen Kindern zu Infektionen führen können. Ist der Stich nach zwei Tagen noch nicht deutlich abgeschwollen oder bilden sich rote Streifen in der Nähe der Einstichstelle, sollten Sie mit Ihrem Kind zum Arzt gehen. Es besteht die Gefahr einer Blutvergiftung.

Vorsicht!

Einige Kinder reagieren auf die Stiche bestimmter Insekten allergisch. Rufen Sie sofort den Notarzt, wenn Ihr Kind eines der folgenden Symptome zeigt: Übelkeit, Schwächezustand, Atemnot, Ohnmacht, Schwindelgefühle, Angst, Verwirrung, Schwellung an Lippen oder im Mund. Auch bei Stichen in Mund, Hals oder Rachen sollten Sie mit Ihrem Kind sofort zum Arzt gehen.

So helfen Sie Ihrem Kind

Bleiben Sie ruhig, das beruhigt auch Ihr Kind und läßt eventuelle Angstgefühle abklingen. Dadurch wird auch der Schmerz gleich weniger schlimm.

Naturheilmittel

Zwiebeln gegen Schwellung und Juckreiz

Zerschneiden Sie 1 Zwiebel, und schlagen Sie die Stücke in eine Mullbinde ein. Lassen Sie diese Zwiebelkompresse für mindestens 15 Minuten auf der betroffenen Stelle liegen.

Teebaumöl – Behandlung und Vorbeugung
Teebaumöl wirkt entzündungshemmend, es mildert Juckreiz und Schwellungen und desinfiziert. Träufeln Sie einige Tropfen auf die Einstichstelle. Teebaumöl in einer Duftlampe hält Schlaf- und Kinderzimmer insektenfrei.

Hausmittel

Fließendes Wasser kühlt und reinigt
Halten Sie die Einstichstelle unter fließendes kaltes Wasser. Das verhindert, daß sich Keime aus dem Insektenstachel festsetzen, wirkt der Schwellung entgegen und mildert den Juckreiz.

Kältekompresse aus Eis
Füllen Sie Eiswürfel in einen Waschhandschuh, oder wickeln Sie sie in ein Handtuch ein. Geben Sie diese Kältekompresse für mindestens 30 Minuten auf die Einstichstelle. Je schneller nach dem Stich eine Eiskompresse aufgebracht wird, um so besser wirkt sie.

Alkoholumschlag
Alkohol zieht die Schwellung aus dem Gewebe. Geben Sie verdünnten reinen Alkohol aus der Apotheke oder einen klaren Schnaps auf einen Waschlappen, und legen Sie diesen für eine halbe Stunde auf die betroffene Stelle. Die Anwendung kann mehrmals täglich wiederholt werden.

Vorbeugen – so bleibt Ihr Kind gesund

- Hilfe, ein Insekt! – Bewahren Sie Ruhe. Viele Insekten »spielen« nur gefährlich, indem sie die Färbung von Bienen, Wespen oder Hornissen annehmen, sind aber völlig ungefährlich. Außerdem werden Insekten durch hektisches Herumwedeln nur aggressiv.
- Lassen Sie Ihr Kind nicht aus einer geöffneten Dose oder einer dunklen Flasche trinken. In einem durchsichtigen Behälter bemerken Sie Eindringlinge sofort.
- Abfallkörbe und Müllcontainer sind im Sommer besonders attraktiv für Insekten, insbesondere für Wespen. Ihr Kind sollte diese Orte meiden.
- Nachts wird Ihr Kind am besten durch ein Moskitonetz geschützt.
- Barfußlaufen auf der Wiese ist zwar gesund für die Füße, birgt aber immer auch die Gefahr eines Stichs.
- Empfindliche und allergische Kinder sollten immer Schuhe tragen.

Homöopathie

Arnica D6 mindert das Spannungsgefühl. 3mal 2 Tabletten im Abstand von 1 Stunde und möglichst bald nach dem Stich geben. Ledum D6 hilft gegen starke Schwellung und heftig brennenden Juckreiz. Bei einem Insektenstich im Halsbereich alle 5 Minuten 1 Tablette, ansonsten 3mal täglich 1 bis 2 Tabletten. Apis D6, 3mal täglich 5 Tropfen, läßt die Schwellung abklingen.

Achtung!

Haben Sie die Haut mit Teebaumöl behandelt, sollten Sie auf homöopathische Mittel verzichten. Diese könnten in ihrer Wirkung beeinflußt werden.

Unser Tip

Bienenstachel entfernen

Bienen hinterlassen beim Einstich oft den Stachel mitsamt dem Unterleib. Ziehen Sie ihn sofort mit den Fingernägeln heraus, damit der Giftfluß gestoppt wird.

Knochenbruch

Sportarten wie Skateboardfahren, Inlineskaten oder Radfahren enden leider auch mal mit einem Knochenbruch.

Symptome

- **Schmerzen und Schwellung im verletzten Bereich**
- **Der Knochenverlauf wirkt häufig unnatürlich und »verbogen«**
- **Bei Oberarm- und Oberschenkelbrüchen kommt es vor, daß die Bruchenden ineinander verkeilt sind**
- **Beim offenen Bruch stoßen die Bruchenden des Knochens durch die Haut**
- **Häufig kann das verletzte Körperteil nicht bewegt werden**

Ursachen

Ein Knochenbruch bei Kindern entsteht meist durch eine einmalige äußere Gewalteinwirkung.

Organische Hintergründe

Es gibt Brüche, die nur wenig Probleme bereiten und vom Patienten noch nicht einmal bemerkt werden, wie z.B. Rippenbrüche.
Hier werden dann die Bruchenden gegeneinandergepreßt, ohne daß das umliegende Gewebe größeren Schaden nimmt. Bei den meisten Knochenbrüchen wird jedoch auch das umliegende Weichteilgewebe verletzt.

Wichtig!

Bei Knochenverletzungen ist es wichtig, daß das Kind so schnell wie möglich behandelt wird. Jede anfängliche Verzögerung kann den Heilungsprozeß um Wochen verlängern.

Vorsicht!

Bei vielen Knochenbrüchen kommt es bei Kindern zu einem Schock, vor allem bei offenen Brüchen. In diesem Fall besteht die Erste Hilfe zunächst darin, den Schock zu behandeln. Legen Sie das Kind auf den Rücken, und sorgen Sie dafür, daß die Füße etwas erhöht liegen.

So helfen Sie Ihrem Kind

Wichtig ist es, die richtige Reihenfolge der Erste-Hilfe-Maßnahmen einzuhalten: Schockbehandlung geht vor Wundbehandlung, Wundbehandlung geht vor Bruchbehandlung.

Bewährte Hausmittel

Wundversorgung

Bei offenen Brüchen stechen die Knochenenden durch die Haut.

Die Wunde muß durch eine sterile Mullkompresse (aus dem Erste-Hilfe-Kasten), die leicht fixiert wird, abgedeckt werden. Die Knochenstücke sollten möglichst nicht verschoben werden.

Schienen
Bei Unfällen im Freien kann es eine Weile dauern, bis der Notarzt kommt. Hier muß dann ein Bruch durch Schienen ruhiggestellt werden. Dazu eignet sich beispielsweise ein kräftiger Ast oder ein Stock, der mit einem Tuch oder einer Krawatte an Arm oder Bein festgebunden wird.
Vorspringende Partien (Ferse, Knöchel, Wadenbeinkopf, Kniescheibe, Hand- und Ellenbogengelenk) sollten mit einer Polsterung (Kissen, Kleidungsstücke, Grasbüschel oder gefaltete Tücher) vor Druckschäden geschützt werden. Wichtig ist, daß der gebrochene Knochen ruhiggestellt und nicht bewegt wird.

Hochlagern
Das betroffene Körperteil muß möglichst hoch gelagert werden, um den Blutzufluß zum beschädigten Gewebe zu stoppen.

Kälte
Kälte lindert Schmerzen und verengt die Blutgefäße. Wenden Sie Kälte so schnell wie möglich an, damit Schwellung und Bluterguß beim Knochenbruch möglichst geringgehalten werden. Wickeln Sie einige Eiswürfel in einen Waschlappen oder ein Handtuch, und legen Sie diese behutsam auf die verletzte Stelle. Ist kein Eis vorhanden, nehmen Sie einen in kaltes Wasser getauchten Lappen! Die erste Kühlung sollte möglichst schnell nach dem Verletzungseintritt einsetzen und solange dauern, bis das Kind vom Arzt behandelt wird.

Erste Hilfe bei einigen Brüchen

Verdacht auf Schlüsselbeinbruch
Legen Sie den Unterarm der verletzten Seite vorsichtig quer über den unteren Teil der Brust. Das Kind soll den Ellenbogen mit dem anderen Arm abstützen. Am besten ist es, wenn es dabei sitzt.

Handbruch
Umwickeln Sie die Hand des Kindes mit einem weichen Wattepolster. Um der Schwellung entgegenzuwirken, soll das Kind die Hand hochhalten.

Beckenbruch
Einen Beckenbruch erkennt man daran, daß das Kind nicht mehr laufen kann und über Schmerzen im Hüft- oder Lendenbereich klagt. Mitunter tritt Blut aus der Harnöffnung aus.

Vorsicht!
Bei offenen Brüchen sollten Sie keine Kälte anwenden. Es besteht die Gefahr einer Gewebeschädigung oder Infektion.

Wichtig!
Knochen liegen häufig in der Nähe von großen Schlagadern, die besonders durch offene Brüche verletzt werden können. Wenn aus einer Wunde Blut in kräftigen Schüben herausgestoßen wird, müssen Sie das betroffene Glied mit einem Gürtel direkt über dem Gelenk kräftig abbinden.

Unser Tip

Schockbehandlung
Geben Sie Ihrem Kind möglichst viel zu trinken, um dem bei Knochenbrüchen häufig eintretenden Schock entgegenzuwirken.

Auch Kleinkinder sollten nach komplizierten Knochenbrüchen Krankengymnastik machen. Auf spielerische Art lernen sie, das verletzte Körperteil wieder richtig zu bewegen und einzusetzen. Während der Phase der Ruhigstellung hat sich das Kind einen falschen Bewegungsablauf angewöhnt, der nun wieder korrigiert werden muß, um schädliche Fehlbelastungen zu vermeiden.

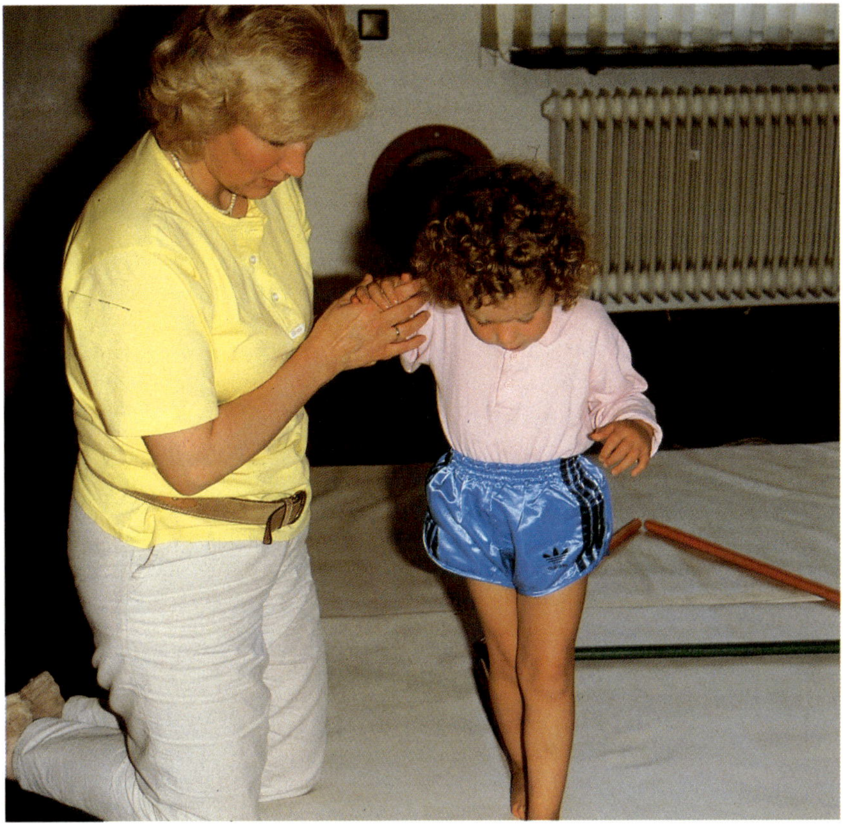

Hinweis

Die Behandlung eines Knochenbruchs gehört in die Hand von erfahrenen Ärzten. Sorgen Sie also in jedem Fall dafür, daß der Patient mit seinem Knochenbruch (Fraktur) so schnell wie möglich ins Krankenhaus kommt.

Besteht Verdacht auf einen Beckenbruch, legen Sie das Kind mit dem Rücken flach auf den Boden. Der Beinzwischenraum wird mit einem Handtuch, einer Decke oder einer Jacke abgepolstert. Binden Sie die Beine am Knie- und Fußgelenk zusammen, um die Bewegungsfreiheit des Kindes einzuschränken.

Fußbruch

Hier beschränkt sich die Erste Hilfe auf das Hochlagern und Kühlen des Fußes.

Naturheilmittel

Abschwellen mit Arnika

Arnika D6 lindert die Schwellung und den Bluterguß. Geben Sie Ihrem Kind sofort nach der Verletzung 5 Tropfen pro Stunde, die langsam im Mund zergehen sollten.

Anregung körpereigener Heilungsprozesse mit Symphytum

Die Heilung eines Bruchs kann innerhalb weniger Wochen abgeschlossen sein, je nach Art des Bruchs kann sie jedoch auch ein Jahr und länger dauern. Der körpereigene Heilungsprozeß beginnt eigentlich unmittelbar nach Verletzungseintritt, und er verläuft um so unproblematischer, je besser die Knochenteile einander angepaßt wurden. Etwa ab der zweiten Woche bildet sich ein Kallus (neues Knochengewebe), der hauptsächlich aus Kalk besteht und dafür sorgt, daß die Knochenlücke stabil geschlossen wird.

Unterstützende Homöopathie
Die Kallusbildung kann durch unterschiedliche Maßnahmen wirksam unterstützt werden:
Symphytum D6 sollte ungefähr 2 bis 3 Wochen nach Verletzungseintritt zum Einsatz kommen. Geben Sie Ihrem Kind etwa 4 Wochen lang 3mal täglich 1 bis 2 Tabletten.

Aromatherapie
Bestimmte Düfte lindern Schmerzen und beschleunigen den Heilungsprozeß. Hierzu gehören Lavendel und Rosmarin. Deponieren Sie eine Duftschale mit einigen Tropfen des jeweiligen Öls im Kinderzimmer. Sie können auch ein paar Tropfen auf den Gips geben.

Nachbehandlung mit Gymnastik
Nach Entfernen des Gipses muß die zurückgegangene Muskulatur des betroffenen Körperteils langsam wieder aufgebaut werden.
In der Regel wird der Arzt Ihr Kind hierfür zu einem Krankengymnasten überweisen, der dann mit Ihrem Kind geeignete gymnastische Übungen und ein vorsichtig dosiertes Krafttraining durchführt.

Nachbehandlung mit Calcium phosphoricum
Homöopathische Mittel können den Muskelaufbau unterstützen. Besonders geeignet ist Calcium phosphoricum D6. Es wird 1mal täglich über 1 bis 2 Monate eingenommen.

Alternativen
Nicht in jedem Fall muß ein Knochenbruch in einem Gips heilen. Fragen Sie den Arzt, ob es Alternativen gibt, die eventuell schon während der Heilungsphase krankengymnastische und mobilisierende Maßnahmen zulassen und den manchmal dramatischen Muskelabbau um das verletzte Körperteil deutlich in Grenzen halten.

Vorbeugen – so bleibt Ihr Kind gesund

- **Kinder, die sich viel bewegen und viel Sport treiben, sind weniger in Gefahr, sich einen Knochenbruch zuzuziehen, denn eine gut ausgebildete Muskulatur schützt die Knochen.**

Hinweis
Knochenbrüche können als sogenannte Fissuren auch mikroskopisch kleine Dimensionen haben. Diese Haarrisse sind selbst auf dem Röntgenbild erst zehn Tage später zu erkennen, wenn der haarfeine Bruchspalt durch die inzwischen vom Körper veranlaßte »Kalkversiegelung« abgedichtet wurde.

Gute Stabilität
Ein gebrochener Knochen ist nach einem – gut verheilten – Bruch keineswegs weniger stabil als vorher.
Im Bereich des Kallus besteht mitunter aufgrund der etwas größeren Knochendicke sogar eine größere Stabilität als am übrigen Knochen.

Eine Eiskompresse auf die Nasenwurzel gelegt stoppt meistens schon die Blutung.

Nasenbluten

Symptome

- **Mehr oder weniger starke Blutung aus der Nase**
- **In schweren Fällen Kopfschmerzen**

Ursachen

Nasenbluten wird entweder durch äußere Faktoren verursacht (Schläge, Tritte, Stürze, Balltreffer oder Luftdruckveränderungen, beispielsweise beim Tauchen oder Bergsteigen) oder ist durch innere Einflüsse bedingt (Bluthochdruck, blutverdünnende Medikamente oder Streß). Bei Kindern tritt Nasenbluten häufig auch infolge einer schweren Erkältung auf oder wird durch Nasenbohren ausgelöst.

Vorsicht!

Meistens geht Nasenbluten vom vorderen Teil der Nase aus, und das Blut fließt aus der Nasenscheidewand. Diese Blutungen können relativ schnell gestillt werden. Länger andauerndes Bluten, das auch durch Erste-Hilfe-Maßnahmen nicht gestoppt werden kann, kommt meistens von einer Verletzung im hinteren Teil der Nase. In diesem Fall muß das Kind ins Krankenhaus gebracht werden.

Organische Hintergründe

Nasenbluten tritt bei manchen Kindern immer dann auf, wenn sie vor einer Klassenarbeit oder einer anderen Prüfung stehen. Diese Kinder besitzen anfällige Blutgefäße in den Nasenscheidewänden, die platzen, wenn sich der Blutdruck des Kindes aufgrund nervlicher Belastung erhöht.

Rezeptfreie Medizin

Homöopathische Mittel helfen längerfristig gegen ständig wiederkehrendes Nasenbluten. Besonders geeignet ist Millefolium Pentarkan S, das die Blutgerinnung verbessert. Geben Sie Ihrem Kind 1mal täglich 20 Tropfen in 1/2 Glas Wasser. Es soll alle 10 bis 15 Minuten einen kleinen Schluck davon trinken.

So helfen Sie Ihrem Kind

Bewährte Hausmittel

Nasenpfropfen und Druck

Stopfen Sie Watte oder ein zusammengerollte Tempotuch in die Nase des Kindes, und drücken Sie dann bei leicht nach vorn geneigtem Kopf seine Nasenflügel zusammen. Sorgen Sie dafür, daß die Nase des Kindes frei von Schmutz und Blutklumpen ist. Sie könnten das rasche Schließen der beschädigten Blutgefäße verhindern.

Kühlung
Eine Eiskompresse auf der Nasenwurzel verringert den Blutfluß zur Nasenscheidewand. Nehmen Sie dazu einen Waschlappen, in den Sie ein paar Eiswürfel einwickeln.

Naturheilmittel

Blutwurz
Blutwurz besitzt blutungsstillende Eigenschaften und ist ein altbewährtes Mittel, sollte aber nur bei Kindern über sechs Jahren angewendet werden. Man holt die getrocknete Wurzel aus der Apotheke und zerkleinert sie in einem Mörser zu Pulver.
1 Messerspitze dieses Pulvers geben Sie dem Kind zum Schnupfen; die Blutung wird schon nach einigen Minuten deutlich nachlassen bzw. ganz versiegen.

Akupressur
Es gibt zwei Akupressurpunkte gegen Nasenbluten. Der eine liegt im Nacken, genau dort, wo die Wirbelsäule beginnt. Massieren Sie bei Ihrem Kind diesen Punkt mit Ihrem Zeige- und Mittelfinger in kreisenden Bewegungen, bis das Bluten aufhört.
Die andere Akupressurstelle befindet sich am kleinen Finger. Wickeln Sie einfach ein Gummiband für 2 bis 3 Minuten um den kleinen Finger des Kindes! Oft reicht das schon aus, um das Nasenbluten zum Stillstand zu bringen.

Wichtig!

Ist das Nasenbluten gestillt, sollte das Kind noch einige Zeit warten, bis es sich schneuzt, um die letzten Blutreste aus der Nase zu entfernen. Durch den hierbei entstehenden Druck könnte das sich eben verschließende Blutgefäß wieder aufplatzen und das Nasenbluten erneut beginnen.

Vorbeugen – so bleibt Ihr Kind gesund

- **Reduzieren Sie im Speiseplan Ihres Kindes die salizylathaltigen Nahrungsmittel, denn dieser Stoff verschlechtert die Blutgerinnung. Salizylatreiche Nahrungsmittel sind Tee, Mandeln, Rosinen, Äpfel, Aprikosen, Beeren, Kirschen, Weintrauben, Pfirsiche, Pflaumen, Minze, Nelken, Tomaten und Gurken.**
- **Setzen Sie Ihr Kind nicht unter Druck! Seine Blutgefäße reagieren sehr empfindlich auf seelischen Streß; übergroße Erwartungen z. B. hinsichtlich seiner Schulleistungen führen bei ihm sonst schnell zu einer Erhöhung des Blutdrucks.**

Vorsicht!

Das früher so beliebte »Kopf-in-den-Nacken-beugen« wird heute bei Nasenbluten nicht mehr praktiziert. Im Gegenteil: Das Kind sollte den Kopf leicht nach vorn beugen, damit das Blut nicht nach hinten in den Rachen fließen kann.

Unser Tip

Der Löschblatttrick

Dieser Trick besitzt oft eine erstaunliche Wirkungskraft: Öffnen Sie den Mund des Kindes, und legen Sie ein Stückchen Löschblatt, etwa 1x4 cm groß, zwischen Oberlippe und Schneidezähne des Kindes. Das löst einen Reiz aus, der die kleinen Blutgefäße im Bereich der Riechschleimhaut zusammenzieht.

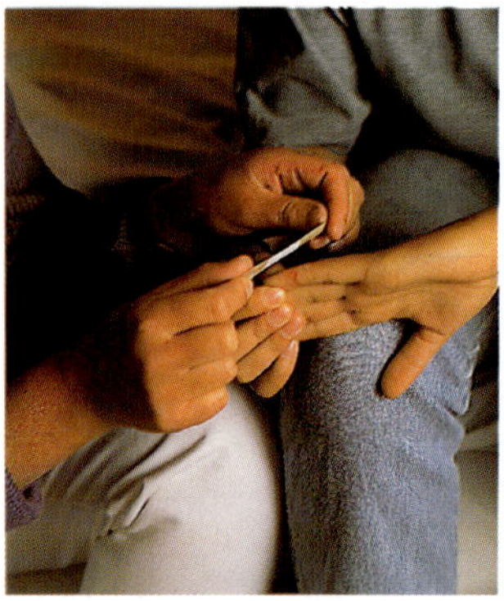

Ein Pflaster, auch für kleine Wunden, bietet zusätzliche psychische Unterstützung.

Immunstärkende Medikamente

- **Deutschland:** Betaisodona, Braunol 2000, Braunovidon, Freka-cid, PVP-Jod-ratiopharm Salbe, Traumasept
- **Österreich:** Betaisodona, Braunoderm, Braunovidon-Salbe
- **Schweiz:** Betadine, Braunoderm, Braunol 2000

Achtung!
PVP-Jod ratiopharm Salbe und Traumasept enthalten Jod und dürfen nicht bei Neugeborenen angewendet werden!

Schnittwunden

Symptome

- **Tiefer, eventuell klaffender Spalt in der Haut**
- **Die Stärke der Blutung hängt von der Anzahl und Größe der verletzten Blutgefäße im betroffenen Gewebe ab**

Ursachen

Schnittverletzungen passieren bei Kindern relativ häufig durch den unsachgemäßen Umgang mit einem Messer. Sie sollten daher schon frühzeitig erlernen, wie man mit diesem wohl wichtigsten aller Küchengeräte richtig arbeitet. Nicht sinnvoll ist es, Kinder aus falsch verstandener Fürsorge grundsätzlich von Messern fernzuhalten. Denn das macht nur neugierig und sorgt dafür, daß sie sich den Umgang mit dem Messer selbst und ohne Aufsicht beibringen.

Vorsicht!
Schnittwunden gehen meist in die Gewebetiefe. Dabei kann es auch zur Verletzung größerer Blutgefäße kommen. Bei stärkeren Blutungen empfiehlt es sich, die Wunde umgehend mit einem Mulltupfer abzudecken. Bei pulsierendem Blutausstoß aus einer tiefen Wunde ist vermutlich die Schlagader betroffen. In diesem Fall muß der betroffene Körperteil mit einem breiten Tuch oder Gürtel abgebunden werden. Rufen Sie sofort den Notarzt!

Organische Hintergründe

Schnittwunden reinigen sich von selbst, wenn sie »ausbluten« können, denn mit dem ausströmenden Blut werden auch infektiöse Erreger fortgespült. Schnittwunden bereiten am Anfang meist nur wenig Schmerzen, dennoch besitzen sie eine enorme Schockwirkung, da das betroffene Kind instinktiv davon ausgeht, tief, innerlich getroffen zu sein. Einige Kinder fallen daher bei einer Schnittverletzung in Ohnmacht, erholen sich in der Regel aber schnell wieder.

So helfen Sie Ihrem Kind

Auch wenn es sich nur um eine kleine Schnittwunde handelt, gibt es Ihrem Kind psychische Unterstützung, wenn Sie sie gebührend behandeln. Dazu gehört die Reinigung ebenso wie ein Pflaster oder kleiner Verband.

Hausmittel

Reinigung

Schnittwunden bluten meist heftig und reinigen sich dadurch selbst. Die Wundränder sollten dennoch mit einem milden Desinfektionsmittel gereinigt werden.

Pflaster

Ein Pflaster dient dem Schutz der Wunde vor Verschmutzung und polstert sie gegen Berührungen ab. Das Pflaster sollte quer zum Schnitt angelegt werden. Die Kleberänder dürfen die Wunde nicht berühren. Bei weit auseinanderklaffenden Wundrändern eignet sich ein Klammerpflaster aus der Apotheke. Für Kinder gibt es spezielle Pflaster mit lustigen Motiven, die die Wunde richtig interessant erscheinen lassen.

Naturheilkunde

Ackerschachtelhalm und Ehrenpreis fördern den Heilprozeß

50 g getrockneten Ackerschachtelhalm in 1 l Wasser 10 Minuten köcheln. Abseihen, abkühlen lassen und auf einen Lappen träufeln, den man auf die Wunde legt.

2 TL Ehrenpreiskraut mit 1 Tasse kochendem Wasser übergießen, anschließend 5 Minuten ziehen lassen, abseihen und abkühlen lassen. Auf einen Lappen träufeln, der auf die Wunde gelegt wird.

Homöopathie

Symphytum D6 beschleunigt den Heilungsprozeß in der Haut. 3mal täglich 1 bis 2 Tabletten.

Wichtig!

Falls Ihr Kind nicht über einen Tetanusimpfschutz verfügt, sollten Sie dies bei einer Schnittverletzung unbedingt nachholen lassen.

Vorbeugen – so bleibt Ihr Kind gesund

- **Achten Sie darauf, daß Ihr Kind beim Sport die richtige Bekleidung trägt und scharfkantige Gegenstände, z. B. eine Armbanduhr, ablegt.**
- **Lassen Sie Ihr Kind unter Aufsicht mit Messern und Sägen arbeiten. Das gibt Sicherheit mit Umgang mit gefährlichen Gegenständen und nimmt die Neugier auf Unbekanntes.**
- **Viele Schnittwunden an den Füßen ereignen sich an Badestränden (Glassplitter, Muschelkanten etc.). Eine angemessene Fußbekleidung hilft, Schlimmeres zu vermeiden.**

Dexpanthenol unterstützt den Heilungsprozeß

Salben, die Dexpanthenol enthalten, dürfen erst 24 bis 48 Stunden nach der Verletzung auf Wunden aufgetragen werden.

Achtung!

Legen Sie auf Schnittwunden weder Watte noch flüssige Materialien, die auf der Wunde haften bleiben und den Heilungsprozeß verzögern können.

Medikamente

- **Deutschland:** Marolderm, Panthenol Lichtenstein, Panthenol ct, Panthenol ratiopharm, Panthogenat
- **Österreich:** Bepanthen, Hansamed-Creme, Hermalind-Creme
- **Schweiz:** Bepanthen, Turexan Lotion, Wulnasin

Unser Tip

Kinderpflaster

In der Apotheke gibt es viele verschiedene Kinderpflaster. Sie sind hautfreundlich und lustig bunt.

Schürfwunden

Calendula, die Ringelblume, enthält heilende Wirkstoffe.

Symptome

- **Oberflächliche Hautabschürfung**
- **Sehen meist harmlos aus**
- **Bluten meist kaum**
- **Dennoch oft sehr lange schmerzhaft**

Ursachen

Schürfwunden werden meist verursacht durch Stürze auf rauhe oder harte Flächen oder durch das Entlangschrabben an rauhen Wänden oder Baumrinden. Die starken Reibungskräfte bewirken, daß die oberen Hautpartien abgetragen werden. Häufig entsteht nur eine wunde Stelle, aus der allenfalls ein paar Tröpfchen Blut sickern.

Vorsicht!

Schürfwunden zeigen selten Blutungen. Kommt es zu stärkeren Blutungen, müssen Sie die Stelle umgehend mit einem Mulltupfer abdecken und verbinden. Suchen Sie in so einem Fall so rasch wie möglich den Arzt auf.

Medikamente

- **Deutschland:** Betaisodona, Braunol 2000, Braunovidon, Freka-cid, PVP-Jod-ratiopharm Salbe, Traumasept
- **Österreich:** Betaisodona, Braunoderm, Braunovidon-Salbe
- **Schweiz:** Betadine, Braunoderm, Braunol 2000

Achtung!

PVP-Jod ratiopharm Salbe und Traumasept enthalten Jod und dürfen nicht bei Neugeborenen angewendet werden!

Organische Hintergründe

Offene Wunden sind die ideale Eintrittspforte für Keime. Das gilt insbesondere für Wunden, die nicht stark bluten. Die Blutgerinnung sorgt dafür, daß die Wundränder verkleben und ein schorfiger Belag die Wunde verschließt. Nun wird die Durchblutung gesteigert, um Fremdkörper und zertrümmerte Zellen zu entfernen. Danach wird die Wunde mit provisorischem Gewebe verschlossen, das nach und nach stabiler wird und zu dauerhaftem Narbengewebe heranwächst.

So helfen Sie Ihrem Kind

Durch schnelle und gründliche Wundreinigung können Sie dazu beitragen, daß die Wunde komplikationslos verheilt und bald wieder vergessen ist.

Bewährte Hausmittel

Reinigung

Die Wunde muß gereinigt werden, um Infektionen vorzubeugen. Da Schürfwunden häufig verschmutzt sind, sollte die Erstreinigung mit klarem Wasser und eventuell einer milden Waschlotion erfolgen. Auch eine Wasserstoffperoxidlotion, vermischt mit einigen Tropfen Teebaumöl, ist ein geeigneter Wundreiniger.

Luft

Schürfwunden heilen am schnellsten, wenn Luft an sie herankommen kann. Schützen Sie die Stellen, die normalerweise von Textilien bedeckt sind, aber dennoch mit einem luftdurchlässigen Pflaster. Es gibt in der Apotheke spezielle Pflaster mit einer Metallineauflage, die an der Wunde nicht ankleben und den Heilungsprozeß unterstützen.

Naturheilmittel

Desinfektion mit Ringelblumensalbe

Calendula-(Ringelblumen-) Salbe DHU ist ein homöopathisches Mittel zur Erstbehandlung der Wunde. Sie wirkt antiseptisch. Cremen Sie die Wunde mehrmals täglich ein.

Kräuterauflagen

Heilkräuter aus der Apotheke können den Heilungsprozeß fördern. 50 g getrockneten Ackerschachtelhalm in 1 l Wasser 10 Minuten köcheln. Abseihen, abkühlen lassen und auf einen Lappen träufeln, den man auf die Wunde legt.
2 TL Ehrenpreiskraut mit 1 Tasse kochendem Wasser übergießen, anschließend 5 Minuten ziehen lassen, abseihen und abkühlen lassen. Auf einen Lappen träufeln, der auf die Wunde gelegt wird.

Wichtig!

Falls Ihr Kind nicht über einen Tetanusimpfschutz verfügt, sollten Sie dies bei einer Schürfwundenverletzung unbedingt nachholen lassen. Gerade bei Schürfwunden, die sich ja normalerweise nicht durch die Blutung selbst reinigen, sind eine gründliche Reinigung und ein vollständiger Tetanusschutz von besonderer Bedeutung.

Vorbeugen – so bleibt Ihr Kind gesund

- **Auch für Schürfwunden gilt: Das Verletzungsrisiko sinkt, wenn der Körper gut aufgewärmt ist.**
- **Bei vielen Sportarten, die Ihr Kind betreibt, ist es sinnvoll, den Körper durch richtige Bekleidung zu schützen. Je nachdem, um welche Sportart es sich handelt, kommen Helm, Schienbeinschoner, Schulterposter, Ellenbogenschützer etc. in Frage.**
- **Ihr Kind sollte diesen Schutz auch beim Training tragen.**

Achtung!

Legen Sie auf Schürfwunden weder Watte noch flüssige Materialien, die auf der Wunde haften bleiben und den Heilungsprozeß verzögern können.

Dexpanthenol unterstützt den Heilungsprozeß

Salben, die Dexpanthenol enthalten, dürfen erst 24 bis 48 Stunden nach der Verletzung auf Wunden aufgetragen werden.

Medikamente

- **Deutschland:** Marolderm, Panthenol Lichtenstein, Panthenol ct, Panthenol ratiopharm, Panthogenat
- **Österreich:** Bepanthen, Hansamed-Creme, Hermalind-Creme
- **Schweiz:** Bepanthen, Turexan Lotion, Wulnasin

Unser Tip

Teebaumöl

Wenn die Wunde angetrocknet ist, mit Teebaumöl betupfen. Das desinfiziert und fördert die Heilung.

In der Küche lauern viele Gefahren für Kinder.

Rezeptfreie Medizin

Vitamin E und C wirken entzündungshemmend und fördern den Wiederaufbau beschädigter Hautzellen. Sie sind besonders in frischem Obst, Gemüse und natürlichen Ölen vertreten. In der Apotheke können Sie sich auch Vitaminpräparate besorgen.

Medikamente

- **Deutschland:** Eunova, Hermes Multi Brause, Multibionta, Multivitamin Woelm Brausetabletten
- **Österreich:** Irocombivit, Multibionta, Vit. E+C Agepha
- **Schweiz:** Halibut Multivit, Multibionta, Multivitamin Kapseln Phytomed

Verbrennungen

Symptome

- **Verbrennungen 1. Grades:** Rot, entzündete Haut
- **Verbrennungen 2. Grades:** Sehr schmerzhaft, nässende Haut, Brandblasen
- **Verbrennungen 3. Grades:** Weiße, berührungsempfindliche oder tief verschorfte Haut; oft nur geringe Schmerzen, da zahlreiche Nervenenden zerstört sind; bis in die Unterhaut beschädigtes Gewebe

Ursachen

Eingeschaltete Bügeleisen, Herdplatten oder Backöfen, langes Schmoren in der Sonne, heißes Fett oder Verbrühungen durch Wasserdämpfe führen zu mehr oder weniger starken Verbrennungen.

Vorsicht!

Großflächige Verbrennungen zweiten oder dritten Grades gehören in ärztliche Behandlung. Da die Haut eines der wichtigsten Atem- und Stoffwechselorgane ist, können durch Verbrennungen auch andere Organsysteme, insbesondere Nieren und Lunge, in Mitleidenschaft gezogen werden. Acht bis zehn Prozent verbrannte Hautoberfläche (das ist bei Kindern etwa die Fläche eines Ober- oder Unterschenkels) bedeuten bereits Lebensgefahr.

Organische Hintergründe

Verbrennungen sind Entzündungen bzw. Schädigungen des Gewebes, die durch Hitzeeinwirkung hervorgerufen werden. Unfälle mit elektrischem Strom führen ebenfalls zu Verbrennungen.

So helfen Sie Ihrem Kind

Bei Verbrennungen sind die wichtigsten Maßnahmen Kühlung, Desinfektion, Flüssigkeitszufuhr. Bei Verbrennungen kommt es durch Flüssigkeits- und Mineralstoffverlust zum Schock. Achten Sie auf erste Anzeichen (Blässe, kalter Schweiß, beschleunigter Puls).

Naturheilmittel

Teebaumöl

Teebaumöl eignet sich zur Behandlung kleiner Brandwunden. Es desinfiziert und fördert den Heilungsprozeß.

Legen Sie nach der Kühlung auf die verletzten Hautbezirke einen Mullverband, auf den Sie 5 bis 8 Tropfen Teebaumöl träufeln. Teebaumöl desinfiziert und fördert die Hautregeneration. Der Verband sollte alle 24 Stunden gewechselt werden.

Aloe fördert die Wundheilung
Etwa 48 Stunden nach der Verbrennung beginnt der Heilungsprozeß. Mit Aloe können Sie den Körper Ihres Kindes dabei wirksam unterstützen. Aloe befindet sich im Saft der Frucht von Liliengewächs. Träufeln Sie aus der frischen Frucht einige Tropfen auf die verbrannten Stellen. Alternativ gibt es auch entsprechende Lotionen oder Cremes in Drogerien und Apotheken zu kaufen.

Homöopathie

Aconit D6 lindert den Schock nach einer Verbrennung. Träufeln Sie Ihrem Kind 5 bis 10 Tropfen auf die Zunge. Sie sollten möglichst lange im Mund verbleiben und nicht sofort geschluckt werden.
Cantharis D6 hilft bei Verbrennungen zweiten Grades (mit Blasenbildung und großer Schmerzentwicklung). Geben Sie Ihrem Kind 3mal täglich 10 bis 20 Kügelchen.

Bewährte Hausmittel

Kühlung
Tauchen Sie den verbrannten Körperteil in kaltes Wasser, oder lassen Sie kaltes Wasser darüber fließen. Anschließend umwickeln Sie die verbrannten Stellen mit kalten Lappen. Ist die Verbrennung oder Verbrühung durch Kleidung hindurch erfolgt, sollten Sie diese entfernen, sofern sie nicht an der Wunde festklebt.

Vorbeugen – so bleibt Ihr Kind gesund

- **Es kommt häufiger vor, daß sich Kinder gerade dann zu Wort melden und zu quengeln beginnen, wenn man zu kochen beginnt. Manche Eltern nehmen dann ihre Kinder auf den Arm und stehen dabei am offenen Herd. Achten Sie darauf, daß das Kind beim Zuschauen einen Sicherheitsabstand von den Verbrennungsgefahren einhält!**
- **Kleinkinder wissen noch nicht, wo sich überall Hitze entwickeln kann; sie dürfen deshalb nie unbeaufsichtigt in der Nähe von Hitzequellen gelassen werden. Zeigen Sie ihnen frühzeitig, wo sich schmerzhafte Hitze entwickeln kann.**
- **Setzen Sie Ihr Kind im Sommer nicht zu lange der Sonne aus. Sorgen Sie für einen guten Sonnenschutz (Cremes oder Lotionen mit Lichtschutzfaktor 20 bis 30 verwenden)!**

Viel trinken

Bei Verbrennungen müssen Sie darauf achten, daß Ihr Kind genügend Flüssigkeit bekommt. Lassen Sie es viel Saft und Wasser trinken!

Großflächige Verbrennungen

Bei Kindern sind Verbrennungen oder Verbrühungen von der Größe eines Fünfmarkstücks schon als großflächig anzusehen. Zeigen sich Bläschen oder offene Wunden, sollten Sie sofort einen Arzt aufsuchen.

Unser Tip

Blasen in Ruhe lassen
Die bei Verbrennungen entstehenden Blasen schützen die geschädigte oder gereizte Haut und verhindern Infektionen. Sie sollten nicht geöffnet werden.

Reinigungsmittel, Medikamente und andere Giftstoffe müssen unbedingt kindersicher verstaut werden.

Vergiftungen

Symptome	
• Durchfall	• Erbrechen
• Fieber	• Atemstörungen
• Krämpfe	• Kopfschmerzen
• Gleichgewichtsstörungen	• Bewußtseinsstörungen

Ursachen

Häufigste Vergiftungsursachen bei Kindern sind: Putzmittel, Alkohol, Nikotin (aus herumliegenden Zigarettenstummeln), Pflanzenstoffe (giftige Beeren oder Blätter) und Medikamente.

Organische Hintergründe

In entsprechenden Dosierungen kann fast jeder Stoff zu Vergiftungserscheinungen führen. Da Kinder häufig Sachen in den Mund stecken, ist bei Unwohlsein immer auch eine Vergiftung in Erwägung zu ziehen.

Vorsicht!

Viele Vergiftungen erinnern in ihren Symptomen an andere Krankheiten. Manche verlaufen auch schleichend und sind deshalb schwer zu erkennen. Bei Verdacht auf eine Vergiftung wenden Sie sich auf jeden Fall an einen Notarzt, eine Vergiftungsinformationszentrale oder ein Krankenhaus.

So helfen Sie Ihrem Kind

Erste-Hilfe-Maßnahmen dienen bei Vergiftungen nur zur Überbrückung der Wartezeit, bis fachliche Hilfe eintrifft. Versuchen Sie herauszufinden, womit sich Ihr Kind vergiftet hat. Je genauere Angaben Sie machen können, um so wirkungsvoller kann Ihrem Kind geholfen werden. Denken Sie auch daran, daß manche Vergiftungen erst nach mehreren Stunden auftreten können.

Notruf

Telefonieren Sie sofort mit der Vergiftungsinformationszentrale in Ihrer Region. Die Nummer finden Sie vorne im Telefonbuch. Zuvor sollten Sie sich alle Einzelheiten (Art und Dosierung des Gifts, Symptome des Kindes) notieren.

Rezeptfreie Medizin

Vergiftungen gehören zu den Notfällen, die die Betroffenen leicht verunsichern können. Rescue-Remedy-Tropfen aus dem Programm der Bach-Blütentherapie können zur Beruhigung Ihres Kindes beitragen. Sie erhalten diese Tropfen in der Apotheke.

Naturheilmittel

Abführen bei Lebensmittelvergiftungen
Abführen hat sich bei Vergiftungen mit Lebensmitteln bewährt. Ein geeignetes Abführmittel ist Magnesium sulfuricum, bekannt als Bittersalz. Es sorgt dafür, daß die Giftstoffe den Verdauungstrakt schneller passieren. Lösen Sie einige Gramm Salz in Wasser, und lassen Sie Ihr Kind (nach Rücksprache mit dem Arzt) davon trinken!

Homöopathie bei Lebensmittelvergiftung
Bei einer leichten Lebensmittelvergiftung, die sich durch Erbrechen und Durchfall bemerkbar macht, hilft Arsenicum album C30. Geben Sie Ihrem Kind stündlich 3 Kügelchen.

Bewährte Hausmittel

Erbrechen bei Arzneimittelvergiftungen
Bei Medikamentenvergiftung ist es am wirkungsvollsten, das Kind zum Erbrechen zu bringen. Dazu stecken Sie ihm Ihren Mittelfinger tief in den Rachen. Die Zunge liegt dabei unter dem Finger. Lassen Sie das Kind mehrmals erbrechen.

Viel trinken bei Vergiftung mit ätzenden Substanzen
Wenn Ihr Kind ätzende Substanzen oder Benzin, Kerosin o.ä. geschluckt hat, dürfen Sie kein Erbrechen auslösen, weil dadurch die Speiseröhre nochmals den ätzenden Stoffen ausgesetzt würde.
Lassen Sie Ihr Kind viel Wasser trinken, damit sich das Gift im Verdauungtrakt verdünnt. Und rufen Sie unbedingt einen Arzt!

Vorbeugen – so bleibt Ihr Kind gesund

- Achten Sie bei Ihrer Gartenplanung darauf, daß Sie keine Pflanzen mit giftigen Blättern, Rinden, Früchten oder Blüten anlegen!
- Füllen Sie keine gefährlichen Flüssigkeiten in Getränkeflaschen oder Lebensmittelgläser!
- Trennen Sie sich rechtzeitig von gefährlichen Medikamenten, die nicht mehr gebraucht werden!
- Vorsicht beim Arbeiten mit Sprühfarben! Insektizide sollten schon aus Naturschutzgründen keinen Gebrauch mehr in Ihrem Haushalt finden!
- Bewahren Sie Putz- und Waschmittel sowie Alkohol und Zigaretten unter Verschluß auf!
- Lassen Sie Ihr Kind nur mit Kleb- und Farbstoffen ohne Lösungsmittel basteln!

Richtig reagieren bei Atemstillstand

Alkohol und viele Schlafmittel rufen Bewußtlosigkeit und Atemlähmung hervor. In diesem Fall müssen Sie Ihrem Kind mit einer Mund-zu-Mund-Beatmung helfen.
Legen Sie es auf eine feste Unterlage, und überstrecken Sie seinen Kopf nach hinten in den Nacken. Das macht die Atemwege frei.
Verschließen Sie die Nase des Kindes, und pressen Sie Ihre Lippen auf seinen geöffneten Mund. Nun blasen Sie langsam, aber kräftig Ihre Luft in die Luftwege Ihres Kindes.

Erste-Hilfe-Kurs

In Erste-Hilfe-Kursen lernen Sie die wichtigsten Techniken der Wiederbelebung kennen.

Unser Tip

Erbrochenes aufheben
Besonders bei ungeklärter Vergiftungsursache ist es wichtig, das Erbrochene zur Analyse aufzubewahren.

Ein rasch angelegter Verband stellt das verstauchte Gelenk ruhig.

Rezeptfreie Medizin

Enzympräparate aus der Apotheke helfen, die Schwellungen abzubauen. Arnika zieht das Wasser aus der Schwellung. Beinwell eignet sich für Kinder, die Arnika nicht vertragen oder allergisch reagieren. Begleitend können Sie Ihrem Kind 1mal täglich 5 Tropfen Rhus toxicodendron D12 geben. Nach dem Abklingen der akuten Symptome, zur Nachbehandlung und bei einem Schwächegefühl im Gelenk eignet sich Calcium carbonicum Hahnemanni. Geben Sie Ihrem Kind 3mal täglich 1 bis 2 Tabletten.

Verstauchungen

Symptome

- **Starke Schmerzen im betroffenen Gelenk**
- **Stark eingeschränkte Beweglichkeit**
- **Häufig in kürzester Zeit auftretende Schwellung mit Blaufärbung (der Bluterguß tritt oft erst nach einigen Tagen auf)**

Ursachen

Durch Umknicken, abrupte Bewegungen oder äußere Gewalteinwirkung kommt es zu einer Überdehnung oder einem Riß der Gelenkkapsel oder der Bänder in einem Gelenk.

Organische Hintergründe

Die Heftigkeit der Schwellung sagt nichts aus über die Schwere der Verletzung. Häufig kommt es bei kleineren Bänderdehnungen zu zahlreichen Blutgefäßverletzungen, die dann eine gewaltige Schwellung hervorrufen. Andererseits können komplette Bänderrisse kaum Schäden an Blutgefäßen anrichten und daher fast ohne Schwellung verlaufen.

Achtung!

Beim Spielen bemerken viele Kinder gar nicht, daß sie sich eine Verstauchung zugezogen haben. Erst am Abend kommt es dann zu einer kräftigen Schwellung und heftigen Schmerzen. Das bedeutet meist eine unruhige Nacht für Kind und Eltern.

So helfen Sie Ihrem Kind

Die wichtigste Maßnahme bei allen Verstauchungen, ob mit oder ohne Schwellung, ist Kühlen.

Naturheilmittel

Arnikaessenz wirkt abschwellend, da sie das Wasser aus der Schwellung zieht. Die Essenz wird im Verhältnis 1:9 mit Wasser verdünnt und auf eine Kompresse geträufelt, die auf das verletzte Gelenk gelegt und vorsichtig fixiert wird.

Falls Ihr Kind Arnika nicht verträgt, hilft Beinwell ebenso. Besorgen Sie sich Beinwellwurzel (Apotheke oder Reformhaus), die Sie zu Pulver vermahlen oder zerstoßen. Das Pulver wird mit heißem

Wasser zu einem Brei verrührt und als Umschlag auf das verletzte Gelenk gebracht. Wickeln Sie eine Binde zur Fixierung um den Umschlag.

Johanniskrautöl – altbewährt und angenehm
Johanniskrautöl kann bei allen stumpfen Verletzungen mit mehr oder weniger starken Schwellungen eingesetzt werden. Tragen Sie es mehrmals täglich auf die Schwellung auf, oder machen Sie Ihrem Kind einen Umschlag mit Johanniskrautöl. Kinder mögen Johanniskrautöl wegen seines angenehmen Geruchs. Johanniskrautöl können Sie selbst herstellen, indem Sie Johanniskrautblüten mit kaltgepreßtem Olivenöl übergießen, bis das Kraut komplett von Öl bedeckt ist. 4 Wochen an einem hellen Platz ziehen lassen. Dann abseihen und noch einmal 4 Wochen ziehen lassen. Nachdem Sie das Öl erneut durch ein feines Sieb gegeben haben, ist es gebrauchsfertig.

Bewährte Hausmittel

Kühlen
Verstauchungen – auch wenn sie nicht deutlich anschwellen – sollte man mindestens 30 Minuten kühlen. Rollen Sie Eiswürfel in ein dickes Handtuch, oder halten Sie das betroffene Gelenk des Kindes unter kaltes Wasser.

Kompression
Nach der Kühlung sollte ein verletztes Gelenk gut bandagiert und hochgelagert werden, damit die Schwellung nicht größer wird, sondern, wenn möglich, sogar abnimmt.

Langwierig
Verstauchungen und Zerrungen können sich als sehr zäh erweisen, und manchmal dauert es Monate, bis die Verletzung wirklich verheilt ist und keine Probleme mehr bereitet. In dieser Zeit ist es besonders wichtig, daß das betroffene Gelenk gut gestützt wird.

Vorbeugen – so bleibt Ihr Kind gesund

- **Wer Kindern nur wenig Auslauf und Bewegung läßt, erhöht das Risiko von Verletzungen! Sportmedizinische Untersuchungen haben eindeutig ergeben, daß unsportliche Kinder erheblich häufiger verletzt sind als Kinder, die sich viel bewegen.**
- **Lassen Sie Ihr Kind möglichst häufig barfuß laufen. Das kräftigt die Muskulatur der seitlichen Unterschenkelpartien und schützt dadurch vor Verstauchungen.**

Quarkwickel

Streichen Sie etwa fingerdick Quark auf das angeschwollene Gelenk. Legen Sie ein dünnes Tuch darüber, und wickeln Sie dann eine Plastikfolie oder -tüte darum. Über Nacht einwirken lassen. Der Quark entzieht der Schwellung die Flüssigkeit.

Arztbesuch

Falls das Kind anhaltend Schmerzen hat, sollten Sie einen Orthopäden aufsuchen, um einen Bänderriß oder Knochenbruch auszuschließen.

Unser Tip

Nach einer Verstauchung sind zunächst Ruhe und Schonung angebracht. Später sollte das Kind sein Gelenk langsam belasten. Dazu eignen sich isometrische Übungen. Lassen Sie Ihr Kind die betroffenen Muskeln 2 Sekunden anspannen, dann 3 Sekunden Pause, dann wieder anspannen.

Autismus

Autistische Kinder leiden unter einer Kontaktstörung zur Umwelt.

Symptome

- Mangelnder Kontakt des Kindes zur Umwelt
- Isolation von der Umwelt
- Kaum soziale Beziehungen zur Umwelt
- Abnorme Verschlossenheit
- Ablehnende Reaktion auf Zuwendung
- Extreme Unruhe bei Veränderungen in der gewohnten Umgebung
- Häufig auffallendes Interesse an mechanischen Objekten (Maschinen, Computer usw.)
- Keine oder stark gestörte Sprachentwicklung

Ursachen

Die Ursache für Autismus ist noch ungeklärt. Vermutet werden vor allem:

- Krankhafte Abweichungen der Erbanlagen
- Angeborene Stoffwechselstörungen

Außerdem besteht oft ein Zusammenhang mit einer ungewöhnlich hohen Intelligenz des Kindes und seiner Eltern.

Vorsicht!

Schon beim Säugling gibt es Anzeichen, die auf eine mögliche autistische Erkrankung hindeuten. Seien Sie besonders aufmerksam, wenn Ihr Kind schon als Baby Anzeichen von Unwohlsein zeigt, wenn es selten oder nie lächelt oder wenn es Ihnen nie zu verstehen gibt, daß es auf den Arm genommen werden will, etwa indem es die Ärmchen ausstreckt.

Lebenshilfe

Für autistische Kinder gibt es spezielle Schulen, die diese von klein auf besuchen können. Auf jeden Fall muß die Therapie von Fachleuten begleitet werden. Als Verhaltenstherapie hat sich in vielen Fällen die Haltetherapie besonders bewährt, bei der die Eltern versuchen sollen, so viel Zeit wie möglich in engem Körperkontakt mit ihrem Kind zu verbringen, um einen psychisch-emotionalen Kontakt aufzubauen.

Organische Hintergründe

Der Begriff Autismus leitet sich vom griechischen autos = selbst ab. Dadurch wird sehr treffend die ungewöhnliche Selbstbezogenheit autistischer Kinder beschrieben.

Autismus ist eine relativ seltene Erkrankung. Sie wird zu den Geisteskrankheiten (Psychosen) gerechnet.

Kein Kontakt mit der Umwelt

Autismus ist eine außergewöhnlich schwere zwischenmenschliche Kontaktstörung. Die Kinder haben keinerlei Kontakt zur Umwelt, weder durch Sprach- oder Blickzuwendung noch durch Gebärden. Autisten leben abgekapselt in ihrer eigenen Welt. Man nennt sie bezeichnenderweise auch »Muschelkinder«.

Hochintelligent
Die meisten autistischen Kinder sind als hochintelligent anzusehen und oft mit einem exzellenten Gedächtnis und großen mathematischen Fähigkeiten ausgestattet. Ihre Sprechfähigkeit dagegen ist erheblich beeinträchtigt.

So helfen Sie Ihrem Kind

- Nach fachmännischer Anleitung durch den Kinderpsychiater können Sie selbst viel zur Besserung und Förderung Ihres Kindes beitragen. Richten Sie sich deshalb nach den individuellen Anweisungen des Therapeuten.
- Es gibt Selbsthilfegruppen von Eltern autistischer Kinder, in denen diese ihre Erfahrungen austauschen, offen über ihre Ängste und über ihre Probleme in der Familie bzw. mit der Umwelt sprechen und sich gegenseitig unterstützen können.
- Wo Sie Adressen von Selbsthilfegruppen in Ihrer näheren Umgebung erfahren können, lesen Sie im untenstehenden Kasten.

So hilft der Arzt

Die Behandlung autistischer Kinder bleibt dem Kinderpsychiater vorbehalten, schließt aber notwendigerweise die Eltern mit ein. Meistens wird der Arzt eine Verhaltenstherapie vorschlagen.
Je eher eine autistische Erkrankung erkannt wird, um so größeren Erfolg kann ein verhaltenstherapeutisches Spezialtraining haben. Machen Sie deshalb bei den Vorsorgeuntersuchungen den Arzt darauf aufmerksam, wenn Ihnen das Verhalten Ihres Säuglings anders als das anderer Babys vorkommt.

Rat und Hilfe für betroffene Eltern

- **Beim Bundesverband »Hilfe für das autistische Kind« e.V., Bebelallee 141, 22297 Hamburg, finden Sie Beratung und Unterstützung. Dort erhalten Sie auch Adressen von Selbsthilfegruppen in Ihrer Nähe.**
- **Wer mehr über Selbsthilfegruppen im allgemeinen wissen will, kann sich an folgende Adresse wenden:
NAKOS – Nationale Kontakt- und Informationsstelle zur Anregung und Unterstützung von Selbsthilfegruppen, Albert-Achilles-Str. 65, 10709 Berlin.**

Wichtig!
Die Wissenschaft geht heute davon aus, daß Umwelteinflüsse (beispielsweise eine gestörte Mutter-Kind-Beziehung) nicht als auslösende Ursache angesehen werden können.

Unser Tip

Vorsicht bei Veränderung
Autistische Kinder sind darauf angewiesen, daß ihre Umgebung und die Abläufe ihres Tages möglichst gleichbleiben. Das gibt ihnen Sicherheit.

Kopfschmerzen

Häufig auftretende Kopfschmerzen können Ursache schlechter schulischer Leistungen sein.

Rezeptfreie Medizin

Reiben Sie die Schläfen Ihres Kindes mit einigen Tropfen Minzöl ein, das vertreibt die Kopfschmerzen in vielen Fällen. Auch Pfefferminzöl wird mit großem Erfolg in der Schmerztherapie eingesetzt.

Homöopathische Substanzen

Auch die Homöopathie stellt etliche Substanzen bereit, die Kindern bei Kopfschmerzen gegeben werden können: Calcium phosphoricum D6 hilft bei Kopfschmerzen nach geistiger oder körperlicher Anstrengung. Geben Sie Ihrem Kind 5 Globuli. Viele Kinder sprechen auch auf Calcium carbonicum D6 gut an. Lassen Sie sich beraten, was für Ihr Kind geeignet ist.

Symptome

- **Pochender oder stechender Schmerz im Kopf**
- **Manchmal Übelkeit oder Schwindelgefühl**

Ursachen

- Kopfverletzungen (Schläge, Stöße, Stürze), Gehirnerschütterung
- Schulstreß und geistige Überanstrengung
- Augenerkrankungen und Sehstörungen
- Heuschnupfen
- Hirnhaut- und Gehirnentzündung
- Wetterfühligkeit
- Zahnschmerzen
- Probleme mit den Mandeln oder den Nebenhöhlen
- Infektionskrankheiten
- Schlechte Luft
- Schlafmangel
- Zuviel oder zuwenig Essen
- Zu langer Aufenthalt in der Sonne
- Wirbelsäulenbeschwerden
- Zuviel Fernsehen oder Computerspiele
- Psychische Belastungen (Zeugnisse, Elternhaus etc.) u.v.a.m.

Vorsicht!

Jeder starke, länger andauernde oder sich häufig wiederholende Kopfschmerz kann auf eine Erkrankung hindeuten und sollte deshalb ärztlich abgeklärt werden.

Organische Hintergründe

Kopfschmerzen im Kindesalter beruhen häufig auf Durchblutungsstörungen. Manche Kinder sind sehr geruchs- und geschmacksempfindlich und reagieren auf entsprechende Substanzen manchmal mit Kopfschmerzen.

So helfen Sie Ihrem Kind

Bleiben Sie ruhig und machen Sie Ihrem Kind keine Vorwürfe, etwa weil Sie glauben, daß es wieder zuviel herumgetobt hat oder vor dem Computer oder Fernseher gesessen ist. Manchmal ist es die größte Hilfe, wenn Sie Ihr Kind eine Zeitlang liebevoll in den Arm nehmen und sanft seinen Nacken oder seine Schläfen massieren.

Naturheilmittel

Schmerzstillender Tee
Bereiten Sie einen Tee aus einer Mischung gleicher Teile Johanniskraut, Melisse, Pfefferminze oder Schafgarbe zu. Dazu übergießen Sie 1 TL mit 1 Tasse kochendem Wasser. Lassen Sie den Tee vor dem Abseihen 5 Minuten ziehen.
Häufig hilft auch 2- bis 3mal täglich ein Glas Wasser, in dem 1 EL Obstessig mit 1 TL Honig verrührt ist. Das Gemisch soll in kleinen Schlucken getrunken werden.

Bewährte Hausmittel

Frische Luft
Kinder, die häufig aus der Schule mit Kopfschmerzen heimkommen, erholen sich meist schnell, wenn sie viel trinken, eine leichte Mahlzeit einnehmen und eine Weile an der frischen Luft spielen.

Ruhe
Andere Kinder erholen sich besonders gut von Kopfschmerzen, wenn sie eine Weile in einem abgedunkelten Zimmer ruhen. Eine kühle Kompresse auf der Stirn tut ebenfalls gut.

Kalte Umschläge
Schmerzlindernd bei Kopfschmerzen wirken kalte Umschläge auf Stirn, Schläfen oder Nacken. Sie können auch ein Kältepack aus der Apotheke auflegen oder einen Eisbeutel. Achten Sie dann aber darauf, die scharfe Kälte durch ein Tuch abzumildern, damit die Haut Ihres Kindes keine Erfrierungsschäden davonträgt.

Vorbeugen – so bleibt Ihr Kind gesund

- Geben Sie Ihrem Kind eine kleine Mahlzeit und genügend zu trinken mit in die Schule.
- Achten Sie darauf, daß der Arbeitsplatz Ihres Kindes zu Hause seiner Größe angepaßt ist.
- Ausreichend Bewegung an der frischen Luft sorgt für eine gute Durchblutung des Gehirns und vermindert Kopfschmerzattacken.
- Lassen Sie Ihr Kind von einem Augenarzt untersuchen, wenn es häufig mit Kopfschmerzen aus der Schule kommt.
- Selbsthilfe Online: http://ourworld.compuserve.com/homepages/ulrich oswald/dhomepag.htm

Wichtig!
Der Kopfschmerz ist keine Krankheit an sich, sondern das Symptom einer Krankheit. Dies gilt für Kinder ebenso wie für Erwachsene. Nach neuesten Untersuchungen leiden hierzulande fast 20 Prozent aller Kinder an chronischen Kopfschmerzen – und es werden immer mehr.

Regelmäßige Verdauung
Kinder mit Verdauungsstörungen leiden häufig an Kopfschmerzen, weil Giftstoffe zu lange im Körper verweilen. Ballaststoffreiche Mahlzeiten und Bewegung fördern die Verdauung.

Unser Tip

Harmlos
Kopfschmerzen, die sich mit Bettruhe und tröstendem Zuspruch beheben lassen, sind in der Regel harmlos und bedürfen keiner ärztlichen Behandlung.

Wenig Bewegung und vitaminarme Ernährung verursachen Konzentrationsstörungen.

Konzentrationsstörungen

Symptome

- Vergeßlichkeit
- Lernstörungen
- Nichts wird zu Ende gebracht
- Gedankensprünge, die häufig nicht nachvollziehbar sind
- Blackouts

Ursachen

Kinder können sich normalerweise vollkommen in eine Sache vertiefen – besonders, wenn sie ihre gesamte Aufmerksamkeit beansprucht. Wenn Sie feststellen, daß das bei Ihrem Kind anders ist, kann das durch eine Unterversorgung des Gehirns mit Sauerstoff und Nährstoffen bedingt sein. Hierfür können Ernährungsfehler und Streß verantwortlich sein.
Auch wenn Ihr Kind innere Konflikte zu bewältigen hat und deswegen nicht zur Ruhe kommt, können Konzentrationsstörungen auftreten.

Wichtig!

Eines der größten Hindernisse auf dem Weg zur Konzentration ist die Angst. Überprüfen Sie, ob die Konzentrationsschwäche Ihres Kindes nicht von einem Angststreß kommt. In diesem Fall müssen Sie erst einmal die Angst beseitigen.

Organische Hintergründe

Ein Säugling ist normalerweise immer konzentriert. Alles, was ein Baby tut, macht es mit voller Anteilnahme, egal, ob es am Finger der Mutter oder des Vaters saugt oder ob es etwas beobachtet. Lassen Sie es nicht zu, daß es dabei gestört wird. Es braucht Zeit, seine Informationen zu verarbeiten.

So helfen Sie Ihrem Kind

Viele Eltern provozieren geradezu die Unkonzentriertheit ihres Kindes, indem sie es von jetzt auf gleich aus einer Konzentrationsphase reißen, sei es beim Spiel, beim Lesen oder beim Träumen. Das sollten Sie unbedingt vermeiden. Auch die vielen organisierten Freizeitaktivitäten verhindern, daß es sich längere Zeit am Stück mit einer Sache auseinandersetzen kann.

Rezeptfreie Medizin

Die Öle von Rosmarin, Basilikum, Lorbeer und Pfefferminze sind Fitmacher für den Geist. Geben Sie einige Tropfen eines Öls in eine Duftlampe, die Sie im Kinderzimmer aufstellen. Damiana Pentarkan S hilft, wenn das Kind körperlich oder geistig erschöpft wirkt und sich nicht konzentrieren kann. Geben Sie ihm 3mal täglich 15 Tropfen.

Einen Tagesplan aufstellen

Besprechen Sie morgens mit Ihrem Kind, welche Aufgaben zu erledigen sind und welche Zeit ihm zum Spielen zur Verfügung steht. Seien Sie sich aber bewußt, daß Uhrzeiten für Ihr Kind kein Maßstab sind. Kündigen Sie Ihrem Kind rechtzeitig, auch mehrmals, an, daß es mit seiner augenblicklichen Tätigkeit zu Ende kommen muß, etwa weil Sie mit ihm weggehen wollen.

Erlauben Sie, daß langwierige Spiele, »Bauvorhaben«, Puzzlespiele oder ähnliches so zurückgelassen werden, wie sie sind – auch wenn das vielleicht unordentlich aussieht. Wenn Ihr Kind am nächsten Morgen motiviert wird, dort weiterzumachen, wo es am Vortag aufgehört hat, wird es ein Gefühl dafür entwickeln, daß es Aufgaben gibt, die man nur mit Unterbrechungen bewältigen kann.

Haushaltsaufgaben verteilen

Es schadet durchaus nicht, wenn Ihr Kind seinem Alter angemessene Aufgaben im Haushalt übernimmt. Besprechen Sie mit Ihrem Kind, was zu tun ist, aber lassen Sie es seinen eigenen Rhythmus finden, wann es was erledigt. Bedenken Sie auch, daß Kinder ein anderes Verhältnis zu Zeit haben als Erwachsene.

Ruhepausen respektieren

Auf die heutigen Kinder strömen eine Unmenge von Reizen ein; Fernsehen, Computer und Straßenverkehr tragen nicht unerheblich dazu bei. Kritisieren Sie nicht, wenn Ihr Kind gerade vor sich hinträumt, ohne einer ersichtlichen Tätigkeit nachzugehen. Diese Ruhepausen braucht das Gehirn, um Erfahrenes zu verarbeiten und Kapazitaten fur neue Erlebnisse zu schaffen.

Die richtige Ernährung bei Konzentrationsstörungen

Das Gehirn längerfristig versorgen!

Lange galt Zucker als Nahrung für das Gehirn. Es stimmt auch, daß die Zellen des Gehirns überwiegend von Zucker aus dem Blut leben. Ungünstig ist es jedoch, dieses Zuckerbedürfnis über Süßwaren, Kekse oder Kuchen zu decken. Der Einfachzucker in diesen Lebensmitteln schraubt den Blutzuckerspiegel derart in die Höhe, daß der Körper mit Insulin dagegenarbeitet. Der Zuckerspiegel sinkt dadurch dramatisch ab und fällt häufig auf ein niedrigeres Niveau als vorher. Das Kind fühlt sich müde und erschöpft, die Konzentration sinkt.
Die ideale Nahrung fürs Gehirn besteht aus Mehrfachzucker. Diese sorgen für ein langfristig stabiles Blutzuckerniveau, das Gehirn wird gleichmäßig versorgt und kann die Konzentration aufrechterhalten.

Keine voreiligen Schlüsse

Kleinkinder experimentieren gerne mit ihren eigenen Gedanken. Sie fangen ein bestimmtes Spiel mit einer Regel an, um es danach durch drei weitere Regeln zu verändern und schließlich mit einer vierten abzuschließen. Das hat nichts mit Konzentrationsschwäche zu tun, sondern ist Ausdruck für die Experimentierfreudigkeit des Kindes.

Unser Tip

Vorbild sein

Seien Sie Ihrem Kind ein Vorbild für konzentriertes Handeln. Machen Sie nicht mehrere Sachen gleichzeitig, und bringen Sie das, was Sie angefangen haben, zu Ende.

Lassen Sie Ihr Kind so oft wie möglich im Freien herumtoben – auch bei schlechtem Wetter (mit der entsprechenden Kleidung). Frische Luft und viel körperliche Aktivität stärken das Immunsystem und fördern die Konzentrationsfähigkeit.

Hinweis

Das Gehirn ist ein hochentwickeltes Organ und benötigt Unmengen von Energie. Sein Nahrungsbedürfnis ist im Verhältnis zu seinem Gewicht ungefähr zehnmal so hoch wie das anderer Organe.

Auch die Verteilung der Mahlzeiten ist wichtig für die langfristige Energieabsicherung des Gehirns. Optimal sind vier bis fünf Mahlzeiten am Tag, wobei die späteren Mahlzeiten gegen 15 und 18 Uhr die Eiweiß- bzw. Aminosäurenversorgung (vor allem Tyrosin und Phenylalanin) abdecken sollten, während die Frühstücksmahlzeiten gegen sieben und zehn Uhr vor allem aus Mehrfachzuckern bestehen sollten. Das Mittagessen zwischen 12 und 13 Uhr sollte leicht verdaulich sein, viel Wasser sowie zahlreiche mehrfach ungesättigte Fettsäuren, Mineralien und Vitamine enthalten.

Die Konzentrationskiller

Ungünstig für die Konzentration sind alle Nahrungsmittel, die einen kurzfristigen Aufputscheffekt erzielen. An erster Stelle steht hier das Koffein. Koffeinhaltige Getränke wie Cola sorgen langfristig für ein Abflauen der Konzentration. Auch die neuen Modegetränke für Jugendliche enthalten extreme Mengen an Koffein und anderen aufputschenden Stoffen, die nur scheinbar einen Energieschub auslösen, der sich vor allem in Unruhe äußert, die durch körperliche Aktivität kompensiert wird. Der Konzentration sind diese Getränke jedoch abträglich – und für Kinder sollten koffeinhaltige Getränke sowieso tabu sein.

Auch ausgiebige und fettreiche Mahlzeiten schaden der Konzentration. Wenn Magen und Darm viel Blut benötigen, um eine schwere Mahlzeit zu verdauen, bleibt für das Gehirn nicht viel übrig.

Die Biostoffe für die optimale Konzentration

- Die Aminosäure Tyrosin ist die Grundlage für viele Botenstoffe in unserem Gehirn. Ein Mangel an Tyrosin führt dazu, daß die Hirnzellen nicht ausreichend kommunizieren können.
Die besten Tyrosinquellen sind Geflügel, Milchprodukte, Hülsenfrüchte und Nüsse. Allerdings kann die Substanz auch vom Körper synthetisiert werden, wenn er genügend Phenylalanin (in Karotten, Rote Bete, Tomaten, Äpfeln und Ananas) bekommt.
- Linol- und Linolensäure sind mehrfach ungesättigte Fettsäuren, die das Lernen und die Gedächtnisleistungen beeinflussen. Man findet sie vor allem in Pflanzenölen.
- B-Vitamine erfüllen bei der Tätigkeit des Gehirns wichtige Aufgaben, vor allem, was den Ablauf des Stoffwechsels angeht.
- Magnesium ist an der Weiterleitung von Nervenimpulsen beteiligt und sorgt für die Umwandlung von Blutzucker in Energie.
- Eisen ist an der Bildung des Blutfarbstoffs beteiligt. Bei Kindern und Frauen gehört Eisenmangel zu den häufigsten Ursachen für Müdigkeit, Lern- und Konzentrationsschwäche.
- Zink ist der Schlüssel zu den biochemischen Verbindungen zwischen den einzelnen Hirnzellen.

Vorbeugen – so bleibt Ihr Kind gesund

- **Schaffen Sie Ihrem Kind die Freiräume, die es braucht, sich selbstvergessen mit einer Sache voll und ganz zu beschäftigen.**
- **Es ist nicht notwendig, daß Sie Ihr Kind von Termin zu Termin hetzen, auch wenn die Angebote noch so verlockend sind.**
- **Unterschätzen Sie nicht die Zeit, die Ihr Kind zum Verarbeiten seiner Eindrücke benötigt.
Die Strategien der Kinder sind dabei sehr unterschiedlich: Manche spielen Situationen nach, andere setzen sich mehr gedanklich damit auseinander, so daß es den Anschein hat, sie würden den ganzen Tag vor sich hinträumen.**
- **Kinder haben ihr eigenes Verhältnis zur Zeit. Wenn Sie das in Ihre Planung mit einbeziehen, kann viel Streß vermieden werden.**
- **Beenden Sie die Beschäftigung, der Ihr Kind gerade nachgeht, möglichst nicht abrupt, sondern kündigen Sie einen Aktionswechsel vorher an, damit Ihr Kind sich darauf einstellen kann.**

Konzentrationsfördernde Gewürze

Folgende Gewürze fördern die Konzentration: Basilikum, Rosmarin, Bohnenkraut, Kümmel, Zimt, Gewürznelke, Thymian.

Zeit für das Kind

Legen Sie im Alltag regelmäßig längere Pausen ein, in denen Sie nur für Ihr Kind da sind, ohne gleichzeitig den Fernseher laufen zu lassen oder mit den Gedanken anderswo zu sein.

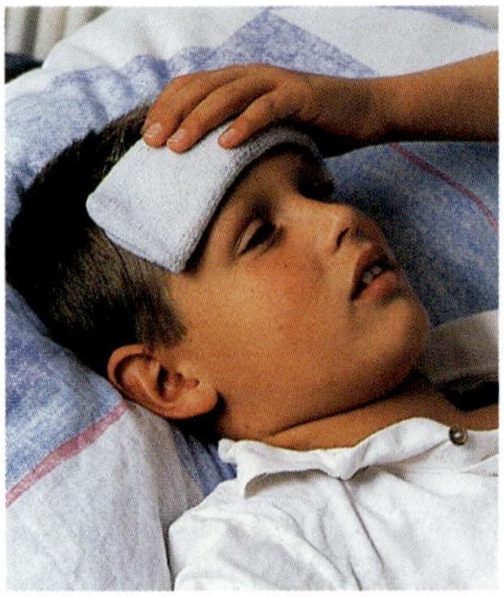

Auch bei Kindern ist Migräne keine Seltenheit.

Rezeptfreie Medizin

Zur Behandlung von Migräneschmerzen stehen auch homöopathische Mittel zur Verfügung. Sie sind jedoch sehr spezifisch und wirken nur, wenn die Symptome gut beobachtet und mit einem auf sie abgestimmten Mittel behandelt werden. Wenn Sie unsicher sind, sollten Sie auf jeden Fall einen ausgebildeten Homöopathen zu Rate ziehen. Geeignet sind: Calcium phosphoricum D12 (5 Globuli alle 30 Minuten), Cyclamen D6 (5 Globuli alle 30 Minuten bis zur Besserung), Sanguinaria D6 (5 Globuli alle 30 Minuten bis zur Besserung).

Migräne

Symptome

- **Meist halbseitiger Kopfschmerz**
- **Übelkeit, Erbrechen**
- **Lichtempfindlichkeit**
- **Sehstörungen**
- **Sprachstörungen**
- **Sternchen vor den Augen**
- **Einschränkung des Gesichtsfelds**
- **Schwindel**
- **Hautkribbeln**

Ursachen

Migräne wird bei Kindern hauptsächlich durch Überlastungen wie langes Fernsehen und Computerspiele ausgelöst. Einige Kinder sitzen über sechs Stunden vor irgendeinem Bildschirm – selbst zähe Augen und Nervensysteme sind hier weit überfordert. Häufiger Ärger und Streß in Schule und Familie können ebenfalls zu Migräne führen. Außerdem besteht meist eine genetische Veranlagung.

Vorsicht!

Wenn die Kinder beinahe täglich, vor allem nach den Mahlzeiten, unter Migräneattacken leiden, kann eine Nahrungsmittelunverträglichkeit vorliegen. Eine Ernährungsumstellung und eine spezielle Migränediät sind in diesem Fall unumgänglich.

Organische Hintergründe

Migräne ist ein Sammelbegriff für anfallsweise auftretende starke Kopfschmerzen, die vermutlich durch eine Durchblutungsstörung oder Entzündung im Kopf- und Hirngefäßebereich hervorgerufen werden. Bezüglich der Symptome und Risikofaktoren ist Migräne inzwischen gut erforscht. Weitgehende Unklarheit besteht jedoch noch über die neurologischen und psychischen Hintergründe. Migräne bei Kindern ist nicht heilbar. Deshalb sollten Sie bei einem ensprechenden Verdacht gleich eine Migränespezialisten für Kinder hinzuziehen, der die verschiedenen Therapiemöglichkeiten am besten kennt.

So helfen Sie Ihrem Kind

Migränekinder reagieren sehr anfällig auf Veränderungen. Sorgen Sie für einen regelmäßigen Tagesablauf, auch am Wochenende.

Naturheilmittel

Johanniskraut
Johanniskraut ist ein Universalkraut in der Naturheilkunde. Häufig hilft es auch gegen Migräne. Überbrühen Sie 1 TL Johannisblüten (aus der Apotheke) mit 1 Tasse heißem Wasser. Zugedeckt 10 Minuten ziehen lassen, abseihen. Danach mit etwas Kandiszucker süßen und dem Kind zu trinken geben.

Pfefferminzöl
Reiben Sie die Stirn und die Schläfen Ihres Kindes mit Pfefferminzöl ein. Viele Kinder schlafen daraufhin ein und wachen schmerzfrei wieder auf.

Magnesium
Bei vielen Formen krampfartiger Kopfschmerzen hat sich Magnesium bewährt. Normalerweise sollte zwar bei einer vollwertigen Ernährung ein Magnesiummangel nicht vorkommen, aber viele Kinder essen zu einseitig. Wenn Ihr Kind zuwenig Vollkornbrot, Getreide, Kartoffeln, Gemüse oder Nüsse ißt, können Sie mit dem Arzt über eine Magnesiumtherapie zur Besserung von Migräneanfällen sprechen.

Bewährte Hausmittel

Ruhe und Entspannung
Ihr Kind sollte sich möglichst in ein ruhiges, etwas abgedunkeltes Zimmer legen. Zwingen Sie es nicht zum Essen oder Trinken, da ja häufig der Magen beim Migräneanfall streikt.

Kühle Linderung
Ein kühler und feuchter Umschlag oder ein Eisbeutel auf der Stirn und im Nacken helfen vielen Kindern gegen die quälenden Migräneschmerzen.

Akupressur
Akupressur sollte regelmäßig 3- bis 5mal täglich angewendet werden. Sie hilft besonders bei psychosomatischer Migräne. Zuerst wird auf der Seite der geringeren Kopfschmerzen massiert, dann auf der Seite, auf der der Schmerz stärker auftritt.
Tai Yang, »die Sonne« liegt etwa anderthalb Finger breit hinter und knapp unterhalb des äußeren Endes der Augenbrauen. An dieser Stelle ist eine leichte Vertiefung zu spüren. Dort soll mit den Fingerspitzen 1 Minute lang massiert werden.
Der Punkt Pian Tou Dian liegt am Mittelgelenk des Ringfingers, und zwar auf der dem kleinen Finger zugewandten Seite. Er soll ebenfalls 1 Minute lang kräftig massiert werden.

Buch führen

Am besten kommen Sie den Ursachen der Migräneattacken Ihres Kindes auf die Spur, wenn Sie zusammen mit Ihrem Kind einen Schmerzkalender führen, in dem Sie vier bis sechs Wochen lang die wichtigsten Merkmale der Krankheit protokollieren: Dauer der Migräneattacke, Stärke, Begleitsymptome, was wurde zuvor gegessen, wie wurden die Schmerzen behandelt, welche Medikamente wurden eingenommen etc.

Unser Tip

Entspannungstraining
Viele Kinder können durch autogenes Training oder progressive Muskelentspannung nach Jacobson erstaunliche Erfolge gegen Migräneanfälle erzielen. Kurse bieten Familienbildungswerke und Volkshochschulen an. Fragen Sie auch den Arzt danach.

Frisches Obst und Gemüse enthalten wichtige Biostoffe, die der kindliche Organismus benötigt, um auch mit Schmerzattacken fertig zu werden. Das ätherische Öl der Pfefferminze – auf die Schläfen getupft – lindert Migräneanfälle.

Ernährung bei Migräne

In einigen Fällen können auch Nahrungsmittelunverträglichkeiten oder -allergien Migräne verursachen. Am häufigsten sind Substanzen in Schokolade und Bananen sowie Konservierungs- und Farbstoffe an dem Ausbruch einer lebensmittelbedingten Migräneattacke beteiligt. Es kann daher sinnvoll sein, ein migränekrankes Kind versuchshalber in bezug auf Gummibärchen, Speiseeis und andere stark gefärbte Süßwaren auf Nulldiät zu setzen.

Hinweis

Schlecht für die Migräne sind Nahrungsmittel mit viel Arachidonsäure: Hühnerei (besonders Eigelb), Schweineschmalz, Fleisch, Leber, Wurstwaren, Aal, Thunfisch.

Risikofaktor Süßigkeiten

Einfachzucker, die in den meisten Süßigkeiten sind, führen kurzfristig zu einem Anstieg, langfristig jedoch zu einem Abfall des Blutzuckerspiegels. Das Gehirn wird dadurch auf längere Sicht leicht unterversorgt und gerät so zeitweise in ein Energieminus. Das äußert sich meist in relativ harmlosen Konzentrationsstörungen, mitunter aber auch in Migräneattacken.

Der Stoff, aus dem die Schmerzen sind

Migräneschmerzen werden über Entzündungs- und Schmerzmediatoren ausgelöst, die meist aus einer Fettsäure, die vorwiegend in tierischen Lebensmitteln zu finden ist, gebildet werden. Eine entsprechend fleischarme Diät kann bei vielen Migränekranken den Schmerz zumindest lindern.

Wichtige Biostoffe bei Migräne

- Selen kontrolliert die Synthese von Schmerzmediatoren.
- Vitamin B1 (Thiamin) besitzt in hohen Dosen schmerzlindernde Eigenschaften. Noch ist nicht geklärt, welche physiologischen Mechanismen genau dahinterstecken. In den USA wird Vitamin B1 bereits mit Erfolg in der Therapie von Kopfschmerzen, Wirbelsäulenbeschwerden, Gelenkschmerzen, Neuralgien und ähnlich schmerzintensiven Erkrankungen eingesetzt.
- Vitamin E, das wichtigste Anti-Krebs-Vitamin, bindet die bereits erwähnte Arachidonsäure. Vitamin-E-Mangel führt zur Verschlimmerung von Entzündungen und Schmerzen, während Vitamin-E-Präparate mittlerweile als Therapieergänzungen in der Schmerztherapie von Migräne und Rheuma eingesetzt werden.

Der Speiseplan bei Migräne

Achten Sie auf die Zufuhr von Hülsenfrüchten, Nüssen und Vollkornprodukten (Selen und Thiamin). Wichtig sind auch Salate, die mit Pflanzenölen (Vitamin E) und Essig angemacht werden.
Geben Sie Ihrem Kind weniger Süßigkeiten, Fleisch und Wurst!

Essen während der Migräneattacke?

Viele Migränekranke können während ihrer Schmerzattacken absolut keinen Bissen zu sich nehmen. Das mag eine verständliche Reaktion sein, ist aber möglicherweise ein Fehler. Denn ein Forscherteam der Londoner Migraine Clinic fand heraus, daß es vielen Migränekranken bessergeht, wenn sie während eines Anfalls Kekse oder trockene Semmeln essen.

Vorbeugen – so bleibt Ihr Kind gesund

- **Sport und Bewegung trainieren auch die Blutgefäße im Kopf. Am besten eignen sich Ausdauersportarten wie Radfahren, Jogging, Schwimmen und stramme Spaziergänge.**
- **Kaufen Sie für Ihr Kind parfümfreie Seifen und Shampoos. Viele der in Reinigungsprodukten verwendeten Duftstoffe lösen Kopfschmerzen aus.**
- **Setzen Sie Ihr Kind nicht unnötig unter Druck.**
- **Selbsthilfe Online: http://204.146.46.69/hei/krankheiten/hci-migraene.html**

Nicht immer hilft der Migränekalender

Einige Nahrungsmittelunverträglichkeiten treten erst zwei bis drei Tage nach dem Verzehr des betreffenden Nahrungsmittels auf, dann nämlich, wenn es verdaut ist und seine einzelnen Stoffe bereits im Körper gelöst sind. In solchen Fällen ist es natürlich recht schwierig, ein verläßliche Aussage über das migräneauslösende Nahrungsmittel treffen zu können.

Bis ins Erwachsenenalter

Bereits 37 Prozent aller Kinder haben bis zum siebten Lebensjahr schon einmal Kopfschmerzen gehabt. Besonders hartnäckig ist die Migräne. Etwa zwei Drittel der migränekranken Kinder leiden auch als Erwachsene unter der Krankheit.

Medikamente

Bei starken Migräneanfällen wird allerdings oft der Einsatz von Medikamenten nötig. Der Kinderarzt verschreibt sie.

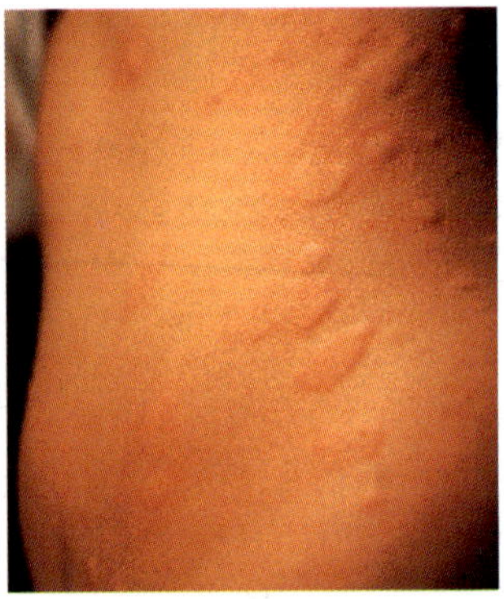

Die Nesselsucht ist durch plötzlich aufschießende, rötliche, juckende Quaddeln gekennzeichnet.

Nesselsucht

Symptome

- **Hellrote, meist linsen- bis münzgroße Quaddeln**
- **Können sich binnen weniger Minuten entwickeln**
- **Starker Juckreiz**
- **Ausschlag verschwindet nach Minuten oder hält bis zu mehreren Tagen an**

Ursachen

Nesselsucht ist eine allergische Hautreaktion, die durch bestimmte Stoffe (Gifte, Nahrungsmittel, Medikamente) oder durch bestimmte Situationen (Streß, Kälte, emotionale Probleme etc.) ausgelöst wird.

Vorsicht!

Nesselsucht ist keine Bagatellerkrankung. Eine massive Nesselsucht kann zu einem lebensbedrohlichen Kreislaufschock führen. In anderen Fällen kann es zu lebensbedrohlichen Schwellungen des Kehlkopfs und der Zunge kommen, wodurch die Atemwege behindert werden.

Rezeptfreie Medizin

Düfte wirken beruhigend und lenken vom Juckreiz ab. Besonders geeignet sind Lavendel- und Teebaumöl. Geben Sie 1 bis 2 Tropfen des jeweiligen Öls pur auf die juckenden Stellen. Auch Bäder mit 3 Tropfen Lavendelöl und 3 Tropfen Kamillenöl beruhigen die gereizte Haut, besonders vor dem Schlafengehen. Verwenden Sie ätherische Öle nicht zusammen mit homöopathischen Mitteln. Diese Substanzen beeinflussen sich gegenseitig.

Organische Hintergründe

Durch bestimmte Situationen oder Stoffe wird im Körper Histamin freigesetzt. Dieses bewirkt bei einer Nesselsucht, daß die Flüssigkeit aus dem Blut ins Gewebe übertritt. Dadurch kommt es zu den charakteristischen Nesselquaddeln und dem quälenden, nicht stillbaren Juckreiz.

So helfen Sie Ihrem Kind

Durch innerliche und äußerliche Anwendungen können Sie den quälenden Juckreiz bei Nesselsucht lindern.

Naturheilmittel

Roterle

Blätter und Rinde der Roterle enthalten Gerbsäure, die den Reizzustand der Haut stoppt. Bereiten Sie Ihrem Kind folgenden Tee:
2 TL mit 1/4 l kochendem Wasser überbrühen, 10 Minuten ziehen lassen, abseihen. Das Kind soll ihn in kleinen Schlucken trinken. Einige Tropfen des Tees geben Sie auf einen mit kaltem Wasser getränkten Umschlag, der auf die betroffenen Hautstellen gelegt wird.

Farbtherapie
Bestimmte Farben lenken das kindliche Bewußtsein auf sich und beruhigen es. Das Jucken findet weniger Beachtung, der durch Kratzen verursachte zusätzliche Reiz der Haut fällt weg. Beruhigend und kühlend wirkt vor allem die Farbe Blau. Kleiden Sie also Ihr Kind und auch sich selbst in dezenten Blautönen, die Bettüberzüge sollten ein warmes Himmelblau zeigen.

Behandlung des akuten Ausschlags
Dulcamara D3 hilft, wenn der Ausschlag bei Bettwärme schlimmer wird und sich unter Kälte bessert. Ihr Kind nimmt 1 Tablette alle 30 Minuten, bis die Beschwerden abgeklungen sind.
Rhus toxicodendron D3 wirkt, wenn der Ausschlag mit Bläschen besetzt ist und sich die Beschwerden unter kühler Luft verschlimmern. Geben Sie dem Kind 1 Tablette alle 30 Minuten, bis die Beschwerden abgeklungen sind.
Urtica D6 besänftigt kleine Quaddeln, die stark jucken. Lassen Sie Ihr Kind 1 Tablette alle 30 Minuten schlucken, bis die Beschwerden abgeklungen sind.

Bewährte Hausmittel

Kompressen
Gegen den Juckreiz helfen kühlende Umschläge mit Essig- oder Zitronenwasser. Geben Sie dazu 1 bis 2 EL Essig oder Zitronensaft in 1 l lauwarmes Wasser. Das Wasser darf nicht so sauer werden, daß die Haut dadurch erneut gereizt würde.
Auch Salzwasserkompressen (2 bis 3 EL Salz auf 1 l Wasser), für 10 Minuten auf die Haut gelegt, mildern den Juckreiz. Anschließend muß die Haut gründlich lauwarm abgewaschen werden, damit trocknendes Salz nicht erneut Juckreiz hervorruft.

Vorbeugen – so bleibt Ihr Kind gesund

- **Finden Sie heraus, in welchem Zusammenhang die Nesselsucht auftritt. Dazu bedarf es großer Geduld. Letztendlich läßt sich die Nesselsucht nur vermeiden, wenn das Kind den Auslösern aus dem Weg geht.**
- **Bei Ihrer Suche nach den Ursachen der Nesselsucht können Ihnen Notizen nützlich sein. Führen Sie zusammen mit Ihrem Kind ein Tagebuch, in dem Sie festhalten, wann Ihr Kind einen Nesselausschlag bekommt und welche Ereignisse vorausgegangen sind. Notieren Sie auch, was Ihr Kind ißt und trinkt und welche Medikamente es einnimmt.**

Schlehenblüten
Schlehenblüten beeinflussen die Leber und können so allergische Hautentzündungen lindern. Ihr Tee schmeckt angenehm und leicht süßlich, was ihn für Kinder besonders geeignet macht. Übergießen Sie 2 TL mit 1/4 l kaltem Wasser. Bringen Sie den Aufguß zum Sieden, und seihen Sie ihn dann ab. Ihr Kind darf 2 Tassen täglich trinken.

Unser Tip

Gefährliche Nahrung
**Folgende Nahrungsmittel lösen häufig Nesselsucht aus:
Fisch,
Muscheln,
Erdbeeren,
Kiwis,
Milchprodukte,
Getreide,
Honig,
Nüsse,
Gewürze,
Eier.
Auch Medikamente, wie z.B. Penizillin, können Nesselsucht auslösen.**

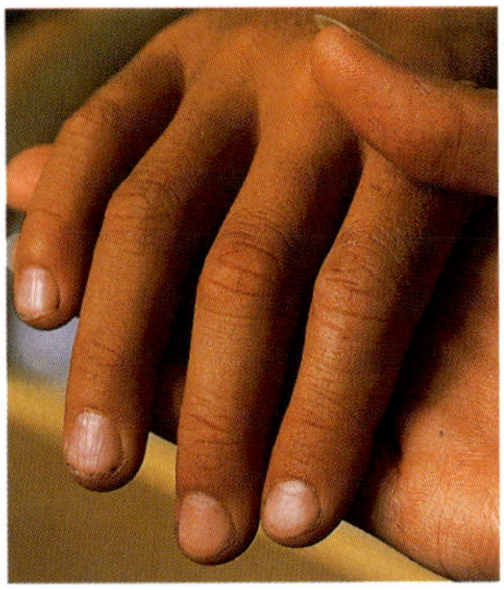

Betroffen sind häufig Ellenbeugen, Gesicht und Hals, aber auch die Finger.

Neurodermitis

Symptome

- **Nässende oder trockene Hautausschläge**
- **Ausschlag, vor allem hinter den Ohren, in den Arm- und Kniebeugen, aber auch an anderen Stellen, beispielsweise an Fingern oder Hals**
- **Ausschlag in Form von Blasen, Flecken, Knoten, Pusteln oder Quaddeln, aber auch als Schuppen, Krusten und Borken**
- **Ausschlag meist von heftigem Juckreiz begleitet**

Ursachen

Bei der Entstehung einer Neurodermitis spielt oft die Vererbung eine große Rolle, die Basis ist jedoch eine Allergie. Eine Allergie entsteht vor allem durch Nahrungsmittel, beispielsweise Milch oder Getreide, oder durch eine angeborene Überempfindlichkeit gegen bestimmte Stoffe – beispielsweise Blütenpollen, Kosmetika, Bettfedern, Tierhaare, Hausstaub usw.
Manchmal wird eine solche Allergie aber auch erst im Laufe des Lebens erworben. Es gibt praktisch nichts, wogegen man nicht allergisch werden könnte – in der Folge entsteht eine Neurodermitis.

In vielen Fällen sind die genannten Stoffe zwar die Auslöser für eine Allergie, im Grunde stecken aber psychische oder emotionale Ursachen dahinter, die es einem Kind unmöglich machen, sich in seiner Haut wohl zu fühlen.

Wichtig!

Eine Neurodermitis gehört immer in die Behandlung eines Arztes. Um die für Ihr Kind richtige Therapie herauszufinden, ist der Arzt darauf angewiesen, daß Sie und Ihr Kind mit ihm zusammenarbeiten und viel Geduld mitbringen.

Organische Hintergründe

Das Erscheinungsbild der Neurodermitis nimmt in den letzten Jahren stark zu. Die Ursache ist nicht allein einzelnen Umweltbelastungen wie Giften und Reizstoffen zuzuschreiben (obwohl diese sicherlich eine bedeutsame Rolle spielen), sondern auch den veränderten Lebensbedingungen und -gewohnheiten insgesamt.

Rezeptfreie Medizin

Juckreiz können Sie mit Waschungen und Kompressen lindern, die Sie in Aufgüsse der folgenden Kräuter (aus der Apotheke) tauchen: Eichenrinde, Kamille, Malve, Spitzwegerich, Schachtelhalm, Ackerstiefmütterchen. Übergießen Sie 1 Handvoll Kraut mit 1/2 l kochendem Wasser. Lassen Sie den Aufguß 10 Minuten ziehen, und seihen Sie ihn ab. Täglich mehrmals wiederholen.

So helfen Sie Ihrem Kind

Verbannen Sie so viele Allergene wie möglich aus dem Umfeld Ihres Kindes. Verzichten Sie auf Haustiere, blühende Pflanzen, Aromalampen oder Rauchen, je nachdem, worauf Ihr Kind allergisch reagiert. Überprüfen und ersetzen Sie alles, was die Neurodermitisschübe bei Ihrem Kind auslösen könnte: Schmusetiere, Matratzen, Federbetten etc.

Naturheilmittel

Brennesseltee heilt

Brennesseltee, von dem Ihr Kind mehrere Wochen lang täglich mindestens 1 l trinken sollte, wirkt stärkend und harmonisierend auf den Organismus und läßt juckende Hautstellen oft schon nach kurzer Zeit abheilen.

Schachtelhalm gegen plötzlichen Juckreiz

Bei einem Juckreizanfall empfiehlt sich ein Bad mit einem Schachtelhalmzusatz. Geben Sie 1 Handvoll Schachtelhalm (aus der Apotheke) in 1 l Wasser, und seihen Sie den Sud nach 10minütigem Kochen ins Badewasser ab.

Bewährte Hausmittel

Feuchtwarme Umschläge lindern

Lauwarme Kompressen mildern den Juckreiz ab und beruhigen die gereizte Haut Ihres Kindes. Achten Sie darauf, daß durch die Kompressen keine Kälteeinwirkung entsteht, die die Haut erneut reizen würde. Abgekühlte Kompressen müssen häufiger warm erneuert werden.

Aufguß für Kompressen

Übergießen Sie 1 EL Ackerstiefmütterchen (aus der Apotheke) mit 1/2 l kochendem Wasser, das Sie nach einigen Minuten abseihen. In diesem Sud wringen Sie ein großes sauberes Taschentuch oder ein Geschirrtuch aus und legen es auf die betroffene Hautstelle. Decken Sie die Kompresse mit einem Frotteetuch ab, das hält die Flüssigkeit an Ort und Stelle.
Noch wirksamer ist diese Kompresse, wenn Sie dem Stiefmütterchenabsud einige Tropfen 5prozentiges Eichenrindenextrakt (aus der Apotheke) zusetzen.

Sanfte Reinigung

Besonders wichtig für die Haut des neurodermitiskranken Kindes ist die seifenfreie Reinigung, denn die üblichen Seifen reizen die ohnehin schon überempfindliche Haut zu stark. Reizlose synthetische Reinigungsmittel (»Syndets«) wirken rückfettend und schützen

Bach-Blütentherapie

Bei vielen Allergien haben sich Blütenessenzen als hilfreich erwiesen. Wählen Sie für Ihr Kind mit allergischen Hautreaktionen die Blütenessenz Crab Apple aus dem Bach-Blütenprogramm.

Verkehrt herum

Die innenliegenden Nähte von Kleidung scheuern und verschlimmern den Juckreiz. Lassen Sie Ihr Kind die Kleidung »links herum« tragen. Das sieht zwar nicht schön aus, ist aber angenehmer.

Unser Tip

Altbewährt

Sehr empfehlenswert sind auch Kleiebäder. Sie stehen in reichhaltiger Auswahl in Apotheken, Drogerien und Reformhäusern zur Verfügung.

Der australische Teebaum (Melaleuca alternifolia) produziert ein ätherisches Öl, das sehr gut bei neurodermitiskranken Kindern angewandt werden kann. Es lindert den Juckreiz, vermindert die entzündliche Reaktion der Haut und verhindert, daß sich auf den betroffenen Stellen Bakterien ansiedeln.

Hinweis

In einem Haushalt, in dem ein neurodermitiskrankes Kind lebt, sollte nicht geraucht werden. Nicht nur die Haut, sondern auch die Bronchien könnten empfindlich reagieren. Zudem begünstigt Tabakrauch das Auftreten weiterer Allergien.

durch ihren leicht sauren pH-Wert den natürlichen Säureschutzmantel der Haut beim Waschen.

Vor Verletzung schützen

Unter Umständen muß das Kind – vor allem, wenn es noch sehr klein ist – am Aufkratzen der juckenden Hautstellen gehindert werden. Dafür eignen sich am besten leichte Baumwollhandschuhe. Im übrigen sollten Sie die Nägel Ihres Kindes möglichst kurz halten, damit auch ohne Baumwollhandschuhe die Gefahr des Aufkratzens so gering wie möglich ist.

Maßnahmen gegen Hausstaub

Wenn Ihr Kind gegen Hausstaub bzw. Hausstaubmilben allergisch ist, ist tägliches Staubsaugen wichtig! Es gibt eine Anzahl von Staubsaugern, die speziell für Allergiker geeignete Feinfilter haben, durch die Pollen und andere kleinste Allergene nicht hindurchgelangen. Außerdem hat es sich bewährt, sämtliche freien Flächen im Kinderzimmer regelmäßig mit Essigwasser zu wischen. Dazu geben Sie einen kräftigen Spritzer Essigessenz in einen Putzeimer mit warmem Wasser. Verzichten Sie auf Teppichböden.

Inzwischen werden auch Dampfdruckreiniger für den Haushalt angeboten, mit denen sich Teppiche, Gardinen und andere Haushaltstextilien »porentief« reinigen und von Hausstaubmilben sowie deren Kot befreien lassen.

Australisches Teebaumöl
Teebaumöl hat sich gegen Hauterkrankungen aller Art gut bewährt und läßt sich vielseitig einsetzen.

- Setzen Sie deshalb dem Wischwasser pro Eimer 50 Tropfen reines Teebaumöl zu.
- Waschen Sie die Wäsche Ihres allergiegeplagten Kindes getrennt, und setzen Sie dem Spülwasser ebenfalls 50 Tropfen australisches Teebaumöl zu.

Textilien auf der Haut

- Ist Ihr Kind gegen Bettfedern allergisch, geben Sie ihm ein Kissen und ein Oberbett mit Seiden- oder Schafwollfüllung.
- Sehr wohltuend bei allen Hautbeschwerden ist Seidenwäsche. Diese wirkt sanft kühlend auf die gereizten, juckenden Stellen.
- Wichtig ist, daß Sie sämtliche neu gekauften Kleidungsstücke vor dem Tragen waschen – oft ist die Appretur allergieauslösend.

So hilft der Arzt

- Mitunter – vor allem, wenn der allergieauslösende Stoff sicher festgestellt werden konnte – hilft eine Desensibilisierung.
- Gewöhnlich wird der Arzt u.a. eine lindernde Salbe verordnen, der Heilkräuterextrakte (beispielsweise Schachtelhalm, Wegerich, Ringelblume) beigemischt werden.
- Bewährt hat sich auch die Einspritzung des homoopathischen Mittels Gencydo aus Extrakten von Zitrone und Quitte.

Ernährung bei Neurodermitis

Keine allgemeingültige Neurodermitisdiät
Das Düsseldorfer Institut für Ernährungsberatung und Diätetik stellt fest: »Es gibt keine allgemeingültige Neurodermitisdiät! Deshalb ist es auch nicht möglich, mit sogenannten Erlaubt-Verboten-Listen zu arbeiten.« Dennoch sei es möglich, generelle Hinweise zu geben und bestimmte Anforderungen an die Ernährung von Neurodermitikern zu stellen.

Keine Süßigkeiten
Süßigkeiten bedeuten für das neurodermitische Kind immer eine Reihe von Gefahren:

- Die meisten Süßwaren enthalten Zusatzstoffe, die zu einer allergischen oder pseudoallergischen Reaktion führen können.

Hinweis

Kortisonhaltige Salben sollten nur im Notfall und auch dann nur über einen kurzen Zeitraum hinweg verwendet werden.

Farbtherapie

Bestimmte Farben lenken das kindliche Bewußtsein auf sich und beruhigen. Das Jucken wird weniger quälend empfunden. Kühlend und beruhigend wirkt vor allem die Farbe Blau, die Sie für die Kleidung und Bettwäsche Ihres Kindes bevorzugen sollten.

Aufgescheuert

Der quälende Juckreiz verstärkt sich, wenn Kleidung – vor allem aus Wolle und Synthetik – die empfindliche Haut immer wieder aufscheuert. Ziehen Sie Ihr Kind auch nicht zu warm an; schweißnasse Haut wird ebenfalls leichter wund.

Vitamin C
Vitamin C in der Ernährung ist besonders wichtig, weil das allergieauslösende Histamin (das ist ein Gewebehormon, das beispielsweise Bestandteil des Sekrets von Brennesselhaaren ist) dadurch teilweise gebunden und zu einer harmlosen Säure abgebaut wird. Besonders Vitamin-C-haltig sind neben Orangen und Zitronen auch Grapefruits, Kiwis, Holunderbeeren, Tomaten, Sanddorn und Sauerkraut.

Wichtige Allergene einer kindlichen Neurodermitis
Hühnerei, Milch, Nüsse, Soja, Gewürze, Weizen, Fisch, Hülsenfrüchte.

- Der Fabrikzucker in Süßwaren entzieht dem menschlichen Immunapparat wichtige Biostoffe.
- Süßigkeiten destabilisieren die kindliche Psyche, indem sie den Blutzuckerspiegel stark schwanken lassen. Psychosomatischen Erkrankungen wie der Neurodermitis sind dann Tür und Tor geöffnet. Eine süßwarenfreie Diät ist immer einen Versuch wert; sie bietet allerdings auch keine Garantie für eine Heilung der Neurodermitis. Im Unterschied zu den meisten anderen Diäten birgt sie kein Risiko, denn wer auf Süßigkeiten verzichtet, braucht keine Angst zu haben, in irgendeiner Weise mangelversorgt zu sein.

Biostoffe zur Linderung von Neurodermitisbeschwerden

- Mehrfach ungesättigte Fettsäuren (Linol- und Gamma-Linolensäure) sind am Aufbau und der Funktion von Zellmembranen beteiligt und sorgen für eine gesunde und straffe Haut.
Außerdem erfüllen sie wichtige Aufgaben im Immunsystem; sie bilden die Baustoffe von Prostaglandinen und anderen stoffwechselaktiven Substanzen. Neurodermitiker leiden häufig unter einer Störung im Fettstoffwechsel, ihr Immunsystem wird zuwenig mit Linol- und Gamma-Linolensäure versorgt.
Die Verwendung von Nahrungsmitteln, in denen diese Fettsäuren in hoher Konzentration enthalten sind, macht also in jedem Falle Sinn – auch hier gibt es freilich keine Heilungsgarantie.
- Zink, Magnesium und Pyridoxin (Vitamin B12) sind an der Produktion des Enzyms Delta-6-Desaturase beteiligt. Es versetzt den Menschen in die Lage, aus eigener Kraft Gamma-Linolensäure zu synthetisieren.

Nahrungsmittel zur Linderung von Neurodermitisbeschwerden

Nahrungsmittel mit einem hohen Gehalt an Linol- und Linolensäure unterstützen den Fettstoffwechsel Ihres Kindes. Geeignet sind:
- Sonnenblumenöl
- Distelöl
- Leinöl
- Sojabohnenöl
- Margarine
- Avocados
- Fisch (Achtung! Fischeiweiß gehört zu den häufigsten Allergenen!)

Zink-, Magnesium- und Vitamin-B12-reiche Nahrungsmittel

- Geflügel und Eierspeisen (Achtung! Hühnereiweiß gehört zu den häufigsten Allergenen!)
- Fisch (Achtung! Fischeiweiß gehört zu den häufigsten Allergenen!)
- Milchprodukte (Achtung! Milcheiweiß gehört zu den häufigsten Allergenen!)

- Multivitaminsaft (enthält viel Magnesium und Vitamin B12, allerdings wenig Zink!)
- Honeysmacks, Cornflakes mit Vitaminzusatz (enthalten allerdings viel Einfachzucker, werden außerdem in der Regel zusammen mit Milch verzehrt. Hier sollte vorher eine Milcheiweißallergie durch eine ärztliche Diagnose ausgeschlossen worden sein.)
- Avocado (enthält viel Zink und Magnesium, allerdings kein Vitamin B12. Dafür enthält sie eine große Menge an mehrfach ungesättigten Fettsäuren. Die Avocado ist sicherlich für Neurodermitiker ein Lebensmittel der ersten Wahl)

Kein tierisches Eiweiß?

Von mancher Seite hört man die Empfehlung, daß eine streng tierisch-eiweißfreie Ernährung (also ohne Milch, Milchprodukte, Fleisch, Fisch, Wurst, Eier) neurodermitischen Kindern helfen könne. Diese Empfehlung ist jedoch bislang nicht zu beweisen; außerdem bringt sie die Gefahr einer drastischen Mangelernährung mit, vor allem, was die Versorgung mit Eisen und Vitamin B12 betrifft.

Nachtkerzenöl

In jüngerer Zeit liefen des öfteren Testreihen, in denen man Neurodermitikern Gamma-Linolensäure in Form von Nachtkerzenöl verabreichte. Die Ergebnisse waren widersprüchlich, sie reichten von »ohne Wirkung« bis zu »deutlicher Verbesserung von Austrocknung der Haut und Linderung des Juckreizes«. Nichtsdestoweniger kann eine unterstützende Behandlung mit Gamma-Linolensäurepräparaten sinnvoll sein; sie sollte allerdings mit dem behandelnden Arzt abgestimmt werden.

Vorbeugen – so bleibt Ihr Kind gesund

- **Der sicherste Weg, allergische Hauterscheinungen zu vermeiden, ist es, dem allergieauslösenden Stoff aus dem Weg zu gehen. Das ist aber häufig unmöglich; insbesondere, wenn Ihr Kind auf Hausstaub oder andere weitverbreitete Stoffe allergisch ist.**
- **Autogenes Training oder eine andere Entspannungstechnik helfen Ihrem Kind, die Probleme des Tages, Streß, Spannungen und Verkrampfungen zu lösen. Diese müssen dann nicht mehr über die Haut abgebaut werden.**
- **Selbsthilfe Online: http:// www. nedis.de/
oder: http:// ix.urz.uni-heidelberg.de/~cjung/BND.html
oder: http:// www. cybermedia.de/gesundheit/therapie/neuroder/neurothe.htm**

Nahrungsumstellung
Umstimmend auf den Organismus des Kindes und stärkend auf das Immunsystem wirkt eine Nahrungsumstellung. Geben Sie Ihrem Kind viel Vollkorngetreide, Obst und Gemüse (vor allem Rohkost), wenig Salz und Gewürze, wenig Fleisch, keine Süßigkeiten, keine Limonade und Colagetränke.

Problematische Gewürze
**Zu den Gewürzen, die häufig in Zusammenhang mit Neurodermitisschüben stehen, gehören:
Anis,
Dill,
Fenchel,
Lorbeer,
Majoran,
Rosmarin,
Salbei,
Senfkörner,
Thymian.**

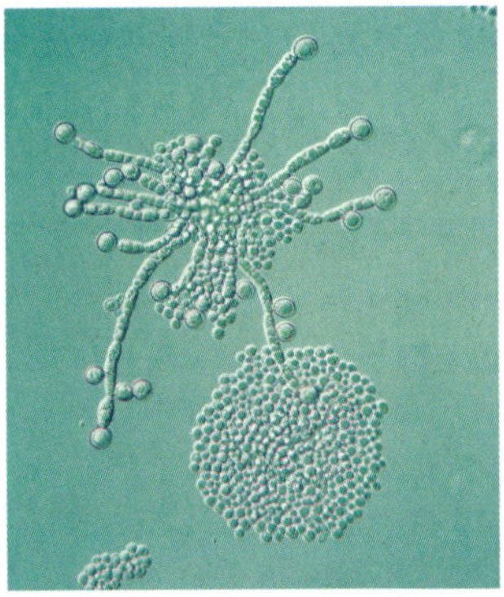

Der Pilz Candida albicans – der Verursacher der Soorerkrankung.

Soor

Symptome

- **Punktförmige weißliche Flecken an der Wangenschleimhaut, auf der Zungen- und Lippenschleimhaut**
- **Später große Flecken oder aus zusammenhängenden kleinen Flecken weißliche »Rasenbildungen«**
- **Trinkunlust und Nahrungsverweigerung**
- **Punktförmige nässende Knötchen am After**
- **Später rasch ausbreitend, teils zusammenfließend**
- **Am Rand feine Schuppenkränze**

Ursachen

Beim Soor handelt es sich um eine Pilzerkrankung, die besonders im Säuglingsalter leicht die Mundschleimhaut befallen kann. Soor findet sich aber auch im Windelbereich des Kindes. Die wichtigsten Ursachen für eine Soorerkrankung sind:

- Allgemeine Abwehrschwäche
- Ernährungsstörungen
- Durchfallerkrankungen
- Infektion während des Geburtsvorgangs
- Anwendung von Antibiotika

Vorsicht!

Die Soorpilze können sich mitunter auch in den Atemwegen, in der Lunge, auf der Haut und in den Schleimhäuten der weiblichen Geschlechtsorgane usw. einnisten.

Rezeptfreie Medizin

Vor den Mahlzeiten können Sie Ihrem Kind jeweils 5 Tropfen von Mercurius cyanatus D6 sowie Borax D6 geben. Bei ausgedehnten Infektionen im Pobereich helfen Kamillensitzbäder, die gereizte Haut zu beruhigen und die Entzündung abzuheilen.

Organische Hintergründe

Zuerst siedelt der Pilz (Candida albicans) sich meistens im Mund an und wandert dann durch den Darmtrakt in die Analregion. Er ist dementsprechend auch im Stuhl nachzuweisen. Bei gleichzeitiger Behandlung mit einem Breitbandantibiotikum oder bei sehr geschwächten Kindern setzt er sich hier besonders hartnäckig fest. Der Stuhl riecht dann nach Hefe.

Pilzinfektionen werden leicht über die Hände weitergegeben, etwa vom Mund auf den Po und in den Darm. Solange Ihr Kind noch Windeln trägt, ist der Po besonders gefährdet. Das warme, feuchte Klima begünstigt das Pilzwachstum.

So helfen Sie Ihrem Kind

Regelmäßiges Einpinseln

Mischen Sie Ratanhia- und Myrrhentinktur (aus der Apotheke) zu gleichen Teilen, und verdünnen Sie einige Tropfen davon mit etwas Wasser. Tauchen Sie ein Wattestäbchen ein, und bepinseln Sie damit die Mundschleimhaut des Kindes. Probieren Sie vorher aus, ob die Konzentration für die Schleimhäute noch angenehm ist, ansonsten weiter verdünnen!
Das medizinische Mundwasser von Weleda hat dieselbe Zusammensetzung und kann verdünnt ebenfalls zum Auspinseln von soorbefallenen Schleimhäuten verwendet werden.
Zum Einpinseln des Mundbereichs eignet sich auch ein spezieller Mundbalsam für Kinder.

Teebaumöl

Im Afterbereich spricht Soor gut auf die Behandlung mit australischem Teebaumöl an. Dieses wirkt desinfizierend, pilztötend und greift selbst empfindliche Babyhaut nicht an. Geben Sie 2 bis 3 Tropfen Öl unter die Menge Badeöl, die Sie auch sonst zum Baden Ihres Kindes verwenden.
Behandeln Sie die befallenen Hautstellen mit einer Teebaumölsalbe, oder verwenden Sie spezielle Babypflegeprodukte, die Teebaumöl enthalten.
Trägt Ihr Kind noch Windeln, ist es wichtig, daß es jetzt so oft wie möglich gewickelt wird, auch nachts 1- bis 2mal. Die Feuchtigkeit des Urins und dessen Zersetzungsprodukte wirken sonst allen Heilmaßnahmen entgegen.

Zuckerfrei

Geben Sie Kindern, die an Soor erkrankt sind, keine gesüßten Tees oder Fruchtsäfte und keine Süßigkeiten. Zucker fördert das Wachstum von Hefepilzen. Das gilt übrigens auch für den Zucker im Honig und für Produkte aus Weißmehl.

So hilft der Arzt

Hautpilze wandern häufig in den Darm. Spätestens dann sollte eine Behandlung durch den Arzt eingeleitet werden. Die Behandlung mit Nystatin bringt den Pilzbefall in den meisten Fällen schnell zum Verschwinden. Leider kommt es dabei häufig zu Rückfällen.

Vorbeugen – so bleibt Ihr Kind gesund

- **Pilze lieben Zucker! Ernähren Sie deswegen Ihr Kind vollwertig, und vermeiden Sie Speisen mit Einfachzuckern.**

Wichtig!
Alle Gegenstände, die mit dem Mund des Kindes in Kontakt kommen, müssen besonders gut desinfiziert werden. Schnuller, Sauger usw. werden am besten 5 Minuten lang ausgekocht. So können Sie einer wiederholten Ansteckung vorbeugen.

Desinfektion
Stillen Sie ein soorkrankes Kind, müssen auch Ihre Brustwarzen gut desinfiziert werden.

Unser Tip

Nackter Po
Lassen Sie Ihr Kind mehrmals täglich 15 Minuten ohne Windel strampeln.

Erkältungen

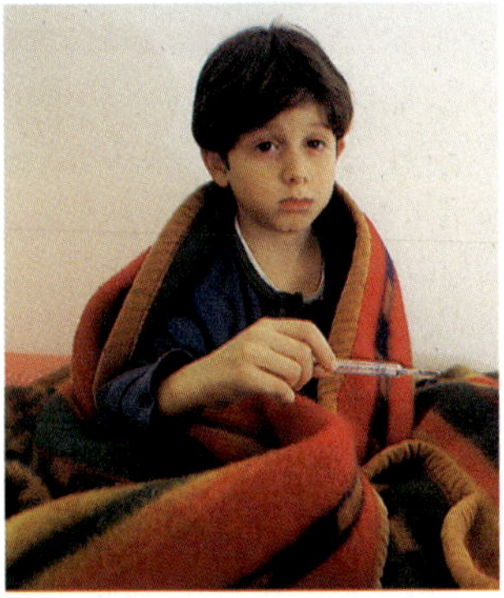

Der Organismus wehrt sich meist mit Fieber gegen die Erkältungsviren.

Symptome

- Müdigkeit
- Reizbarkeit
- Appetitlosigkeit
- Gliederschmerzen
- Kopfschmerzen
- Schnupfen
- Husten
- Heiserkeit
- Halsschmerzen
- Schwerhörigkeit
- Aufgedunsenes Gesicht
- Fieber

Ursachen

Erkältungskrankheiten werden in der Regel durch Viren verursacht, die die Schleimhäute der Atemwege befallen. Auch durch Kontaktinfektionen wie Anniesen und Händeschütteln kann eine Erkältung übertragen werden. Zugluft und unangemessene Kleidung sowie nasse oder schwitzende Füße können die Krankheitsbereitschaft erhöhen.

Organische Hintergründe

Erkältungsverursachende Viren dringen meist über die Atemwege in den Körper ein. Wenn die Abwehr nicht einwandfrei funktioniert oder die Schleimhäute der Nase, des Mundes oder des Rachens etwas zu trocken oder zu kühl sind, haben diese Viren gute Chancen, mit ihrem Angriff auf die Zellen erfolgreich zu sein.

Rezeptfreie Medizin

Mit rezeptfreier Medizin können Sie in Absprache mit dem Arzt Ihrem Kind die Krankheit erleichtern. Echinacin (Sonnenhut) stärkt die körpereigene Abwehr; Eukalyptus befreit die Atemwege; Holunder bewirkt, daß Husten und Schnupfen sich leichter lösen. In Verbindung mit Lindenblüten treibt er den Schweiß heraus.

Vorsicht!

Manche Krankheiten zeigen anfangs dieselben Symptome wie eine Erkältung. Dabei kann es sich aber auch um ganz andere Hintergründe handeln, z. B. um das Frühstadium einer Infektionskrankheit wie Mumps, Masern, Windpocken oder Keuchhusten; um Impfreaktionen in der ersten Woche nach der Impfung – vor allem bei Impfungen gegen Kinderlähmung und Keuchhusten; um Probleme beim Durchbruch der Zähne; um Entzündungen der Mandeln und der Nasennebenhöhlen oder um eine echte Grippe (Influenza).

So helfen Sie Ihrem Kind

Am besten ist es, wenn der Körper aus eigener Kraft mit einer Erkälungserkrankung fertigwird. Dadurch können neue Immunstoffe gebildet werden.

Dennoch können Sie Ihrem Kind die Zeit der Krankheit erleichtern und die schlimmsten Symptome lindern.

Naturheilmittel

Eukalyptusöl
Um dem Kind die Atmung zu erleichtern, träufeln Sie etwas Eukalyptusöl (aus der Apotheke) auf ein Tuch. Dieses wird auf die Heizung gelegt, damit die Feuchtigkeit mit dem Öl verdampft. Sie können auch ein Schüsselchen mit heißem Wasser, in das Sie einige Tropfen Eukalyptusöl gegeben haben, im Zimmer aufstellen.

Echinacea (Sonnenhut)
Die Heilpflanze Sonnenhut (Echinacea) stärkt die körpereigenen Abwehrkräfte. Medikamente mit diesem Inhaltsstoff sind rezeptfrei erhältlich oder werden vom Arzt verschrieben, beispielsweise Esberitox (Österreich: Echinaforce; Schweiz: Resivit).

Holunder
Eine weitere bewährte Heilpflanze ist der Holunder. Holunderbeersaft – man kann ihn entweder selbst herstellen oder im Reformhaus kaufen – wirkt schweißtreibend und husten- und schnupfenlösend. Größere Kinder (ab 2 Jahren) sollten vom erwärmten Saft mindestens 3 Tassen täglich in kleinen Schlucken trinken.
Holunderblüten haben eine ähnliche Wirkung. Als Tee sind sie besonders heilsam, wenn man sie zu gleichen Teilen mit Lindenblüten mischt. Gießen Sie 1 TL der Mischung mit 1/4 l kochendem Wasser auf, seihen Sie den Tee ab und süßen Sie mit ein wenig Honig.

Weitere Teemischungen aus Heilpflanzen
- Pfefferminze, Fenchel und Kamille, zu gleichen Teilen gemischt
- Königskerze, Huflattich, Isländisch Moos und Kamille, zu gleichen Teilen gemischt

1 TL einer Teemischung wird mit 1 Tasse kochendem Wasser aufgegossen. Den Tee ziehen lassen und abseihen. Beide Teemischungen können Sie mit etwas Honig süßen. Lassen Sie das Kind 3 Tassen täglich trinken. Alle Kräuter sind in der Apotheke erhältlich.

Bewährte Hausmittel

Ruhe und Wärme
Bei allen fieberhaften Erkrankungen gehört das Kind ins Bett. Ruhe und Wärme sind das Wichtigste. Schlaf ist die beste Medizin.

Nahrungskarenz
Quälen Sie das Kind nicht mit Essen. Der Appetit kommt schon von selbst, wenn es ihm bessergeht.

Wichtig!

**Der Körper sollte – wenn es nicht zu Komplikationen kommt – aus eigener Kraft mit Erkältungskrankheiten fertigwerden, um das Immunsystem entsprechend ausbilden zu können.
In der Regel besteht kein Grund zur Sorge, wenn Ihr Kind an einer Erkältung oder einem grippalen Infekt leidet. Unterdrücken Sie also die natürlichen Reaktionen des Organismus nicht gleich mit chemischen Mitteln.**

Unser Tip

Die Krankheit im Auge behalten

Zumeist können Erkältungskrankheiten durch altbewährte Hausmittel ohne Gefahr von Nebenwirkungen behandelt werden. Allerdings ist es wichtig, die Entwicklung der Krankheit (hohes, länger andauerndes Fieber oder länger andauernder Husten usw.) gut im Auge zu behalten.

Fiebert Ihr Kind deutlich über 39 °C, dann sollten Sie zur Temperatursenkung nicht gleich Medikamente einsetzen. Am schonendsten und verträglichsten sind die guten alten Wadenwickel. Sie wirken prompt und können bei Bedarf auch zwei- bis dreimal im Verlauf eines Tages angewandt werden.

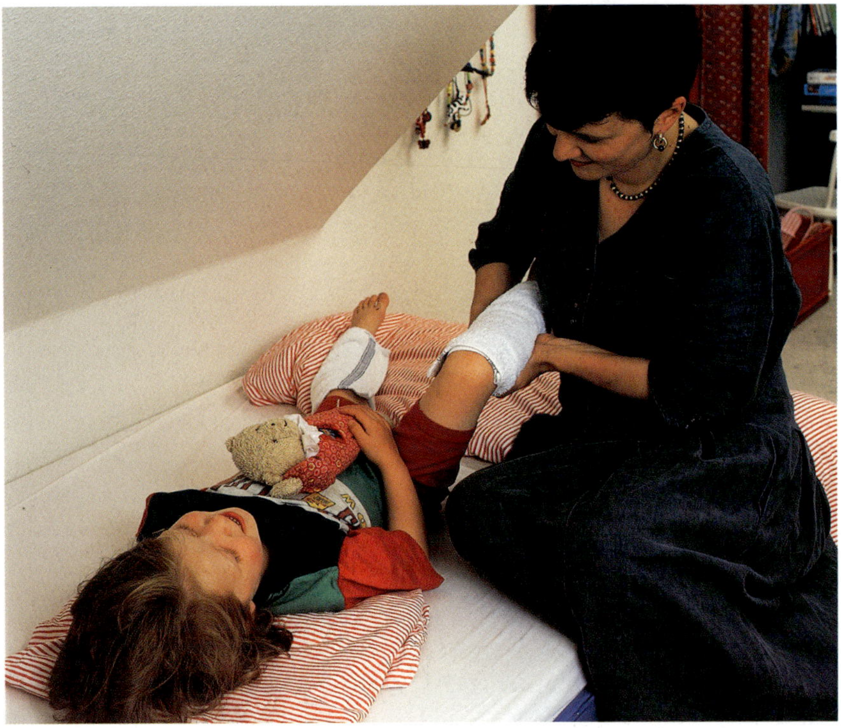

Vorsicht, Nasentropfen!
Auch wenn die Nase des Kindes noch so sehr läuft oder verstopft ist, sollten Sie mit Nasentropfen sehr zurückhaltend umgehen. Die meisten Mittel vermindern die Durchblutung der Nasenschleimhaut und trocknen sie dadurch aus. Auf Dauer verliert die Nase dann ihre wichtige Abwehrfunktion.

Abführen

Am ersten Fiebertag sollte möglichst abgeführt werden. So können die Infektionserreger den Körper auf schnellstem Wege wieder verlassen. Dazu eignen sich Rizinusöl (1/2 EL für Kleinkinder, 1 EL ab dem 12. Lebensjahr) oder ein Einlauf (siehe Seite 306f.).

Frische Luft

Wichtig ist frische, nicht zu trockene Luft im Krankenzimmer. Feuchten Sie die Luft gegebenenfalls etwas an. Dazu eignen sich ein Luftbefeuchter oder nasse Handtücher, die Sie im Krankenzimmer aufhängen.
Günstig ist auch eine Aromalampe, in die Sie einige Tropfen Eukalyptusöl oder Teebaumöl zum Verdunsten gegeben haben.

Wadenwickel

Fieber ist eine der wichtigsten Waffen gegen Erkältungsviren. Diese bevorzugen nämlich eher kühlere Temperaturen. Ein paar Grad zuviel können ihnen schon die Lebensgrundlage entziehen. Wenn das Fieber jedoch zu hoch steigt oder länger andauert, können Sie Ihrem Kind mit Wadenwickeln (siehe Seite 298f.) helfen, die Sie 2- bis 3mal täglich anlegen. Das empfiehlt sich auch zusätzlich zu Fieberzäpfchen, wenn Ihr Kind zu Fieberkrämpfen neigt.

So hilft der Arzt

Frühzeitig zum Arzt

Da Erkältungssymptome auch ernste Hintergründe haben können, sollten Sie die Entwicklung der Krankheit sorgfältig beobachten. Mit Säuglingen sollte man zum Arzt, wenn auch am zweiten Tag noch eine erhöhte Temperatur gemessen wird.
Größere Kinder sollten zum Arzt, wenn sich folgende Symptome anhaltend zeigen:

- Eitriger Nasenausfluß
- Heftige Kopfschmerzen
- Starke Schluckbeschwerden
- Erbrechen
- Geschwollene Halslymphknoten
- Ohrenschmerzen
- Atemschwierigkeiten
- Bellender Husten
- Hohes Fieber
- Große Mattheit

Wenn Sie den Verdacht haben, Ihr Kind »brütet« eine Erkrankung wie Masern, Mumps o.ä. aus, sollten Sie unbedingt zum Arzt gehen. Er wird das Kind auf mögliche Kinderkrankheiten untersuchen und dann die entsprechende Behandlung einleiten.

- Er verschreibt bei sehr hohem Fieber (besonders bei fieberkrampfgefährdeten Kindern) fiebersenkende Zäpfchen.
- Er verordnet z.B. Antibiotika bei einer eitrigen Nebenhöhlenentzündung.

Ernährung bei Erkältungskrankheiten

Biostoffe gegen Schnupfen und Erkältungskrankheiten

- Inhibin wirkt als natürliches Antibiotikum keimtötend, ohne die Nebenwirkungen pharmazeutischer antibiotischer Präparate zu haben. Inhibin ist vor allem in naturbelassenem Honig.
- Methylzysteinsulfoxid, eine schwefelhaltige Aminosäurenverbindung, wirkt desinfizierend. Sie kommt in Zwiebeln vor.
- Vitamin C stärkt die Immunabwehr und unterstützt den Körper beim Kampf gegen Fremdkörper. Die Killerzellen des Immunsystems werden aggressiver und beweglicher; außerdem erhöht sich durch Vitamin C der Gehalt an Immunoglobinen. Das sind wichtige Substanzen gegen Erkältungskrankheiten.
In Kombination mit Bioflavonoiden kann seine Wirkung um das Zehnfache gesteigert werden. Ideale Bioflavonoid-Vitamin-C-Kombinationen findet man in Aprikosen, Brokkoli, Grünkohl, Karotten, Knoblauch, Tomaten, Zitronen und Zwiebeln.
- Vitamin A stärkt die Widerstandskraft der Schleimhäute im Nasen-, Rachen- und Bronchialbereich. Ideale Vitamin-A-Lieferanten sind Kürbis und Karotten.
- Pyridoxin sichert den Stoffwechselablauf im Immunsystem. Zu pyridoxinreichen Lebensmitteln gehören Vollkornwaren, Kichererbsen, Kartoffeln und Knoblauch.

Hinweis

Bei vielen Kindern entzünden sich infolge einer Erkältung die Nebenhöhlen. Solche Entzündungen können schwerwiegende Folgen haben. Wenn Ihr Kind über dumpfe Schmerzen klagt, die beim Drehen oder Kippen des Kopfes schlimmer werden, sollten Sie mit ihm einen Arzt aufsuchen. Unterstützen Sie die Therapie des Arztes durch Inhalationen oder Kartoffelkompressen.

Aromatherapie mit Teebaumöl

**Das ätherische Öl des australischen Teebaums wirkt stark antibakteriell. Träufeln Sie einige Tropfen Teebaumöl in eine Duftlampe, auf einen Duftstein oder einfach in ein Schälchen mit heißem Wasser. Die aufsteigenden Dämpfe reinigen dann die Zimmerluft von Keimen.
Sie können auch ein paar Tropfen Teebaumöl ins Badewasser geben.
Bei Säuglingen reichen 2 Tropfen Teebaumöl und 1 Tropfen Kamillenöl, bei größeren Kindern 3 Tropfen Teebaumöl und 2 Tropfen Kamillenöl. Lösen Sie das Öl in 1 TL 50prozentigem Alkohol.**

Vitamin A
Während die immunstärkende Wirkung von Vitamin C und E hinreichend bekannt ist, führt Vitamin A in dieser Hinsicht immer noch ein Schattendasein. Dabei gehört es zu den wichtigsten Immunvitaminen. Vor einer Selbstmedikation mit Vitamin-A-Präparaten sei jedoch gewarnt; Überdosierungen mit Vitamin A können zu schweren Vergiftungen führen!

- Folsäure ist als B-Vitamin ebenfalls am Stoffwechsel des Immunsystems beteiligt. Es ist ein typisches »Rohkostvitamin« und wird bei langem Garen zum großen Teil vernichtet.
- Vitamin E stärkt die Immunabwehr. Es findet sich vor allem in Pflanzenölen, Vollkornwaren, Kürbis, Spargel, Grünkohl und Avocados; es ist allerdings hitze- und lichtempfindlich.
- Magnesium unterstützt die Bildung von Zellen, aus denen Antikörper gebildet werden. Durch ausreichend Mineralwasser und Rohkost kann die Magnesiumzufuhr gesichert werden.
- Zink ist an der Bildung von Antikörpern beteiligt und aktiviert die für die Immunabwehr wichtigen T-Lymphozyten. Man findet Zink vor allem in Mandeln, Erdnüssen, Kürbiskernen und grünem Blattgemüse.

Viel trinken, wenig essen

Das Nervensystem des Menschen reagiert bei fiebrigen Infektionen, also auch bei Erkältungen, grundsätzlich mit Appetitminderung und großem Durst. Das ist durchaus sinnvoll, denn der Körper muß seine Kräfte auf den Kampf gegen die Erreger richten. Die Verdauung würde lediglich wichtige Kraftreserven beanspruchen. Die Zellen des Immunsystems sind um so beweglicher und aggressiver, je besser sie mit Wasser versorgt sind.
Bei Kindern funktioniert dieser Mechanismus wesentlich besser als bei Erwachsenen; fiebrige Erkrankungen gehen bei ihnen automatisch mit Appetitverlust einher. Drängen Sie Ihrem Kind keine Leckerbissen auf, um es bei Kräften zu halten; ein paar Tage Fasten schaden ihm nicht. Geben Sie einem kranken Kind nur etwas zu essen, wenn es danach verlangt! Der kindliche Körper weiß am besten, was er benötigt.

Geduld
Wenn sich die Erkältung erst einmal im Körper festgesetzt hat, dürfen keine schnellen Wunderheilungen erwartet werden, auch nicht von einer zielgerichteten Ernährung. Der Körper braucht einfach Zeit – in der Regel mindestens drei Tage –, um die Krankheit erfolgreich durchzustehen.

Ideale Nahrungsmittel gegen Erkältung

- Kürbis ist bei Erkältungen ein ideales Nahrungsmittel. Er enthält etwa 2000 Mikrogramm Karotinoide und damit überdurchschnittlich viel dieser Vorstufe des wichtigen Vitamin A. Beeindruckend sind auch der Gehalt an Vitamin C, Folsäure, Pyridoxin, Vitamin E, Magnesium und Zink, welches sich besonders in den Kürbiskernen befindet.
Die meisten Kinder mögen Kürbis sehr, so daß auch kranke Kinder mit nur wenig Appetit ihn gerne essen. Bei geringem Fett- und Eiweißgehalt belastet Kürbis den Verdauungstrakt nur wenig. Sein hoher Wassergehalt (bis zu 91 Prozent) kommt dem erhöhten Flüssigkeitsbedarf des Kranken entgegen.
- Zwiebeln enthalten Vitamin C, ätherische Öle zur Krampflinderung in den Bronchien und schwefelhaltige Substanzen (Methylzysteinsulfoxide), die in ihrer Wirkung den Sulfonamiden ähneln.

Eine Zwiebelkur eignet sich ausgezeichnet zur Bekämpfung von grippalen Infekten.
Für Kinder kommt dafür Zwiebelsirup in Frage. Hierzu werden mehrere Zwiebeln in Scheiben geschnitten und mit Honig vermengt. Das Gemisch läßt man 12 Stunden ziehen; es entsteht schließlich ein Saft, der eßlöffelweise mehrmals täglich eingenommen werden sollte.

- Knoblauch enthält zahlreiche Vitamine zur Stärkung des Immunsystems, sein Inhaltsstoff Allizin wirkt keimtötend. Darüber hinaus wird dieser Wirkstoff über den Atem ausgeschieden, wodurch es – neben der intensiven Geruchsbildung – in den Bronchien zu einer deutlichen Krampflinderung kommt.

Die Wirkung von geruchlosen Knoblauchpräparaten ist umstritten, da gerade die Abatmung des Allizins therapeutische Effekte erzielt. Auf Nummer Sicher geht, wer täglich mindestens eine frische Knoblauchzehe ißt. Der typische Geruch ist unvermeidlich; allerdings läßt er bei regelmäßigem Verzehr mit der Zeit etwas nach.
Kinder sind erfahrungsgemäß nur schwer zum Essen von Knoblauch zu überreden. Dämpfen Sie den typischen Geschmack, indem Sie die Zehen zerdrücken und mit Petersilie vermischen. Sie erhalten dadurch eine Gewürzmischung, die Sie auf die Speisen des Kindes geben können.

Vorbeugen – so bleibt Ihr Kind gesund

Im wesentlichen besteht die Vorbeugung gegen Erkältungskrankheiten und grippale Infekte in einer Stärkung der gesamten Kondition des Kindes:

- **Regelmäßiger Tagesablauf**
- **Ausreichender Schlaf**
- **Viel Bewegung an der frischen Luft**
- **Gesunde, vollwertige Ernährung mit Vollkornprodukten und viel frischem Obst und Gemüse**
- **Bei kühlem Wetter eine Mütze aufsetzen, die die Ohren bedeckt**
- **Trockene, warme Füße: Gummistiefel nur bei nassem Wetter tragen, sobald wie möglich das Schuhwerk wechseln; keine Synthetiksocken tragen, weil die Füße darin leicht schwitzen**
- **Wollwäsche in der kalten Jahreszeit**
- **Bei häufiger und länger auftretenden Erkältungskrankheiten Ferienaufenthalte in einem Gebiet mit Reizklima – z. B. an der Nordsee oder im Hochgebirge.**

Schon die Griechen schätzten Kürbis

Bereits Hippokrates schätzte den Kürbis als Heilmittel bei Bandwurmleiden. In späterer Zeit wurde er als harntreibendes Mittel bei Nieren- und Herzerkrankungen, die mit Wasseransammlungen einhergehen, entdeckt. In der Behandlung von Erkältungen wird er immer noch weit unterschätzt, obwohl sein Wirkstoffprofil geradezu ideal ist, um ihn dafür einzusetzen.

Wunderwaffe Honig

Schon die frühen Buddhisten wußten die keimtötenden Eigenschaften des Honigs zu schätzen. Sie setzten ihn gegen alle möglichen Erkrankungen ein, sogar als Wundauflage, da man die desinfizierenden Eigenschaften des Honigs kannte.

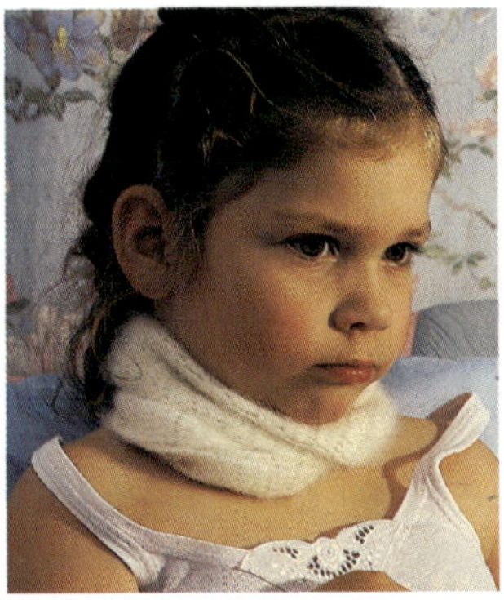

Kartoffelwickel zeigen bei Halsschmerzen gute Wirkung.

Rezeptfreie Medizin
Folgende Heilpflanzen haben sich bewährt: Salbei wirkt entzündungshemmend durch keimabtötende Wirkstoffe. Mit Salbeitee häufig gurgeln, den Tee auch trinken, Salbeibonbons lutschen. Kamille ist entzündungshemmend. Mit Kamillentee gurgeln oder Fertigpräparate verwenden. Myrrhentinktur gerbt die Schleimhäute und verhindert das Ausbreiten der Entzündung (mit Wasser verdünnter Tinktur gurgeln). Ausgetrocknete Schleimhäute verschlimmern die Halsschmerzen. Also viel Warmes trinken und oft Salbeibonbons lutschen!

Halsschmerzen

Symptome

- **Schluckbeschwerden**
- **Geröteter Rachen**
- **Heiserkeit**
- **Unangenehmes Brennen im Hals**
- **Schwellung des Halses**
- **Gerötete Mandeln**
- **Fieber**
- **Allgemeines Krankheitsgefühl, Mattheit**

Ursachen

Halsschmerzen können durch Bakterien oder durch Viren ausgelöst werden. Sie können auch Vorboten oder Begleiterscheinungen schwerwiegender Erkrankungen sein.

Organische Hintergründe

Halsschmerzen treten oft als Begleiterscheinung von Erkältungskrankheiten auf. Sie können auch Anzeichen für eine Mandelentzündung (Tonsillitis) oder eine Halsentzündung (Angina) sein. Letztere ist im Kindesalter sehr häufig anzutreffen. Es gibt kaum ein Kind, das nicht einmal oder öfter eine Angina durchgemacht hat.

Vorsicht!
Halsschmerzen gehören immer in die Behandlung eines Arztes – besonders wenn folgende Symptome auftauchen: Atembeschwerden, Empfindlichkeit bei Berührungen am Hals , Ohrenschmerzen, Fieber über 39,5 °C, wenn Halsschmerzen länger als zwei Wochen andauern, wenn Ihr Kind Blut aushustet.

So helfen Sie Ihrem Kind

Schonung für Ihr Kind und seinen Hals ist jetzt besonders wichtig! Wenn Ihr Kind Fieber hat, sollte es im Bett bleiben. Geben Sie ihm hauptsächlich flüssige Nahrung; am besten sind zimmerwarme Fruchtsäfte (keine Zitrusfrüchte), stilles Mineralwasser und Tees.

Naturheilmittel

Gurgeln mit Kamille, Salbei und Thymian

Diese Kräuter wirken entzündungs- und reizhemmend. Lassen Sie Ihr Kind mehrmals täglich mit lauwarmem Kamillen-, Salbei- oder Thymiantee gurgeln. Lindernd wirkt auch Gurgeln mit Salzwasser.

Bewährte Hausmittel

Kalter Halswickel

Halswickel hemmen die Entzündungsprozesse. Für einen solchen Wickel falten Sie ein Leinentuch (etwa 20 mal 60 Zentimeter) der Länge nach zusammen und tauchen es in kaltes Leitungswasser. Dann das Tuch auswringen und locker um den Hals des Kindes winden. Darüber legen Sie ein trockenes Handtuch oder einen Schal. Dieser Wickel kann 1 bis 2 Stunden liegen bleiben. Auch über Nacht können Sie den kalten Wickel angelegt lassen.

Kalter Quarkwickel

Bestreichen Sie ein nasses Tuch dick mit Quark (eventuell mit einem Schuß Essig vermischen). Das Tuch mit der Quarkseite auf die Haut des Kindes legen und am besten über Nacht einwirken lassen.

Begleitende Behandlung

Inhalationen mit Salbei

Salbei enthält keimabtötende Wirkstoffe.

Rezept: Geben Sie 2 EL Salbeiblätter in eine Schüssel, und übergießen Sie sie mit 1 l heißem Wasser. Bedecken Sie Kopf und Oberkörper Ihres Kindes und die Schüssel mit einem Handtuch. Ihr Kind soll die Dämpfe wechselweise durch Mund und Nase einatmen. Wichtig: Das Wasser darf nicht zu heiß sein und das Atmen nicht weh tun. Dauer der Anwendung 10 bis 15 Minuten. Mit Salbei kann Ihr Kind mehrmals pro Tag inhalieren.

Wichtig!

Nach der Inhalation sollte Ihr Kind 10 Minuten ruhen und vor allem nicht nach draußen gehen. Die kalte Luft schadet den frisch durchbluteten Bronchien.

Vorbeugen – so bleibt Ihr Kind gesund

- **Überprüfen Sie die Luftfeuchtigkeit in Ihren Wohnräumen und dem Kinderzimmer. Liegt sie unter 45 Prozent, trocknen die Schleimhäute aus und werden anfälliger für Entzündungen. In diesem Fall muß die Raumluft angefeuchtet werden. Stellen Sie einen Kessel mit Wasser auf die Heizung; auch das Aufhängen von nassen Handtüchern trägt zur Luftbefeuchtung bei.**
- **Halten Sie Ihr Kind an, hauptsächlich durch die Nase einzuatmen. Der längere Atemweg befeuchtet die Atemluft, und viele Fremdkörper und Keime wie Bakterien und Viren werden schon vor dem Rachenraum abgefangen.**

Vorsicht!

Behandlungsbedürftige Erkrankungen mit Halsschmerzen sind: Mandelentzündung, Mittelohrentzündung, Pfeiffersches Drüsenfieber, Scharlach, eitrige Angina.

Symptome einer eitrigen Angina

Sie äußert sich durch gelbe Stippchen oder streifenförmige Beläge auf den Mandeln, sehr hohes Fieber (über 40 °C), eine belegte Zunge und die Neigung zum Erbrechen.

Viel inhalieren

2 EL Kamillenblüten oder Thymianblätter, mit 1 l heißem Wasser übergossen, oder eine heiße Kochsalzlösung eignen sich ebenfalls zur Inhalation. 2mal täglich 8 bis 10 Minuten sind genug.

Unser Tip

Ihr Kind weiß, was ihm guttut

Meist wird Ihr Kind keine Lust haben, viel zu essen. Es schadet ihm gar nichts, auch einmal ein paar Tage zu fasten.

Tee, Gurgellösung oder Bonbons aus Salbei beruhigen die entzündeten Stimmbänder.

Heiserkeit

Symptome

- Trockener Husten
- Häufiges Räuspern
- Heisere Stimme
- Häufig können einige Töne nicht hervorgebracht werden

Ursachen

Heiserkeit ist eine häufige Begleiterscheinung andere Erkrankungen wie Erkältungen, Mandelentzündungen, Rachen- und Halsentzündungen. Auch Gebrüll, langes Weinen und lautstarkes Spielen können zur Heiserkeit führen, wobei die Belastbarkeit der Stimmbänder sehr unterschiedlich sein kann. So werden einige Kinder schon nach zehnminütigem Brüllen heiser, während andere selbst stundenlange Stimmbandstrapazen schadlos überstehen können.

Vorsicht!

Wenn Ihr Kind länger als eine Woche heiser ist, kann eine ernsthafte Erkrankung dahinterstecken. Ein Hals-Nasen-Ohrenarzt sollte dann genau abklären, welche Ursache die Heiserkeit hat und wie sie weiter zu behandeln ist.

Rezeptfreie Medizin

Arnika D6 bessert Heiserkeit nach einer Überanstrengung der Stimmbänder, etwa durch langes Schreien. Arum triphyllum D6 hilft bei Heiserkeit und kieksender Stimme, wenn die Heiserkeit durch Reden schlimmer wird. Salbei lindert Heiserkeit ebenfalls. Am besten lassen Sie Ihr Kind Salbeibonbons lutschen.

Organische Hintergründe

Stimmbänder bestehen nicht nur aus dem eigentlichen Stimmband, sondern auch aus dem sogenannten Stimmuskel. Dieser wird bei starkem Brüllen weniger belastet als bei gepreßtem Sprechen. Achten Sie darauf, daß Ihr Kind seine Worte immer frei herausfließen läßt. Häufiges Krächzen oder Pressen kann zu Stimmbandproblemen und Heiserkeit führen.

So helfen Sie Ihrem Kind

Bei Heiserkeit sollen die Stimmbänder möglichst wenig beansprucht werden, um sie zu schonen. Auch kalte Getränke reizen die Stimmbänder und begünstigen die Heiserkeit.

Bewährte Hausmittel

Halswickel aus Kartoffeln

Kartoffelwickel sorgen für die Erholung der Stimmbänder.
Zerdrücken Sie 3 bis 5 gekochte Kartoffeln, und verstreichen Sie

diesen Brei auf einem dünnen Tuch, das Sie einschlagen. Legen Sie den Umschlag so an, daß er vom Kinn bis zu den Schultern reicht. Jetzt wickeln Sie ein weiteres Tuch um den Hals, um die Wärme zu halten. Der Wickel bleibt so lange um den Hals des Kindes liegen, bis er seine Wärme verloren hat. Wiederholen Sie die Anwendung 3mal pro Tag.

Halswickel aus Zwiebeln
Auch Zwiebelwickel werden seit Generationen gegen Heiserkeit angelegt. Sie brauchen dazu etwa 5 zerhackte, warme Küchenzwiebeln. Der Umschlag wird so wie der Kartoffelwickel vorbereitet.

Naturheilmittel

Inhalieren
Lassen Sie Ihr Kind mit Kamillendampf inhalieren. Das bekämpft Entzündungen. Lindernd wirkt auch eine Inhalation mit Salzwasser (2 bis 3 EL Salz auf 1 l Wasser).

Teebaumöl
Spülungen mit Teebaumöl desinfizieren die Mundhöhle und besänftigen die Stimmbänder. Ihr Kind sollte mit einem Glas lauwarmem Wasser, in dem 5 bis 10 Tropfen Teebaumöl verrührt sind, gurgeln.
Diese Behandlung eignet sich nur, wenn Ihr Kind die Gurgeltechnik beherrscht. Teebaumöl sollte nicht geschluckt werden!

Vorsicht bei Milchgetränken
Milch trägt dazu bei, daß die oberen Luftwege und die Stimmbänder verschleimen, und kann die Heiserkeit verschlimmern. Ihr Kind sollte einige Tage auf Käse oder Sauermilchprodukte ausweichen.

Vorbeugen – so bleibt Ihr Kind gesund

- **Achten Sie auf die Sprechtechnik Ihres Kindes! Richtiges Sprechen heißt: Die Lippen bewegen sich ohne Anstrengung, die Vokale »wehen« ungehindert durch den Mund, ohne zurückgehalten zu werden.**
- **Stärken Sie die Abwehrkräfte des Kindes! Dazu eignen sich vor allem regelmäßiger Sport und eine Ernährung mit möglichst wenig Süßigkeiten und viel Obst. Falls Ihr Kind psychisch und körperlich beansprucht sein sollte, empfiehlt sich vorbeugend die Gabe von Sonnenhut. Die entsprechenden Echinaceapräparate gibt es in der Apotheke.**

Wichtig!
Ist die Heiserkeit die Folge einer Erkältung, Grippe, Halsentzündung oder dergleichen, sollten natürlich in erster Linie diese Erkrankungen geheilt werden. Schlagen Sie dazu bitte in den betreffenden Kapiteln nach!

Kamille in jeder Form
Bereiten Sie große Mengen Kamillentee zu. Er eignet sich als Getränk ebenso wie zum Gurgeln. Süßen Sie den Tee mit Honig.

Unser Tip

Nicht flüstern
Auch wenn es nicht so klingt: Flüstern ist sehr anstrengend für die Stimmbänder. Ihr Kind sollte lieber gar nicht reden, wenn es heiser ist.

Mandelentzündung

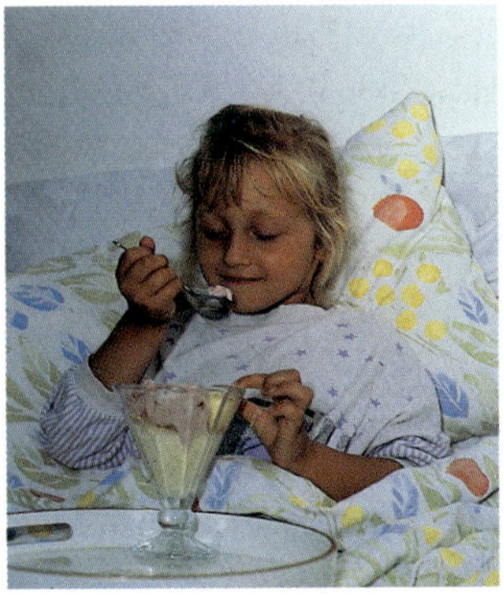

Nach einer Mandeloperation »verschreibt« der Arzt ein Eis, damit keine Entzündung entsteht.

Symptome

Akute Mandelentzündung
- Mattheit, Müdigkeit
- Appetitmangel
- Kopf- und Gliederschmerzen
- Fieber bis 40 °C
- Starke Schluckbeschwerden
- Belegte Zunge
- Stark geröteter Rachen
- Geschwollene Mandeln

Chronische Mandelentzündung
- Müdigkeit
- Appetitlosigkeit
- Wiederholt akute Entzündungen
- Dauernd geschwollene Mandeln; gewöhnlich nicht schmerzhaft
- Behinderte Atmung und Nahrungsaufnahme

Eitrige Mandelentzündung
- Angeschwollene, schmerzende Gaumenmandeln
- Rötung
- Stippchenförmige oder zusammenhängende weißliche Beläge
- Schluckbeschwerden
- Halsschmerzen strahlen bis zum Ohr aus
- Kopfschmerzen, Übelkeit, Erbrechen, Bauchschmerzen
- Übler Mundgeruch
- Sehr hohes Fieber (40 ° bis 41 °C)

Ursachen

Eine Mandelentzündung tritt infolge von Erkältung, Grippe, Scharlach oder anderen Infektionskrankheiten sowie Störungen des Lymphsystems auf.

Vorsicht!

Dickere, sich rasch ausbreitende Beläge auf hochroten Mandeln können ein Hinweis auf ein Pfeiffersches Drüsenfieber, selten auch auf eine Diphtherieerkrankung sein.
Chronisch vereiterte Mandeln können zu Herz- und Nierenschäden und zu Gelenkrheumatismus führen.

Rezeptfreie Medizin

Fußbad mit Senfmehl: 1 bis 2 Handvoll Senfmehl (aus der Apotheke) in einen Eimer geben, der mit lauwarmem Wasser gefüllt ist. Das Kind stellt die Füße hinein und legt ein Badetuch über Eimer und Beine. Nach dem Bad werden die Beine gut abgewaschen. Das Fußbad sollte 10 Minuten dauern und 2- bis 3mal wöchentlich angewendet werden. Es ruft eine starke Rötung der Haut hervor. Bei chronischer Mandelentzündung ist ein tägliches Senfmehlfußbad zu empfehlen.

Organische Hintergründe

Die Mandeln sind Organe aus Drüsengewebe, die ringförmig um die Abzweigung von Luftröhre und Speiseröhre angeordnet sind. Indem sie als Filter für Umweltschadstoffe dienen, schützen sie den

Körper und helfen bei der Bekämpfung von Krankheiten. Die Gaumenmandeln (Tonsillen) liegen zwischen den Gaumenbögen, die Rachenmandeln (Polypen) am Dach des Nasen-Rachen-Raums hinter dem Zäpfchen.

So helfen Sie Ihrem Kind

Eine akute Mandelentzündung ist zwar meistens sehr schmerzhaft, aber selten gefährlich. Wenn das Kind ansonsten gesund ist und mit der Entzündung und den Schmerzen gut zurechtkommt, ist es besser, die Krankheit ihren natürlichen Verlauf nehmen zu lassen als sie mit Antibiotika zu bekämpfen. So erwirbt sich der Körper in der Regel einen Schutz gegen weitere Erkrankungen dieser Art. In manchen Fällen sind Antibiotika jedoch unumgänglich.

Bewährte Hausmittel

Eis essen

Als Erste Hilfe bei starken Halsschmerzen lassen Sie Ihr Kind langsam Fruchteis löffeln. Dies führt zu einer Abschwellung der Mandeln und lindert – wenigstens für einige Zeit – die schlimmsten Schmerzen. Außerdem genießen es die meisten Kinder, ein so wohlschmeckendes Heilmittel zu erhalten! Sehr gut eignen sich auch Eisstückchen aus Wasser sowie gefrorener Tee oder Apfelsaft. Milcheis sollten Sie Ihrem Kind jedoch nicht geben, da dadurch Schleim gebildet wird, der im Hals unangenehm ist.

Naturheilmittel

Gurgeln mit Salbei

Gießen Sie einige frische oder 1/2 TL getrocknete Salbeiblätter mit 1/4 l kochendem Wasser auf. Nach 10 Minuten seihen Sie den Sud ab. Mindestens 1mal stündlich gurgeln lassen.

Gurgeln mit Zitrone

Den Saft von 1/2 Zitrone in 1 Glas lauwarmes Wasser pressen. Mindesten 3mal täglich gurgeln lassen.

Gurgeln mit Erdbeer- oder Brombeerblättern

1 kleine Handvoll der getrockneten Blätter in 1/4 l kaltem Wasser ansetzen, aufkochen und nach 10minütigem Ziehen abseihen. Das Kind soll mehrmals täglich gurgeln.

Gurgeln mit Eibischwurzeln

30 g getrocknete, zerkleinerte Wurzeln (aus der Apotheke) werden in 1 l kaltem Wasser angesetzt und 15 Minuten geköchelt. Mit dem abgeseihten Sud gurgelt Ihr Kind mehrmals täglich. Dieser Sud darf nicht länger als 2 Tage aufbewahrt werden.

Aaah…!

Um dem Kind in den Hals zu schauen, drücken Sie die Zunge des Kindes bei weit geöffnetem Mund mit einem Löffelstiel sanft hinunter. Lassen Sie das Kind »Aaah …« sagen, dadurch erweitert sich das Blickfeld. Eine Taschenlampe leuchtet Hals und Rachen gut aus.

Unser Tip

Bettruhe

Ihr Kind sollte bis zur Abheilung der Mandelentzündung im Bett bleiben. Erleichtern Sie ihm die Zeit mit einem interessanten Spielzeug oder Buch.

Bei Halsweh und starken Schluckbeschwerden sollten Sie mit Ihrem Kind zum Arzt gehen. Meist sind die Mandeln gerötet, verdickt und eventuell mit kleinen weißen Stippchen bedeckt. Auch können die Lymphknoten am Hals geschwollen sein. Das Ergebnis der Untersuchung zeigt dann, welche Behandlung Ihr Kind benötigt.

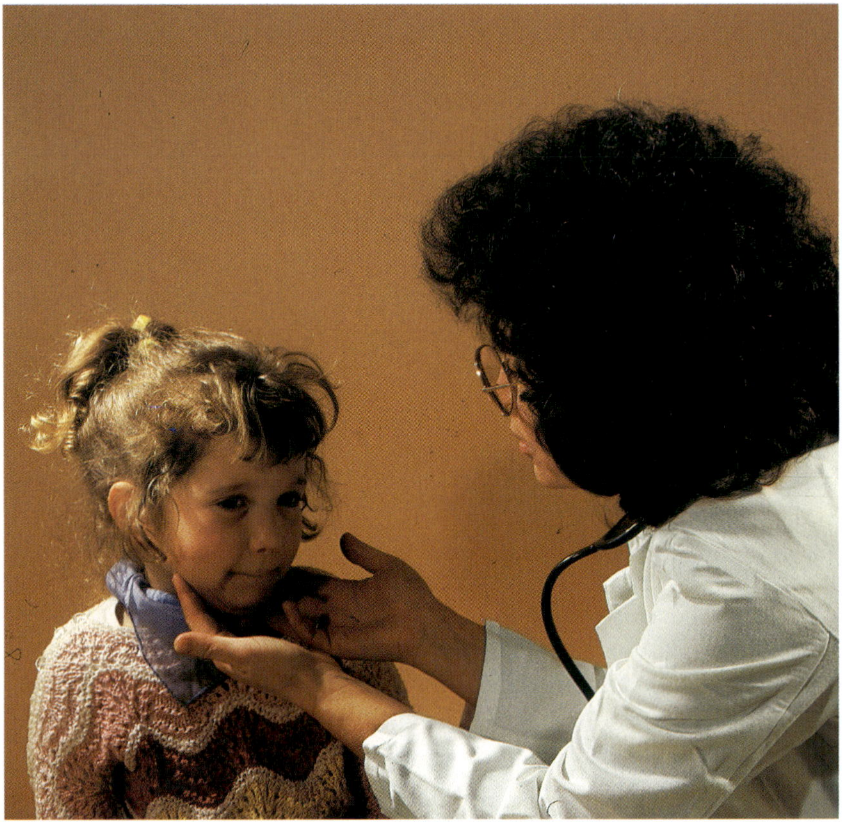

Hinweis

Die Mandeln sind ein wichtiges Abwehrorgan des Körpers. Durch ihre Entfernung kommt es häufig zu einer Verlagerung der Entzündung auf benachbarte Organe (Bronchien, Lunge etc.). Kommt es immer wieder zu Mandelentzündungen und dauerhaften Schluckbeschwerden, wird möglicherweise eine Operation dennoch angeraten sein. Sie sollte im Alter zwischen 6 und 12 Jahren durchgeführt werden.

Halswickel mit Heilerde

Eine Mullbinde einmal zusammenlegen. Nun 5 bis 10 EL Heilerde (aus der Apotheke) mit lauwarmem Wasser zu einem dicken Brei verrühren. Diese Mischung wird fingerdick in der Mitte des Mulltuchs verstrichen. Den freibleibenden Stoff darüberklappen und den Umschlag auf den Hals des Kindes legen. Mit einem Leinenhandtuch umwickeln und 2 Stunden liegen lassen. Das Ganze 3mal täglich wiederholen.

Halswickel mit Kohl

Einige frische Weißkohlblätter von den dicksten Rippen befreien, dann mit dem Nudelholz etwas mürbe walken und in 2 bis 3 Schichten um den Hals legen. Mit einem dünnen Leinen- oder Baumwolltuch umwickeln und erneuern, sobald ein Wärmegefühl beim Kind auftritt.

Halswickel mit Salz

In 1/4 l kaltem Wasser wird 1 TL Salz gut verrührt. Tauchen Sie nun ein in Längsrichtung mehrfach zusammengefaltetes Leinentuch ins Wasser, wringen Sie es aus, und wickeln Sie es glattgestrichen um den Hals des Kindes, so daß dieser vom Unterkiefer bis zu den Ohren bedeckt ist. Darüber kommt zunächst ein Leinentuch, das oben und unten das feuchte Tuch überlappen muß, danach – für die Wärme – ein Wollschal, der nicht ganz so breit sein sollte wie das trockene Tuch (damit die Wolle auf der Haut nicht kratzt). Den Wickel 10 Minuten liegen lassen und – wenn nötig – tagsüber stündlich wiederholen.

Halswickel mit Zwiebeln
1 Küchenzwiebel schälen und zerkleinern, dann in einer Pfanne ohne Fett erwärmen. Die Zwiebeln in eine Mullbinde einschlagen und um den Hals des Kindes legen (vorher Temperatur sorgfältig prüfen, damit es nicht zu Verbrennungen kommt!).
Diesen Umschlag mit einem Leinentuch abdecken (Geschirrtuch) und mit einem Wollschal umwickeln. Den Umschlag 2 bis 3 Stunden lang liegen lassen.

Fiebersenken mit Wadenwickeln
Hat Ihr Kind hohes Fieber, so helfen Wadenwickel (siehe Seite 298f.), Abwaschungen (siehe Seite 306) oder abkühlende Bäder. Das Fieber sollte gesenkt werden, wenn es sehr hoch steigt, längere Zeit andauert, oder wenn Ihr Kind zu Fieberkrämpfen neigt.

So hilft der Arzt

Wenn die Entzündung zwei Tage ohne Änderung andauert, das Kind sich nach wie vor sehr unwohl fühlt oder Sie den Verdacht haben, es könne sich um Scharlach oder um eine andere Infektionskrankheit handeln, ist es nötig, einen Arzt zu rufen.
Auch wenn das Kind sich nach einer Mandelentzündung nicht richtig erholen kann, ist ein Arztbesuch anzuraten, um Komplikationen abzuklären oder Folgekrankheiten vorzubeugen.

Ernährung bei Mandelentzündung

Die wichtigsten Biostoffe

- Inhibin wirkt als natürliches Antibiotikum keimtötend, ohne die Nebenwirkungen pharmazeutischer Präparate zu haben. Inhibin findet sich vor allem in naturbelassenem Honig.
- Methylzysteinsulfoxid ist eine schwefelhaltige Aminosäurenverbindung, die in hohem Maße desinfizierend wirkt. Man findet diese Substanz vor allem in Zwiebeln.
- Die Vitamine C, A, E, Pyridoxin und Folsäure stärken die Immunabwehr und unterstützen dadurch den Körper beim Kampf gegen die eingedrungenen Fremdkörper. Die Versorgung mit diesen Vitaminen geschieht am besten über weiches Obst und Gemüse

Hinweis

Wichtig:
Nach Abnehmen der Wickel den Hals des Kindes gut abtrocknen und mit einem Seidentuch oder (wenn es vertragen wird) mit einem Wolltuch umwickeln.

Hilfe durch den Arzt

Komplikationen bei Mandelentzündungen sind selten. Sind die Mandeln allerdings so stark angeschwollen, daß das Kind nur mit Mühe schlucken kann, sollte umgehend ein Arzt konsultiert werden.

Antibiotikatherapie

In vielen Fällen ist eine Antibiotikatherapie bei einer Mandelentzündung nicht notwendig. Wenn das Kind gesund ist und mit der Entzündung und den Schmerzen zurechtkommt, ist es besser, die Krankheit ihren natürlichen Verlauf nehmen zu lassen.

(Karottenbrei, Apfelmus, Kiwis, Kürbis, Aprikosen) und Obstsäfte; härtere Rohkost oder Vollkornprodukte würden die entzündeten Mandeln nur belasten.

Unser Tip

Fasten
Wie bei allen fiebrigen Infektionskrankheiten wird Ihr Kind wenig Appetit entwickeln. Zwingen Sie es nicht zum Essen, ein paar Tage Fasten schaden nicht. Achten Sie nur auf ausreichende Flüssigkeitszufuhr.

Viel trinken, wenig und weich essen

Bei infektiösen Erkrankungen ist es grundsätzlich besser, wenig zu essen (um die Körperkräfte nicht vom Kampf mit den Infekten abzulenken) und viel zu trinken (um das Immunsystem zu stärken). Bei Mandelentzündungen geht es aber auch darum, den Hals vor physikalischen Reizen zu schützen.
Geben Sie Ihrem Kind daher möglichst wenig feste Speisen und möglichst nichts Sprödes und Trockenes wie Brot, Kekse, Kuchen, Vollkornprodukte, Müsli oder Haferflocken. Ideal sind halbflüssige Speisen wie Obstquark, Joghurt, Kompott, Mus oder Gemüsebrei sowie Suppen.
Als Getränk eignen sich Tee oder ein Gemisch aus 3 bis 4 Anteilen stillem Mineralwasser und 1 Teil Fruchtsaft.

Eis und kühle Getränke

Ihr Kind wird sich freuen, denn bei einer Mandelentzündung ist Eis genau das richtige. Denn die Eiskälte lindert die Schmerzen und beruhigt die gereizten Blutgefäße in den Mandeln.
Am besten geeignet ist Softeis, denn es ist besonders weich und enthält viel Wasser; auch sein Gehalt an wichtigen Mineralien (besonders Fluor, Jod, Kalium und Kalzium) und Vitamin A kann sich durchaus sehen lassen.

Zwiebeln und Honig zur Vorbeugung

Zwiebel enthält viel Vitamin C, ätherische Öle und schwefelhaltige Substanzen (Methylzysteinsulfoxide), die in ihrer Wirkung den Sulfonamiden ähneln.
Honig enthält keimtötendes Inhibin und sorgt durch seine Konsistenz außerdem noch für ein angenehmes Gefühl auf den entzündeten Mandeln.
Bereiten Sie Ihrem Kind einen Zwiebel-Honig-Sirup zu. Hierzu werden mehrere Zwiebeln in Scheiben geschnitten und mit Honig vermischt.
Das Gemisch läßt man 12 Stunden lang ziehen; es entsteht schließlich ein Saft, der eßlöffelweise mehrmals täglich eingenommen werden kann.

Meerrettichauflagen
Das Nahrungsmittel Meerrettich eignet sich auch vorzüglich zur Auflage. Zerreiben Sie ihn auf einen kühlfeuchten Lappen, den Sie dann als Wickel um den entzündeten Kinderhals legen.

Meerrettich löst Schleim und tötet Keime

Der wichtigste Wirkstoff des Meerrettichs ist das Senföl, dessen Geschmack Kinder allerdings meist nicht mögen. Außerdem ist Meerettich sehr scharf und führt zu unangenehmen Empfindungen im Hals. Es empfiehlt sich daher, ihn mit Honig oder auch mit Preiselbeeren und Schlagsahne zu mischen.

Wichtige Vitamine und Senföl

Brunnenkresse enthält ebenfalls Senföl und hat dadurch ähnlich gesundheitsfördernde Wirkungen wie Meerrettich. Darüber hinaus enthält sie überdurchschnittlich viel Vitamin C und E sowie Karotinoide, die Vorstufen von Vitamin A.
Brunnenkresse eignet sich aufgrund ihres strengen Geschmacks nur bedingt als eigenständiger Salat; am besten verwendet man sie als Gewürz zu Butterbroten, Bratkartoffeln, Eiern oder auch zu Rohkostsalaten. In der gehobenen Küche verwendet man sie gern als aromatisierende Beigabe.

Schleimbildende Nahrungsmittel vermeiden

Schleimbildende Nahrungsmittel wie Schokolade, Milch, Butter, Käse oder Bananen sind im Falle von Atemwegs- und Rachenerkrankungen nicht günstig.
Am besten verträgt Ihr Kind eine eiweißarme Kost ohne Fleisch und ohne Eier.

Vorbeugen – so bleibt Ihr Kind gesund

- Lassen Sie Ihr Kind so oft wie möglich im Freien spielen – auch in der kalten Jahreszeit. Das stärkt die Widerstandskraft der oberen Atemwege und härtet sie ab.
- Falls Ihr Kind besonders infektanfällig ist, können Sie seine Abwehrkraft durch Echinacin kräftigen. Entsprechende Präparate finden Sie in der Apotheke. Lassen Sie sich von Ihrem Apotheker beraten, welche Dosierung für Ihr Kind angemessen ist.
- Wenn Ihr Kind zu Mandelentzündungen neigt, bewährt sich oft ein Ferienaufenthalt in einem Reizklima (Nordsee oder Hochgebirge). Klimatisch am günstigsten sind Frühjahr und Herbst.
- Vorbeugung ist auch zu Hause möglich. Waschen Sie im Herbst Hals und Oberkörper des Kindes täglich mit lauwarmem Salzwasser ab. Anschließend wird das Kind gut abgetrocknet.
  Diese Kur sollte jährlich sechs Wochen lang durchgeführt werden.
- Weisen Sie Ihr Kind, wenn es alt genug für solche Belehrungen ist, darauf hin, hauptsächlich durch die Nase einzuatmen.
  Die Nase ist mit Schleimhäuten und Härchen bestens dafür ausgestattet, infektiöse Fremdkörper abzufangen und so die Mandeln zu entlasten.

Vorsicht!
Das Senfmehlwasser sollte nicht mit den Schleimhäuten in Berührung kommen! Spülen Sie sich deshalb die Hände gut ab, bevor Sie Ihr Kind weiter versorgen.

Lieblingsspeisen
Wenn Ihr Kind allmählich wieder Appetit entwickelt, freut es sich besonders, wenn Sie ihm seine Lieblingsspeisen zubereiten. Lassen Sie es aber langsam angehen, und geben Sie ihm zunächst nur kleine Portionen, damit der entwöhnte Magen nicht überfordert wird.

Mittelohrentzündung

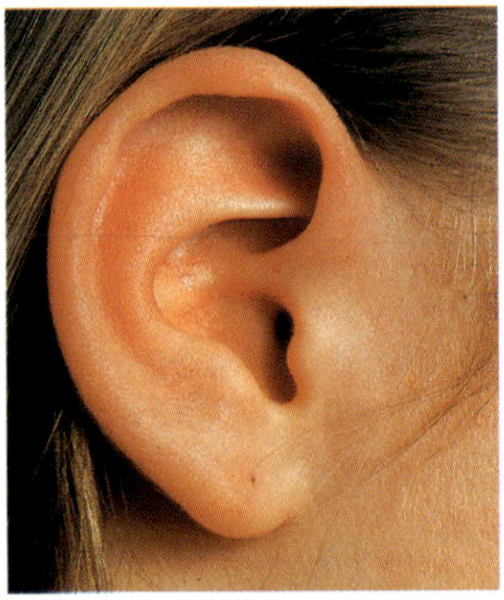

Die Mittelohrentzündung gehört zu den häufigsten Säuglings- und Kinderkrankheiten. Im allgemeinen ist sie recht harmlos und mehr lästig als gefährlich.

Symptome

- **Plötzliche, heftig stechende Ohrenschmerzen**
- **Schwellung der Lymphknoten, die hinter und unter dem Ohr liegen**
- **Mäßiges bis hohes Fieber**
- **Vorübergehende Schwerhörigkeit**
- **Säuglinge werfen ihr Köpfchen hin und her und streichen mit dem Händchen am schmerzenden Ohr vorbei**

Ursachen

Eine Mittelohrentzündung entwickelt sich häufig in der Folge anderer Erkrankungen: nach einer akuten Erkältung, einer nicht ausgeheilten Mandelentzündung oder als Folge von Scharlach, Masern oder Nasenpolypen.
Auch Zugluft und kalte Füße können zu einer Mittelohrentzündung führen.

Vorsicht!

Ohrenschmerzen gehören immer in die Behandlung eines Arztes, besonders wenn folgende Symptome bei Ihrem Kind auftreten: Hohes Fieber, das trotz Gegenmaßnahmen (z. B. Wickel) nicht sinkt, starke Schmerzen, besonders an den Knochen hinter dem Ohr, übelriechender Ohrausfluß, Erbrechen.

Rezeptfreie Medizin

Folgende Heilpflanzen haben sich bei einer Mittelohrentzündung bewährt: Pfefferminze wirkt keimtötend. Kamille ist entzündungshemmend. Thymian wirkt keimabtötend und läßt Schwellungen abklingen. Liebstöckel heilt Entzündungen. Die ätherischen Öle der Zwiebel wirken schmerzstillend. Nutzen Sie vor allem die heilenden Dämpfe zum Inhalieren, um Ihrem Kind Erleichterung zu verschaffen.

Organische Hintergründe

Eine akute Mittelohrentzündung, die sich häufig durch heftige Schmerzen äußert, verläuft im allgemeinen harmlos und ist meist innerhalb weniger Tage ausgestanden. Sie kann sich aber auch auf die benachbarten Schädelknochen ausdehnen und Knochengewebe zerstören, so daß Bakterien in das Schädelinnere gelangen können. Dann kann sich eine gefährliche Hirnhautentzündung entwickeln.
Die chronische Mittelohrentzündung verläuft oft schmerzlos und fieberfrei. Bei ihr sind Komplikationen seltener.

So helfen Sie Ihrem Kind

Wichtig ist vor allem viel Ruhe! Das Kind sollte fasten, meistens mag es ohnehin nichts essen. Außerdem sollte es möglichst bald abführen – wenn nötig, mit Hilfe eines Einlaufs. Bei Fieber machen

Sie kalte Wadenwickel zur Ableitung – aber nur so lange, bis der überstarke Blutandrang zum Kopf nachläßt, nicht bis zur völligen Beseitigung des Fiebers. Auch fiebersenkende Medikamente sind für die Heilung nicht sinnvoll (außer bei Fieber über 39 °C und bei fieberkrampfgefährdeten Kindern). In den meisten Fällen wird das Fieber innerhalb von drei Tagen ganz von alleine deutlich sinken.

Naturheilmittel

Inhalieren mit Majoran, Pfefferminze und Thymian

Diese Kräuter wirken entzündungshemmend und keimabtötend. Geben Sie je 1 TL getrockneten Majoran, Pfefferminze und Thymian in eine Steingut- oder Porzellanschüssel, und gießen Sie die Kräuter mit 2 l heißem Wasser auf. Lassen Sie das Kind etwa 10 Minuten lang unter einem Handtuch die aufsteigenden Dämpfe einatmen. Wenn der Dampf am Anfang noch zu heiß ist, lassen Sie das Wasser lieber noch ein paar Minuten abkühlen.

Tropfen aus Mandel- oder Olivenöl

Oft helfen einige Tropfen warmes Mandel- oder Olivenöl, die man 3mal täglich ins Ohr einträufelt. Dabei leicht an der Ohrmuschel ziehen, damit die Tropfen in den Gehörgang bis zum Trommelfell sickern können.
Noch wirksamer als Mandel- und Olivenöl ist Liebstöckelöl (Levisticum) aus der Apotheke. Sie können das Öl in einem kleinen Fläschchen im Wasserbad, auf der Heizung oder auch einfach in Ihrer Hand erwärmen.

Bewährte Hausmittel

Kamillensäckchen

1 Handvoll getrocknete Kamillenblüten wird in ein dünnes Tuch eingebunden. Das Säckchen gut durchkneten, damit es weich anliegt. Dann das Säckchen auf der Heizung oder zwischen zwei Tellern, die wie ein Deckel über einen Topf mit kochendem Wasser gelegt werden, erwärmen.
Das gut durchgewärmte Kamillensäckchen auf das kranke Ohr legen und mit einem Wollschal oder einer Mütze befestigen. Sie sollten es mindestens 30 Minuten, besser noch über Nacht liegen lassen. Das Säckchen muß etwa nach 4 bis 5 Behandlungen erneuert werden, wenn der Duft nachläßt – dann ist nämlich das schmerzlindernde ätherische Öl verflogen.

Zwiebelsäckchen

Auch hier sind es die ätherischen Öle, die wirksam sind. Der schmerzlindernde Erfolg tritt in den meisten Fällen fast sofort nach dem Anlegen des Zwiebelsäckchens ein.

Kamillen- und Zwiebelsäckchen

Als Säckchen besonders gut geeignet ist ein Trikotschlauchverband (Stülpa oder Tg-Fingerverband).
Sehr praktisch ist es, zur Fixierung des Säckchens eine leichte Baumwollmütze mit angeschnittenen Ohrenklappen zu verwenden, die sich unter dem Kinn zubinden läßt, denn so kann das Kamillen- oder Zwiebelsäckchen nicht verrutschen.

Unser Tip

Richtiges Naseputzen

Putzen Sie Ihrem Kind immer ein Nasenloch nach dem anderen! Schneuzt man beide Nasenlöcher gleichzeitig, kann dadurch der Naseninhalt nach oben gedrückt werden. Damit wird eine Nebenhöhlenentzündung oder sogar eine Mittelohrentzündung begünstigt.

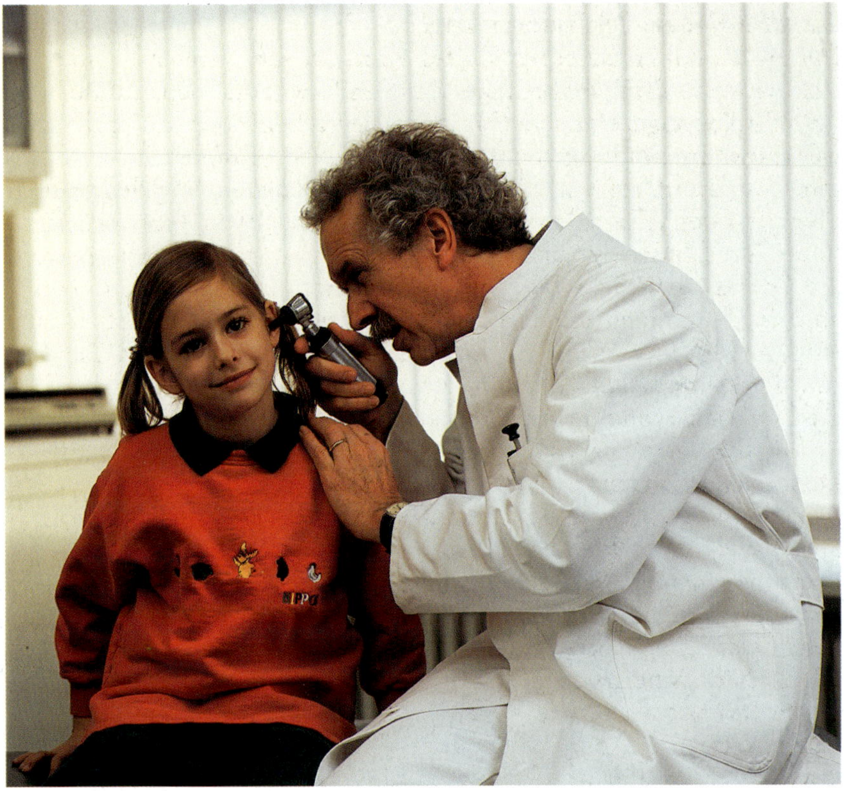

Mit dem Ohrspiegel (Otoskop) inspiziert der Kinderarzt bzw. der Hals-Nasen-Ohren-Arzt das Trommelfell. Bei einer Mittelohrentzündung ist es gerötet und eventuell durch eine dahinterliegende Eiteransammlung nach außen gewölbt. Meist kommt es nach ein paar Tagen zu einem spontanen Einriß des Trommelfells, so daß der Eiter abfließen kann.

1 mittelgroße Küchenzwiebel wird geschält, fein zerhackt und einen Augenblick lang in einer trockenen Pfanne erwärmt. Die Zwiebeln in ein Mullsäckchen geben, auf das schmerzende Ohr legen und mit einem Wollschal oder einer Mütze befestigen. Mindestens 30 Minuten liegen lassen.

Starke Schmerzen

Die heftigen Schmerzen einer akuten Mittelohrentzündung entstehen dadurch, daß Eiter im Mittelohr eingeschlossen ist und keinen Abfluß findet. Wenn der Eiter von selbst einen Durchbruch findet (in 10 bis 20 Prozent der Fälle), hören die Schmerzen fast schlagartig auf. Ansonsten können sie einige Tage andauern.

So hilft der Arzt

Bei schwerem Verlauf einer Mittelohrentzündung sollte unbedingt der Arzt gerufen werden. Warten Sie nicht zu lange, damit sich keine schwerwiegenden Folgeerkrankungen ausbilden können.

Diagnostische Maßnahmen

Durch eine Ohrspiegelung kann der Arzt anhand der Wölbung des Trommelfells feststellen, wie stark der Druck ist, den der im Mittelohr eingeschlossene Eiter auf das Trommelfell ausübt.

Möglichkeiten der Behandlung

Die Behandlung durch den Arzt bezieht zusätzlich immer die gesamten oberen Luftwege einschließlich eventuell vorhandener Polypen mit ein.

Antibiotika und Schmerzmittel?

Der Arzt muß entscheiden, ob Ihr Kind bei sehr großen Schmerzen ein Schmerzmittel einnehmen darf und ob eine Behandlung mit Antibiotika angezeigt ist. Das wird vor allem dann der Fall sein, wenn die Entzündung schon sehr weit fortgeschritten ist – in diesem Fall droht sie auf die das Ohr umgebenden Schädelknochen überzugreifen. Ein solcher Übergriff auf die Schädelknochen kann unter Umständen lebensbedrohend sein. Schlimmstenfalls besteht die Gefahr, daß die Erreger der Mittelohrentzündung zum Gehirn vordringen können und dort eventuell eine gefährliche Hirnhautentzündung hervorrufen. In den meisten Fällen (außer bei Säuglingen unter einem Jahr) kann eine Mittelohrentzündung jedoch ohne die Einnahme von Antibiotika behandelt werden.

Den Druck verringern

Selten kann es notwendig sein, einen sehr großen Druck im Mittelohr durch einen kleinen Einschnitt ins Trommelfell zu mildern. Diese Maßnahme schafft einen Weg, über den dann der Eiter aus dem Mittelohr abfließen kann. Dadurch verschwinden vor allem die heftig stechenden Schmerzen sehr schnell. Das verletzte Trommelfell verheilt innerhalb einiger Tage von selbst, und das Hörvermögen normalisiert sich wieder.
Auch wenn das Trommelfell durch den Druck von selbst einreißt, damit der Eiter ablaufen kann, heilt diese kleine Wunde meist komplikationslos innerhalb weniger Tage ab.

Vorbeugen – so bleibt Ihr Kind gesund

- **Es ist wichtig, alle Erkältungs- und Infektionskrankheiten gut ausheilen zu lassen. Das bedeutet auch, wenn es irgend möglich ist, auf Antibiotika zu verzichten. So kann Ihr Kind ausreichend körpereigene Abwehrstoffe entwickeln, die es gegen weitere Erkrankungen schützen.**

- **Richtiges Ohrenreinigen**

Beim Ohrenreinigen sollten mit dem Wattestäbchen nur die Ohrmuschel und der sichtbare Teil des Gehörgangs sachte ausgewischt werden. Wenn man tiefer in den Gehörgang eindringt, stört man dessen Selbstreinigungsvermögen und schiebt das Ohrenschmalz nur noch tiefer ins Ohr hinein. Da die Schleimhaut der Atemwege und des tieferen Gehörgangs von einem gemeinsamen Nerv versorgt werden, kann es bei zu tiefem Reinigen auch zu Husten- und Niesreiz kommen.

Kein Grund zur Sorge

Ein »laufendes« Ohr muß noch kein Hinweis auf eine Mittelohrentzündung sein. Manchmal gelangen Tränen oder auch Waschwasser in den Gehörgang und weichen das Ohrenschmalz so auf, daß es läuft und wie Eiter aussieht. Ebenso ist ein bräunlicher, blutig aussehender Fleck auf dem Kopfkissen oft nur ein aufgeweichter, herausgelaufener dunkler Ohrenschmalzpfropf. Solange das Kind keine weiteren Symptome wie beispielsweise Fieber oder Schmerzen zeigt, ist kein Grund zur Besorgnis vorhanden.

Der beste Schutz

Ohrenschmalz ist der beste Schutz des Gehörgangs. Ein zu gründliches Putzen der Ohren kann das Gleichgewicht im Ohr stören. Die empfindliche Haut des äußeren Ohrs kann sich entzünden. Wird das Ohrenschmalz ins Ohr hineingedrückt, so bildet sich ein Ohrenschmalzpfropf vor dem Trommelfell, der die Hörfähigkeit erheblich beeinträchtigen kann und ein idealer Nährboden für eindringende Keime ist.

Inhalationen lindern Infekte im Nasen-Rachen-Raum, die oft durch Polypen begünstigt werden.

Polypen

Symptome

- Anschwellen der Nasenpolypen – sogar bis zum Einsetzen von teilweise recht starker Atemnot
- Nasale Sprache
- Atmen durch den Mund
- Leicht offener Mund
- Verstopfte Nase
- Gestörtes Gehör
- Schnarchen
- Deutlich tastbare Drüsenschwellungen am Hals

Ursachen

Bei Polypen handelt es sich um gutartige Geschwulstbildungen der Schleimhäute aus lymphatischem Gewebe im Nasen-Rachen-Raum. Diese engen die Durchgängigkeit der oberen Luftwege ein, so daß Mundatmung nötig werden kann.

Vorsicht!

Bei unbehandelten Polypen kann eine Neigung zu Mittelohrentzündung entstehen. Auch Nasennebenhöhlenentzündungen treten immer wieder auf. Zögern Sie daher die Behandlung von Polypen nicht zu lange hinaus.

Rezeptfreie Medizin

Geben Sie eine Handvoll Kräuter (Kamille, Thymian o. ä.) in eine Schüssel, gießen Sie heißes Wasser darüber. Das Kind beugt sich über dieses Dampfbad und bedeckt Kopf und Schüssel mit einem Handtuch. Auch Inhalationen sollten über mehrere Wochen täglich durchgeführt werden. Sie sind vor allem geeignet, wenn Kinder die Nasenspülung ablehnen.

Organische Hintergründe

Die lymphatischen Wucherungen werden mit den Jahren meist von selbst kleiner. Aber in den ersten Lebensjahren, wenn das Immunsystem noch nicht vollständig ausgereift ist, bewirken sie oft, daß das Kind gesundheitlich instabil ist und vor allem Infekten gegenüber keinen ausreichenden Schutz entwickeln kann. Da Kinder, die unter Polypen leiden, zum Teil auch schlecht hören, kann es zu einer Verzögerung der Sprachentwicklung kommen.

So helfen Sie Ihrem Kind

Sollten sich die Beschwerden nach zwei bis drei Wochen nicht bessern, müssen Sie mit Ihrem Kind den Arzt aufsuchen.

Bewährte Hausmittel

Kaltes Wasser

Zur Stärkung der körpereigenen Abwehrkräfte empfehlen sich Kaltwasserabwaschungen. Dazu tauchen Sie ein Frotteetuch in kaltes

Wasser, drücken es aus und reiben damit Hände und Arme, Füße und Beine zur Körpermitte hin, Brust, Bauch und Rücken in Richtung zum Herzen rasch ab.
Die ganze Prozedur sollte in wenigen Sekunden beendet sein. Das Kind darf nicht frösteln. Anschließend wird ohne Abtrocknen der Schlafanzug angezogen, das Kind ins Bett gebracht und gut zugedeckt. Die Kaltwasserabwaschung wird über mehrere Wochen allabendlich wiederholt.

Salzwasserspülungen kräftigen
Nasenspülungen mit Salzwasser sind wohltuend für die Schleimhäute. 1 Tasse lauwarmem Wasser werden 1 Messerspitze Meersalz und einige Tropfen Calendulatinktur oder Schwedenkräuter (beides aus der Apotheke) beifügt. Die Flüssigkeit soll nun durch die Nase aufgesogen werden, bis sie in den Rachen gelangt. Zuerst ruft das einen Würgereiz hervor, doch im Laufe der Zeit bekommen die Kinder Routine und schätzen die befreiende Wirkung.
Die Nasenspülung soll über mehrere Wochen jeden Tag angewendet werden.

Meersalz
Oft wirkt auch ein Ferienaufenthalt an der See heilsam. Alternativ können Sie Ihrem Kind 2- bis 3mal wöchentlich ein Meersalzbad zubereiten. Dazu lösen Sie 1 Packung Meersalz im Badewasser auf und setzen das Kind hinein.

Naturheilmittel

Die Teekur als unterstützende Maßnahme
Mischen Sie Lindenblüten, Salbeiblätter und Arnikablüten zu gleichen Teilen. Übergießen Sie 1 TL dieser Mischung mit 1/2 l kochendem Wasser. 5 Minuten ziehen lassen und abseihen. Geben Sie Ihrem Kind 3mal täglich 1Tasse davon. Als Kur sollte Ihr Kind diese Maßnahme 4 bis 6 Wochen durchhalten.

Vorbeugen – für Gesundheit im späteren Leben

- Polypen, d.h. die vergrößerten Rachenmandeln, sollten entfernt werden, wenn sie das Kind bei der Nasenatmung behindern. Das Kind ist sonst gezwungen, durch den Mund zu atmen, und besonders anfällig für Mund- und Racheninfektionen.
- Kinder mit vergrößerten Rachenmandeln leiden häufig an Mittelohrentzündungen. Auch in diesen Fällen ist es ratsam, die Rachenmandeln entfernen zu lassen.

Wenn alles nichts hilft
In schweren Fällen wird eine Operation nicht zu umgehen sein, um dem Kind Erleichterung zu verschaffen. Dieser Eingriff ist problemlos. Nicht selten kommt es allerdings zum Nachwachsen der Wucherungen.

Unser Tip

Vorbereitung
Die Entfernung der Rachenmandeln (Polypen) ist in der Regel harmlos und erfolgt ambulant. Dennoch sollten Sie Ihr Kind gut darauf vorbereiten, was es erwartet.

Bringen Sie Ihrem Kind frühzeitig die richtige Schneuztechnik bei: jedes Nasenloch einzeln.

Schnupfen

Symptome

- Kitzelndes Gefühl in der Nase
- Laufende Nase
- Niesen oder Niesanfälle
- Eventuell tränende Augen
- Benommenheit, Mattheit
- Erschwerte Nasenatmung
- Appetitlosigkeit
- Schlafstörungen

Ursachen

Ein Schnupfen entsteht in der Folge einer Ansteckung durch Tröpfcheninfektion. Die Erreger sind Viren, die es besonders leicht haben, wenn das Kind friert oder eine Zeitlang mit nassen Füßen herumläuft.

Organische Hintergründe

Schnupfen ist meist der Beginn einer Erkältungskrankheit – und oftmals auch ihr Ende. Besonders quälend ist er für Säuglinge, weil er die Nasenatmung beeinträchtigt.

Rezeptfreie Medizin

Ätherische Öle haben sich besonders bewährt, die verstopfte Nase zu befreien und die Atmung zu erleichtern. Geeignet sind: Kamille, Pfefferminze, Thymian, Eukalyptus, Latschenkiefer.

Vorsicht!

Säuglinge können außer beim Schreien nicht durch den Mund atmen. Dadurch können sie auch noch nicht richtig trinken, weil sie nach einigen Schlucken Luftmangel bekommen und sich dann an Milchresten oder am Nasenschleim verschlucken. Dadurch kann es bei verstopfter Nase leicht zur Erschöpfung kommen und bei längerem Schnupfen auch zu Ernährungsstörungen (Untergewicht).

So helfen Sie Ihrem Kind

Inbesondere Säuglinge und sehr kleine Kinder benötigen Ihre Hilfe, da sie sich noch nicht die Nase putzen können und unter der Beeinträchtigung der Nasenatmung besonders leiden.

Naturheilmittel

Nasentropfen aus Kamille

Kochen Sie einen sehr starken Kamillentee.

Dazu übergießen Sie 1 gehäuften TL Kamillenblüten (aus der Apotheke) mit 1/4 Tasse kochendem Wasser. 5 Minuten ziehen lassen und abseihen. In dem heißen Tee lösen Sie so viel Zucker wie möglich auf. Von dieser klebrigsüßen Kamillenlösung träufeln Sie mit einer Pipette (aus der Apotheke) vorsichtig einige Tropfen in die Nase ein – rechtzeitig vor dem Füttern erleichtert das dem Säugling das Trinken.

Majoransalbe
In vielen Apotheken können Sie Majoransalbe herstellen lassen, die Sie in die Nase geben können. Sie beruhigt die Nasenschleimhäute und läßt den Atem leichter fließen. Majoransalbe können Sie auch auf die entzündete Mund-Nasen-Partie auftragen. Sie beruhigt und pflegt die Haut, lindert den Schmerz und das Spannungsgefühl.

Bewährte Hausmittel

Ausreichend Luftfeuchtigkeit
Um dem Austrocknen der Schleimhäute entgegenzuwirken und die Nasenatmung zu erleichtern, sollten Sie für ausreichende Luftfeuchtigkeit sorgen. Steht ein Verdunster oder Luftbefeuchter nicht zur Verfügung, hängen Sie nasse Tücher über die Heizkörper.

Inhalationen
Inhalationen mit Salzwasser (1 TL auf 1/2 l Wasser) oder verschiedenen ätherischen Ölen sind besonders gut. Sie befeuchten die Atemwege, lösen den zähen Schleim, und die ätherischen Öle beruhigen die Schleimhäute.
Inhalationen mit Säuglingen durchzuführen, ist nicht so einfach. Die positive Wirkung der ätherischen Öle können Sie auch durch entsprechende Salben, die auf Brust und Rücken aufgetragen werden, erzielen, oder Sie träufeln 1 oder 2 Tropfen Öl auf das Kopfkissen des Kindes. Günstig ist es auch, dem Badewasser des Kindes einige Tropfen ätherisches Öl zuzufügen.

Vorbeugen – so bleibt Ihr Kind gesund

- **Mit mehrmals jährlich verschnupften Kindern finden Sie sich am besten ab. Schnupfenviren sind so allgemein verbreitet, daß es Ihr Kind immer mal wieder erwischen wird.**
- **Schicken Sie Ihr Kind möglichst oft und zu jeder Jahreszeit an die frische Luft.**
- **Sorgen Sie dafür, daß nasse Schuhe und Strümpfe so schnell wie möglich gewechselt werden.**
- **Schützen Sie Ihr Kind vor Zugluft – besonders gefährdet ist es bei Sommerhitze im fahrenden Auto, wenn der kühle Fahrtwind zunächst so angenehm ist.**

Vorsicht!
Abschwellende Nasentropfen sind von ihrer Wirkung her nicht ganz unbedenklich und sollten nur in äußersten Notfällen angewendet werden, etwa wenn beim Säugling alle Mittel, die Nase freizubekommen, versagen, und deswegen mehrere Mahlzeiten eher spärlich ausfallen. Ältere Kinder sollten solche Tropfen überhaupt nicht verwenden.

Viel inhalieren!
Einen beginnenden Schnupfen Ihres Kindes können Sie in die Schranken weisen, indem Sie es rechtzeitig inhalieren lassen. Bewährt haben sich auch meersalzhaltige Nasensprays.

Unser Tip

Hygiene
Kochen Sie die verwendeten Pipetten täglich aus, damit Sie Ihr genesendes Kind nicht erneut infizieren.

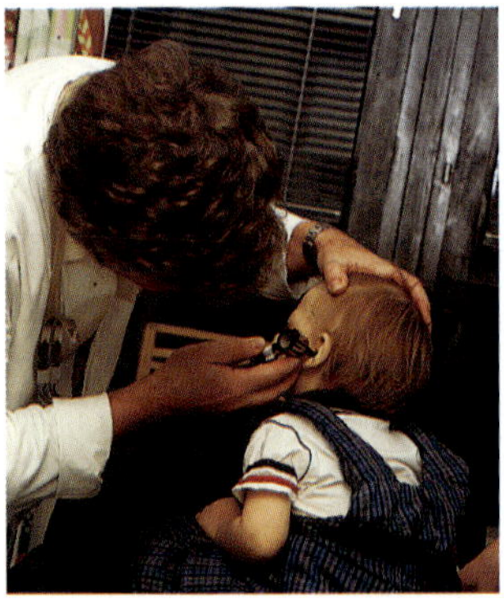

Bereits bei den ersten Vorsorgeuntersuchungen wird das Gehör getestet, um frühzeitig eine mögliche Schwerhörigkeit zu entdecken.

Schwerhörigkeit

Symptome

Neugeborene und Säuglinge
- Keine Reaktion auf laute Geräusche (etwa wenn eine Tür zuschlägt oder wenn man hinter ihrem Kopf in die Hände klatscht)

Kleinkinder ab drei Monaten
- Keine Reaktion auf Geräuschquellen, die außerhalb des Blickfelds sind, z. B. Telefon oder Türglocke

Kleinkinder ab sechs Monaten
- Kein oder nur wenig Spiel mit der eigenen Stimme; das Kind wird auffallend ruhig

Kinder bis zum Ende des ersten Lebensjahres
- Keine Wortbildung oder Kommunikation in Babysprache

Zweijährige Kinder
- Keine Satzbildung mit zwei und drei Worten

Fünfjährige Kinder
- Für Fremde oft unverständliche Sprache

Schulkinder
- Lernprobleme
- Extreme Lautstärke bei Musik oder Fernsehen

Ursachen

Schwerhörigkeit entsteht in der Folge von:
- Erblicher Veranlagung
- Infektionskrankheiten (Masern, Mumps, Hirnhaut- oder Hirnentzündung)
- Einem verhärteten Pfropfen aus Ohrenschmalz, der sich im Ohrgang festgesetzt hat
- Fremdkörpereinwirkung oder Verletzung
- Wasser, das ins Ohr eingedrungen ist
- Entzündlichen Prozessen am Trommelfell oder im Mittelohr

Es kann auch zu vorübergehenden Beeinträchtigungen des Hörvermögens kommen – beispielsweise bei schweren Erkältungen, bei Mittelohrentzündungen und bei Mumps. Auch Polypen können

Taubheit

Taubheit kann bestehen, wenn ein Kind auf Anruf oder Geräusche nicht reagiert; wenn es die Lippenbewegungen des Sprechenden auffallend beobachtet; wenn es eine besonders hohe Sehleistung aufweist; wenn es sehr laut lacht oder schreit, aber nicht spricht.

Wichtig!

Bei Kindern ist es ganz besonders wichtig, Hörschäden möglichst früh zu erkennen, um ihre Erziehung darauf einrichten zu können. Solche Kinder können nämlich auch nicht sprechen, da sie ja das Vorgesprochene nicht hören; sie sind taubstumm.

eine vorübergehende Schwerhörigkeit verursachen. Damit es hier nicht zu bleibenden Gehörschäden kommt, ist es wichtig, bei länger andauernden Beschwerden den Arzt zu konsultieren. Das gilt vor allem für chronische Mittelohrentzündungen.

Organische Hintergründe

Schwerhörigkeit kann an sehr unterschiedlichen Stellen im Ohr entstehen. Festzustellen, welcher Bereich des Ohrs gestört ist, ist eine wichtige Voraussetzung für die optimale Therapie.

So helfen Sie Ihrem Kind

Dank der Vorsorgeuntersuchungen, die heute jedem Kind zustehen, läßt sich eine Schwerhörigkeit schon bereits im Säuglingsalter feststellen. Deshalb ist es von großer Wichtigkeit, daß diese Untersuchungen regelmäßig wahrgenommen werden.

Dabei sind die Beobachtungen der Eltern in diesem Zusammenhang von großer Bedeutung. Wenn etwa ein Kind nicht auf Geräusche reagiert oder mit zwei Jahren noch nicht spricht, so ist dies unbedingt ein Grund für die Rücksprache mit dem Kinderarzt!

So hilft der Arzt

Vor der Therapie klärt eine gründliche fachärztliche Untersuchung Ursache und Ausmaß der Hörstörung ab. Zur groben Orientierung dient die Entfernung in Metern, in der Umgangssprache wahrgenommen wird.
Bei Schwerhörigkeit kann das Restgehör des Kindes durch Training erhalten und durch Hörgeräte verstärkt werden.
Bei bestimmten Formen von Gehörlosigkeit hilft unter Umständen eine Operation.

Vorbeugen – so bleibt Ihr Kind gesund

- **Größere Kinder und Jugendliche sollten darauf hingewiesen werden, daß häufige Diskothekenbesuche erwiesenermaßen zu bleibenden Gehörschäden führen können.**
- **Auch der so beliebte Walkman wird meist viel zu laut eingestellt. Bemühungen der Industrie, lärmpegelbegrenzte Geräte einzusetzen, sind vom Verbraucher leider nicht angenommen worden. Wenn der Nachbar Obertöne, Bässe oder Rhythmus der Musik mithören kann, ist die empfehlenswerte Lautstärke bei weitem überschritten. Zwischen einzelnen »Lärmattacken« sollten die Ohren die Möglichkeit haben, ihre Hörfähigkeit zu regenerieren.**

Vorsicht!

Bei starken Hörschädigungen kann das Kind eine besondere Schule besuchen, wo ihm mit modernsten Geräten und geeigneten pädagogischen Maßnahmen eine weitgehende Teilnahme am normalen Alltagsleben ermöglicht wird.

Beurteilung des Gehörs

Normales Gehör:
Reichweite über zehn Meter.
Geringe Hörstörung:
über vier Meter.
Mittelgradige Hörstörung:
ein bis vier Meter.
Hochgradige Hörstörung:
unter einem Meter.
Taubheit:
keine Gehörwahrnehmung.

Unser Tip

So früh wie möglich behandeln

Durch frühzeitige Behandlung kann je nach Ursache eine Besserung der Störung erreicht werden. Oft können bleibende Gehörschäden sogar verhindert werden.

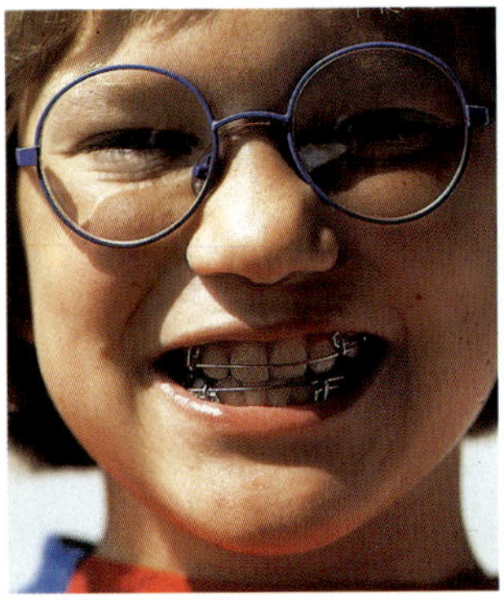

Rechtzeitige Zahnregulierung beugt späteren Zahn- und Kieferproblemen durch Gebißfehlstellungen vor.

Kieferverformungen

Symptome

- **Vorstehende Ober- oder Unterkiefer**
- **Kein exakter, paßgenauer Biß des Ober- und Unterkiefers**
- **Bei erblichen Kieferverformungen Mißbildungen der Lippe, des Oberkiefers (harter und oder weicher Gaumen), manchmal bis in die Nase reichend**

Ursachen

Kieferverformungen lassen sich entweder auf erbliche Faktoren oder auf schädigende äußere Einflüsse zurückführen.

Organische Hintergründe

Eine angeborene Mißbildung der Oberlippe, des Kiefers und des weichen oder des harten und weichen Gaumens entsteht durch eine ausbleibende Verwachsung der Gesichts-, Kiefer- und Gaumenfortsätze während der embryonalen Entwicklung in der dritten bis achten Schwangerschaftswoche.
Erworbene Kieferverformungen entstehen meist durch Fehlbelastungen, etwa durch Daumenlutschen, falsche Sauger an Säuglingsflaschen o.ä.

Vorsicht!

Kieferverformungen gehören in kieferorthopädische Behandlung. Deformierte Kiefer beeinträchtigen nicht nur das Kauverhalten und führen dadurch zu Verdauungsproblemen und in ihrer Folge zu Magen-Darm-Erkrankungen, sondern sie begünstigen auch eine frühzeitige Kiefergelenkarthrose.

Vorsorge

Das beste Kiefertraining für Ihr Kind ist es, wenn Sie stillen. Ist das nicht möglich, sollten Sie darauf achten, anatomisch richtig geformte Sauger für die Flasche zu kaufen. Dasselbe gilt für Schnuller.

Angeborene Fehlbildungen des Kiefers

Angeborene Fehlbildungen sind als Hasenscharte und Wolfsrachen bekannt.

- Bei der Hasenscharte handelt es sich um eine Lippenspalte, die sich manchmal durch den Oberkiefer bis in das Nasenloch fortsetzt. Sie kann einseitig und doppelseitig auftreten.
- Beim Wolfsrachen geht der Spalt, einseitig oder doppelseitig, durch den gesamten Gaumen. Diese Fehlbildungen müssen ärztlich behandelt werden.

Behandlungsmöglichkeiten
Lippen-, Kiefer- und Gaumenspalten können heute mit Erfolg operiert werden:

- Die Lippenspalte frühestens im zweiten, meist zwischen dem vierten und sechsten Lebensmonat
- Die Gaumenspalte erst ab dem zweiten Lebensjahr

Wird die Operation unterlassen, kommt es später meist zu Sprachstörungen. Auch neigen viele dieser Kinder zu chronischen Erkrankungen der Atemwege und der Ohren.

So helfen Sie Ihrem Kind

Auch bei (meist erblich bedingten) schwerwiegenden Kieferverformungen ist die Nahrungsaufnahme des Säuglings oft nur wenig behindert. Stillen funktioniert meist problemlos, für Flaschenernährung gibt es Spezialsauger.
Es empfiehlt sich, das Kind in halb sitzender Stellung zu füttern, um dem Verschlucken vorzubeugen. Häufig ist auch eine frühzeitige Umstellung auf Löffelfütterung vorteilhaft.

So hilft der Arzt

Erbliche wie erworbene Kieferverformungen müssen ärztlich behandelt werden. Während für erworbene Kieferverformungen eine kieferorthopädische Behandlung angezeigt ist, müssen erbliche Kieferformen zunächst chirurgisch behandelt werden.
Später erfolgt dann meist noch eine kieferorthopädische Korrektur. Falls erforderlich, können sich kosmetische Korrekturoperationen anschließen.

Die Lippen-Kiefer-Spalte sowie die Operation des weichen Gaumens sollten so früh wie möglich durchgeführt werden (etwa im ersten Lebensjahr). Der harte Gaumen sollte vor der Einschulung korrigiert werden. Meist sind mehrere Eingriffe, plastische Operationen und ein anschließendes Sprachtraining notwendig.

Vorbeugen – so bleibt Ihr Kind gesund

- **Brustgestillte Kinder erlernen von Anfang an das richtige Zusammenspiel von Ober- und Unterkiefer. Bei ihnen treten erworbene Kieferverformungen relativ selten auf.**
- **Wenn Sie Ihr Kind nicht stillen können oder auf Flaschennahrung umstellen, besorgen Sie sich einen anatomisch geformten Sauger (NUK), der dieselbe Koordination von Ober- und Unterkiefer erfordert wie das Stillen.**

Wichtig!
Von Lippen-Kiefer-Spalten mit und ohne Gaumenspalte sind mehr Jungen als Mädchen betroffen. Die isolierte Gaumenspalte tritt etwas seltener und vorwiegend beim weiblichen Geschlecht auf.

Geduld und Disziplin
Die Korrektur von Kieferverformungen bedarf häufig jahrelanger Geduld und der gewissenhaften Mitarbeit des Kindes, das durch das Tragen von kieferorthopädischen Apparaten oft nicht unerheblich beeinträchtigt ist – vor allem seelisch!

Unser Tip

Sauger nicht verändern
Erweitern Sie das Loch im Sauger Ihres Kindes nicht – auch wenn es Ihnen scheint, daß die Milch zu langsam herausläuft. Dadurch kommt es zu Fehlbewegungen der Zunge beim Schlucken, die zu Kieferverformungen oder Sprechstörungen führen können.

Autogenes Training hilft, Verspannungen zu lösen, die zu Zähneknirschen führen.

Rezeptfreie Medizin
Häufig sind Kinder, die mit den Zähnen knirschen, auch leicht reizbar, sie ärgern sich über alles und können schlecht verlieren. In diesen Fällen kann Nux vomica Ihr Kind innerlich stärken und es beruhigen. Geben Sie ihm 3mal täglich 1 Tablette.

Zähneknirschen

Symptome

- **Nächtliches Zähneknirschen**
- **Abgeriebene Zahnflächen, vor allem an den Eck- und Schneidezähnen**
- **Folgesymptome: Kopfschmerzen, Ohrenschmerzen, Zahnfleischentzündungen**

Ursachen

Kinder, die mit den Zähnen knirschen, sind belastet und überfordert. Sie »beißen die Zähne zusammen« oder »beißen sich die Zähne daran aus«, ihren Ärger, Streß oder ihre Schulprobleme zu verarbeiten.

Organische Hintergründe

Über lange Phasen der menschlichen Entwicklung waren gefletschte Zähne Zeichen der Aggression und Angriffsbereitschaft. Für Kleinkinder sind Zähne eines der ersten Mittel des Angriffs und der Verteidigung. Daher ist es nicht verwunderlich, daß auch seelische Probleme und Ärger über die Kaumuskulatur verarbeitet werden.
Beim nächtlichen Zähneknirschen werden nicht unerhebliche Kräfte freigesetzt (zum Teil mehr, als das Kind wiegt), die Zähne und Zahnfleisch schädigen können und auf Dauer auch die Nackenmuskulatur, die Kiefergelenke sowie die Ohren in Mitleidenschaft ziehen können.

Vorsicht!

Zeigt Ihr Kind Anzeichen von Zähneknirschen, sollten Sie mit ihm zum Zahnarzt gehen. Zähneknirschen muß nicht notwendigerweise das Resultat psychischer Belastung sein, sondern kann auch durch Zahnfehlstellungen oder durch überhöhte Füllungen hervorgerufen werden. Diese Faktoren müssen zunächst abgeklärt werden.

So helfen Sie Ihrem Kind

Die Kaumuskulatur beschäftigen

Lassen Sie Ihr Kind vor dem Schlafengehen eine Karotte kauen. Das entspannt und ermüdet die Kiefermuskulatur und senkt deren Neigung, sich nachts selbständig zu machen.

Kieferschutz
Für Kinder wurden spezielle Zahnschienen entwickelt, die die schädigenden Zahnknirschfolgen abmildern können. Dadurch werden jedoch die malmenden Bewegungen nicht verhindert.
Fragen Sie Ihren Arzt oder Apotheker, ob eine solche Zahnknirschschiene für Ihr Kind sinnvoll ist, und vergessen Sie nicht, daß vor allem die innere Unruhe und die Streßbelastungen Ihres Kindes beseitigt werden müssen, um das Problem vollständig in den Griff zu bekommen.

Akupressur
Der Akupressurpunkt, der geeignet ist, das Zähneknirschen abzuschwächen oder einzuschränken, nennt sich Sonnental. Er befindet sich an der Kleinfingerseite des Handgelenks in einer Vertiefung im 70-Grad-Winkel ober- und innerhalb des Handgelenknochens.
Zeigen Sie Ihrem Kind, wo dieser Punkt ist, und halten Sie es an, ihn mehrmals täglich mit dem Zeigefinger zu massieren. Die Massage sollte an jeder Hand etwa 1 Minute dauern. Am wichtigsten ist die Massage kurz vor dem Schlafengehen.

Entspannungstraining
Durch autogenes Training oder progressive Muskelentspannung nach Jacobson lernt Ihr Kind, Streß oder Ärger so weit abzubauen, daß er nicht mehr zu Zähneknirschen führt. Es gibt spezielle Kurse für Kinder; besser jedoch wäre es, wenn Sie einen Kurs zusammen mit Ihrem Kind besuchen würden.
Bei zähneknirschenden Kindern sollte besonderer Wert auf die autosuggestiven Formeln, die den Kopfbereich betreffen, gelegt werden; etwa in der Form: »Meine Wangen sind ganz weich und warm.« Kinder sind mit solchen Techniken meist sehr erfolgreich.

Vorbeugen – so bleibt Ihr Kind gesund

- **Verspannt sich bei Ihrem Kind die Kiefermuskulatur, wenn es unter Streß gerät oder sich ärgert? Versuchen Sie, ihm eine andere Streßkompensation beizubringen. Ein geeignetes Mittel wäre die Lippenkompensation. Besser noch wäre es allerdings, wenn Ihr Kind autogenes Training oder eine andere Entspannungstechnik erlernt.**
- **Bei der Lippenkompensation soll das Kind, wenn es merkt, daß sich seine Kiefermuskulatur anspannt, die Lippen fest aufeinanderpressen. Für die Kiefermuskulatur ist das nur eine kleine Umstellung, die Zähne werden dadurch jedoch erheblich geschont.**

Konzentration auf chinesisch
Lassen Sie Ihr Kind die Augen schließen. Dann soll es versuchen, sich auf den Punkt zu konzentrieren, der auf der Stirn zwischen den Augenbrauen liegt, und versuchen, über dieses »dritte Auge« mit geschlossenen Augen etwas zu sehen. Diese Übung lockert alle Muskeln im Gesichtsbereich und mindert den Drang zu knirschen.

Unser Tip

Lebenshilfe
Die Anzahl der Zähneknirscher steigt und steigt. Schon heute schätzen Zahnärzte den Anteil zähneknirschender Patienten auf fast 50 Prozent. Bringen Sie Ihrem Kind so früh wie möglich Gegenstrategien bei, wenn es zum Malmen und Zähneknirschen neigt.

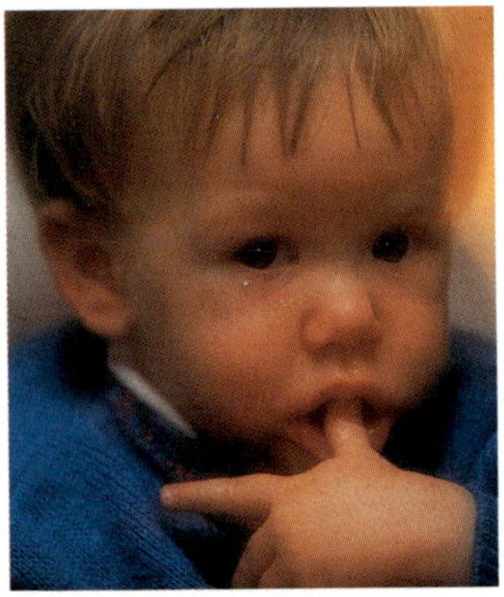

Die Zeit des Zahndurchbruchs stellt die Nerven vieler Eltern auf eine harte Probe.

Rezeptfreie Medizin

Kamille hemmt leichte bis mittlere Schmerzen beim Zahnen. Lassen Sie Ihr Kind mit frischem Kamillentee oder einer fertigen Kamillentinktur aus der Apotheke gurgeln. Chamomilla D6 oder D12 ist ein bewährtes Mittel gegen Beschwerden beim Zahnen. Legen Sie dem Kind stündlich 5 Kügelchen zwischen Wange und Zahnfleisch. Ist das Zahnfleisch dick geschwollen, oder hat Chamomilla nicht geholfen, empfiehlt sich Belladonna D6. Legen Sie stündlich 5 Kügelchen in die Nähe der betroffenen Stelle. Tritt nach 5 Stunden keine Besserung ein, sollte die Behandlung abgebrochen werden.

Zahnen

Symptome

- Unruhe des Kindes
- Auffällig gerötetes Zahnfleisch
- Spannungsschmerzen
- Weinerlichkeit
- Geschwollenes Zahnfleisch
- Häufiges und ausgedehntes Fingerlutschen
- Verstärkter Speichelfluß
- Geschwollene Wange auf der Seite, auf der der Zahn durchbricht

Ursachen

Wenn die Milchzähne das Zahnfleisch durchstoßen, zerreißt das Gewebe. Es kommt zu kleinen Verletzungen und eventuell auch zu leichten Entzündungen, die mehr oder weniger heftige Schmerzen hervorrufen.

Organische Hintergründe

Häufig kommt es beim Durchbrechen der Zähne zu Fieber, Ausschlag, Durchfall und ähnlichen Krankheitserscheinungen. Das ist jedoch nur ein Zufall, denn diese Erkrankungen hängen nicht unmittelbar mit dem Durchbrechen der Zähne zusammen, sondern das Kind ist in diesem Alter allgemein etwas anfälliger für Krankheiten.

Vorsicht!

In der Apotheke können Sie spezielle, industriell hergestellte Zahnungshilfen kaufen. Sie machen die bestrichene Stelle zwar unempfindlicher, enthalten jedoch Süßstoffe und gewöhnen die Kinder unnötig früh an Süßes. Damit leisten sie dem Zuckerkonsum und in seiner Folge Karies schon in den Milchzähnen Vorschub.

So helfen Sie Ihrem Kind

Erleichtern Sie Ihrem Kind das Zahnen, denn frühkindliche Schmerzerlebnisse entscheiden darüber, wie Ihr Kind später Schmerzen bewältigt.

Bewährte Hausmittel

Kühlung schafft Linderung

Kühlen Sie den Kiefer des Kindes mit einem Tuch, das Sie in kühles Wasser getaucht und gründlich ausgewrungen haben. Dadurch wird die Entzündung am Zahnfleisch abgemildert. Diese Behandlung können Sie Ihrem Kind mehrmals täglich 3 bis 5 Minuten lang zukommen lassen.

Beißringe
Hat Ihr Kind einen Beißring, so legen Sie ihn 30 Minuten in den Kühlschrank; geben Sie ihn dann Ihrem Kind zu kauen. Die Kälte lindert Entzündung und Schmerzen, und das Kauen erleichtert den Durchbruch des Zahns. Geeignet sind auch Brotkanten oder feste Rohkost wie Karotten, Apfelschnitze, Fenchelstücke, Kohlrabischeiben oder Bleichsellerie.

Naturheilmittel

Bach-Blütentherapie
Aspen beruhigt das Kind und lindert seine Ängste, die dadurch entstehen, daß es sich den schmerzhaften Vorgang des Zahnens noch nicht als ungefährlich bewußtmachen kann.
Oak wirkt unterstützend und hilft im Kampf gegen unbekannte Schwierigkeiten.
Rescue-Remedy-Tropfen sind ebenfalls empfehlenswert und sinnvoll, denn Zahnen kann aus der Sicht des Kindes durchaus als Notfall beurteilt werden.

Aromatherapie
Kamillen- und Lavendeldüfte beruhigen das Kind und lindern darüber hinaus auch die Schmerzen. Geben Sie einige Tropfen eines oder beider Öle auf einen Duftstein, den Sie im Kinderzimmer aufstellen. Sie können die Öle auch auf einen feuchten, kühlen Lappen träufeln und diesen um den Kiefer Ihres Säuglings legen.

Tinkturen aus Salbei
In der Apotheke ist eine ganze Reihe schmerzlindernder Tinkturen erhältlich, die dem Kind das Zahnen erleichtern sollen. Sie betäuben das Zahnfleisch leicht, wirken jedoch nur sehr kurz. Empfehlenswerter ist Salbeitee oder verdünnte Salbeitinktur aus der Apotheke, die allerdings sehr bitter schmeckt.

Vorbeugen – so bleibt Ihr Kind gesund

- **Ein durch das Zahnfleisch brechender Zahn verursacht eine kleine Verletzung, durch die Bakterien eindringen können. Um das weitgehend zu verhindern, empfiehlt es sich, ab dem vierten Monat die Gaumenpartien des Säuglings mit einem weichen Waschlappen oder einem feuchten Mulltuch zu reinigen.**

Interessant

Das Zahnen beginnt schon im fünften oder sechsten Schwangerschaftsmonat, also wenn das Baby noch gar nicht auf der Welt ist. Dann keimen die Zähne, und bei der Geburt warten bereits 20 Milchzähne auf ihren Durchbruch. Der erste Zahn zeigt sich in der Regel zwischen dem vierten und achten Lebensmonat.

Unser Tip

Andere Beißhilfe
Haben Sie gerade keinen Beißring zur Hand, ist eine Brotrinde ideal. Sie ist fest und elastisch zugleich und wird von Kindern gerne angenommen.

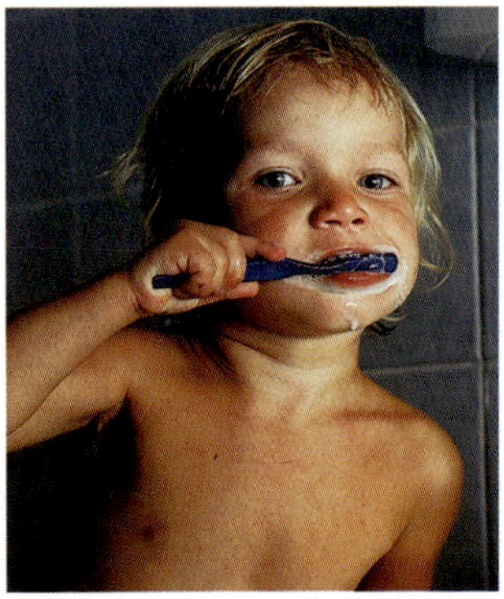

Gewöhnen Sie Ihr Kind an regelmäßige und gründliche Zahnpflege.

Zahnerkrankungen

Symptome

- Unruhe des Kindes
- Geschwollene Wange auf der Seite des erkrankten Zahns
- Verstärktes Fingerlutschen
- Weinerlichkeit
- Sichbares Loch im Zahn
- Nahrungsverweigerung

Ursachen

Zahnschmerzen gehören sicherlich zu den unangenehmsten Beschwerden. Nicht nur das Durchbrechen der Zähne bereitet Schmerzen (siehe »Zahnen«), sondern auch die leider viel zu häufig schon im Kindesalter auftretenden Karieserkrankungen bis hin zur Wurzelvereiterung.

Organische Hintergründe

Die allermeisten Zahnerkrankungen haben ihre Ursache in falscher Ernährung (zuckerhaltige Speisen!) und mangelhafter Pflege.

Vorsicht!

Wenn Ihr Kind durch einen Spielunfall einen Zahn verliert, ist oft ein Wiederanwachsen des Zahns möglich, wenn Sie folgende Regeln beachten: Den Zahn mit Wasser vorsichtig ausspülen (nicht schrubben!) und in das Loch zurückstecken. Dann sofort in eine Zahnklinik oder zum Zahnarzt! Oder den Zahn in eine Tasse Milch legen. Dann sofort mit dem Kind (und dem Zahn!) zum Zahnarzt oder in die Zahnklinik!

So helfen Sie Ihrem Kind

Zahnschmerzen treten meist nachts auf, wenn kein Zahnarzt erreichbar ist. Daher ist es wichtig, einige Hausmittel zu kennen, um dem Kind möglichst schnell helfen zu können.

Rezeptfreie Medizin

Folgende Heilpflanze hat sich bewährt: Nelke wirkt schmerzbetäubend, wenn der Zahn ein Loch hat. Verwenden Sie getrocknete Nelken aus dem Gewürzschrank oder Nelkenöl.

Naturheilmittel

Erste Hilfe – Nelken

Als Erste Hilfe sind Gewürznelken besonders wirkungsvoll, denn sie betäuben den Schmerz. Bei größeren Kindern – wo die Gefahr des Verschluckens nicht mehr besteht – stecken Sie einfach eine Gewürznelke in den hohlen Zahn oder in die Zahnlücke.

Oder kochen Sie einige Gewürznelken mit Wasser auf, bis sie angeweicht sind, und stecken Sie diese in den schmerzenden Zahn, oder lassen Sie (bei größeren Kindern!) das Kind mit dem schmerzenden Zahn auf die Nelke beißen.

Teebaumöl
Geben Sie 3 bis 5 Tropfen Teebaumöl in 1 Glas Wasser, und spülen Sie damit den Mund Ihres Kindes, oder geben Sie einige Tropfen Öl direkt auf den schmerzenden Zahn und seine Umgebung.

Bewährte Hausmittel

Sanfte Zahnfleischmassagen
Manchmal helfen bei Zahnschmerzen auch sanfte Massagen des Zahnfleischs. Eventuell können Sie auch 1 bis 2 Tropfen Nelkenöl um den kranken Zahn herum einmassieren.

Wichtig!

Kinder haben unter Zahnschmerzen besonders zu leiden. Die wichtigste Vorsorge beginnt deshalb bereits vor der Geburt des Kindes: Die Schwangere sollte sich möglichst vollwertig ernähren – mit Vollkornprodukten, frischem Obst und Gemüse. So kann man in vielen Fällen dem Kind frühe Zahnerkrankungen ersparen.

Die richtige Ernährung bei Zahnerkrankungen

Weniger Fabrikzucker
Industriell verarbeiteter Zucker gilt als Hauptfeind der Zähne. Er greift die Zähne nicht nur von außen an, indem er ihnen Mineralien entzieht und säurebildenden Bakterien als Nahrung dient, sondern auch von innen. Denn bei seiner Aufbereitung in Blut und Leber beansprucht er viele Mineralien sowie Vitamine aus der B-Gruppe, die dann für andere Organfunktionen nicht zur Verfügung stehen. Darunter leidet auch die Instandhaltung der Zähne.
Bonbons, Schokolade, Kuchen, Kekse – sie alle dürfen daher bei der Ernährung von Kindern allenfalls gelegentlich zum Verwöhnen, keinesfalls aber als ständiges Nahrungsmittel eingesetzt werden.

Mehr Proteine
Aus diversen Tierversuchen ist bekannt, daß die Qualität der Zahnentwicklung von der Qualität der Eiweißversorgung abhängt. Kinder sollten daher gewissenhaft mit hochwertigen Proteinen versorgt werden – das kann durch eine rein vegetarische Kost nur unter großen Mühen und mit sehr gutem Ernährungswissen realisiert werden. Tierische Eiweißlieferanten in Form von Käse, Milch, Quark, Joghurt, Fisch sowie gelegentlich Fleisch- und Wurstwaren sollten im kindlichen Speiseplan nicht ausgespart werden.

Kontrolle ist wichtig
**Möglichst frühzeitig, d. h. etwa im Kindergartenalter, sollten Kinder einen ersten Besuch beim Zahnarzt machen.
So können sie spielerisch die Geräte und Handgriffe kennenlernen, die dort eingesetzt werden.
Wenn später einmal ein Zahnarztbesuch notwendig wird, weil das Kind Schmerzen hat, wird es dann sicherlich sehr viel vertrauensvoller in das Behandlungszimmer gehen.**

Richtige Ernährung
Vollkornprodukte, viel frisches Obst und Gemüse sowie frische Vollmilch sollten wesentliche Bestandteile der täglichen Mahlzeiten Ihrer ganzen Familie sein.

Unser Tip

Hygiene
Ein sauberer Zahn wird selten krank. Deshalb sollten die Zähne wenigstens morgens und abends nach den Mahlzeiten gereinigt werden.

Geben Sie Ihrem Kind möglichst häufig frisches Gemüse zum Knabbern, das kräftigt das Gebiß. Außerdem stärken die im Gemüse enthaltenen Vitamine, Mineralien und Spurenelemente die Mundschleimhaut und stabilisieren das Gleichgewicht der natürlichen Bakterienflora im Mund.

Achtung, Zahnspange!

Wenn Ihr Kind eine Zahnspange tragen muß, ist die Mundhygiene besonders wichtig, denn die Zwischenräume für schädliche Bakterien und Plaque vermehren sich dadurch. Der Kieferorthopäde kann Sie über die richtigen Reinigungsmittel und -techniken informieren.

Biostoffe und Nahrungsmittel gegen Karies

- Kalzium ist am Aufbau von Knochen und Zähnen beteiligt; darüber hinaus aktiviert es wichtige Enzyme, und auch die Erregungsleitung in den Nerven wäre ohne ausreichende Kalziumversorgung unmöglich.

Der Kalziumspiegel im Körper wird durch zahlreiche Hormone beeinflußt; Vitamin D, einige Aminosäuren und Zitronensäure helfen bei der Aufnahme des wichtigen Minerals. Falsche Zubereitung der Speisen (zu langes Wässern und Kochen) verringert den Kalziumgehalt der Nahrung.

Einige Substanzen – im Übermaß genossen – boykottieren die Kalziumversorgung. Dazu gehören Koffein (also auch Colagetränke), gesättigte Fettsäuren (Fleisch, Wurstwaren, Süßigkeiten), Phosphat (Schweine- und Rindfleisch, Wurstwaren, Schmelzkäse, Cola- und Limonadengetränke, Fertiggerichte), Phytinsäure (Getreide, Müsli; Phytat zerfällt allerdings, wenn die Kornspeisen lange eingeweicht werden) und Oxalsäure (Spinat, Rhabarber, Sauerampfer, schwarzer Tee, Schokolade).

Zu den kalziumreichen Lebensmitteln gehören Mohnkuchen, Nußecken und Printen, die allerdings nicht unerhebliche Mengen an Industriezucker enthalten. Besser geeignet sind Gemüse wie Grünkohl und Soja sowie fast alle Kräutersorten, Nüsse und Milchspeisen.

- Fluor stärkt den Zahnschmelz, große Fluormengen können die Ausweitung bereits bestehender KKarieslöcher verhindern. Ein überaus wirksamer Fluorspender ist Leinsamen, der nicht nur große Mengen des Minerals enthält, sondern auch lange und kräftig zerkaut werden muß, wodurch ein intensiver Kontakt des Zahnschmelzes zu den Fluorverbindungen entsteht.

Biostoffe und Nahrungsmittel gegen Zahnfleischbluten

- Vitamin C oder Askorbinsäure ist schon länger als Immunstimulanz im Zahnfleisch bekannt. Es bedarf allerdings hoher Dosierungen; außerdem schmeckt Vitamin C sauer – und das mögen die meisten Kinder gar nicht. Zu den weniger säuerlichen Vitamin-C-Lieferanten gehören Paprika, Tomaten, Kiwis, Quinoa und Karotten.
- Zink unterstützt die Immunabwehr im Zahnfleisch. Zu den natürlichen Zinkquellen zählen Milch, Vollkornprodukte, Sesam, Mandeln, Erdnüsse und grünes Blattgemüse.

Die richtige Pflege

Die beste Ernährung kann die Zahngesundheit nur unterstützen. Entscheidend ist jedoch die richtige Pflege. Gewöhnen Sie Ihrem Kind frühzeitig an, sich regelmäßig nach allen Hauptmahlzeiten die Zähne zu putzen. Ist das irgendwann einmal nicht möglich, kann es ausnahmsweise auch einen zuckerfreien Kaugummi kauen.

Vorbeugen – so bleibt Ihr Kind gesund

- **Eine vorbeugende Maßnahme ist die gründliche Zahnreinigung, die schon beginnen sollte, wenn das erste Zähnchen sich zeigt. Mit angefeuchteten Wattestäbchen und Mulläppchen werden abends nach der letzten Mahlzeit die Milchzähne von Zahnbelag gesäubert.**
- **Im Alter von eineinhalb bis zwei Jahren ist eine kleine Kinderzahnbürste angebracht, mit der – noch ohne Zahnpasta – die Zähne von allen Seiten geputzt werden. Diese Prozedur übernehmen jetzt noch die Eltern.**
- **Mit zwei bis drei Jahren können Sie Ihrem Kind vormachen, wie es seine Zähne reinigen soll. Lassen Sie es anschließend üben. Hinterher putzen Sie gegebenenfalls noch einmal nach.**

Zink und Streß

Streß wirkt im Körper als Zinkkiller Nummer eins. Besonders schlimm sind Operationen, vor allem im Bauchbereich. In ihrer Folge kommt es zu einem akuten Absinken des Zinkspiegels eines Operierten, das oft zu Karieserkrankungen führt. Wenn Ihr Kind operiert wurde, sollten Sie mit den zuständigen Ärzten über die Verabreichung von Zinkpräparaten sprechen!

Zahnpflege – von Anfang an

Auch wenn Ihr Baby noch gar keine Zähne hat, kann durch ständige Zuckereinwirkung die Kariesbereitschaft erhöht werden. Ihr Kind sollte deshalb von Geburt an keine gesüßten Tees oder Fruchtsäfte trinken.

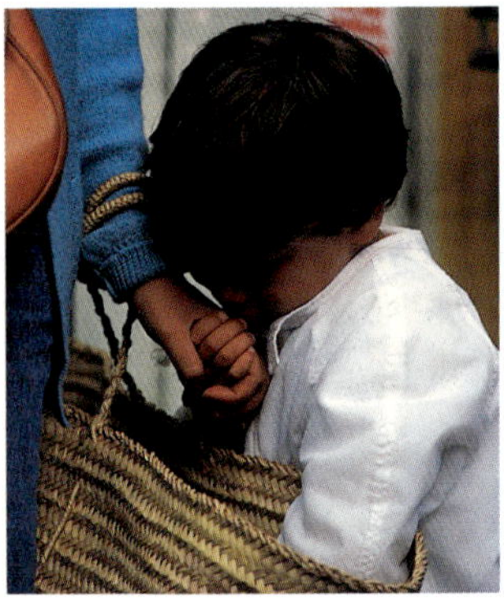

Nehmen Sie die Ängste Ihres Kindes immer ernst – es braucht Ihre Hilfe.

Ängste des Kindes

Symptome

- **Schlafstörungen**
- **Appetitlosigkeit**
- **Aggressivität**
- **Weglaufen**
- **Stottern**
- **Bettnässen**
- **Unkonzentriertheit**
- **Nervosität u.v.a.m.**

Ursachen

- Schwerwiegende Erlebnisse des Kindes (Tod, Unfall usw.)
- Ängstliche Überbesorgtheit der Eltern
- Demütigender Erziehungsstil in Schule oder Elternhaus, bei dem Strafen und Liebesentzug im Vordergrund stehen
- Eindrucksflut – beispielsweise durch Fernsehen, Radio, aber auch durch Zoo, Zirkus, Verwandtenbesuche
- Schwerverdauliche Nahrung

Vorsicht!

Schwere Angstzustände in der Kindheit können zu späteren Neurosen oder anderen psychischen Störungen führen.

Hintergründe

Die Angst ist ein wesentlicher Faktor im Leben jedes Menschen. Sie beginnt im Säuglingsalter und begleitet ihn bis ins hohe Alter.

Äußere Faktoren der Angst

Angst ist eine Warnung vor drohender Gefahr. Kommt die Gefahr von außen, sprechen wir von der Realangst – das ist beispielsweise die Angst des Kindes vor einem bellenden Hund, oder die Angst vor dem Verlust der Liebe der Eltern, wenn ein neues Brüderchen oder Schwesterchen die bisher enge Gemeinschaft zwischen Eltern und Kind zu stören scheint.

Innere Ängste

Viel häufiger sind die Ängste, die nicht von außen an die Kinder herantreten, sondern aus inneren Quellen stammen. So fürchtet sich das Kind vor Geräuschen, die im Dunkeln zu hören sind, vor Hexen, Gespenstern oder vor Skeletor und anderen modernen Phantasiefiguren, die das Böse repräsentieren.

Folgen von Angst

Angst kann ein Kind auch »dumm« machen. Besonders sensible und empfindsame Kinder ertragen ein häufiges Herabsetzen ihres Selbstwertgefühls nicht. Ein durch Schläge und häufiges Anschreien verängstigtes Kind kann nicht lernen, es bleibt »dumm«. Man spricht in diesem Fall auch medizinisch von einer Scheindummheit.

Zeigen von Angst
Säuglinge reagieren auf Angst, indem sie schreien. Das ältere Kind hat mehr Reaktionsmöglichkeiten. Eine Art der Angstabwehr ist die Flucht vor der Gefahr. Ein anderes Mittel, die Angst loszuwerden, ist Aggression gegenüber dem, was einem Angst einflößt.

Lähmende Angst
Angst kann ein Kind auch lähmen – und zwar nicht nur äußerlich, indem es »starr vor Angst« wird, sondern auch innerlich. Ängstliche Kinder werden schüchtern, verkriechen sich im Elternhaus, im Kindergarten oder in der Schule und trauen sich selbst nichts zu.

Angst vor dem Leben
Angst kann zu einer dauernden Grundstimmung werden. So werden Kinder durch eine überängstliche Erziehung selbst ängstlich und bilden kein Selbstvertrauen aus.
Werden sie tagaus, tagein mit Warnungen vor Gefahren überschüttet, so fühlen sie sich in der Welt schließlich nicht mehr sicher und geborgen, sondern nur noch den vielen drohenden Gefahren ausgeliefert.

Quellen der Angst
Im Kindesalter entsteht Angst meistens durch Bedrohung (etwa durch Mißhandlung, Aggressivität anderer Kinder) oder durch Ungewohntes wie Dunkelheit, Maschinenlärm, fremde Umgebungen und Erlebnisse des Verlassen- und Getrenntwerdens (beispielsweise bei Krankheit oder Scheidung der Eltern).

Probleme der Eltern

Ängste ernst nehmen
Wenn Eltern mit Strenge, manchmal auch durch Spott, jede natürliche Angstreaktion ihres Kindes unterdrücken, erreichen sie oft gerade das Gegenteil – eine tiefe, von unterschwelligen Ängsten geprägte Verunsicherung. Außerdem wird das Kind dadurch zur ständigen Unterdrückung seiner Gefühle angehalten.

Verständnis für die Ängste des Kindes
Problematisch wird es auch, wenn Eltern sehr lebenstüchtig und mutig sind, so daß sie für die kindlichen Ängste kein ausreichendes Verständnis aufbringen können. Da Ängste untrennbar mit der kindlichen Entwicklung verbunden sind, kann das sehr entmutigend auf Kinder wirken.
In erster Linie kommt es darauf an, wie Eltern ihre Lebenstüchtigkeit vorleben. Ein unaufdringliches Vorbild, das kindliche Ängste zuläßt und versteht, verhilft dem Kind zu mehr Sicherheit. Verlan-

Angst und Aggression
Die »Flucht nach vorn« treten aggressive Kinder an, die ihre Angst loswerden wollen. Sie reagieren auf Menschen, vor denen sie Angst haben, gewalttätig: Sie treten, beißen, schlagen, zertrümmern Gegenstände und toben. Sie wirken ungezogen – und sind doch eigentlich ängstlich.

Unser Tip

Vertrauensbildende Maßnahmen
Vor irrealen Ängsten können wir unsere Kinder nicht schützen – diese entstehen ja aus ihrer eigenen Phantasie, ihrer eigenen Art, die Welt zu erleben. Hier heißt es vor allem, dem Kind eine liebevolle, warme, sichere und verständnisvolle Atmosphäre zu schaffen, in der das Vertrauen zu den beschützenden Eltern immer größer ist als die Furcht.

Hören Sie sich die Ängste und Befürchtungen Ihres Kindes in Ruhe an. Versuchen Sie z.B. durch eine Erzählung, die diese Ängste zum Thema hat und mit einer positiven Lösung endet, sowie mit viel liebevoller Zuwendung, Ihr Kind zu beruhigen.

Homöopathie gegen Angst
Halten Angstphasen länger an, sollten Sie zusammen mit dem Arzt überlegen, ob der Einsatz eines homöopathischen Mittels angezeigt ist. Phosphorus D12 eignet sich bei nächtlichen Ängsten oder der Angst vor Dunkelheit. Geht die Angstphase Ihres Kindes mit Appetitlosigkeit einher, könnte Ignatia D12 Besserung bringen. Angst vor dem Versagen kann durch Lycopodium D12 gebessert werden.

gen die Eltern jedoch ständig die gleiche Tüchtigkeit im Alltag, muß es dauernd seine Angstgefühle unterdrücken, um sich keinen Tadel oder gar Liebesentzug der Eltern einzuhandeln.

So helfen Sie Ihrem Kind

Kindgerechte Erklärungen

Ein Kind sieht sich mit vielen Phänomenen konfrontiert, die es nicht versteht; die meisten Kinder reagieren darauf mit Neugierde, aber auch mit Angst. Durch Einsicht und Gewöhnung an das Unbekannte überwinden sie diese Angst allmählich. Sie können Ihrem Kind dabei helfen, indem Sie seine Fragen kindgerecht beantworten, so daß Unbekanntes allmählich seine ängstigende Wirkung verliert. Mit zunehmendem Alter, wenn das kindliche Weltbild sich stabilisiert hat, werden diese normalen Ängste immer seltener.

Ruhigen Schlaf ermöglichen

Aufregende Fernsehsendungen, Geister- und Schauergeschichten dürfen nie den Tagesausklang bilden. Die letzte Stunde vor dem Einschlafen sollte gemütlich, entspannend und ohne Hast sein. Bringen Sie Ihr Kind liebevoll ins Bett, erzählen Sie ihm eine kleine

Geschichte, oder singen Sie ihm etwas vor, bis Sie spüren, daß es innerlich ruhig ist. Schlaflieder, ein Gebet, ein Gutenachtkuß geben sicheren Schutz gegen die Angst.

Nächtliche Angst gemeinsam bewältigen
Wird das Kind nachts wach oder träumt es schlecht, sollten die Eltern es sofort trösten und ihm erklären, daß auch Vater und Mutter manchmal schlecht träumen. Dann sollten sie mit ihm über den Traum sprechen und ihm erklären, daß dies nicht wirklich ist.

Ein Licht in der Dunkelheit
Zeigen kleine Kinder Angst vor der Dunkelheit, darf ruhig ein kleines Nachtlicht brennen oder die Tür einen Spalt offenbleiben. Bei älteren Kindern hilft oft auch eine Nachttischlampe, die sie jederzeit anknipsen können.
Kommt ein Kind nachts zu den Eltern ans Bett, weil es Angst hat, sollte es beruhigend in die Arme genommen werden. Auf diese Weise spürt es die körperliche Nähe der Eltern und kann unter tröstendem Zuspruch wieder ins eigene Bett gebracht werden.

Aus den Fängen der Angst befreien
Bei einem angstvollen Aufschreien des Kindes in der Nacht ist es richtig, das Kind zunächst einmal ganz wach zu machen. Notfalls hilft eine kalte Waschung des Gesichts. Hinterher schlafen die Kinder dann meistens ruhig wieder ein.

Das Alleinsein vorbereiten
Kein kleines Kind sollte nachts allein in der Wohnung sein oder abends plötzlich aufwachen und die Eltern nicht vorfinden. Erst wenn es beispielsweise die Telefonnummer der Großmutter oder der Nachbarn kennt, dürfen die Eltern das Kind ohne Babysitter allein lassen. Allerdings muß das Kind wissen, daß die Eltern nur für kurze Zeit weg sein werden – sie sollten es also nicht, wenn es schläft, einfach allein lassen.

Vertrauen in sich selbst
Einem ängstlichen Kind helfen Sie am besten, wenn Sie sein Selbstvertrauen immer wieder stärken und fördern. Es muß spüren, daß die Eltern ihm zutrauen, mit seinen Ängsten und Problemen fertigzuwerden, ohne daß sie seine Leistung und Tüchtigkeit schmälern.

Ängste gestalten
Ängstliche Kinder sollten viel malen, zeichnen oder kneten und ausreichend Zeit zum freien Spiel haben. Im Spiel werden viele Ängste dargestellt, verarbeitet und überwunden.

Hinweis
Grundsätzlich darf das Kind nicht mit seiner Angst allein gelassen werden! Seine Angst muß ernst genommen werden, und Sie als Eltern sollten nicht versuchen, dem Kind die Angst mit Gewalt »auszutreiben« – etwa, indem Sie es bewußt angsterregenden Situationen aussetzen.

Den Tag Revue passieren lassen
Auch ein Gespräch über die Ereignisse des Tages eignet sich, einen Teil der Ängste, die das Kind mit in die Nacht nimmt, schon vor dem Einschlafen abzubauen. Sprechen Sie dabei nicht nur über die realen Ängste des Kindes, sondern auch über die Ängste, die es im Spiel und in seiner Phantasie erfahren hat.

So hilft der Arzt

Wenn Ihre eigenen Maßnahmen nicht helfen, Ihr Kind bei der Überwindung seiner Ängste zu unterstützen, suchen Sie einen auf Kinder spezialisierten Psychotherapeuten auf. Oft hilft schon die Anleitung zu autogenem Training, manchmal ist eine längere Therapie nötig.

Das Kind nicht einschüchtern

Zunächst einmal gilt es, vermeidbare Ängste im Tagesablauf des Kindes gar nicht erst aufkommen zu lassen. Drohungen mit dem »schwarzen Mann«, dem dunklen Zimmer oder Keller, dem strafenden Vater oder Gott sollten unbedingt unterlassen werden. Erzählungen über Krankheiten, Mord und Unfälle sind nicht für Kinderohren bestimmt.

Vorbehalte überwinden

Sind die Ängste eines Kindes so stark, daß eine psychologische, psychotherapeutische oder psychiatrische Behandlung eingeleitet werden muß, ist das für viele Eltern eine beängstigende Vorstellung. Sprechen Sie mit dem Arzt und den Betreuern über Ihre Gefühle.

Für einen Behandlungserfolg ist es besonders wichtig, daß eine intensive Zusammenarbeit zwischen Eltern und Therapeuten erfolgt und ein Arbeitsbündnis entsteht, in dem sich das Kind geborgen fühlt.

Ernährung bei Ängsten

Der Stoff, der Angst macht

Die Angst eines Menschen steht und fällt mit dem Milchsäurespiegel in seinem Blut. Sollte es also gelingen, diesen Spiegel möglichst gering zu halten, kann man auch die Angst – zumindest bis zu einem gewissen Grad – in Grenzen halten.

Jüngere Untersuchungen haben einige weitere »Angststoffe« herauskristallisieren können. Zu erwähnen sind hier vor allem bestimmte Neurotransmitter (Botenstoffe) wie die sogenannten Katecholamine. Bei ängstlichen Menschen werden sie im Übermaß ausgeschüttet.

Auf der anderen Seite zeigen ängstliche Menschen häufig eine unterdurchschnittliche Ausschüttung des Neurotransmitters GABA (Gamma-Aminobuttersäure). Sein Pegel ist wie der Katecholaminspiegel durchaus über die Ernährung zu beeinflussen.

Achtung!

Besonders Jungen werden auch heute noch sinnlos dazu angehalten, keine Angst und ähnliche Gefühle zu zeigen. Dadurch werden sie meistens überfordert und in ihrer Persönlichkeitsentwicklung gehemmt.

Senken Sie den Milchsäurewert Ihres Kindes

Beim Kampf gegen die kindliche Angst heißt es zunächst einmal, den Laktatwert (Milchsäurewert) im Blut möglichst gering zu halten. Das erreichen Sie, indem Sie basenüberschüssige Nahrungsmittel verstärkt in die Ernährung einbauen und säureüberschüssige Nahrungsmittel reduzieren. Die Umstellung darf jedoch nicht in einer Mangelernährung münden.

Erhöhen Sie den GABA-Spiegel Ihres Kindes

Den Gamma-Aminobuttersäure-Spiegel erhöhen Sie durch eine Kost aus hochwertigen Proteinen und einem breiten Aminosäurenprofil. Eine zentrale Rolle spielt hierbei der Käse.

Allerdings ist Käse bei vielen Kindern nur wenig beliebt. Man muß sie daher über die Hintertür an diesen wichtigen Eiweißspender gewöhnen, beispielsweise durch Gemüsegerichte, die mit Schmelzkäse überbacken wurden, oder ein Tomaten-Käse-Brot (eine Scheibe Brot, mit Streichkäse und Tomatenscheiben belegt) oder durch die bei fast allen Kindern beliebte Pizza.

Säuresenkung durch einen sauren Apfel?

Es klingt erstaunlich, doch es ist wahr: Gerade saure Obstsorten tragen zur Senkung des menschlichen Säurespiegels im Körper bei. Denn Fruchtsäuren werden im Organismus zu Kohlendioxid und Wasser abgebaut.

Das Kohlendioxid wird schließlich über die Lungen abgeatmet – und damit ist der Weg frei für die basischen und säurepuffernden Stoffe der Frucht.

Wichtig!

Auch wenn die physiologischen Grundlagen der Angst über die Ernährung sehr gut zu beeinflussen sind, muß doch festgehalten werden, daß die psychischen Mechanismen bei starken und chronischen Ängsten von größerer Bedeutung sind.

Dies bedeutet: Die Ernährung vermag bei leichteren Ängsten der Kinder Erfolge zu erzielen, schwere und chronische Ängste sind hingegen ein Fall für den Psychotherapeuten bzw. Psychiater, der sich auf die oft schwierige Ursachensuche machen muß. Ernährung kann hier allenfalls unterstützend wirken.

Vorbeugen – so bleibt Ihr Kind gesund

- Ermöglichen Sie Ihrem Kind, so viel Selbstvertrauen wie möglich aufzubauen. Angst entsteht meist aus einem Gefühl der Verunsicherung.
- Lassen Sie den Tag ruhig ausklingen. Sprechen Sie mit Ihrem Kind darüber, was es erlebt hat, nicht nur in der realen Welt, sondern auch in seiner Phantasie. Viele Ängste treten nachts dadurch auf, daß das Gehirn die vielen Eindrücke des Tages verarbeitet und sortiert. Dabei nehmen Phantasiefiguren aus einem Spiel denselben Stellenwert ein wie reale Personen. Sie werden zu handelnden Figuren, deren Aktionen nicht mehr durch die kindliche Phantasie gesteuert werden, so wie tagsüber.
- Eine basenreiche Nahrung sorgt für einen niedrigen Laktatspiegel und kann dazu beitragen, daß Ängste sich weniger stark ausprägen.

Achten Sie auf das Säure-Basen-Gleichgewicht

Basenüberschüssige Nahrungsmittel senken den Laktatspiegel und bekämpfen die Angst:
Obst (Ausnahme: Preiselbeeren),
Gemüse (Ausnahme: Hülsenfrüchte),
Pilze,
Kartoffeln,
Sojabohnen (auf allergische Reaktionen achten!).

Säureüberschüssige Nahrungsmittel steigern den Laktatspiegel und fördern die Angst:
Artischocken,
Brot,
Eier,
Fischwaren,
Fleischwaren (besonders stark säurebildend),
Milchprodukte,
Nudeln,
Nüsse,
Preiselbeeren,
Reis.

Der erste Liebeskummer ist manchmal die – ganz einfache – Erklärung für fehlenden Appetit.

Appetitlosigkeit

Symptome

- **Zu geringes Gewicht im Verhältnis zur Körpergröße**
- **Blässe**
- **Stark wechselnde Stimmung**
- **Blutarmut**
- **Magerkeit**
- **Magenschmerzen vor den Mahlzeiten**
- **Müdigkeit**
- **Nervosität**

Ursachen

- Vitaminmangel
- Magen- oder Leberschwäche
- Chronische Erkrankungen
- Wucherungen der Rachenmandeln
- Anzeichen einer beginnenden oder bestehenden Krankheit
- Häufige Zwischenmahlzeiten
- Reichliches Trinken (vor allem Milch – diese ist ja mehr ein Nahrungsmittel als ein Getränk)
- Psychische Ursachen (beispielsweise Familienprobleme, Überanstrengung in der Schule, Erziehungsfehler)

Rezeptfreie Medizin

Gegen Appetitlosigkeit nach einer überstandenen Krankheit wirkt vor allem ausreichend Ruhe. Als bewährte Heilmittel stehen auch einige appetitsteigernde pflanzliche Präparate speziell für Kinder (in der Apotheke erhältlich) zur Verfügung.

Vorsicht!

Ungewohnte Trinkunlust bei Säuglingen und Nahrungsverweigerung bei älteren Kindern sollten für Sie ein Grund sein, Ihr Kind aufmerksam zu beobachten. Stecken krankhafte Ursachen dahinter, werden sich schon bald weitere Symptome einstellen.

Organische Hintergründe

Ist der Magen etwa vier Stunden nach einer Mahlzeit zum größten Teil geleert, werden sich allmählich Hunger und Eßlust einstellen. Nach ausreichender Nahrungsaufnahme ist das Kind satt und zufrieden. Dieser Wechsel zwischen Appetit und Sättigungsgefühl im Ablauf des Tages wird auf verschiedene Weise vom Magen-Darm-Kanal, vom Zuckergehalt des Blutes, vom vegetativen Nervensystem und vom Gehirn gesteuert. Appetitlosigkeit bedeutet verminderte oder zeitweise ganz aufgehobene Eßlust bis zur vollständigen Verweigerung der Nahrung.

Der normale Steuerungsvorgang kann allerdings durch verschiedene Ursachen gestört werden. Man unterscheidet zwischen der körperlich bedingten, also durch Organstörungen oder Krankheiten hervorgerufenen Appetitlosigkeit und der nicht körperlich bedingten, funktionellen, meist psychisch bedingten Appetitlosigkeit.

Zwang vertreibt den Appetit
Die häufigste Ursache der psychisch bedingten Appetitlosigkeit ist der Zwang zum Essen. Durch Erziehungsfehler werden viele abnorme Eßgewohnheiten gefördert. Dann ist Appetitlosigkeit ein Erziehungsproblem, bei dem oft nur noch der Kinderarzt, Kinderpsychologe oder Kinderpsychiater helfen oder raten können.
Das Kind ißt meistens ganz von selbst, wenn Eltern, Großeltern und andere an der Erziehung Beteiligte es in Ruhe lassen, nicht zum Essen zwingen oder irgendwelche ungeeigneten oder ungeschickten Erziehungsmaßnahmen ergreifen, die Trotzreaktionen, Ablehnung oder Widerstand hervorrufen können.

So helfen Sie Ihrem Kind

Nicht zum Essen zwingen
Jeder Zwang zum Essen – sei es durch freundliches Zureden oder durch Strafe – muß unterlassen werden. Noch nie ist ein Kind verhungert, wenn Nahrung vorhanden war. Aber nur selten ist ein Kind gesund und bei gutem Appetit geblieben, wenn man es mit Gewalt oder List zum Essen zwingen wollte!

Hunger als Erfahrung
Die oberste Regel bei Appetitlosigkeit Ihres Kindes ist es, dem Kind zunächst einmal nichts zu essen zu geben. Während dieser Zeit kann es in kleinen Mengen Obstsäfte jeder Art zu sich nehmen – aber nur so viel, wie das Kind gerne trinkt.
Viele Eltern haben Angst vor diesen Hungertagen – weil das Kind ohnehin schon so mager ist. Sie vergessen dabei, daß sie mit ihrer bisherigen Ernährungsmethode nichts erreicht haben, weil dabei das Kind das Gefühl »Hunger« niemals kennenlernen konnte!

Langsam mit Nahrung beginnen
Zeigt sich nach den ersten Obstsafttagen eine gewisse Eßlust, bieten Sie dem Kind Knäckebrot mit Butter und Quark oder ein Müsli an. Eine rohe Karotte oder auch gedünstetes Gemüse ohne Mehlschwitze mit anfangs ganz wenig Butter sind der nächste Schritt.

Freude an der Nahrung vermitteln
Geben Sie jede Mahlzeit nur in kleinen Mengen auf den Teller, und bieten Sie 3mal am Tag Nahrung an. Richten Sie die Mahlzeiten Ihres Kindes appetitlich und phantasievoll an, so daß dem Gaumenschmaus ein Augenschmaus vorangeht.

Falsche Vorstellungen
Im Kleinkindalter sind Klagen über »schlechte Esser« häufig. Die Sorgen der Eltern, ihr Kind esse nichts, werden dem Arzt auch dann vorgetragen, wenn die scheinbare Appetitlosigkeit normal ernährte Kinder betrifft.

Unser Tip

Das Körperempfinden unterstützen
Kinder haben meist noch ein natürliches Empfinden für die Bedürfnisse ihres Körpers und hören auf zu essen, wenn sie satt sind, und nicht, wenn der Teller leer ist. Akzeptieren Sie das, sonst wird die natürliche Kontrolle des Körpers zerstört, und das Kind kann übergewichtig werden.

Ein paar Tage weniger Appetit als sonst sind kein Grund zur Besorgnis. Sollte dieser Zustand aber länger andauern, versuchen Sie Ihr Kind am besten mit seinen Lieblingsspeisen und lustig dekorierten Mahlzeiten zum Essen zu locken. Aber zwingen Sie es nicht dazu, es könnte auch eine Erkrankung dahinter stecken, was dann ein Arzt abklären muß.

Hinweis

Kinder verhungern nicht, wenn man ihnen Nahrung anbietet. Sie lassen sich jedoch gerade beim Essen auch nicht unter Druck setzen, sondern haben im Gegenteil damit ein Druckmittel gegen Eltern oder Großeltern in der Hand. Wenn Ihr Kind zu einer Mahlzeit nichts essen mag, ist das in Ordnung; erlauben Sie aber auch nicht, daß es wenig später eine »Extrawurst« verlangt.

Den Appetit steuern

Sehr wichtig ist es, keine Süßigkeiten als Nahrungsersatz zu geben (»Damit das Kind überhaupt etwas im Magen hat!«) und zwischen den Mahlzeiten auch kein Obst essen zu lassen.

Bieten Sie zu den Mahlzeiten rohe und gedämpfte Gemüse, Pellkartoffeln, Vollkornbrot und Milchprodukte an. Kinder mit unverbildetem Geschmack werden sich in den meisten Fällen begierig über alles hermachen und im allgemeinen eine Obst-Milch-Pflanzenkost dem Fleisch und den Eiern vorziehen. Doch selbst wenn ein Kind vorübergehend auf Fleisch und Eier geradezu versessen ist, verschwinden solche Gelüste meist schon nach kurzer Zeit wieder.

Erpressung verhindern

Nervöse Kinder machen gerne aus dem Essen ein Kampfmittel, sobald sie merken, daß ihre Eltern so großen Wert darauf legen. Lassen Sie das Kind also in Ruhe, und warten Sie die Entwicklung gelassen ab – das ist für alle Beteiligten das Beste!

Essen als soziales Ereignis
Mindestens eine Mahlzeit am Tag sollte von der gesamten Familie gemeinsam eingenommen werden. Dabei sollte eine angenehme Atmosphäre herrschen, die nicht durch Nörgeleien, Streit oder ständige Ermahnungen beherrscht wird.

In Gesellschaft schmeckt es besser
Appetitlosigkeit tritt sehr häufig bei Einzelkindern auf. Laden Sie zum Essen möglichst oft Spielgefährten Ihres Kindes ein, und ermutigen Sie das Kind, auch in andere Familien zu gehen, um dort zu essen.

So hilft der Arzt

Gelegentlich helfen appetitanregende Mittel, die vom Arzt verordnet werden. Bei nervöser Appetitlosigkeit brauchen Kinder mitunter eine psychotherapeutische Behandlung.

Ernährung bei Appetitstörungen

Biostoffe gegen Appetitlosigkeit

- Die Fruchtsäuren der meisten Obstsorten regen die Verdauungsorgane an und mobilisieren den Stoffwechsel. Beides zusammen wirkt anregend auf den Appetit.
- Bitterstoffe wirken verdauungsanregend und stimulieren das Appetitzentrum im Gehirn. Von Kindern werden sie allerdings in der Regel nur ungern gegessen.

Ideale Nahrungsmittel gegen Appetitlosigkeit

- Rote Johannisbeeren als Früchte oder Saft haben mit 2820 Milligramm auf 100 Gramm Beeren den höchsten Fruchtsäuregehalt überhaupt. Der Saft der roten Johannisbeere wirkt am besten, wenn er von dem Kind ein halbe Stunde vor den Mahlzeiten getrunken wird.
- Ananas enthält ebenfalls viele Fruchtsäuren, außerdem besitzt sie Enzyme, die den Magensaftfluß anregen. Besonders appetitanregend ist es, etwa eine halbe Stunde vor dem Essen eine Scheibe Ananas zu essen. Als Alternative kommt frischer Ananassaft aus dem Reformhaus in Frage.
- Dillgeruch allein reicht oftmals schon aus, um den Appetit anzuregen. Er sollte daher regelmäßig zur Garnitur und zum Würzen des Essens eingesetzt werden.
- Chicorée enthält verdauungsanregende Bitterstoffe. Von Kindern wird er allerdings nicht so ohne weiteres gegessen.

Unser Tip: Bereiten Sie Ihrem Kind einen leckeren Chicoréesalat mit einer Sauce aus Joghurt und süßer Sahne, als Gewürze reichen Salz und Pfeffer. Sehr appetitanregend ist auch der Chicorée-Frucht-

Hinweis
Versuchen Sie auszuschließen, daß Ihr Kind sich durch häufige Zwischenmahlzeiten (Süßigkeiten, Kekse, Knabbergebäck, Limonade, Milch usw.) den Appetit verdirbt.

Frische Luft
Spielen und Toben an der frischen Luft fördern den Appetit ebenso wie ausreichender Schlaf. Sorgen Sie dafür, daß Ihr Kind genügend ins Freie kommt, wo es auch Probleme und Ängste abbaut, die sich ansonsten auf den Appetit schlagen könnten.

Salat, dem Sie z.B. Mandarinen- oder Orangenstücke beigefügt haben. Auch ein Teelöffel Ketchup in der Salatsauce nimmt dem Chicorée seinen bitteren Geschmack, ohne die Bitterstoffe zu zerstören. Außerdem sollten Sie den Chicorée nur im Dunkeln lagern, denn bei Lichteinfall kommen die Bitterstoffe noch stärker zur Geltung.

- Artischocken enthalten ebenfalls eine Menge Bitterstoffe und werden von Kindern manchmal deswegen geliebt, weil sie so interessant zu essen sind. Man braucht kein Besteck, darf die Blätter mit den Fingern abreißen und den Blattgrund auslutschen – für viele Kinder ein sehr sinnliches Erlebnis. Auch hier können Sie die wichtigen Bitterstoffe durch entsprechend zubereitete Dips zum Eintauchen der Blätter und als Füllung für den Artischockenboden geschickt verkleiden.
- Ein weiteres wichtiges Nahrungsmittel mit Bitterstoffen sind Endivien, die als Salat oder Gemüse zubereitet werden können. Eine in die Salatsauce gequetschte Kartoffel oder Kartoffelpüree als Beilage mildern den Geschmack der Bitterstoffe.

Keine Angst vor Fruchtsäuren

Bei Fruchtsäuren muß man keine Angst haben, daß sie den Körper übersäuern; denn sie werden vollständig zu Kohlendioxid und Wasser abgebaut. Das Kohlendioxid wird schließlich über die Lungen abgeatmet, wodurch der Weg frei wird für die basischen, säurepuffernden Stoffe der Früchte.

Bei Kindern beliebt: Chicorée-Frucht-Salat

Für zwei Portionen dieses Salates benötigen Sie:
150 g Chicorée, 1 süßen Apfel (z.B. Delicious), 1 Orange
Für die Sauce:
1 TL Zitronensaft, 1 EL Orangensaft, 25 g Sahne (10%), etwas Zucker, Salz, Pfeffer
Als Garnitur:
5 g Mandelsplitter

Putzen Sie den Chicorée, indem Sie den bitteren Strunk sowie die äußeren Blätter entfernen. Schneiden Sie den Chicorée quer in fingerbreite Streifen, die kurz abgebraust werden. Der Apfel wird geschält, entkernt und in Würfel geschnitten. Die Orange wird filetiert oder so sorgfältig geschält, daß nichts von der weißen Unterhaut übrig bleibt. Die Orangentranchen werden geteilt und mit den Apfel- und Chicoréestücken vermischt. Zuletzt wird die Sahnesauce über das Frucht-Gemüse-Gemisch gegossen; Mandelsplitter runden das Ganze optisch und geschmacklich ab.

Wenig Süßigkeiten

Es hatte schon seine Gründe, daß bereits unseren Eltern verboten wurde, vor den Mahlzeiten Süßes zu essen. Denn Einfachzucker und Aromastoffe in Schokolade, Gummibärchen und Kuchen wirken zumindest kurzfristig dämpfend auf das Appetitzentrum. Von größerer Bedeutung ist aber, daß sie längerfristig die Geschmackssinne des Kindes abstumpfen, so daß es kaum noch einen Lustgewinn aus anderen Nahrungsmitteln zieht, die seinem Geschmackssinn weniger Reize bieten.

Ernsthafte Eßstörungen

In der Pubertät kann es vor allem bei Mädchen zu schwerwiegenden Störungen kommen. Die Jugendlichen mögen überhaupt nichts mehr essen. Werden sie bei Familien- oder anderen Gemeinschaftsmahlzeiten animiert, doch etwas zu sich zu nehmen, führen sie nach der Mahlzeit heimlich ein künstliches Erbrechen herbei. Ursache dieser Eßstörung ist eine schwere psychische Störung, die unbedingt psychologisch oder psychotherapeutisch behandelt werden muß.

Warnhinweise

Auffallende Magerkeit sollte Ihnen Anlaß geben, Ihr Kind genau zu beobachten und eventuell einem Arzt vorzustellen. Da Magersüchtige es sehr geschickt verstehen, ihre Magerkeit unter weiten T-Shirts und anderen verhüllenden Kleidungsstücken zu verstecken, können Sie sich häufig nur an den Eßgewohnheiten Ihres Kindes orientieren. Vermeidet es Familienmahlzeiten, ißt es auffallend wenig und bevorzugt es Speisen und Getränke, die kaum Kalorien haben, sollten Sie hellhörig werden – auch wenn Ihr Kind direkt nach einer Mahlzeit auf die Toilette geht. Wenn die Gedanken Ihres Kindes ständig ums Abnehmen, Schlankbleiben oder um seine Figur kreisen, ist das ein Fingerzeig auf eine mögliche Eßstörung.

Ärztliche und psychologische Betreuung

Kinder mit solch schwerwiegenden Appetit- bzw. Eßstörungen gehören in jedem Fall in die Obhut eines Arztes, der geeignete Schritte einleitet und Ihr Kind gegebenenfalls auch eine Zeitlang in eine Spezialklinik einweist.

Vorbeugen – so bleibt Ihr Kind gesund

- **Lassen Sie sich rechtzeitig über die Besonderheiten und Gesetzmäßigkeiten der kindlichen Entwicklung und Ernährung informieren oder beraten.**
- **Machen Sie auf keinen Fall aus dem Appetit des Kindes eine vordringliche Angelegenheit. Ein gelegentliches Fasten ist durchaus von gesundheitlichem Vorteil!**
- **Sorgen Sie dafür, daß Ihr Kind sich ausreichend bewegt und viel Luft und Sonne tankt.**
- **Leisten Sie Ihrem Kind beim Essen Gesellschaft, oder laden Sie gelegentlich Spielkameraden zum Essen ein.**
- **Machen Sie die Mahlzeiten zu einem Mittelpunkt Ihres Familienlebens, an dem jeder gerne teilnimmt.**

Bitte nicht!

Mitunter sieht man, daß die Spitzen des Chicorées abgeschnitten werden, um etwas von seinem bitteren Geschmack zu nehmen. Ein Fehler, denn gerade dort sitzen die meisten Biostoffe!

Achtung, Fett!

Ähnlich wie Süßigkeiten stumpfen auch sehr fetthaltige Nahrungsmittel die Geschmackssinne ab. Dadurch wird der natürliche Widerwille gegen zuviel und zu fetthaltige Nahrung gebremst.

Zunehmende Tendenz

Eßstörungen scheinen in den letzten Jahren immer mehr zuzunehmen. Sie treten häufig in der Pubertät auf und betreffen meist Mädchen. Jedoch findet sich dieses Krankheitsbild zunehmend auch bei Jungen. Die Therapie ist langwierig und erfordert oft die Einbeziehung der gesamten Familie.

Im Alter zwischen drei und fünf Jahren kann die Trotzphase schon mal recht heftig verlaufen.

Ärger, Trotz, Wut

Symptome

»Weiße Wut«
- **Das Kind wirkt starr**
- **Zusammenballen der Fäuste**
- **Mahlen mit den Kiefern**
- **Kreidebleiches Gesicht**
- **Zu dünnen, blutleeren Strichen zusammengekniffene Lippen**

»Rote Wut«
- **Das Kind macht seinem Ärger Luft**
- **Toben, Schreien, Heulen**
- **Ungestüme, aggressive Bewegungen**
- **Puterrot angelaufenes Gesicht**
- **Hektische rote Wangenflecken**

Ursachen

Alles, was uns irgendwie frustriert, kann auch zum Grund für Ärger werden. Die Schwelle jedoch, ab wann etwas als Frust empfunden wird und ab wann dieser Frust in einen Wutausbruch mündet, ist von Mensch zu Mensch verschieden. Sie hängt von zahlreichen Faktoren ab, die von unserer jeweiligen Tageslaune bis zu unseren Erbanlagen reichen.

Besonders häufig geraten Kinder in Wut, wenn sie in einen neuen Abschnitt der Persönlichkeitsentwicklung eintreten. Dies äußert sich in den sogenannten Trotzphasen.

Rezeptfreie Medizin

Mit Aromatherapie können Sie kindliche Wutanfälle beruhigen. Düfte wirken auf die unbewußten Areale des kindlichen Nervensystems und können daher mitunter größere Erfolge erzielen als gutes Zureden. Zu den ärger- und wutdämpfenden Aromen gehören: Lavendel, Jasmin, Melisse, Orangenblüte, Rose, Ylang-Ylang.

Vorsicht!

Wut und Trotz werden erst richtig schön, wenn sie auch genügend Beachtung finden und man die »Anstrengungen« des Kindes auch angemessen »würdigt«.
Machen Sie sich nicht zum besten Publikum Ihres Kindes, vor dem sich die Vorstellung auch lohnt.

Organische Hintergründe

Der »Rotwütige« reagiert seinen Ärger von allein ab. Nach dem Wutanfall fühlt er sich in der Regel erleichtert; auch sein Körper kehrt wieder in den Normalzustand zurück.

Der »Weißwütige« frißt seinen Ärger jedoch in sich hinein, sein Körper verharrt längere Zeit im Zustand der Wuterregung: Muskelspannung und Blutdruck bleiben erhöht; auch der Spiegel an Streßhormonen wie Noradrenalin und Kortisol bleibt auf hohem

Niveau, während der Magen in mehr oder weniger passivem Wartezustand verharrt. Längerfristig können sich all diese Veränderungen niederschlagen in Migräne, Herz-Kreislauf-Krankheiten, Magenschleimhautentzündungen und Gliederschmerzen.

So helfen Sie Ihrem Kind

So unterschiedlich die Kinder und so verschieden die Anlässe für einen kindlichen Wutausbruch sind, so zahlreich sind auch die Rezepte, die Eltern entwickelt haben, um damit umzugehen.
Grundsätzlich gilt es, Verunsicherungen zu vermeiden und Konsequenz zu demonstrieren. Wichtig ist jedoch auch, daß Sie akzeptieren, daß Ihr Kind ein Stück erwachsener wird und an Entscheidungen beteiligt sein will.

Bewährte Hausmittel

Einschränkungen begründen
Geben Sie Ihrem Kind möglichst viel Freiheit, und engen Sie seine Bewegungsfreiheit nicht durch unnötige Ge- und Verbote ein. Notwendige Forderungen sollten Sie ihm ruhig erklären. Auch wenn das Kind manches noch nicht versteht, so spürt es an Ihrer Stimme und an Ihrer Haltung, daß Sie es nicht schikanieren wollen.

Entscheidungen ermöglichen
Bieten Sie dem Kind möglichst mehrere Entscheidungsmöglichkeiten an. So können Sie beispielsweise am Abend sagen: »Möchtest Du jetzt ins Bett gehen, oder sollen wir erst den Teddy in sein Bettchen legen?« anstatt: »Du mußt jetzt ins Bett!« – »Möchtest du heute deine Milch lieber aus der Tasse oder aus dem neuen roten Becher trinken?«, wenn es seine Milch eigentlich gar nicht so gerne trinkt. Das Kind freut sich über jede seiner Entscheidungen und wird sich auf diese Weise leichter fügen.
Muß gegen den Willen des Kindes gehandelt werden, so müssen Vater und Mutter sich unbedingt einig sein und konsequent auf ihrem Willen bestehen, sonst wird das Kind verunsichert oder es versucht, die Eltern gegeneinander auszuspielen.

Klippen umschiffen
Umgehen Sie gerade während der Trotzphase Krisenmöglichkeiten! So hilft es beispielsweise dem Kind, wenn es schon vor dem zweiten Lebensjahr eine relativ gleichmäßige Ordnung im Tagesablauf hat, über die gar nicht erst diskutiert wird.

Dem Wutausbruch begegnen
Ist es zu einem Wutausbruch des Kindes gekommen, dürfen Sie Ihrerseits nicht mit gleichen Gefühlen – also Zorn oder Wut – rea-

Erklärung statt Befehl
Bereiten Sie das Kind auf notwendige Anordnungen vor, etwa indem Sie sagen: »Wenn der Turm fertig ist, hast du bestimmt schon Hunger.« Oder »Wenn Mutti abgewaschen hat, gehen wir zur Oma.« Damit geben Sie dem Kind Zeit, sich innerlich auf die neue Situation einzustellen.

Unser Tip

Gelassenheit
Sagen Sie sich in dieser schwierigen Zeit immer wieder, daß das Trotzalter bald vorbei ist, und versuchen Sie, Ihren Humor zu bewahren.

Kommen Wutausbrüche und heftiger Ärger gehäuft vor, dann sollten Sie in Ruhe mit Ihrem Kind darüber sprechen. Eventuell hat es Probleme z. B. im Kindergarten oder in der Schule mit Kameraden, Lehrern oder Betreuern und läßt die angestauten Aggressionen dann erst in der Familie heraus.

Homöopathie und hohe Potenzen

Da es sich beim Ärger ja im wesentlichen um ein psychisches Problem handelt, werden bei unseren homöopathischen Vorschlägen diesmal etwas höhere Potenzen als die sonst üblichen D6-Potenzierungen gewählt.

gieren oder das Kind gar schlagen. Auch langatmige, gutgemeinte Ermahnungen haben nun keinen Sinn, da das Kind in diesem Augenblick weder zuhören will noch kann. Es ist in dieser Situation im wahrsten Wortsinn »außer sich«.

Kommt es zu Hause zu einem solchen Wutausbruch, beachtet man das Kind am besten gar nicht. Bei manchen Kindern hilft es, wenn Sie sich mit seinem Lieblingsbuch in eine Ecke setzen und leise daraus vorlesen. Das Schreien wird in vielen Fällen nachlassen, weil die Neugier die Oberhand über die Wut bekommt und das Kind zuhören möchte.

Kommt es in der Öffentlichkeit zu einem Wutausbruch, hilft meistens nichts anderes, als das Kind auf den Arm zu nehmen und wegzutragen. Würde man »wegen der Leute« dem Wutausbruch des Kindes nachgeben und auf seine Forderungen eingehen, so würde es rasch merken, daß es ein Mittel gegen die Eltern in der Hand hat, und immer wieder versuchen, seinen Willen durchzusetzen. Machen Sie sich also nicht unnötig »erpreßbar«.

Emotion statt Verstand
Wenn ein Kind wütend ist, dann ist das kein aktiver Vorgang, nicht es wütet, sondern es wütet in ihm. Deshalb kommen Sie auch mit noch so gutgemeinten Worten oder der Frage, warum es denn so wütend sei, nicht weiter. Klares Denken ist Ihrem Kind in dieser Situation nicht möglich.

Sich nicht den »Schuh anziehen«
Selten sind Vater oder Mutter der Wutauslöser – und deshalb sind sie in der Regel auch die falsche Adresse für die Wut ihres Kindes. Daher ist es das beste, Sie geben sich gänzlich uninteressiert und räumen das Feld. Warten Sie ruhig schweigend ab, bis sich die Wut Ihres Kindes gelegt hat. Aber lassen Sie sich auf keinen Fall tätliche Angriffe gefallen.

Trost nach dem Wutanfall
Wenn sich die Wut verzogen hat, nehmen Sie Ihr Kind in den Arm; es hat sich völlig verausgabt und braucht nun Ihren Trost. Geben Sie ihm diesen Trost durch Ihre Nähe und Wärme. Wenn es sich vollständig beruhigt hat, beginnen Sie eine gemeinsame Tätigkeit mit Ihrem Kind, damit die Atmosphäre entspannt wird.

Wutursachen beseitigen
Häufig entzündet sich die Wut Ihres Kindes an seiner eigenen Unfähigkeit, einen Plan in die Tat umzusetzen. Vielleicht funktioniert ein Spielzeug nicht so, wie das Kind es sich vorstellt, oder die Socken wollen einfach nicht über den Fuß gehen. Bleiben Sie gelassen; üben Sie, wenn Ihr Kind wieder besser gelaunt ist, spielerisch die Tätigkeit ein.

Frustrationen verstehen
Viele Kinder geraten auch deswegen in Wut, weil sie sich nicht verstanden fühlen. Sie können noch nicht ausdrücken, was ihnen in die Quere gekommen ist oder wo bei ihnen der Schuh drückt.
Auch in diesen Fällen hilft nur: abwarten und nach dem Wutanfall trösten. Selbst wenn das Kind wieder ruhiger geworden ist, werden Sie vermutlich nicht herausfinden, woran sich der Ärger genau entzündet hat.

Neue Eindrücke schaffen Ablenkung
Eine große Hilfe in diesem problematischen Alter kann der Kindergarten sein. Das erweiterte Spiel- und Erlebnisfeld lenkt das Kind

Seien Sie ein Vorbild
Alle Weisheiten und Lehrsätze über den richtigen Umgang mit dem Ärger verpuffen im Leeren, wenn die Eltern nicht selbst ein Vorbild abgeben. Wer seinem Kind beibringen will, in Konflikten stets fair und sachlich zu bleiben, aber selbst mit seinem Partner einen eher verächtlichen Umgangston pflegt, wird nur wenig pädagogische Erfolge erzielen.

ab und bietet ihm so viel Neues und Interessantes, daß zum Trotzen kaum Zeit bleibt.

Nehmen Sie dem Essen den Streß

Eine alte Psychologenthese lautet: Frustrationen erzeugen Aggressionen, frustrierte Menschen werden schneller wütend als zufriedene Menschen. Leider erleben jedoch viele Kinder in der heutigen Zeit ihr Essen lediglich als Frust; sie müssen ihre Mahlzeiten allein an einem Kiosk oder einer Imbißbude zu sich nehmen, obwohl sie viel lieber zu Hause mit ihren Eltern essen würden. Was ein wichtiges soziales Ereignis sein könnte, wird zur bloßen Abfütterung.

Also: Sorgen Sie dafür, daß das Essen zusammen mit Ihrem Kind einen Stammplatz im täglichen Leben bekommt!

Ein neuer Anfang

Fangen Sie jeden Tag neu an, und tragen Sie Ihrem Kind die Unstimmigkeiten des vorherigen Tages nicht nach. Das Kind braucht Ihre Liebe und die Sicherheit, die ihm aus ihr erwächst.

Naturheilmittel

Homöopathische Mittel können beim Einsatz gegen Ärger sehr wirkungsvoll sein. Sie setzen jedoch voraus, daß Sie als Eltern genau die Symptome beobachten.

Colocynthis D8 hilft Kindern, die leicht beleidigt und schnell verdrießlich sind. Dosierung: 3mal täglich 1 Tablette.

Nux vomica D8 hilft gegen die »rote Wut« bei reizbaren Kindern, die sich in ihrem Ärger durch nichts und niemanden trösten lassen. Dosierung: 3mal täglich 1 Tablette.

Staphysagria D12 hilft gegen »weiße Wut«: Das Kind wirkt nach außen hin nachgiebig und mild, bei genauerem Hinsehen erkennt man jedoch Zittern und Nervosität als Zeichen einer unterdrückten Wut. Dosierung: 3mal täglich 1 Tablette.

Noch ein Tip, damit das Essen für Ihr Kind nicht zum Frust wird

Natürlich müssen Eltern ihr Kind gelegentlich tadeln. Doch das Essen ist dafür der denkbar ungünstigste Augenblick. Die Mahlzeiten sollten stets ein Refugium vor Alltagsproblemen sein, in dem sich die Beteiligten um ihr Wohlergehen kümmern. Es gibt noch genügend andere Augenblicke, um Tadel anzubringen.

Ernährung für kleine Wüteriche

Biostoffe gegen den Ärger

- Vitamin B3 (Niazin) sorgt für die richtige Verteilung der Energie. So entscheidet seine Anwesenheit im Blut darüber, ob die Aminosäure Tryptophan in den Energiestoffwechsel eingeschleust oder ob sie zur Beruhigung der Nerven verwendet wird. Eine zu niedrige Niazinversorgung über die Nahrung führt demnach zu Nervosität, und leichter Erregbarkeit, während eine Extraportion des Vitamins unter Umständen schneller für Nervenruhe sorgt als Baldrian, Hopfen, Johanniskraut oder andere Beruhigungsmittel.
- Vitamin B5 (Pantothensäure). Als »Synthesemobilisator« ermöglicht dieses Vitamin im Gehirn den Umbau von Cholin zum Neurotransmitter Azetylcholin, das eine wichtige Rolle beim Entstehen von Glücksgefühlen spielt.
- Vitamin B6 (Pyridoxin) sorgt für die Balance von Natrium und Kalium in unserer Körperflüssigkeit und ist dadurch ein wichtiges Steuerungsinstrument für die Arbeit unserer Nerven.

- Kobalamin, ein typisches Vitamin aus der B-Gruppe, unterstützt den Stoffwechsel. Es hilft der Folsäure bei der Herstellung des Nervenstoffs Cholin. Kobalamin ist dadurch ein wirksames Mittel gegen Nervosität und leichte Erregbarkeit.
- Folsäure fördert die Produktion des Hormons Noradrenalin, und dieses Hormon ist bei Wut von besonderer Bedeutung. Denn es sorgt für die Erhöhung der Muskelanspannung, die Erhöhung der Schweißsekretion und andere typische Begleitsymptome eines Wutausbruchs.

Bei zornanfälligen Menschen wird Noradrenalin zwangsläufig in größerem Umfang verbraucht, so daß es dann möglicherweise bei der Erfüllung anderer Funktionen fehlen kann. Durch eine entsprechende Versorgung mit Folsäure kann diesem drohenden Mangel vorgebeugt werden.

Ideale Nahrungsmittel gegen Ärger

Die genannten Vitamine gehören ausnahmslos der B-Gruppe an. Die B-Vitamine befinden sich vor allem in vollwertigen Getreideprodukten, Nüssen und Leber. Leber geriet in jüngerer Zeit durch ihren hohen Schadstoffgehalt in die Diskussion und sollte daher gerade bei Kindern eher ein Ausnahmenahrungsmittel darstellen.

Wichtige Vitamin-B-Lieferanten sind Bierhefe und Leinsamen. Leinsamen läßt sich problemlos über alle möglichen Speisen streuen, und auch Bierhefe kann in Form von geschmacksneutralen Flocken auf Speisen gestreut werden, ohne von den Kindern als unangenehm empfunden zu werden.

Vorbeugen – so bleibt Ihr Kind gesund

- **Bringen Sie Ihrem Kind bei, auf Frustrationen in angemessener Weise zu reagieren.**
- **Es soll seinen Ärger nicht im spontanen Affekt zur Sprache bringen, aber auch nicht zu lange damit warten. Leider vermag hier die Psychologie keine präzisen Zeitangaben anzubieten.**
- **Sagen Sie Ihrem Kind diskret, wenn es Sie geärgert hat. Ersparen Sie ihm die Anwesenheit von Zeugen. Dies erniedrigt das Kind und fordert Aggressivität heraus.**
- **Erklären Sie Ihrem Kind, warum Sie sich geärgert haben, damit es lernt, daß Ärger nicht nur spontanes Explodieren ist, sondern der Kommunikation bedarf, um solche Situationen in Zukunft zu vermeiden.**

Nachgewiesener Zusammenhang zwischen Ernährung und Verhalten

Ernähren Sie Ihr Kind richtig: Regelmäßige Essenszeiten, keine Überfütterung, Einschränkung des Milchkonsums, keine künstlich gefärbten und aromatisierten Nahrungsmittel. Geben Sie statt Hafer, Weizen oder Roggen lieber Reis und Hirse. Überprüfen Sie, ob Ihr Kind gegen bestimmte Nahrungsmittel allergisch ist – z. B. gegen Milch, Erdnüsse, Apfelsinen.

Schimpfen Sie Ihr Kind nie wegen so eines Maleurs. Versuchen Sie, die Ursachen zu ergründen.

Bettnässen

Symptome

- **Nächtliches Einnässen nach dem dritten Lebensjahr**

Ursachen

Ausgelöst wird das Bettnässen häufig durch:

- Störungen der Eltern-Kind-Beziehung
- Eifersucht auf ein kleines Geschwisterkind
- Zu früher Beginn der Sauberkeitserziehung
- Zu hartes Reinlichkeitstraining
- Mangelnde Zuwendung
- Trotzreaktion, psychische Belastung (z. B. Scheidung)

Organische Hintergründe

- Blasenmißbildung
- Lähmung des Blasenschließmuskels
- Blasen- und Nierenentzündung
- Hormonelle Störungen
- Vorhautverengung bei Jungen
- Scheidenentzündung bei Mädchen
- Eingeweidewürmer
- Verstopfung

Vorsicht!

Tritt das Bettnässen nach dem vierten Lebensjahr noch auf, ist unbedingt eine ärztliche Untersuchung und Beratung nötig. Es können konstitutionelle, organische und psychische Ursachen vorliegen. Wichtig ist die Abklärung, ob eine organische Erkrankung vorliegt, die dann entsprechend behandelt werden muß.

In den weitaus meisten Fällen kommt es aus seelischen Gründen zum Bettnässen. Es handelt sich dann gewissermaßen um einen Hilfeschrei des Kindes, das durch den Rückfall in Kleinkindgewohnheiten die Aufmerksamkeit der Eltern auf sich zu lenken versucht. Schimpfen und Strafen wären deshalb die denkbar ungeeignetsten Mittel, mit diesem Problem fertigzuwerden.
Lassen Sie im Gegenteil das Kind deutlich spüren, daß Sie es lieben, und schenken Sie ihm Ihre Zuwendung in besonderem Maße.

Rezeptfreie Medizin

20 g Johanniskraut, 10 g Melisse, 5 g Orangenblüten (aus der Apotheke). Übergießen Sie 1 TL der Mischung mit 1/4 l kochendem Wasser. 1/4 Stunde ziehen lassen und abseihen. Lassen Sie Ihr Kind längere Zeit morgens und mittags 1 Tasse trinken. Möglichst nicht süßen.

10 g Zinnkraut, 10 g Johanniskraut, (aus der Apotheke). Übergießen Sie 1 TL dieser Mischung mit 1/4 l kochendem Wasser. Einige Minuten ziehen lassen und abseihen. Geben Sie Ihrem Kind über längere Zeit täglich 3 Tassen dieses Tees.

So helfen Sie Ihrem Kind

Ermahnungen und Vorwürfe nützen gar nichts, auch wenn Ihr Kind scheinbar schon groß ist. Begegnen Sie ihm mit Verständnis und Liebe, das ist die beste Unterstützung für Ihr Kind.

Naturheilmittel

Günstig sind Einreibungen der Beine – vor allem der Schenkelinnenseiten – mit Johanniskrautöl (aus der Apotheke).

Johanniskrauttee

Beruhigend auf die nachtaktive Blase wirkt auch ein Tee aus 20 g Johanniskraut, 10 g Melissenblättern und 5 g Orangenblüten. Überbrühen Sie 1 TL dieser Mischung mit 1/4 l kochendem Wasser, und lassen Sie den Tee 15 Minuten ziehen. Geben Sie Ihrem Kind morgens und mittags je 1 Tasse zu trinken.

Bewährte Hausmittel

Trocken und warm

Achten Sie auf warme Kleidung – vor allem in Form von wollenen Schlüpfern (über dem Baumwollhöschen getragen, damit sie nicht kratzen) und ebensolchen Strümpfen.
Werden die Füße einmal länger kalt und naß, lassen Sie das Kind ein heißes Fußbad nehmen, und reiben Sie seine Füße nach dem Abtrocknen mit Massageöl ein.

An einen Rhythmus gewöhnen

Oft hilft es auch, das Kind nachts 2- bis 3mal – und zwar zu präzisen Zeiten – zu wecken und auf die Toilette zu setzen. Wenn das Kind beim Wecken bereits naß ist, legen Sie die Weckzeiten vor. Wenn es längere Zeit trocken geblieben ist, können Sie versuchen, die Wecktherapie allmählich einzustellen.
Nicht geeignet ist diese Methode für Kinder, die beim Wecken weinen oder sich wehren. Auch bei Kindern, die auf dem Weg zur Toilette weiterschlafen, ist die Wirkung zweifelhaft.

Vorbeugen – so bleibt Ihr Kind gesund

- **Auch beim Sauberwerden hat Ihr Kind einen eigenen Rhythmus. Geben Sie ihm Zeit, und forcieren Sie diesen Prozeß nicht durch Strenge.**
- **Die Geburt eines Geschwisterchens ist besonders für Erstgeborene, die bisher die Eltern für sich hatten, häufig ein einschneidendes und verunsicherndes Erlebnis. Manche Kinder versuchen auch, wieder »klein« zu werden, indem sie unbewußt einnässen.**

Einfach

Viele Kinder nässen nur in Rückenlage ein. Gewöhnt man sie daran, in der Seitenlage zu schlafen, ist schon manches Kind vom Bettnässen befreit worden.

Homöopathie

Bei seelisch bedingtem Bettnässen helfen homöopathische Medikamente meist sehr gut.

Bach-Blüten

Auch die Anwendung der Bach-Blütentherapie kann helfen. Wählen Sie zur Behandlung Ihres Kindes Cherry Plum, die Kirschpflaume.

Unser Tip

Seelische Unterstützung

Die Liebe zu Ihrem Kind, die es täglich fühlt, wird jede Behandlung am wirkungsvollsten unterstützen.

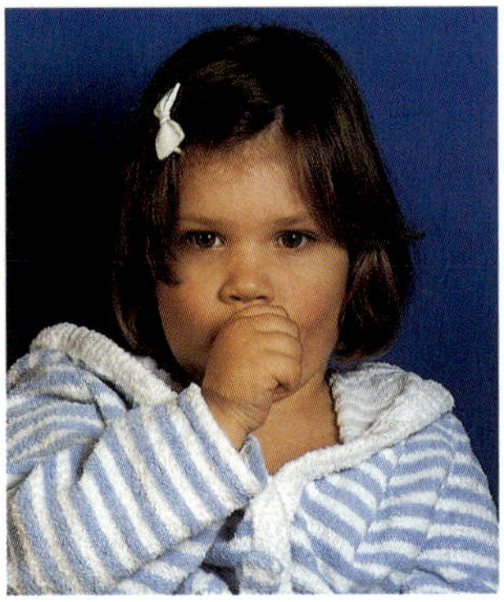

Der eigene Daumen ist für viele Kleinkinder ein wunderbarer Tröster.

Daumenlutschen

Symptome

- **Der Daumen (oder eventuell auch ein anderer Finger) werden auch nach dem fünften Lebensjahr noch in den Mund gesteckt und intensiv belutscht**

Ursachen

Das Daumenlutschen bedeutet ein Verweilen des Kleinkindes in der »oralen Phase« (der ersten Phase der frühkindlichen Sexualität), in der es durch das Saugen an der Mutterbrust oder an der Flasche das höchste Wohlbehagen verspürte und das Begreifen der Welt sich über den Mund abspielte.

Oft kann ein Neugeborenes schon wenige Stunden nach der Geburt mit lautem Schnalzen am Finger lutschen. Jedes Kind hat seine eigene Methode, welche Fingerchen und wie es sie in den Mund steckt. Das ist übrigens eine der ersten Handlungen, die das Kind selbständig fertigbringt!

Vorsicht!

Im allgemeinen ist das Daumenlutschen eine harmlose Gewohnheit. Es kann aber zu einer schlechten Zahnstellung führen, besonders, wenn es auch nach dem Ausfall der Milchzähne noch weiterhin vorkommt.

Das Saugbedürfnis akzeptieren

Es ist erwiesen, daß Brustkinder weniger das Bedürfnis haben, am Daumen zu lutschen. Das gilt insbesondere dann, wenn das Kind den Zeitpunkt und die Dauer des Stillens ganz nach seinen eigenen Bedürfnissen bestimmen kann. Die Stillzeiten können dann je nach augenblicklicher Verfassung des Kindes stark variieren.

Organische Hintergründe

Im Säuglingsalter ist das Daumenlutschen durchaus nicht als krankhaft zu betrachten – im Gegenteil. Das Kind beruhigt sich dabei in unlustbetonten Situationen – beispielsweise bei Hunger und Langeweile – selbst.

Gegenüber einem Schnuller hat der Daumen verschiedene Vorteile:

- Seine Oberfläche erneuert sich selbst
- Er ist weniger pilzanfällig
- Er ist immer greifbar

Und wenn das Kind spielen will, wird es den Daumen im Gegensatz zum Schnuller nie im Mund behalten.

Viele Kinder lutschen nur beim Einschlafen, andere aber auch tagsüber. Sie finden Trost, Beruhigung und Lust darin. Es ist oft ein

Zeichen für Langeweile oder eine seelische Störung des Kindes und sollte deshalb beobachtet, aber nicht bestraft werden.
Vor dem Einschlafen lutschen Kinder oft noch bis zum fünften Lebensjahr am Daumen. Wird das Daumenlutschen allerdings darüber hinaus beibehalten, kann dies ein Zeichen dafür sein, daß das Kind zuwenig liebevolle Zuwendung von den Eltern erhält oder daß seinem natürlichen Entdeckungs- und Bewegungsdrang nicht genügend Raum gegeben wird und es sich deshalb eine »Ersatzbefriedigung« im Daumenlutschen sucht.

So helfen Sie Ihrem Kind

»Pädagogische« Maßnahmen wie Strafe und Belohnung, Festbinden der Hände, Aufstreichen übelriechender und schlecht schmeckender Substanzen sollten unbedingt vermieden werden.
Sie vergrößern nur die seelische Not des Kindes, ohne ihm irgendwelche Hilfe zu bringen – und fördern damit letztlich den Zwang zum Daumenlutschen.

Schnuller – ja oder nein?

Der Säugling erschließt sich seine Umwelt noch vorwiegend mit dem Mund. Das Saugen an der Mutterbrust oder an der Flasche ist Ausdruck seines Wohlbehagens. So benutzt es den Daumen, den Bettzipfel oder auch den Schnuller zur Selbstbefriedigung und Beruhigung.
Sie dürfen Ihrem Kind ruhig den Schnuller geben, besonders dann, wenn es sich damit bei Unruhe oder Krankheit trösten kann.
Allerdings muß der Schnuller einen großen und festsitzenden Rand haben, damit er nicht ganz oder teilweise verschluckt werden oder in die Atemwege gelangen kann

Warnhinweis

Wenn ein kleines Kind plötzlich anfängt, am Daumen zu saugen, obwohl es das vorher nie getan hat oder es sich das schon abgewöhnt hatte, kann dies ein Zeichen dafür sein, daß irgend etwas das Kind stark verunsichert. Gehen Sie dieser Warnung nach, und suchen Sie nach Ursachen für eventuelle Ängste.

Vorbeugen – so bleibt Ihr Kind gesund

- **Am Daumen oder am Schnuller lutschen ist ein optimaler Trost für Kinder – und gerade der Daumen ist ein zuverlässiger Begleiter, der das Kind weder tagsüber noch nachts im Stich läßt und den ihm keiner nehmen kann.**

Vorsicht!
Glücklicherweise bildet sich der sogenannte Lutschkiefer oft von selbst wieder zurück, wenn die bleibenden Zähne kommen und das Kind langsam zu lutschen aufhört.

Unser Tip

Sicherheit
Geben Sie Ihrem Kind so viel Liebe und Zuwendung wie möglich, dann braucht es künstlichen Trost nur selten.

Depressive Verstimmung

Eine länger andauernde deprimierte Grundstimmung eines Kindes muß eventuell mit Hilfe eines Kinderpsychologen behandelt werden.

Symptome

- Kraftlosigkeit
- Müdigkeit
- Machtlosigkeit
- Verzweiflung
- Schlafstörungen
- Ängste
- Hypochondrische Ausreden
- Lustlosigkeit

Ursachen

Der Hang zur Depression ist zum Teil angeboren, wird aber durch negative Ereignisse (schulische Mißerfolge, Scheidungen) verstärkt. Auch Lichtmangel und falsche Ernährung können zu depressiven Stimmungen beitragen.

Vorsicht!

Depressionen oder auch schon depressive Verstimmungen im Kindesalter dürfen nicht auf die leichte Schulter genommen werden! Sie können Kinder in so tiefe Verzweiflung stürzen, daß sie letztendlich auch zum Selbstmord fähig sind.

Organische Hintergründe

Glück und Zufriedenheit beruhen zu einem Teil auf der richtigen Ernährung, denn bei ihrem Zustandekommen wirken Hormone und andere chemische Verbindungen mit, die von außen sehr gut beeinflußt werden können.

Als einer der Hauptauslöser für depressive Verstimmungen bei Kindern müssen Süßigkeiten angesehen werden. Schokolade enthält zwar depressionshemmende Substanzen, doch diese können nicht ausbalancieren, was durch den in Schokolade enthaltenen Fabrikzucker aus dem Lot gebracht wird.

So raubt Fabrikzucker dem Körper wichtige Mineralien und Vitamine, vor allem B-Vitamine, die an der Synthese von glücksauslösenden Stoffen im Nervensystem beteiligt sind. Darüber hinaus treibt er den Blutzuckerspiegel unnatürlich in die Höhe, mit der Folge, daß der kindliche Körper mit allen Mitteln versucht, den Blutzuckerspiegel wieder nach unten zu drücken. Diese Bemühungen enden meistens damit, daß der Energiegehalt des Blutes drastisch absinkt. Die Folge: Müdigkeit, Konzentrationsschwäche und schließlich ein depressives Stimmungstief.

Rezeptfreie Medizin

Johanniskraut erreicht in seiner depressionshemmenden Wirkung ähnliche Ergebnisse wie einschlägige Psychopharmaka, ohne jedoch deren Nebenwirkungen zu besitzen. Als Heilkraut ist es daher für Kleinkinder und selbst für Babys ein Mittel der ersten Wahl. Es gibt Johanniskraut mittlerweile in Pillenform bei allen Apotheken.

Eine alte Streitfrage in der Kinderpsychiatrie lautet, ob Mißerfolge kindliche Depressionen fördern oder ob sie die Widerstandsfähigkeit der Kinder trainieren und sie dadurch dickfelliger gegenüber Depressionen machen. Die Antwort hängt wesentlich vom Erlebniswert der Mißerfolge ab.
Bleiben Kinder in ihren täglichen Niederlagen allein und ohne elterliche Unterstützung, wird ihre Neigung zu Depressionen verstärkt. Anders jedoch, wenn Kinder lernen, daß Mißerfolge eine Durchgangsstation zum Erfolg sind und daß sie keineswegs die Beziehung zu den geliebten Menschen gefährden. In diesem Falle wirken Mißerfolge erwiesenermaßen als präventive Depressionsbremser.

Vorsicht, echte Depression!
Im Unterschied zu den depressiven Verstimmungen gehören echte Depressionen in fachärztliche Behandlung (Psychoanalytiker, Psychiater, Psychotherapeut mit psychologischer oder medizinischer Ausbildung).

So helfen Sie Ihrem Kind

Naturheilmittel

Johanniskrautblüten mit ihrer schönen gelben Farbe waren schon dem mittelalterlichen Arzt und Philosophen Paracelsus bekannt. Heute gelten sie als unbestrittener Star in der pflanzlichen Therapie von Depressionen. Ihre Wirkstoffe greifen harmonisierend in den Hormonhaushalt ein; einige ihrer Substanzen vermögen sogar gezielt bestimmte »Stimmungstiefrezeptoren« im Gehirn zu blockieren.
Für Kinder ist es besonders reizvoll, die Blüten selbst zu sammeln und sie zusammen mit den Eltern zu einem schmackhaften Tee zu verarbeiten.
Rezept: 20 g getrocknetes Johanniskraut und 20 g Schafgarbenkraut mischen, 2 EL davon mit 1/4 l siedendem Wasser übergießen. 10 Minuten ziehen lassen und abseihen. 1 bis 2 Wochen lang können Kinder den Johanniskrauttee 2mal täglich trinken. Der Tee kann bei Bedarf mit Honig gesüßt werden.

Akupressur

Akupressur hat prinzipiell das Ziel, die Energieströme von Körper und Geist auf ein ausgeglichenes Niveau zu bringen. Bei der durch Willens- und Entschlußschwäche gekennzeichneten Depression besitzt sie daher gute Chancen.
Der zu massierende Punkt befindet sich an der Ellenbogeninnenseite. Im Chinesischen hat er den Namen »Shao Hai«, »das geringe Meer«. Beugen Sie den Arm des Kindes, dann können Sie mit Ihren Fingern an der Ellenbogeninnenseite deutlich eine Kuhle spüren; genau dort sitzt Shao Hai. Massieren Sie ihn etwa 1 Minute lang mit den Fingerkuppen von Zeige- und Mittelfinger in langsamen, kreisenden Bewegungen. Wechseln Sie dann auf den anderen Arm. Zeigen Sie Ihrem Kind, wie es sich selbst massieren kann; wiederholen Sie die Übung mit dem Kind zusammen mehrmals am Tag.

Unser Tip

Das rechte Maß finden
Ein Kind mit depressiven Verstimmungen braucht viel Zuneigung – die sollten Sie ihm auch geben. Decken Sie es aber nicht mit Ihrer Liebe zu, sondern geben Sie ihm die Möglichkeit, eigene Erfahrungen zu machen. Kinder sind oft viel selbständiger als die Eltern denken – und auch diese Selbständigkeit gilt es zu fördern.

Kinder, die sich viel an der frischen Luft bewegen, regelmäßig sportlichen Aktivitäten nachgehen und auch ausreichend Kontakt zu gleichaltrigen Spielkameraden haben, leiden im allgemeinen sehr viel seltener an Depressionen als »Stubenhocker« oder kontaktarme, in sich gekehrte Kinder.

Wichtig!

Manche Kinder erscheinen still, übermäßig gefügig, passiv oder auch resigniert, wenn sie unter einer depressiven Verstimmung leiden. Bei anderen äußert sich dieser Zustand eher in hyperaktivem, umtriebigem Verhalten. Sie reden auffallend viel. Im Schulalter erscheinen depressive Verstimmungen häufig als Schulschwierigkeiten oder Faulheit.

Bewährte Hausmittel

In schönen Erinnerungen schwelgen

Setzen Sie sich mit Ihrem depressiv verstimmten Kind zusammen, und holen Sie angenehme, am besten lustige Erlebnisse aus der Erinnerungskiste heraus. Gemeinsam zu lachen, vertreibt meist die depressiven Gedanken.

Regelmäßiger Sport

Bewegung lenkt die Gedanken der Kinder auf das Körperliche ab und erzeugt angenehme Empfindungen. Darüber hinaus fördert sie die Ausschüttung von glücksfördernden Hormonen. Schließlich sorgt Sport für Erfolgserlebnisse; und die gelten als natürlicher Feind der Depression.

Schlaffördernde Maßnahmen

Wenn depressive Verstimmungen sich bei Ihrem Kind in verstärkter Unruhe zeigen oder wenn Ihr Kind Ein- oder Durchschlafstörungen hat eignet sich ein Baldrianbad. Dazu übergießen Sie 1 bis 2 Handvoll zerkleinerte Baldrianwurzel mit 1 l kochendem Wasser. Lassen

Sie den Sud 30 Minuten ziehen, und geben Sie die abgesiebte Flüssigkeit dem Badewasser zu. Bei 35 bis 37 °C darf Ihr Kind 10 Minuten baden.

Wichtig!

Warnzeichen einer echten Depression

- Die Stimmungstiefs dauern länger und entstehen oft ohne Grund.
- Das Zeitgefühl verändert sich. Mal scheint die Zeit stillzustehen, dann rast sie wieder im Eiltempo vorbei.
- Das depressive Kind kommt aufgrund eine Wahrnehmungsstörung zu ganz anderen Urteilen als die Menschen aus seiner Umgebung.
- Das depressive Kind erscheint unansprechbar, lebt in seiner eigenen Welt.

Vorsicht, Glotze!

Kinder, die mehr als zwei Stunden pro Tag fernsehen bzw. Videofilme gucken, sind besonders depressionsgefährdet. Hierfür gibt es mehrere Gründe.

Zu den wichtigsten gehören die Reizüberflutung durch das Fernsehen, Überanstrengung des Nervensystems mit fiktiven Handlungen und pausenlos erfolgreichen Helden und einem verzerrten Wirklichkeitsbild; das kann starke Frustrationen hervorrufen.

Machen Sie Ihr Kind nicht zum Frustesser

Verwöhnen Sie Ihr Kind während depressiver Phasen nicht mit Süßigkeiten wie Speiseeis oder Schokolade! Auf diese Weise produzieren Sie einen Frustesser, der auch im Erwachsenenalter immer wieder zu Süßem greifen wird, wenn es ihm psychisch schlechtgeht.

Ernährung gegen depressive Verstimmungen

Positive Essensstimmung

Grundsätzlich gilt: Wer sich nach dem Essen wohl fühlt, hat damit bereits die idealen Bedingungen für gute Laune. Wer sich jedoch nach den Mahlzeiten schlecht fühlt, droht in ein Stimmungsloch zu fallen.

Für den konkreten Essensalltag bedeutet das: Essen muß Spaß machen. Ihr Kind muß gerne zum Essen kommen, und das tut es nur, wenn es damit angenehme Empfindungen verbindet. Wer jedoch die Mahlzeiten mit erzieherischen Maßnahmen verbindet – wie etwa dem Tadeln – oder aufdringlich nachhakt, was denn so in der Schule passiert sei, nimmt den Spaß am Essen und schafft die Bedingungen für depressive Verstimmungen bei Kindern.

Bewegung fördert Glücksgefühle

Bewegung und Sport tragen nicht nur dazu bei, daß sich der Körper wohl fühlt, sondern harmonisieren auch die Gefühle. Zudem regt regelmäßige Bewegung die Stoffwechselvorgänge im Körper und damit auch im Gehirn an.
Beim Sport – insbesondere bei Ausdauerleistungen – produziert der Körper Hormone, die das Wohlfühlen fördern. Zudem werden giftige Stoffwechselschlacken aus dem Körper entfernt.

Essen ohne Zwang

Zwingen Sie Ihr Kind niemals dazu, den Teller leer zu essen! Kaum etwas hat eine dramatischere psychische Bedeutung, als einem Menschen etwas durch den Mund in seinen Körper hineinzuzwingen. Durch solche Maßnahmen, die die wichtigste Grenze der Person gegen die Außenwelt mißachten, wird das Ichgefühl des Menschen in Frage gestellt, wird das Selbstbewußtsein eines Menschen systematisch unterminiert. Typische Verweigerungskrankheiten wie Magersucht, Bulimie und Depressionen können die Folge sein.

Weniger Fett und Zucker

Fettreiche Speisen mit viel Fleisch und wenig Gemüse machen träge – und wer träge ist, neigt zur Melancholie. Süßigkeiten pushen den Blutzuckerspiegel zwar kurzfristig nach oben, der steigende Insulinspiegel läßt ihn danach aber in ein tiefes Loch fallen. Das beeinträchtigt die Versorgung des Gehirns, das ja hauptsächlich von Zucker lebt. Auch das ist eine ideale Bedingung für depressive Verstimmungen.

Den Gehirnstoffwechsel aktivieren

Bei der Entstehung von depressiven Verstimmungen spielt der Gehirnstoffwechsel eine wichtige Rolle. Eine ausgewogene, vollwertige Ernährung kann dazu beitragen, daß dem Körper nichts fehlt, um diesen Stoffwechsel aufrechtzuerhalten. Über eine Vollwerternährung werden dem Körper diejenigen Stoffe zugeführt, die er benötigt, um die Hormone für das Wohlbefinden und eine ausgeglichene Stimmung herzustellen.

Biostoffe gegen depressive Verstimmungen

- Vitamin B5 (Pantothensäure) ermöglicht als »Synthesemobilisator« im Gehirn den Umbau von Cholin zum Neurotransmitter (Botenstoff) Azetylcholin, das eine wichtige Rolle beim Entstehen unserer Glücksgefühle spielt.
- Folsäure fördert die Produktion des Glückshormons Noradrenalin.
- Vitamin B6 (Pyridoxin) ist ein wichtiges Steuerungsinstrument für die Arbeit unserer Nerven; zusammen mit Vitamin C mobilisiert es die Produktion des Glückshormons Noradrenalin.
- Kobalamin unterstützt als typisches Vitamin der B-Gruppe den Stoffwechsel. Es hilft der Folsäure bei der Herstellung des Nervenstoffs Cholin.
- Vitamin C ist ein Muntermacher; es mobilisiert die Noradrenalinproduktion und wirkt gegen Müdigkeit und Erschöpfungszustände.
- Phenylalanin und Methionin, spezielle Eiweißstoffe, sind Bausteine des Glückshormons Noradrenalin.

Ideale Nahrungsmittel gegen ein Stimmungstief

- Vollwertige Getreideprodukte und Nüsse enthalten viel Kobalamin, Folsäure, Pyridoxin und Pantothensäure. Wichtige Vitamin-B-Lieferanten sind auch Bierhefe und Leinsamen. Leinsamen lassen sich problemlos über alle möglichen Speisen streuen, und auch Bierhefe kann in Form von geschmacksneutralen Flocken auf die Speisen gegeben werden.

- Karotten, rote Bete, Tomaten, Spinat, Äpfel und Ananas enthalten viel Vitamin C sowie große Mengen des »Glücksbaustoffes« Phenylalanin.
- Meerrettich, Knoblauch, Haselnüsse, Milchprodukte und Äpfel enthalten große Mengen des »Glücksbaustoffes« Methionin.

Zufriedender Magen - zufriedene Seele
Ernährungspsychologen sagen, daß unsere Stimmung mit dem Füllungsgrad des Magens und mit dem Gehalt an Nährstoffen im Blut einhergeht. Kommt es hier zu starken Schwankungen, so wird auch die Psyche keine Stabilität erringen können. Als Faustregel gilt: Mehrere kleine, nährstoffreiche (aber nicht allzu fette) Speisen am Tag sorgen für eine ebenmäßige Nährstoffsituation und damit auch für eine ausgeglichene Psyche.

Kein Käse zu depressionshemmenden Medikamenten
Sollte der Arzt es für nötig halten, daß Ihr Kind Medikamente nimmt, die die depressiven Erscheinungen bei Ihrem Kind lindern, fragen Sie ihn, ob es sich bei diesem Medikament um einen Fermenthemmer handelt. Diese Medikamente behindern die Verdauung von Käse, so daß ein giftiges Stoffwechselprodukt angesammelt wird. In der Folge kann es zu Kopfschmerzen, Erbrechen, Herzjagen und einer bedenklichen Blutdruckerhöhung kommen.

Vorbeugen – so bleibt Ihr Kind gesund

- **Bekommt Ihr Kind auch genug Licht? Im Winter ist es durchaus möglich, daß es morgens in der Dunkelheit in die mäßig ausgeleuchtete Schule geht, dann wieder in die vier Wände des Kinderzimmers zurückkommt, um dort Schularbeiten zu machen – und dabei kaum Tageslicht abbekommt. Wenn das einige Zeit so geht, lauert die Winterdepression.**
- **Eine depressive Verstimmung wird auch durch bestimmte Hormonveränderungen infolge von Lichtmangel ausgelöst. Wirksame Gegenmaßnahmen: Installieren Sie eine Tageslichtlampe im Kinderzimmer – und schicken Sie Ihr Kind täglich an die frische Luft!**
- **Setzen Sie Ihrem Kind realistische Ziele! Schätzen Sie seine Möglichkeiten richtig ein! Benutzen Sie es nicht als Medium Ihrer eigenen hochtrabenden Ziele!**
Die psychogesundheitliche Entwicklung von Kindern, die täglich mehrere Stunden turnen, für die Schule büffeln oder Klavier spielen müssen, ist meistens gestört!

Entspannungstechniken
Manchen Kindern helfen Entspannungstechniken wie autogenes Training oder progressive Muskelentspannung nach Jacobson, sich in eine ausgeglichenere Stimmungslage zu versetzen. Das trifft insbesondere dann zu, wenn es sich um leichte Formen einer depressiven Verstimmung handelt. Viele Volkshochschulen und Familienbildungsstätten bieten Kurse an, die speziell auf Kinder ausgerichtet sind.

Mit bewegungsintensiven Spielen versuchen hyperaktive Kinder, ihrem gesteigerten Bewegungsdrang Rechnung zu tragen.

Hyperaktivität

Symptome

- **Übermäßiger Bewegungsdrang**
- **Schlechte Impulskontrolle**
- **Herabgesetzte Fähigkeit zur Hemmung gefühlsmäßiger Reaktionen**
- **Störungen der Konzentration und Aufmerksamkeit**
- **Neigung zu unkontrollierten, aggressiven Handlungen**
- **Unkontrollierte Sympathiebekundungen**

Ursachen

Hyperaktivität kann viele Ursachen haben. So kann die übermäßige Nervosität des Kindes dadurch entstehen, daß es zu vielen äußeren Einflüssen ausgesetzt ist (Fernsehen, Reisen, Vereinsaktivitäten usw.). Kinder erleben die Welt ja noch völlig ungeschützt – das »dicke Fell« wächst dem Menschen erst im Laufe der Zeit.

Vorsicht!

Manche Eltern glauben, ihrem Kind helfen zu können, indem sie ihm chemische Einschlafmittel verabreichen. Aber solche Mittel sind gar nicht in der Lage, erholsamen Schlaf zu erzeugen. Sie versetzen das Kind vielmehr in eine Art Betäubungszustand, aus dem es matt und unausgeruht erwacht. Außerdem ist das Suchtpotential ungeklärt.

Rezeptfreie Medizin

Als Einschlaftees eignen sich Kamille, Lindenblüten und Eisenkraut. Für nervöse Kinder hat sich folgende Mischung bewährt, die Sie sich in der Apotheke herstellen lassen können: 10 g Melisse, 10 g Baldrian, 5 g Malvenblüten, 5 g Orangenblüten. Übergießen Sie 1/2 TL dieser Mischung mit 1 Tasse kochendem Wasser, 10 Minuten ziehen lassen, dann abseihen. Geben Sie 1 Tasse davon vor dem Abendessen.

Organische Hintergründe

Hyperaktiv nennt man die sogenannten Zappelphilippe unter den Kindern. Mit ihrer inneren und äußeren Unruhe machen sie sich selbst und allen, die mit ihnen zu tun haben, das Leben schwer.
Besonders in Situationen, die Einordnung und Aufmerksamkeit verlangen, wie Schulunterricht oder Kindergarten, zeigen viele Kinder eine auffallende und anhaltende Unruhe. Sie können nicht ruhig sitzen bleiben, scharren mit den Füßen, lassen Gegenstände fallen, drehen sich um oder springen unmotiviert auf.
Diese Unkonzentriertheit, die nur kurze Spanne, in der sie ruhig und aufmerksam dem Unterricht folgen können, ihre leichte Ablenkbarkeit und ihre Impulsivität stören nicht nur die Leistungsfähigkeit des betroffenen Kindes, sondern die gesamte Kindergartengruppe oder Schulklasse.

Bewährte Hausmittel

Sich mit dem Kind beschäftigen
Wenn Sie Ihrem Kind Geschichten erzählen oder vorlesen anstatt es mit dem Kassettenrecorder oder Fernseher allein zu lassen, kann es sich in Ihrer Liebe und Zuneigung geborgen fühlen. Und es lernt für später, selbst auszuwählen und sich nicht zum willenlosen Konsumenten der Unterhaltungsindustrie machen zu lassen.

Geordneter Tagesablauf
Besonders kleinere Kinder bis hin zum Schulalter brauchen noch eine weitere Sicherheit, die ihnen Stabilität und Ruhe gibt: den rhythmischen Ablauf ihres Lebens.
Dazu gehören feste Essens- und Schlafenszeiten, aber auch feste Zeiten, in denen die Eltern ganz für sie da sind: zum Spielen, zum Geschichtenerzählen, zum Zuhören. Sie brauchen sich gar nicht stundenlang Zeit dafür zu nehmen – aber eine Viertelstunde vor dem Schlafengehen oder die halbe Stunde am Nachmittag, die Sie ausschließlich mit Ihrem Kind verbringen, sollte unantastbar sein. Man darf die beruhigende Wirkung dieser wiederkehrenden »Rituale« nicht unterschätzen!

So helfen Sie Ihrem Kind

Vom Kleinkindalter bis zur Schulzeit ist die wichtigste therapeutische Maßnahme das Vorbild des Erwachsenen, der sein Denken, Fühlen und Wollen beherrscht. Statt dessen sehen sich die Kinder oft konfrontiert mit Hetze, Sorgen, seelischen Spannungen in der Familie, einer strapazierten Mutter, einem launischen Vater. Außerdem begegnen sie anstelle von liebevoller Geborgenheit oft einer gewissen Ratlosigkeit und Gleichgültigkeit den Zeitproblemen gegenüber und im gegenseitigen Verhalten.

Weniger ist mehr
Die Kinder werden vielfach überschüttet mit Spielsachen, Süßigkeiten und Geschenken aller Art, wodurch nicht die Konzentration, sondern die Zerstreuung gefördert wird. Ganz zu schweigen davon, daß regelmäßiger Medienkonsum wie Fernsehen, Kassetten, Videos eine nicht beabsichtigte Erziehung zur Konzentrationsschwäche darstellen.

Naturheilmittel

Beruhigungstee
Übergießen Sie je 1 TL Baldrianwurzel und Melissenblätter (beides aus der Apotheke) mit 1 Tasse kaltem Wasser. Kurz aufkochen lassen, anschließend abseihen. Geben Sie Ihrem Kind von diesem Tee täglich 2 bis 3 Tassen.

Hinweis

Ein Trost für die Eltern hyperkinetischer Kinder mag sein, daß die meisten ihre Symptome bis zur Pubertät verloren haben.

Medikamente nur unterstützend

Hyperaktivität ist eine Verhaltensstörung, die mit Arzneimitteln nicht behandelbar ist. Allenfalls kann in bestimmten Stadien ein Medikament zur Unterstützung der psychotherapeutischen Behandlung eingesetzt werden.

Unser Tip

Orientierung im Jahr
Auch die Jahresfeste gehören in diesen Bereich. Viel wichtiger als die Geschenke und das üppige Essen ist den Kindern die Stimmung, die an solchen Tagen herrscht.

Ernährungseinflüsse
Neben äußeren Einflüssen kann auch die Ernährung als Ursache der Hyperaktivität eine große Rolle spielen. Der kindliche Organismus reagiert auf die den Nahrungsmitteln beigefügten Konservierungs-, Farb- und geschmacksverstärkenden Stoffe sehr viel empfindlicher als der erwachsene Körper. In diesem Fall sind es vor allem die Phosphate, auf die das Kind reagiert – eben mit Hyperaktivität. Phosphate sind vor allem in Fleisch- und Wurstwaren, in Limonaden und Süßigkeiten, aber auch in verschiedenen Obstarten vorhanden.

Baldriantinktur
Geben Sie Ihrem Kind etwa 3 Monate lang 3mal täglich nach dem Essen 10 Tropfen Baldriantinktur (aus der Apotheke) auf einem Stückchen Zucker.

Beruhigungsbad
Lassen Sie je 1 Handvoll Salbei und Lavendelblüten (aus der Apotheke) in 1 l Wasser aufkochen. Geben Sie außerdem noch etwas »Kneipp-Hopfenölbad« ins Bad, und lassen Sie Ihr Kind bei 37 °C etwa 20 Minuten darin baden.

So hilft der Arzt

Wenn die Hyperaktivität Ihres Kindes sehr ausgeprägt ist oder mit stark aggressivem Verhalten einhergeht, sollten Sie Ihr Kind einem Arzt vorstellen. Er wird feststellen, ob Anzeichen einer frühkindlichen Hirnschädigung vorliegen.
Familien mit hyperaktiven Kindern brauchen viel Geduld und jahrelange psychotherapeutische Hilfe und Beratung. Bei konsequenter heilpädagogischer und psychotherapeutischer Betreuung kann sich manchmal überraschend plötzlich ein Therapieerfolg einstellen, da manche Kinder spontan »nachreifen«.

Ernährung bei Hyperaktivität

Phosphate in der Diskussion
Phosphat geriet in den letzten Jahren in starken Verruf. Phosphorsalze galten lange Zeit als schlimme Wasserverschmutzer; in jüngerer Zeit gerieten sie in die Diskussion, weil sie das hyperkinetische Syndrom (»Zappelphilipp-Syndrom«) bei Kindern hervorrufen sollen. Die Waschmittelhersteller haben mittlerweile reagiert und die Phosphatbleiche aus ihren Mitteln entfernt. In Zahnpasten findet man jedoch immer noch Phosphate als Zahnweißer und Schmirgelsalze. Ob schließlich die phosphatreiche Kinderernährung unserer Zeit (Limonaden, Colagetränke) zum hyperkinetischen Syndrom führt, ist umstritten. Tatsache ist jedoch, daß eine phosphatarme Kost den Heilungsverlauf dieser Krankheit unterstützt.
Es kann also in keinem Fall schaden, die Ernährung eines hyperaktiven Kindes möglichst phosphatarm zu halten. Jedoch darf die phosphatarme Ernährung nicht übertrieben werden, denn Phosphate erfüllen im menschlichen Organismus eine ganze Reihe von unentbehrlichen Aufgaben.

Nebenwirkungen der Zusatzphosphate
Die den Lebensmitteln zugesetzten Phosphate können Allergien auslösen, in größeren Mengen beeinträchtigen sie den Kalziumstoffwechsel. Das kann bei Kindern Knochen und Zähne schädigen.

Biostoffe und Nahrungsmittel für ruhige Nerven

- Vitamin B1 (Thiamin) sorgt als »Dosenöffner« für den Brennstoff Glukose dafür, daß die Nervenzellen ausreichend mit Energie versorgt werden. Thiaminmangel führt zu Reizbarkeit, Störungen des emotionalen Gleichgewichts, Konzentrationsschwäche, chronischer Müdigkeit, Appetitmangel und Schlafstörungen.
- Man findet Thiamin vor allem in Bierhefe, Haferflocken, Honeysmacks, Müsli mit Nüssen, Müsli mit Vollkorn, Cashewnüssen, Mohn, Sesam, Sonnenblumenkernen und Wurstwaren.
- Vitamin B3 (Niazin) sorgt für die richtige Verteilung der Energien. So entscheidet seine Anwesenheit im Blut beispielsweise darüber, ob die Aminosäure Tryptophan in den Energiestoffwechsel eingeschleust oder zur Beruhigung der Nerven eingesetzt wird.

Eine niedrige Niazinversorgung über die Nahrung führt zu Nervosität und Unrast, während eine Extraportion des Vitamins unter Umständen schneller für Nervenruhe sorgt als Baldrian, Hopfen, Johanniskraut oder andere Beruhigungsmittel.
Zu den niazinreichen Nahrungsmitteln gehören Bierhefe, Fleisch, Wurst, Hülsenfrüchte sowie Nüsse und Samen.

Wieselflinkes Niazin

Das Geheimnis von Vitamin B3 besteht in seiner Winzigkeit. Ähnlich wie Vitamin C sind seine Moleküle ausgesprochen klein, weswegen es schnell zu seinen Einsatzorten im Körper gelangt, ohne vorher von schädlichen freien Radikalen »abgeschossen« worden zu sein. Eine Wendigkeit, die Vitamin B3 zum schnellsten aller Vitamine macht – und dieser Umstand macht es wiederum attraktiv für die medizinische Therapie.

Rat und Hilfe für betroffene Eltern

- **Eltern eines hyperaktiven Kindes müssen sich in ihren Erziehungsgrundsätzen und in ihren Ge- und Verboten besonders einig sein, da ihr Kind sie sonst gegeneinander ausspielt.**
- **Trotz aller Schwierigkeiten sollten Sie Ihr hyperaktives Kind ganz normal behandeln. Bauen Sie die spezifischen Fördermaßnahmen, die es braucht, in das Spiel mit dem Kind ein.**
  Bis zum Eintritt in die Schule sollte es gelernt haben, sich zu konzentrieren und dem Unterricht aufmerksam zu folgen.
- **Hyperaktive Kinder brauchen besonders starke Reize – deshalb müssen Sie beim Erfinden von Spielen und anderen Vergnügungen besonders einfallsreich sein, damit sich das Kind nicht langweilt.**

Phosphate als Lebensmittelzusatz

In Käse:
Orthophosphorsäure (E 338), Natriumphosphate (E 450a bis E 450c) und Mononatriumorthophosphat (E 339a), um beim Erwärmen die Ausscheidung von Fetten und Molke zu verhindern.

In Zahnpasta, Backmischungen und Zuckersirup:
Dikalziumorthophosphat (E 341b) und Trikalziumorthophosphat (E 341c). Diese Salze sorgen für die notwendige Bleiche und einen gewissen Glanz.

In milchfreien Kaffeeweißern:
Di- und Trikaliumorthophosphat (E 340b und c).

In Fischprodukten, vor allem in Filets und Fischstäbchen:
Polyphosphate (E 450a bis E 450c) zur Erhöhung der Wasseraufnahme, damit beim Auftauen nicht zuviel Masse verlorengeht.

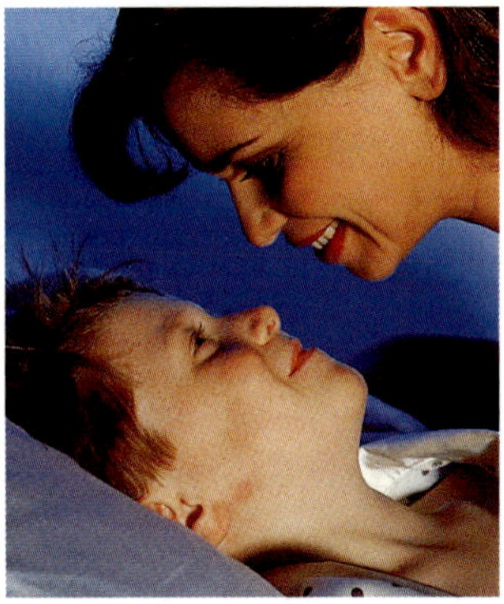

Ihr Kind kann nicht einschlafen – hat es vielleicht einen aufregenden Film vor dem Zubettgehen gesehen?

Schlafstörungen

Symptome

- Angstvolles Rufen nach der Mutter
- Beängstigende Träume oder Angst vor Geräusch
- Angst vor der Dunkelheit
- Nächtliches Aufschreien im Traum
- Gequältes Weinen
- Kind sitzt mit ängstlich aufgerissenen Augen im Bett

Ursachen

Oft werden Kinder in der Nacht unruhig und schrecken aus dem Schlaf auf. Bei ihnen war häufig der Tag mit Unruhe in der Umgebung angefüllt. Zu viele und zu verschiedenartige optische und akustische Eindrücke (Fernsehen, Radio usw.), die Nervosität der Eltern, unbeherrschtes Verhalten der Mitmenschen untereinander beeinflussen die Schlafqualität eines Kindes ganz erheblich.

Auch innere Ängste, mit denen das Kind nicht fertigwird, können zur Schlaflosigkeit führen. Streitigkeiten der Eltern können die Angst vor der Trennung der Eltern oder auch vor einer Trennung des Kindes von den Eltern hervorrufen.

Viele Kinder können auch aus Angst vor einer Klassenarbeit am nächsten Tag nicht schlafen.

Bei krankheitsbedingtem Mißbefinden und Schmerzen kommt es ebenfalls häufig zu Einschlafstörungen oder Schlaflosigkeit.

Vorsicht!

Manche Eltern glauben, ihrem Kind helfen zu können, indem sie ihm chemische Einschlafmittel verabreichen. Aber solche Mittel sind nicht nur wegen ihrer Nebenwirkungen schädlich – sie sind aufgrund ihrer Zusammensetzung auch gar nicht in der Lage, wirklich erholsamen Schlaf zu erzeugen. Sie versetzen das Kind vielmehr in eine Art Betäubungszustand, aus dem es matt und unausgeruht erwacht. Außerdem ist das Suchtpotential ungeklärt.

Rezeptfreie Medizin

Als Einschlaftees eignen sich Kamille, Lindenblüten und Eisenkraut. Für nervöse Kinder hat sich folgende Mischung bewährt, die Sie sich in der Apotheke herstellen lassen können: 10 g Melisse, 10 g Baldrian, 5 g Malvenblüten, 5 g Orangenblüten. Übergießen Sie 1/2 TL dieser Mischung mit 1 Tasse kochendem Wasser, 10 Minuten ziehen lassen, dann abseihen. Geben Sie 1 Tasse davon vor dem Abendessen.

Organische Hintergründe

Genau wie beim Erwachsenen können auch beim Kind seelische Belastungen, außergewöhnliche Erregungen, echte Sorgen, aber auch die Vorbereitung einer Urlaubsreise den Schlaf stören. Die Kinder schlafen nicht ein, stehen auf oder wachen nachts mehrmals auf.

Leistungsdruck und Reizüberflutung
Häufig ist es der wachsende Leistungsdruck in der Schule (aber nicht selten auch im Sportverein usw.), der viele Kinder überfordert. Außerdem trägt die ständige Überflutung der Kinder mit Umweltreizen dazu bei, daß sie schlecht schlafen.
Viele Kinder sitzen heute länger vor dem Fernseher als über ihren Schularbeiten. Und selbst dabei lassen sie sich zusätzlich von Musik berieseln, was nach Meinung vieler Experten der Gesundheit nicht zuträglich ist.
Dieser Dauerstreß führt bei vielen Kindern zu psychischen Schäden. Sie leiden unter Übererregbarkeit, Zerstreutheit, Konzentrationsschwäche und vor allem unter Schlafstörungen.

Nach den Ursachen forschen
Wenn Kinder nachts ängstlich aufschreien, kann dies unterschiedliche Gründe haben. Tritt dieses Ereignis erstmalig ein, sollten Sie zunächt nachschauen, ob das Kind dabei wach ist oder im Traum schreit. Im letzteren Fall wecken Sie es ganz vorsichtig auf. Prüfen Sie dann, ob es Schmerzen hat (beispielsweise praller Bauch) oder unter Fieber oder Atemnot leidet, etwa weil die Nase verstopft ist. Überlegen Sie auch, ob das Kind am Tag ein Schreckerlebnis hatte.

Treten Unruhe, Angst und Schreien nachts öfter auf, so spricht man vom »pavor nocturnus« – also von nächtlicher Angst. Dabei schreien die Kinder im Schlaf auf und wälzen sich stöhnend im Bett. Sie können nicht sofort aufwachen, aber auch nicht ruhig weiterschlafen. Auch in diesem Fall sollte man überlegen, ob es aufregende oder beängstigende Tageserlebnisse gegeben hat, ob blähende Speisen gegessen wurden usw.

So helfen Sie Ihrem Kind

Versuchen Sie zuerst, den Streß, dem Ihr Kind täglich ausgesetzt ist, zu reduzieren. Dazu gehört vor allem die Reizüberflutung durch Radio, Walkman, Fernseher, Videorekorder usw., aber auch, den Leistungsdruck durch Anforderungen der Schule, der Vereine usw. zu vermindern.
Sehr wahrscheinlich wird Ihr Kind gegen die eine oder andere Maßnahme (beispielsweise Einschränkung des Fernsehkonsums) revoltieren. Bleiben Sie trotzdem fest – es geht schließlich um die Gesundheit Ihres Kindes!

Bewährte Hausmittel

Den Tag einen Rhythmus geben
Ganz wichtig – das gilt für alle Kinder – ist die Art und Weise, wie Sie den Tagesablauf gestalten. Beenden Sie den Tag immer, und

Keine Sorge

**Die Dauer des normalen Schlafs ist in den einzelnen Lebensaltern unterschiedlich.
Der Säugling, dessen Organismus im Aufbau begriffen ist, hat das größte Schlafbedürfnis und verschläft die meiste Zeit des Tages.
Auch im Kindesalter ist das Schlafbedürfnis groß; es beträgt meistens zehn Stunden.**

Unser Tip

Sanfter Ausklang
Beenden Sie den Tag sanft, so daß Ihr Kind schon ein wenig zur Ruhe kommt, noch bevor es ins Bett geschickt wird.

Wacht Ihr Kind in der Nacht, z. B. durch einen schlimmen Traum, auf und kann nicht wieder einschlafen, wirkt meist das Vorlesen einer kleinen Geschichte sehr beruhigend und einschläfernd.

Hinweis

Fügen Sie dem abendlichen Bad des Kindes Extrakte von Kamille oder Lavendel bei. Diese wirken beruhigend und helfen dem Kind beim Einschlafen. Auch die Luft im Schlafzimmer trägt zu einem ruhigen Schlaf bei. Der Raum sollte nicht zu warm sein und vor dem Schlafengehen gut gelüftet werden.

zwar gesondert für jedes Kind, mit einem abendlichen Zwiegespräch. Dabei sollten die wichtigsten Tagesereignisse noch einmal besprochen werden, entweder, um schöne Erlebnisse zu vertiefen, oder aber, um traurige Erlebnisse zu verarbeiten.

Licht gegen Angst

Lassen Sie ein kleines Lämpchen im Schlafzimmer des Kindes an. Es gibt sogenannte Nachtleuchten, deren schwaches Licht nicht stört und dem Kind die Furcht vor der beängstigenden Dunkelheit nimmt. Es hilft dem Kind auch, sich zu orientieren, wenn es nach einem bösen Traum aufwacht.

Trost und Sicherheit

Säuglinge nehmen Sie bei Schlafstörungen am besten auf den Arm und trösten sie, wenn sie weinen. Damit vermitteln Sie ihnen Sicherheit und verhindern, daß sie Verlassensängste entwickeln. Das so gewonnene Urvertrauen wird das Kind sein ganzes Leben lang begleiten und ihm viele Übergänge erleichtern.

Entspannt den Tag beenden
Ältere Kinder mit Schlafstörungen sollten 2 Stunden vor dem Zubettgehen mit Lesen oder sonstigen geistigen Arbeiten (Hausaufgaben, Computerspiele usw.) aufhören. Statt dessen einen kleinen Spaziergang oder eine andere kleine Pause einlegen (beispielsweise durch das Vorlesen oder Erzählen eines Märchens oder einer Geschichte).

Kleine Erpresser
Mitunter sind die Schlafschwierigkeiten des Kindes auch gar nicht durch Krankheit oder Angst bedingt, sondern es möchte nur seine Position ausspielen.
Wenn Ihr Kind nicht krank ist oder tatsächlich Angst hat, sollten Sie es ruhig eine Zeitlang weinen lassen. Machen Sie ihm das Zugeständnis, ein gedämpftes Licht anzulassen oder die Tür des Kinderzimmers offen zu lassen, aber nur, wenn dann wirklich Ruhe ist.

Naturheilmittel

Baldrianbad
Wenn Ihr Kind unter Ein- oder Durchschlafstörungen leidet, eignet sich ein Baldrianbad. Dazu übergießen Sie 1 bis 2 Handvoll zerkleinerte Baldrianwurzel mit 1 l kochendem Wasser. Lassen Sie den Sud 30 Minuten ziehen, und geben Sie die abgeseihte Flüssigkeit dem Badewasser zu. Bei 35 bis 37 °C darf Ihr Kind 10 Minuten baden; es geht anschließend ins Bett.

Hopfenkräuterkissen
Auch Hopfen beruhigt Ihr schlafloses Kind. Füllen Sie einen kleinen Kissenbezug oder ein Stoffsäckchen locker mit Hopfenzapfen und nähen Sie es zu. Das Säckchen wird unter das Kopfkissen des Kindes gelegt und entfaltet dort seinen beruhigenden Duft. Etwa alle 3 Wochen müssen Sie die Füllung erneuern.

Teezubereitungen
Hopfen und Baldrian eignen sich auch als Einschlaftees. In Apotheken und Drogerien gibt es fertige Teezubereitungen oder Teebeutel, deren Aufguß kaum Arbeit macht.

So hilft der Arzt

Oft empfiehlt es sich, das Kind an einem Kurs für autogenes Training unter ärztlicher Leitung teilnehmen zu lassen. Es gibt heute speziell für Kinder entwickelte Übungen, durch die sie lernen, sich zu entspannen, Ängste abzubauen und ruhig ein- und durchzuschlafen. Versagen alle Hilfen, die Sie dem Kind geben können, gehört es in die Behandlung eines erfahrenen Kinderpsychotherapeuten.

Hinweis

Der Schlaf des Kindes ist heilig. Wecken Sie es also bitte nie auf, um es Verwandten, Freunden usw. »vorzuzeigen«, oder aus anderen nichtigen Gründen.

Phosphoreszierende Sterne

In Spielwarengeschäften gibt es Leuchtsterne, die Sie an die Decke des Kinderzimmers kleben können. Sie speichern in kurzer Zeit Licht und leuchten im Dunkeln sanft, ohne das Zimmer zu erhellen und ohne beängstigende Schatten zu produzieren.

Ernährung bei Schlafstörungen

Die großen Ernährungssünden

Schon lange ist bekannt, daß opulente Speisen kurz vor dem Schlafengehen zu Alpträumen und Schlaflosigkeit führen können. Dennoch setzen nur wenige diese Erfahrung in Taten um; immer noch wird kurze Zeit vor dem Zubettgehen häufig zuviel und zu deftig gegessen.

Einige Eltern geben ihren Kindern sogar eine Extraportion vor der Nachtruhe (oft in Form von Süßigkeiten), unter der falschen Annahme, dadurch bei ihren Kindern für die nötige Bettschwere zu sorgen.

Tatsache ist jedoch: Fettreiches und opulentes Essen vor dem Schlafengehen putscht auf, es erschwert es dem Nervensystem, sich auf den Schlafrhythmus einzustellen. Drei Stunden vor dem Gang ins Bett sollte am besten nichts mehr gegessen werden, die Abendmahlzeit sollte vorwiegend aus eiweiß- und fettarmen Nahrungsmitteln bestehen.

Leichte Kost – ruhiger Schlaf

Eine überreiche Ernährung wirkt ebenfalls nicht schlaffördernd, da die Verdauungsorgane dadurch überlastet sind. In vielen Fällen sind es dicke und bewegungsunlustige Kinder, die außerdem leicht zum Schwitzen neigen, die nicht richtig einschlafen können.

Biostoffe für den ungestörten Schlaf

- Tryptophan ist eine Aminosäure, aus dem der Körper den wichtigen Einschlafstoff Melatonin herstellt. Man findet Tryptophan in Sojabohnen, Hülsenfrüchten (vor allem Linsen), Hühnerfleisch und Milchprodukten.
- Vitamin B3 (Niazin) ist an der Synthese des Schlafhormons Melatonin beteiligt. Außerdem sorgt es für die richtige Verteilung der Energien. So entscheidet seine Anwesenheit im Blut beispielsweise darüber, ob die Aminosäure Tryptophan in den Energiestoffwechsel eingeschleust wird oder zur Beruhigung unserer Nerven zum Einsatz kommt.

Eine niedrige Niazinversorgung über die Nahrung führt demnach zu Nervosität und Unrast, während eine Extraportion des Vitamins unter Umständen schneller für Nervenruhe sorgt als Baldrian, Hopfen, Johanniskraut oder andere Beruhigungsmittel.

Vitamin B3 kann in der Regel ohne weiteres aus den einzelnen Nahrungsmitteln resorbiert werden.

Eine Ausnahme bildet Getreide. Hier hat sich der Biostoff auf Verbindungen mit unverdaulichen Substanzen eingelassen. Zu den vorrangigen Vitamin-B3-Versorgern gehören daher Fleisch, Fisch, Hülsenfrüchte und einige Pilzsorten. Der Verlust beim Kochen und Braten beträgt ungefähr 20 Prozent.

Nicht hungig zu Bett

Manchmal sind es einfach Hunger oder Durst, die das Kind nicht einschlafen lassen. Eine Tasse Tee oder ein Apfel auf dem Nachttisch können diese Ursachen der Schlaflosigkeit leicht abstellen.

Die richtige Abendkost

Das richtige Abendessen für erholsamen Schlaf besteht aus eiweiß- und fettarmen Nahrungsmitteln, die vor allem komplexe Kohlenhydrate und Wasser enthalten sollten. Sie sollten außerdem wenig muntermachende Biostoffe enthalten wie etwa Natrium, Magnesium, Vitamin C und Koffein. Ideal sind Vollkornprodukte sowie Samen, Nüsse und Blattgemüse.

Beruhigend und schlaffördernd: Kopfsalat
Kopfsalat enthält Substanzen, die in ihrer chemischen Struktur dem Opium ähnlich sind, ohne freilich dessen Nebenwirkungen zu besitzen. Dadurch wirkt er wie das Rauschgift beruhigend, schlaffördernd und krampflösend, ohne aber die Gesundheit zu schädigen. Kopfsalat enthält zwar nur wenig Eiweiß, dafür ist dieses aber von hoher Qualität und reich an Tryptophan.

Salat als Saft
Mit einer Saftzentrifuge ist es möglich, sich frischen Salatsaft herzustellen – ein idealer Schlummertrunk! Man sollte ihn allerdings mit Zitrone und Honig geschmacklich noch etwas aufwerten, denn der konzentrierte Salatgeschmack wird vor allem Kinder nur wenig überzeugen können.

Apotheker Pahlows Schlummertrunk
Übergießen Sie 2 gehäufte TL Kamillenblüten mit 1/4 l siedendem Wasser; zugedeckt etwa 10 Minuten ziehen lassen und abseihen. Schließlich geben Sie 2 TL Honig hinzu und vermischen den Tee mit 0,1 l Milch. Geben Sie dem Kind diesen Trunk kurz vor dem Schlafengehen.

Vorbeugen – so bleibt Ihr Kind gesund

- **Sorgen Sie dafür, daß Ihr Kind sich viel an der frischen Luft bewegt. Zum einen sorgen frische Luft und Bewegung dafür, daß Ihr Kind abends richtig müde ist, zum anderen überfluten Sie das Kind nicht mit Reizen, wie das etwa das Fernsehen oder Computerspiele tun.**
- **Lassen Sie den Tag ruhig ausklingen. Sprechen Sie mit Ihrem Kind darüber, was es bedrückt und was es als besonders schön empfunden hat.**
- **Einschlafrituale – vorsingen oder vorlesen, der Gutenachtkuß, das Schmusetier – geben dem Kind Sicherheit und erleichtern den »Abschied« in die Nacht.**
- **Ängstlichen Kindern hilft es, wenn eine kleine Nachtleuchte die undurchdringliche Dunkelheit mildert. Sie können auch die Türe einen Spalt offen lassen.**

Niazin
Auch wenn der Bedarf an »Schlafvitamin« B3 vorwiegend über mageres Fleisch gedeckt werden kann, sollten Sie nicht in die Versuchung geraten, die Fleischgerichte ausgerechnet am Abend zu reichen. Denn fett- und eiweißreiche Speisen bringen das Nervensystem in Aufruhr und sind für den geruhsamen Schlaf Ihres Kindes genau das falsche.

Eine Duftlampe mit ätherischen Ölen neben dem Bett des Kindes fördert einen ruhigen, ungestörten Schlaf.

Schlafwandeln

Symptome

- Nächtliches Aufstehen
- Nächtliches Umherlaufen
- Geöffnete Augen
- Gegenstände verrücken
- Unsinnige Erklärungen, wenn Sie das Kind ansprechen
- Keine Erinnerung mehr am anderen Morgen

Ursachen

Die Erbanlagen tragen eine große Mitschuld am Schlafwandeln. Wenn beide Elternteile schlafwandeln, gehören ihre Kinder fast zu 60 Prozent ebenfalls zu den Nachtspaziergängern. Auch psychische Belastungssituationen fördern das Schlafwandeln – allerdings weniger als Auslöser denn als Verstärker.

Vorsicht!

Schlafwandeln an sich ist nicht gefährlich. Sichern Sie jedoch Treppen, Türen und Fenster, damit Ihr Kind keinen Unfall erleidet. Besonders gefährlich sind Glastüren.

Rezeptfreie Medizin

Aromatherapie: Schaffen Sie ein beruhigendes Raumklima mit Duftölen wie Geranium, Kamille, Melisse, Sandelholz oder Ylang-Ylang. Sie können diese Düfte (5 bis 8 Tropfen) entweder im Kinderzimmer versprühen oder in eine Duftlampe bzw. auf einen Duftstein geben.

Organische Hintergründe

Schlafwandler haben eine gestörte Schlafarchitektur. Im Unterschied zum Durchschnittsschläfer wechseln sie nicht kontinuierlich, sondern abrupt vom Tiefschlaf in die sogenannte REM-Phase, einem leichten Schlafstadium, das durch rapid eye movement (schnelle Augenbewegungen) und intensives Träumen gekennzeichnet ist. Durch diesen abrupten Wechsel wird das Gehirn regelrecht überrumpelt. Es muß urplötzlich zahlreiche »Actionszenen« im Traum produzieren und trotzdem das Bewegungszentrum blockiert halten. Damit ist es häufig überfordert.
Die Folge: Die Schleusen des Bewegungszentrums bleiben offen und lassen Nervensignale zu den Muskeln durch; der Schlafende beginnt, sich auf den Weg zu machen.

Auch der Mond beeinflußt

Nicht wenige Schlafwandler beschränken sich mit ihren Touren ausschließlich auf Vollmondtage. Noch ist nicht geklärt, wie es der Erdtrabant schafft, ihnen im Schlaf Beine zu machen. Sein Licht hat jedenfalls nichts damit zu tun. Möglicherweise vermag jedoch sein

Magnetfeld den Schlafrhythmus zu beeinflussen. Denn der Einfluß von Magnetfeldern auf den menschlichen Schlaf, z.B. durch Wetter, Elektrizität oder Erdmagnetismus, ist nahezu gesichert.

So helfen Sie Ihrem Kind

Binden Sie es mit dem Bein ans Bett

Nur so können Sie das schlafwandelnde Kind letzten Endes vor Unfällen schützen. Nehmen Sie dazu einen weichen Strick, und binden Sie ein Bein locker fest.

Lassen Sie nicht den Schlafwandler selbst die Befestigungsknoten machen! Denn der weiß ja, wie er den Knoten geschlungen hat, und das macht es ihm leicht, sich zu Beginn seiner Nachtexkursionen zu entfesseln.

Naturheilmittel

Schlummertee

Melisse, Baldrian und Lavendel wirken stabilisierend auf den Schlafzyklus. Bereiten Sie Ihrem Kind folgenden Tee zu:

Jeweils 1 TL der 3 Pflanzen in 1 großen Tasse zusammenmischen und mit 1/2 l siedendem Wasser übergießen. 10 Minuten ziehen lassen und schließlich abseihen. Das Kind sollte den Tee 1 Stunde vor dem Schlafengehen trinken und unmittelbar vorher noch einmal Wasser lassen, damit es nachts nicht auf die Toilette muß.

Kräuterkissen aus Hopfen

Auch Hopfen beruhigt Ihr Kind und verhindert zu aufregende Träume, die in Schlafwandeln enden. Füllen Sie einen kleinen Kissenbezug oder ein Stoffsäckchen locker mit Hopfenzapfen, und nähen Sie es zu. Das Säckchen wird unter das Kopfkissen des Kindes gelegt und entfaltet dort seinen beruhigenden Duft. Etwa alle 3 Wochen müssen Sie die Füllung erneuern.

Vorbeugen – so bleibt Ihr Kind gesund

- **Beenden Sie den Tag immer mit einem intensiven Zwiegespräch mit Ihrem Kind, worin Sie miteinander über die wichtigsten Tagesereignisse reden sollten.**
- **Loben Sie das, was Ihnen an diesem Tag an Ihrem Kind besonders gefallen hat.**
- **Haben Sie sich über Ihr Kind geärgert, sprechen Sie mit ihm auch darüber in aller Ruhe.**
- **Den Abschluß sollten ein gemeinsames Lied oder ein Gebet bilden.**

Ein echtes Kinderproblem

Bis zu 30 Prozent aller Kinder gehören zumindest vorübergehend zu den Schlafwandlern.
Die nächtlichen Ausflüge beginnen im Alter von drei bis vier Jahren;
bis zum 14. Lebensjahr sind sie in der Regel verschwunden.
Doch immerhin ein Prozent bleibt bis ins hohe Alter dabei.

Unser Tip

Sanft zurück ins Bett

Wenn Sie Ihr Kind beim Schlafwandeln finden, nehmen Sie es an der Hand und führen es langsam zurück ins Bett.

Mit einem Korken im Mund kann man eine exakte Aussprache trainieren.

Sprachstörungen

Symptome

- **Hemmung der ersten Anlaute oder Anfangssilben**
- **Eventuell begleitet von ruckartigen Bewegungen des Körpers, des Kopfes oder der Gliedmaßen**
- **Stockungen im Ablauf des Sprechens, vor allem bei längeren Wörtern oder Sätzen**
- **Wiederholungen von Konsonanten**

Ursachen

Zu den häufigsten Sprachstörungen gehören Stammeln, Lispeln und Stottern. Dabei handelt es sich um Sprachstörungen, die als »Sprachunfertigkeit« im Rahmen der normalen Sprachentwicklung des Kindes bis zum Schulanfang noch vorkommen können, sich dann aber normalerweise allmählich verlieren. Das Stottern wird zum größten Teil durch Angstvorstellungen verursacht. Dadurch ist häufig das Zusammenspiel der am Sprechen beteiligten Muskeln mit der richtigen Atmung beim Sprechen behindert. Stotternde Kinder leben ständig in der peinlichen Erwartung, ob es ihnen wohl gelingen wird, das, was sie sagen wollen, in einem Fluß herauszubringen.

Wichtiges Vorbild

Machen die Erwachsenen die Sprachversuche nach, und beginnen sie, mit den Kindern in Babysprache zu sprechen, so nehmen sie ihnen das Vorbild – letztlich lernen Kinder das Sprechen ja durch die Nachahmung. Das Kind wird so auf die Einzellautbildung fixiert. Sprechen die Erwachsenen dagegen so in Gegenwart des Kindes, wie sie es auch sonst unter sich zu tun pflegen, so hat das Kind die Möglichkeit, sich in alle Nuancen der Sprache hineinzuhören.

Vorsicht!

Lassen Sie das Gehör des Kindes überprüfen, wenn Sie das Gefühl haben, daß Ihr Kind sich beim Sprechen schwertut oder wenn Ihr Kind einen Sprachfehler hat. Das können auch Hinweise auf einen Hörfehler sein.

Organische Hintergründe

Beim Stottern speziell handelt es sich um eine Störung des Sprachflusses mit Aussprachehemmung. Stammeln (Dyslalie) und Lispeln (Sigmatismus) können bis zum Schulbeginn vorkommen, ohne daß ein Grund zur Besorgnis vorliegt. Man spricht dabei auch vom »Entwicklungsstammeln«.

So helfen Sie Ihrem Kind

Gerade bei deutlichen Sprachfehlern wie Lispeln, Stammeln und Stottern ist es wichtig, daß nicht schon im Vorschulalter einseitig trainiert oder geübt wird. Durch das vorzeitige Bewußtmachen des Sprachvorgangs würde dieser – der ja in der Hauptsache durch Nachahmung angeeignet wird – noch mehr gestört.

Sprechfreude und Selbstbewußtsein fördern
Beständiges Korrigieren durch die Eltern verstärkt diese Erwartungsangst noch. Deshalb ist es am Anfang besser, das Stottern zu überhören und das Selbstbewußtsein des Kindes zu stärken.
Sprechen Sie mit Ihrem Kind deutlich und vor allem langsam. Auch das Kind selbst sollte langsam sprechen, um die schwierige Koordination bewältigen zu können. Sehr hilfreich sind hier Kinderlieder, lustige Verse und Reime sowie das Vorlesen und Erzählen von Märchen. Dadurch wird beim Kind die Freude am Sprachklang und an den eigenen Ausdrucksmöglichkeiten geweckt.

Die Bewegungsentwicklung abwarten
Es ist ein weitverbreiteter Irrtum, daß Sprachfehler nur durch Sprechübungen zu korrigieren wären. Es ist vielmehr so, daß die Bewegungsentwicklung dem Sprechenlernen vorausgeht. Sprache kann also gewissermaßen als eine Umwandlung der Körperbewegungen verstanden werden. Bei allen Sprachstörungen kann man deshalb auch in irgendeiner Form Störungen der Bewegungsentwicklung feststellen.
Wenn es gelingt, an diesen zu arbeiten und Geschicklichkeiten zu entwickeln durch bestimmte Spiele wie Ballwerfen, Stelzenlaufen, Balancieren, Perlenauffädeln usw., stellt man häufig fest, daß sich auch das Sprachvermögen verbessert.

So hilft der Arzt

Ist die Fehlaussprache von Lauten und Lautverbindungen mit Vertauschen oder Ausfall von Konsonanten, Vokalen oder ganzen Silben stark ausgeprägt oder besteht sie schon länger, sind ärztliche Spezialuntersuchungen notwendig, um die möglicherweise zugrundeliegenden körperlichen Ursachen oder seelischen Störungen aufzudecken.

Hörfähigkeit prüfen
Insbesondere muß bei Sprachstörungen stets auch die Hörfunktion überprüft werden, weil Hörfehler die Sprachentwicklung wesentlich beeinträchtigen können.

Den Zahnarzt konsultieren
Beim Lispeln können Zungen-, Gaumen- und Stellungsfehler der Zähne eine Rolle spielen. Diese Fehlstellungen kann der Zahnarzt feststellen und gegebenenfalls korrigieren, wenn Ihr Kind älter ist.

Beruhigend
Bei der normalerweise möglichen Schwankungsbreite der Sprachentwicklung spricht man von »verzögerter Sprachentwicklung« erst dann, wenn Sprachlosigkeit über das Ende des dritten Lebensjahres hinaus andauert.

Ganz normal
Fast jedes Kind zeigt vorübergehend Ansätze zum Stottern, wenn sein Mitteilungsdrang größer ist als seine Ausdrucksmöglichkeiten.

Unser Tip

Rhythmisches Sprechen
Rhythmisches Sprechen und Singen verhindert meistens das Stottern. Vielleicht hat Ihr Kind Lust, in einen Kinderchor zu gehen.

Übung »Dampfmaschine«: Stellen Sie sich gegenüber auf. Im Stehen ganz langsam (dann immer schneller) mit »Sch« die rechte Faust vorstrecken, dann die linke. Wichtig: Beim »Sch« wandert die Bauchmuskulatur nach innen. Mehr über diese und andere Übungen erfahren Sie in dem Ratgeber »Kinder fördern durch Sprechen und Singen«, der ebenfalls im Südwest Verlag erschienen ist.

Sprache verstehen und umsetzen

Auch wenn die meisten Kinder erst im Alter von neun Monaten beginnen, die ersten Worte zu bilden, beginnt die Sprachentwicklung schon sehr viel früher. Es ist nachgewiesen, daß Kinder sogar schon im Mutterleib Töne aufnehmen und differenzieren können. Je mehr Sie von Anfang an mit Ihrem Kind sprechen, um so größer ist seine Spracherfahrung, wenn es selbst die ersten Versuche wagt.

Schwerwiegende Gründe

Starkes Stammeln und Verzögerung der Sprachentwicklung mit Beschränkung auf Ein- und Mehrwortsätze unter Verzicht auf Wortbeugungen (Agrammatismus) kommen bei geistig gestörten Kindern vor.

Sprachlehrer

Erst im Schulalter können – wenn nötig – Sprachübungen und Trainingsprogramme sinnvoll eingesetzt werden. Die Kinder sind dann meistens soweit, daß sie selbst an ihren Sprachstörungen arbeiten wollen. Hier beginnt die Arbeit der Logopäden.

Spezialbehandlungen

Sprachstörungen, denen seelische Verhaltungsstörungen zugrunde liegen, bedürfen sorgfältiger psychologischer Untersuchungen und psychotherapeutischer sowie heilpädagogischer Spezialbehandlung. Außerdem stehen heute moderne Methoden der Sprachheilbehandlung in Sonderschulen für Sprachgestörte zur Verfügung.

Körperlich bedingte Sprachstörungen

Bei Krankheiten des Zentralnervensystems oder durch Unfälle (Gehirn und Rückenmark) können je nach dem Ort der Schädigung oder der Nervenzellstörung Ausfallerscheinungen im Bereich der Hirnsprachzentren auftreten. Diese seltenen organischen Sprachstörungen sind sehr schwer zu erkennen und erfordern spezielle ärztliche Untersuchungen des Gehirns und des Nervensystems.

Wortstummheit (motorische Aphasie)

Dabei handelt es sich um eine Sprachstörung oder um das Unvermögen zum Sprechen bei ungestörtem Sprachverständnis. Oft ist das Schreiben ebenfalls beeinträchtigt.

Worttaubheit (sensorische Aphasie)

Diese entsteht durch den Ausfall der Verbindung zwischen Hörrinde und dem Worterkennungszentrum. Lesen, Sprechen und Schreiben sind ungestört, dagegen ist das Wortverständnis aufgehoben.

Wortvergessenheit (amnestische Aphasie)

Dabei handelt es sich um Wortfindungsstörungen, obwohl die Sprech-, Lese- und Schreibfähigkeit ungestört sind.

Therapeutische Maßnahmen

Durch unterschiedliche Maßnahmen und speziell entwickelte und auf das Kind abgestimmte Übungen wird heute mit zum Teil guten Erfolgen versucht, die Erregungsleitung, die über die zerstörten Nervenbahnen nicht mehr möglich ist, auf andere Nerven umzuleiten.

Vorbeugen – so bleibt Ihr Kind gesund

- **Sprechen Sie von Anfang an viel mit Ihrem Kind!**
- **Worte werden schon früh erlernt und erst nach und nach mit Sinn erfüllt und sinnvoll verwendet.**
- **Das Sprechen mit Ihrem Kind stärkt seine Persönlichkeit und gibt ihm Selbstvertrauen.**
- **Hören Sie geduldig zu, wenn Ihnen Ihr Kind etwas sagen will, damit es beim Sprechen nicht hetzen muß.**
- **Gedichte, Lieder und Reime fördern die Sprachfreude und den Sprachrhythmus.**
- **Da Sprache und Bewegung eng miteinander verbunden sind, fördern Koordinationsspiele auch die Sprechfähigkeit Ihres Kindes.**

Spezialeinrichtungen

Die Therapie aphasischer Sprachstörungen bei Kindern, die durch einen Unfall oder eine Erkrankung des Zentralnervensystems hervorgerufen worden sind, geschieht in sehr spezialisierten Therapieeinrichtungen, in denen mehrere Fachrichtungen eng zusammenarbeiten.
Bei Kindern sind die Erfolge aufgrund ihrer höheren Kompensationsfähigkeit meistens besser als bei Erwachsenen.

Übergewicht

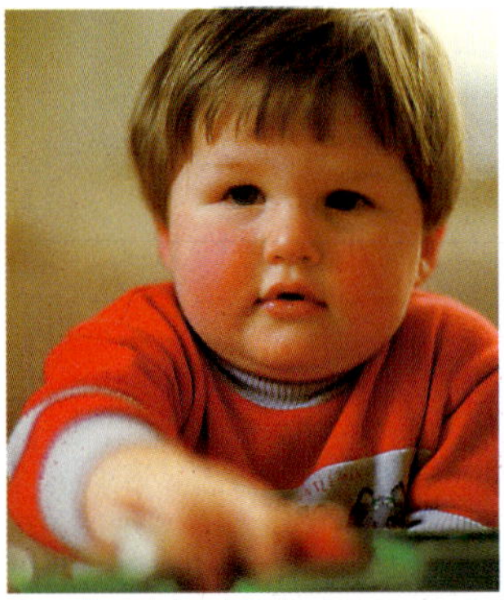

Colagetränke und viele Limonaden sind wahre Kalorienbomben durch ihren hohen Zuckergehalt.

Symptome

- **Gewicht liegt deutlich über den Normwerten**

Ursachen

Ein zu hohes Gewicht hat meistens seine Ursache in einer falschen Ernährung und zuwenig Bewegung. Das gilt besonders für Kinder, denn auch ihr Tagesablauf wird mehr und mehr durch Sitzen statt durch Bewegung geprägt. Wenn dann zu üppig gegessen wird, setzt Ihr Kind Fett an. Übergewicht kann auch hormonell bedingt sein.

Organische Hintergründe

Ausgewogene Ernährung, viel Bewegung und frische Luft tragen dazu bei, daß der Organismus Kalorien verbrennt und sich ein positives Körpergefühl einstellt.

Vorsicht!

Übergewicht in jungen Jahren kann gesundheitliche Folgen für später haben: vorzeitiger Gelenkverschleiß, Knochenverkrümmung, Stoffwechselerkrankungen.

Ernährungsumstellung

Stellen Sie die Ernährung der gesamten Familie auf eine gesunde, ausgewogene Vollwertkost um. Obst, Gemüse und Getreidespeisen sollten im Vordergrund stehen; Fleisch nur als Beilage zu den Mahlzeiten reichen. Bringen Sie mindestens einmal pro Woche Fisch auf den Tisch. Als Nachtisch eignen sich Obst oder ein mit Gelatine oder Agar-Agar angedickter Obstsaft mit Obststückchen.

So helfen Sie Ihrem Kind

Bevor Sie über eine Schlankheitskur für Ihr Kind nachdenken, sollten Sie wissen, warum Ihr Kind so ißt, wie es ißt. Essen ist nämlich nicht nur Nahrungsaufnahme, sondern hängt eng damit zusammen, wie Ihr Kind sich fühlt. Sprechen Sie also mit ihm darüber, was Essen für Ihr Kind bedeutet.

Viel Bewegung

Heute sitzen schon die Kinder täglich zu lange und bewegen sich zu wenig. Kinder sitzen in der Schule oder im Kindergarten, bei den Aufgaben, vor dem Computer oder vor dem Fernseher. Achten Sie darauf, daß Ihr Kind sich nach der Schule draußen bewegt und nachmittags sowie am Wochenende möglichst wenig sitzt.

Energieverbrauch durch Sport

Sport hemmt nicht nur den Appetit, sondern sorgt auch für den Aufbau von Muskulatur, die einen wesentlich höheren Kalorienverbrauch hat als Fettgewebe, das ja nur zum Speichern von Brennstoff dient. Wer also Sport treibt, verbraucht nicht nur während der Bewegung mehr Energie, sondern auch in Ruhe, weil Muskeln für den Selbsterhalt mehr Energie benötigen.

Kalorienarme Getränke

Viele Kinder trinken Milch oder Limonade gegen Durst und führen sich damit täglich mindestens eine Extramahlzeit zu. Gegen Durst helfen Tees oder mit Wasser verdünnte Fruchtsäfte, die das Kind nicht mit Kalorien belasten.

Vorsicht!
Die Zuckerersatzstoffe in Lightgetränken stehen im Verdacht, hungrig zu machen. Außerdem verhindern sie, daß sich das Kind an weniger süße Nahrungsmittel gewöhnt.

Mitbringsel

Bitten Sie die Großeltern, Freunde oder Verwandte, die zu Besuch kommen, Ihrem Kind keine Süßigkeiten mitzubringen. Wenn sie etwas mitbringen wollen, eignen sich Obst, Malstifte, Musikkassetten o.ä.

Keine süße Belohnung

Wenn Sie Ihr Kind belohnen wollen, weil es etwas gut gemacht hat, z.B. freiwillig den Mülleimer wegbrachte, geben Sie ihm keine Süßigkeiten, sondern nehmen Sie sich Zeit, eine Weile mit Ihrem Kind zu spielen, oder gehen Sie mit ihm ins Kino oder in den Zoo.

Ernährung bei Übergewicht

Training für den Stoffwechsel

Kinder halten in der Regel nicht viel von Diäten, außerdem sind die meisten Diäten ohnehin eher wirkungslos. Am meisten erreicht man über ein Training des Stoffwechsels. Gerade bei Kindern erzielt man hier bemerkenswerte Erfolge, weil ihr Stoffwechsel noch wesentlich flexibler ist als der von Erwachsenen.

Ziel des Stoffwechseltrainings ist es, die zugeführte Nahrung so gut wie möglich biopositiv zu verwerten, d.h. sie so wenig wie möglich als Depotfett abzuspeichern. Eine dominierende Rolle spielen hier die Vitamine der B-Gruppe, die Aminosäuren Karnitin und Ornithin sowie die Mineralien bzw. Spurenelemente Chrom, Jod, Magnesium, Kupfer, Mangan und Selen.

Sünden vermeiden
Stellen Sie zum Essen nichts auf den Tisch, was fett und süß ist. Kochen Sie viel Gemüse, oder bereiten Sie frische Salate zu.

Der Speiseplan zur Mobilisierung des Stoffwechsels

- Geben Sie Ihrem Kind regelmäßig Vollkornbackwaren zum Frühstück. Denn die enthalten viele B-Vitamine, Chrom, Magnesium, Mangan und Selen.
- Lamm- und Hammelfleisch enthalten viel Karnitin. Diese Aminosäure fördert den Fettstoffwechsel. Versuchen Sie daher, einen Teil des Schweine- und Rindfleischkonsums Ihres Kindes durch Hammel- und Lammprodukte zu ersetzen.

Nicht nur die richtige Ernährung ist für ein normales Körpergewicht wichtig: Viel Bewegung und ausreichend körperliche Anstrengung helfen, Fettdepots abzubauen. Lassen Sie Ihr Kind daher möglichst oft mit Spielkameraden herumtollen, und melden Sie es z. B. in einem Sportverein an.

- Einmal pro Woche sollte Meeresfisch auf Ihrem Speiseplan stehen, um die Jodversorgung abzusichern. Fischwaren enthalten außerdem hochwertige Proteine, die das Hungergefühl bremsen.
- Ihr Kind sollte immer mal wieder Sonnenblumen- und Sesamkerne essen. Möglicherweise wird dadurch auch sein Bedürfnis nach Leckereien befriedigt, so daß es nicht zu Süßigkeiten greifen muß. Sesam- und Sonnenblumenkerne bringen durch ihr Kupfer, Selen und Magnesium träge Stoffwechsel wieder in Fahrt.

Kampf dem ewigen Appetit!

Eine Hauptursache des Übergewichts ist der Appetit. Denn er bleibt häufig auch dann noch, wenn biologisch gar keine Notwendigkeit zur Nahrungsaufnahme besteht. Man denke nur an den berüchtigten Nachtisch, der »irgendwie immer noch reingeht«. Die Empfindung Hunger und damit auch sein Gegenteil, die Sattheit, werden über ein komplexes System von Regelkreisen gesteuert, das sehr störanfällig ist.

Nicht zum Essen zwingen

Normalerweise haben Kinder ein gutes Gefühl dafür, wann sie satt sind. Leider sind diese Mechanismen sehr störanfällig. Zwingen Sie Ihr Kind nicht zum Essen, wenn es keinen Hunger hat. Ein Teller muß nicht leer gegessen werden, auch wenn nur noch ein oder zwei Teelöffel übrig sind.

Hilfe gegen den Hunger

- Geben Sie Ihrem Kind vier bis fünf Mahlzeiten pro Tag. Dadurch bleibt der Magen gleichmäßig gefüllt, die Magenwände bleiben unter Spannung und senden weniger Signale an den für das Appetitempfinden zuständigen Hypothalamus im Gehirn.

- Achten Sie darauf, daß die Nahrung Ihres Kindes überwiegend Mehrfachzucker und möglichst wenig Einfachzucker enthält. Der Zuckerspiegel im Blut bleibt dann länger konstant; auch hierdurch erhält der Hypothalamus weniger Signale zum Auslösen des Hungerempfindens.
- Das Hungergefühl wird auch durch den Akt des Essens selbst beeinflußt. Schlucken und Kauen tragen viel zur Sättigung bei, ohne daß tatsächlich etwas gegessen worden sein muß. Geben Sie Ihrem Kind Nahrung, die gut gekaut und eingespeichelt werden muß, bevor sie geschluckt werden kann. Geben Sie Ihrem Kind also Hülsenfrüchte, Vollkornprodukte, Nüsse und Samen.

Hungerhemmer Sport

Bekanntermaßen ist Sport eine schweißtreibende Angelegenheit. Sporttreibende haben eine erhöhte Körpertemperatur. Mit der Temperaturerhöhung wird gleichzeitig den Appetit vermindert, um die Kräfte des Körpers auf die Temperaturregulation zu konzentrieren.

Speisen, die den Stoffwechsel träge machen

Fleisch- und Wurstwaren, Konservengemüse, Schokolade, Cola- und Limonadengetränke.

Kochhilfe

Lassen Sie Ihr Kind beim Zubereiten der Nahrung helfen. Gerade das Abwiegen von Lebensmitteln macht Kindern großen Spaß. Die gemeinsame Tätigkeit ermöglicht es Ihnen, viel Zeit mit Ihrem Kind zu verbringen.

Vorsicht: Essen als Psychodroge

Essen kann für vielerlei Dinge als Ersatzbefriedigung herangezogen werden: für Ärger, frustrierte Sexualität, Langeweile und Einsamkeit. Die Grundlagen für diese Kombinationen werden schon im Säuglingsalter gelegt. Wer dort erlernte, daß psychische Löcher nur mit Nahrung gestopft werden können, behält diesen Denkmechanismus auch im Erwachsenenalter bei. Daher ist es wichtig, Kinder frühzeitig zu einem physiologischen Umgang mit dem Hunger anzuleiten. Sie müssen lernen, wirklich nur dann zum Essen zu greifen, wenn die physiologische Notwendigkeit dazu besteht.

Vorsicht!

Zuckerhaltige Kaugummis fördern die Ausschüttung bestimmter Enzyme, die den Appetit fördern.

Vorbeugen – so bleibt Ihr Kind gesund

- **Beachten Sie den körpereigenen Sättigungsanzeiger, und zwingen Sie Ihr Kind nicht, den Teller leer zu essen, wenn es keinen Hunger mehr hat.**
- **Sorgen Sie dafür, daß Ihr Kind nicht zu viele flüssige Kalorien zu sich nimmt, z. B. in Form von Milch, Kakao, Colagetränken oder anderen süßen Limonaden.**

Bauchweh wird von Kindern bei den unterschiedlichsten Erkrankungen angegeben.

Rezeptfreie Medizin

Fencheltee ist ein altbewährtes und babyfreundliches Heilmittel gegen Blähungen. Buttermilch verhindert die Übersäuerung des Magens. Basilikum und Sandelholz beruhigen die Magenwände und beseitigen die Spannungszustände im Bauch. Bewährt hat sich bei Blähungen auch eine Teemischung aus Fenchel, Kümmel und Anis.

Bauchschmerzen

Symptome

- Schmerzen im Ober- Mittel- oder Unterbauch
- Gurgelgeräusche
- Druckgefühl, Blähungen
- Häufiges Schreien
- Quengeln, Jähzorn

Ursachen

Während bei Säuglingen die Ursache für Bauchschmerzen meist Blähungen sind, kommen ab dem Kleinkindalter neben psychischen Belastungen auch Verdauungsstörungen, Blinddarmentzündung u.ä. als Auslöser in Frage. Auch viele andere Krankheiten werden von Kindern als Bauchweh gezeigt.

Biologische und psychologische Hintergründe

Verdauungsstörungen mit Blähungen sind bei Säuglingen keine Seltenheit. Der gesamte Verdauungstrakt muß sich erst an Nahrung gewöhnen. Säuglinge, die vorwiegend mit Muttermilch ernährt werden und die bei den Mahlzeiten ihrem eigenen Rhythmus folgen können, haben weniger Probleme mit Blähungen.

Kinder sind psychisch labiler als Erwachsene. Bestimmte Streßbelastungen wie Angst vor Strafe, Klassenarbeiten oder Spielkameraden beeinträchtigen den Appetit und können einen nervösen Magen provozieren. Häufiger Streit der Eltern oder Scheidungsstreß gehören auch zu den Ursachen eines kindlichen Reizmagens.

Vorsicht!

Sofort zum Arzt heißt es, wenn die Bauchschmerzen plötzlich und heftig auftreten und von Erbrechen, starkem Aufgeblähtsein, Fieber, keuchender Atmung oder rasendem Puls begleitet werden! Gehen Sie zu Ihrem Hausarzt, wenn Magenprobleme bei Ihrem Kind trotz Ihrer Behandlung länger als drei Tage anhalten oder immer wiederkehren.

So helfen Sie Ihrem Kind

Gesunde, vollwertige, ballaststoffreiche Kost trainiert den Verdauungstrakt und sorgt für eine normale, problemlose Verdauung. Sollten dennoch einmal Probleme auftreten, steht eine Reihe von pflanzlichen Präparaten zur Verfügung, die Bauchschmerzen lindert.

Naturheilmittel

Fencheltee beruhigt und entkrampft
Überbrühen Sie 1 TL zerriebene Fenchelfrüchte mit 1/4 l kochendem Wasser. 10 Minuten ziehen lassen und abseihen.

Ungeahnte Erfolge durch Buttermilch
Buttermilch enthält alkalische Substanzen und hilft bei unklaren Bauchbeschwerden oft sehr gut. Geben Sie Ihrem Kind täglich 1/2 l, in kleinen Portionen über den ganzen Tag verteilt. Die Milch sollte Zimmertemperatur haben. Wenn Ihr Kind den Geschmack der puren Buttermilch nicht mag, können Sie Orangensaft oder andere Obstsäfte unter die Buttermilch mischen oder sie mit Kräutern abschmecken.

Aromatherapie mit Basilikum oder Sandelholz
Geben Sie ein paar Tropfen Basilikum- oder Sandelholzöl auf Duftsteine, die Sie in Ihrer Wohnung – vor allem in Küche und Eßzimmer – verteilen. Bei akuter Übelkeit tropfen Sie ein wenig Öl auf Brust, Ohrläppchen und Unterarminnenseiten Ihres Kindes.

Carbo vegetabilis D6 gegen Magenkrämpfe
5 Kügelchen vor jeder Mahlzeit helfen bei plötzlichen Magenkrämpfen, die von Aufstoßen oder Blähungen begleitet werden. Das Baby ist dabei blaß und hat kalte Füße.

Magnesium carbonicum D6 gegen Blähungen
5 Kügelchen vor jeder Mahlzeit helfen Ihrem Säugling bei Blähungen, wenn das Kind unruhig ist, schwitzt und viel schreit. Kleinkindern gibt man bei Krämpfen im Bauch und starken Blähungen vor jeder Mahlzeit 1 Tablette.

Vorbeugen – so bleibt Ihr Kind gesund

- Achten Sie auf das Eßtempo der Kinder! Beim Essen sollte wenig gesprochen und viel gekaut werden.
- Süßigkeiten sollten so weit wie möglich vermieden werden. Ganz falsch ist es, sie als Belohnung einzusetzen.
- Beim Essen sollte stets ein gute Stimmung herrschen. Für Tadel und Strafe gibt es auch andere Zeitpunkte.
- Die Getränke, die Ihr Kind zu sich nimmt, sollten nicht zu kalt sein und nicht zu hastig getrunken werden. Lauwarme Getränke löschen den Durst meist besser als eiskalte. Achten Sie auch darauf, daß sie nicht zuviel Zucker enthalten.

Homöopathische Hilfe

Für Babys eignen sich Carbo vegetabilis D6 sowie Magnesium carbonicum D6, das auch für Kleinkinder empfohlen wird. Ebenfalls für Kleinkinder geeignet: Bryonia D6.

Vorsicht!

Häufig hilft bei Bauchschmerzen eine Wärmflasche, bei Blähungen auch ein mäßiger Druck. Haben die Bauchschmerzen jedoch eine ernsthafte Ursache, können diese Anwendungen genau das falsche Mittel sein.

Unser Tip

Pfarrer Kneipps Anserinenmilch

1 EL getrocknetes Gänsefingerkraut wird mit 1 großen Tasse (0,5 l) heißer Milch aufgegossen. Zugedeckt 10 Minuten ziehen lassen, dann dem Kind in kleinen Schlucken zu trinken geben. Anserinenmilch schmeckt nicht schlecht und wird daher von Kindern recht gerne getrunken.

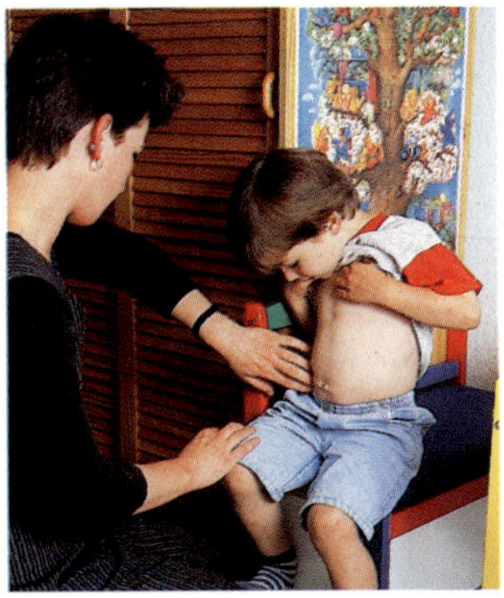

Bei einer Blinddarmentzündung sind die Schmerzen meist im rechten Unterbauch lokalisiert.

Warnung

Haben Sie den Verdacht, daß Ihr Kind eine Blinddarmentzündung hat, dürfen Sie seine Bauchschmerzen auf keinen Fall mit Wärme und Druck behandeln. Dadurch würde die Entzündung nur noch beschleunigt und die Gefahr eines Durchbruchs vergrößert.

Blinddarmentzündung

Symptome

- **Meist plötzlich einsetzende Bauchschmerzen**
- **Ständige Verschlimmerung der Schmerzen**
- **Beim Gehen vorgebeugter Oberkörper**
- **Druckempfindlichkeit des rechten Unterbauchs**
- **Kind kann nicht mehr auf einem Bein hüpfen**
- **Harte und schmerzhaft gespannte Bauchdecke**
- **Übelkeit und Erbrechen**
- **Große Differenz (mindestens 1 °C der Körpertemperatur in der Achselhöhle im Vergleich zur Temperatur im After**
- **Schmerzen von der Nabelgegend in den rechten Unterbauch ziehend**

Ursachen

Zu einer Blinddarmentzündung kommt es häufig in der Folge einer vorhergehenden entzündlichen Erkrankung (beispielsweise Mandelentzündung, Zahnwurzelentzündung, Durchfallerkrankung). Hartnäckige Verstopfungen, Fremdkörper im Darm (z. B. Kirschkerne) sowie Wurmerkrankungen oder eine Abknickung im Wurmfortsatz sind ebenfalls häufig Auslöser einer Blinddarmentzündung.

Vorsicht!

Kommt es zu einem Durchbruch des Blinddarms, wobei sich Eiter in den Bauchraum ergießt, besteht höchste Lebensgefahr! Bei Kindern ist die Gefahr besonders groß, weil ein Durchbruch häufig keine auffälligen Symptome verursacht. Rufen Sie sofort den Notarzt!

Organische Hintergründe

Eigentlich müßte die Erkrankung Wurmfortsatzentzündung heißen; denn nicht im Blinddarm, der ein Teil des Dickdarms ist und sich seitlich rechts im Bauchraum befindet, liegt der eigentliche Entzündungsherd, sondern in dem wie ein Regenwurm aussehenden, am Blinddarm hängenden Fortsatz. In ihm können sich Kotreste oder Fremdkörper wie Kirschkerne oder kleine Steinchen sammeln, die dann unter Umständen eine Reizung und schließlich eine Entzündung dieses Anhängsels hervorrufen.

Komplikationen

Die häufigste Komplikation im Verlauf einer akuten Blinddarmentzündung ist der Durchbruch (Perforation). Er kann im Kindesalter leicht, überraschend und frühzeitig innerhalb der ersten 24 bis 48 Stunden erfolgen.

So helfen Sie Ihrem Kind

- Veranlassen Sie auf jeden Fall sofort strenge Bettruhe.
- Das Kind darf keinen Tropfen Flüssigkeit und auch keine Nahrung zu sich nehmen – für den Fall, daß eine Operation notwendig ist.
- Der Bauchbereich sollte möglichst kühl gehalten werden – also keine Wärmflasche ins Bett legen. Verwenden Sie aber auch keinen Eisbeutel – das würde die Diagnose des Arztes verfälschen.
- Rufen Sie sofort den Arzt.
- Beobachten Sie die Körperhaltung Ihres Kindes. Damit können Sie Ihrem Arzt wichtige Anhaltspunkte für die Diagnose geben.

So hilft der Arzt

Bei einer Blinddarmentzündung wird der entzündete Wurmfortsatz operativ entfernt. Ein solcher Eingriff birgt heutzutage kaum noch ein Risiko, während die nicht rechtzeitig durchgeführte Operation lebensgefährliche Komplikationen nach sich ziehen kann.
In vielen Fällen handelt es sich aber lediglich um eine Blinddarmreizung, die vom Arzt mit Medikamenten behandelt werden kann, so daß eine Operation unnötig ist.

Nachbehandlung

Um ein gutes Verheilen der Operationsnarbe zu unterstützen, sollte das Kind sich in der ersten Zeit nach seinem Krankenhausaufenthalt nicht zu heftig bewegen. Außerdem sollten blähende Speisen (Kohl, Hülsenfrüchte) vermieden werden. Achten Sie auf einen geregelten Stuhlgang. Hier hilft nötigenfalls auch Dörrpflaumensaft, der von den meisten Kindern wegen seines angenehmen Geschmacks gern genommen wird.

Vorbeugen – so bleibt Ihr Kind gesund

- **Allgemeine Vorbeugungsmaßnahmen gegen eine Blinddarmentzündung gibt es nicht.**
- **Sie sollten aber auf jeden Fall darauf achten, daß Ihr Kind keine eiskalten Getränke trinkt – vor allem nicht in großen Mengen.**
- **Nehmen Sie Ihr Kind ernst, wenn es über Bauchschmerzen klagt. So können Sie bei einer Blinddarmentzündung rechtzeitig handeln.**

Wichtig!

Die Gefahr eines Durchbruchs ist um so größer, je jünger das Kind ist. Bei der Hälfte aller Kinder im zweiten bis vierten Lebensjahr ist nach einer Blinddarmentzündung bereits eine Perforation eingetreten, bevor der Chirurg operiert.

Unser Tip

Kein Risiko eingehen

Rufen Sie bei unklaren Bauchschmerzen lieber den Arzt einmal zu oft, als einen Blinddarmdurchbruch zu riskieren.

Sie sollten die Beschaffenheit des Durchfalls begutachten, das liefert dem Arzt Hinweise für Diagnose und Therapie.

Durchfall

Symptome

- Zu häufige Entleerung von zu weichen bis flüssigen Stühlen
- Häufig mit Erbrechen
- Bauchschmerzen und Koliken
- Schmerzhafter Stuhlgang
- Übelriechender Stuhl
- Entzündeter After
- Fieber, starkes Schwitzen
- Erhöhte Kälteempfindlichkeit

Ursachen

Durchfälle entstehen durch eine Erkrankung der Schleimhaut des Dünn- und Dickdarms und sind im frühen Kindesalter sehr häufig. Sie sind in diesem Alter meist harmlos und heilen bei richtiger Behandlung bald wieder aus.

Vorsicht!

Brechdurchfall verursacht vor allem bei sehr kleinen Kindern schnell einen bedrohlichen Flüssigkeitsverlust. Rufen Sie den Arzt!

Rezeptfreie Medizin

Teemischung gegen Durchfall: Je 3 Teile Eichenrinde und Kamille, je 2 Teile Gänsefingerkraut und Thymian, je 1 Teil Beifuß, Heidelbeerblätter, Salbei und Walnußblätter in der Apotheke mischen lassen. 1 TL der Mischung mit 1 Tasse kaltem Wasser übergießen, kurz aufkochen lassen, abseihen. Über den Tag verteilt 3 bis 4 Tassen trinken lassen.

Verursacht werden können sie durch:

- Viren, Bakterien (z. B.Salmonellen), Pilze
- Parasiten
- Antibiotikapräparate
- Infektionen (Grippe, Masern, Keuchhusten usw.)
- Sonnenstich (nach langem Aufenthalt in der Sonne)
- Überfütterung (meistens mit Süßigkeiten oder Fett)
- Verdorbene Lebensmittel
- Unreifes Obst
- Kalte Lebensmittel (Eis, Getränke)
- Ungewohnte Speisen (z. B. im Urlaub)
- Angst und Aufregung
- Getreideunverträglichkeit
- Kuhmilchunverträglichkeit

Organische Hintergründe

Der Durchfall ist oft eine Selbstreinigung des Körpers. Deshalb sollte man nicht unbedingt sofort eingreifen, sondern zunächst den Körper die vorhandenen Giftstoffe ausscheiden lassen. Handelt es sich um nur einen oder zwei dünne Stühle pro Tag und normalisiert sich der Zustand anschließend, liegt keine besorgniserregende Darmstörung vor. Wenn der Durchfall zu heftig ist und zu lange andauert, sollte man allerdings Gegenmaßnahmen ergreifen.

Durchfall bei Säuglingen
Säuglinge und Kleinkinder reagieren auf fast jede Infektion, die in ihrer Umgebung »umgeht«, mit Verdauungsstörungen. Besonders häufig sind solche Epidemien nach länger anhaltendem feuchtkaltem Wetter.

Wichtig!
Durchfall im Säuglingsalter mit und ohne Erbrechen oder Fieber ist zunächst immer ein Grund zum Aufsuchen des Arztes, weil Säuglinge erstaunlich rasch in einen ausgetrockneten, verfallenen Zustand kommen können.

Wichtig!
Nach zwei Tagen Teefasten und Apfel- bzw. Schleimkur muß der Durchfall gestoppt sein. Andernfalls muß unbedingt der Arzt aufgesucht werden.

So helfen Sie Ihrem Kind
Zumindest am ersten und zweiten Tag empfiehlt sich Bettruhe. Das Kind wird sich meistens ohnehin so unwohl fühlen, daß es sich gerne zu Bett bringen läßt.

Bewährte Hausmittel
Warme Sitzbäder (1- bis 2mal täglich 10 Minuten lang) können den Krankheitsverlauf günstig beeinflussen. Nach dem Bad das Kind gut abtrocknen und ins vorgewärmte Bett legen.

Naturheilmittel
Spezielle Tees eignen sich sehr gut zur Durchfallbehandlung.

Blaubeertee
5 TL getrocknete Blaubeeren werden mit 1/2 l kaltem Wasser übergossen und zum Kochen gebracht. Lassen Sie den Sud 10 Minuten köcheln, seihen Sie ihn ab und geben Sie Ihrem Kind 3mal täglich 1 Tasse.

Brombeerblättertee
1 EL getrocknete Brombeerblätter mit 1 Tasse kochendem Wasser übergießen und zugedeckt 5 Minuten ziehen lassen. Nach dem Abseihen erhält Ihr Kind schluckweise mehrere Tassen über den Tag verteilt.

Blaubeeren
Blaubeeren in jeder Form (getrocknet, eingeweckt oder frisch) haben eine günstige Wirkung auf den Verlauf einer Durchfallerkrankung.

Unser Tip

Heidelbeermarmelade
Kinder lieben sie; sie enthält zwar kaum noch Vitamine, doch ihre Pektine und Gerbstoffe reichen oftmals aus, um die Durchfallerkrankungen von Kindern in den Griff zu bekommen.

Leidet Ihr Kind unter Durchfall, hält die Natur einige heilende Obstsorten bereit: Eine Banane wird zerquetscht und mit einem geriebenen Apfel gemischt. Die darin enthaltenen Pektine binden den wäßrigen Stuhlgang. Schwarze Johannisbeeren beruhigen durch ihre Gerbsäuren die Darmschleimhäute und stärken sie durch ihren Vitamin-C-Gehalt.

Hinweis

Salzstangen und Cola »stopfen« und haben schon manchen Durchfall zum Verschwinden gebracht. Diese Diät wirkt sehr schnell, gleicht die Salzverluste aus – und die Kinder lieben es, einmal nur Cola und Salzstangen zu sich zu nehmen. Aus ernährungsphysiologischer Sicht handelt es sich dabei jedoch um eine Form der Mangelernährung (zu wenige Mineralien und Vitamine).

Sie werden in ganz kleinen Portionen mehrmals täglich gegeben, sollten gut eingespeichelt werden und vor dem Hinunterschlucken möglichst lange im Mund verweilen. Sie können auch Blaubeersaft verwenden.

Schwarze Johannisbeere

Ähnlich wie die Heidelbeere gehört auch die schwarze Johannisbeere zu den wirkungsvollsten Heilmitteln gegen Durchfall überhaupt. Bestechend ist vor allem ihr Vitamin-C-Gehalt, der sich günstig auf die Immunabwehr des Darms auswirkt. Ferner enthält sie viele Gerbsäuren in Verbindung mit schwarzem Farbstoff, durch die eine langanhaltende Beruhigung der gereizten Darmwände erzielt wird.

Geben Sie Ihrem durchfallkranken Kind mehrmals täglich 1 Glas schwarzen Johannisbeersaft (ungesüßten Muttersaft) zu trinken. Es sollte während dieser Saftdiät 2 Tage lang keine andere Nahrung zu sich nehmen. Zu den Mahlzeiten getrunken, beugt der schwarze Johannisbeersaft Durchfallerkrankungen vor.

Karotten
Die Karotte zählt zu den wichtigsten Vitamin-A-Versorgern überhaupt; außerdem enthält sie Pektine und Ballaststoffe, die dem Darminhalt das Wasser entziehen. Eine Karottendiät sollte mindestens 2 Tage dauern; in dieser Zeit sollte kein anderes Nahrungsmittel gegessen werden. Trinken ist natürlich erlaubt. Geben Sie Ihrem Kind alle 2 Stunden etwas Karottenbrei zu essen. Sehr bewährt (aufgrund ihres besonders hohen Pektingehalts) ist auch eine Breimischung aus Kartoffeln und Karotten. Diese Mischung schmeckt außerdem weniger intensiv und wird daher nicht selten von Kindern lieber gegessen als der pure Karottenbrei.

So hilft der Arzt

Ein »ganz normaler« Durchfall ist kein Grund zur Aufregung. Sollten aber folgende Symptome auftreten, ist Anlaß vorhanden, möglichst bald das Kind einem Arzt vorzustellen:

- Blutbeimengungen im Stuhl
- Ansteigen des Fiebers über 40 °C
- Wenn das Kind gar nicht mehr trinkt
- Durchfälle, die länger als drei Tage andauern
- Krämpfe und Koliken

Salz- und Wasserverlust
Je kleiner Ihr Kind ist, um so größer ist die Gefahr, daß es durch einen Durchfall so viel Wasser und Mineralien verliert, daß ein lebensbedrohlicher Zustand entsteht. Bei Säuglingen unter 18 Monaten erkennen Sie das daran, daß die Fontanelle, das ist die Knochenlücke am Schädel, sich nach innen zieht. Weitere Kennzeichen, auch bei größeren Kindern, sind ein dunkelgelb gefärbter Urin, nur sehr wenig Harndrang sowie eine extrem trockene und faltige Haut.

Bedrohlich
Sehr starker Wasserverlust ist immer eine bedrohliche Situation, die in die Behandlung eines Arztes gehört. Geben Sie Ihrem Kind keine Nahrung mehr, bis sich der Durchfall beruhigt hat, aber lassen Sie es reichlich trinken. Mischen Sie 1/2 l Wasser mit 4 TL Traubenzucker und 1/2 TL Salz, und geben Sie dem Kind alle 10 Minuten etwas davon. Als Faustregel gilt, daß das Kind innerhalb von 24 Stunden 200 Milliliter Flüssigkeit pro Kilogramm Körpergewicht aufnehmen sollte.

Ernährung bei Durchfall

Am ersten Tag des Durchfalls macht das Kind eine »Teepause«. Es erhält nur Kamillen- oder Fencheltee. Wegen des starken Flüssigkeitsverlusts sollten Sie für ausreichende Teemengen sorgen!

Heidelbeersaft

Auch Heidelbeersaft eignet sich als Getränk bei Durchfallerkrankungen. Am besten wirkt ungesüßter Saft aus frischen Beeren. Lassen Sie Ihr Kind 3- bis 4mal täglich ein Glas trinken.

Heidelbeertee

Einen Tee bereiten Sie aus 3 EL getrockneten Heidelbeeren, die Sie in 1/2 l kaltem Wasser quellen lassen. Dann kochen Sie den Tee 5 Minuten und seihen ihn ab.

Mispel, der wirksame Apfelersatz

Für Kinder, die auf Äpfel mit Ausschlag reagieren, kommt als Apfelersatz vor allem die Mispel in Frage, denn auch sie enthält viele Pektine. Der in Deutschland und Frankreich heimische Mispelbaum wurde im Mittelalter derart häufig angebaut, daß er den Apfelbaum fast vollständig verdrängen konnte. Heute bekommt man seine Früchte leider nur noch selten.

Das Gerbsäuregeheimnis der Heidelbeere

Reine Gerbsäure schadet in hoher Konzentration den Schleimhäuten in unseren Verdauungswegen; vor allem kindliche Schleimhäute sind gefährdet. In der Heidelbeere ist die organische Säure jedoch an zahlreiche Farbstoffe gebunden. Die Folge: Unser Darm muß sie erst einmal aus ihren Farbstoffverbindungen herauslösen. Das kostet Zeit und sorgt dafür, daß die Gerbsäure nicht abrupt, sondern langsam und stetig zur Wirkung kommt.

Auch die ausgeschwemmten Mineralsalze müssen ersetzt werden. Geben Sie deshalb 1 kleine Prise Salz sowie etwas Zucker in den Tee, auch wenn das den Geschmack etwas beeinträchtigt.

Apfeldiät

Im Anschluß an die Teepause empfiehlt sich die Apfeldiät. Geschälte Äpfel werden jeweils frisch gerieben. Je nach Alter des Kindes erhält es – in mehreren Portionen über den Tag verteilt – 200 bis 500 g Äpfel. Sie können auch etwas gequetschte Banane darunterrühren. Außer Mineralwasser und ungesüßtem Kräutertee sind während der Apfelkur keine Getränke und Nahrungsmittel erlaubt.

Getreidediät

Ein weiterer Weg zur Diätbehandlung des Durchfalls ist die Verabreichung von individuell bemessenen Portionen Getreideschleim. Beginnen Sie mit schwach gesalzenem, ohne Milch und Fett zubereitetem Getreideschleim.

Haferschleim

25 g Haferflocken in 300 ml Wasser gar kochen und durch ein Sieb streichen. Mit 1 Prise Salz würzen.

Reisschleim

30 g Reis waschen, weich kochen und durch ein Sieb streichen. Mit 1 Prise Salz würzen.

Aufbau der Ernährung

Am 3. Tag sollte sich der Durchfall gebessert haben. Das Kind erhält nur Kartoffelbrei oder Grütze, Toast- oder Knäckebrot, eventuell schon etwas Butter, Milch und Quark – je nach Befinden und Appetit. Die normale Kost wird erst langsam und vorsichtig wieder aufgenommen. Das Kind sollte keinesfalls zu früh belastende Nahrungsmittel wie Schokolade, Pommes frites oder gebratenes Fleisch erhalten. Auch auf Limonade sollte es zunächst noch verzichten.

Ernährung von Säuglingen mit Durchfall

Brustgestillte Kinder bekommen fast nie Durchfall. Falls es dennoch einmal passiert, stillen Sie weiter und ersetzen verlorengegangene Flüssigkeit durch Tee oder Muttermilch.

Flaschenernährte Kinder bekommen folgende Nahrung:
1. Tag: 2 Mahlzeiten, bestehend aus Fencheltee mit Traubenzucker und Salz. Dazu geben Sie auf 100 ml Fencheltee etwa 1 TL Traubenzucker und 1 kleine Prise Salz. Als 3. Mahlzeit geben Sie dem Kind etwas Reisschleim mit Traubenzucker. Lösen Sie etwa 4 g Reis-

schleimpulver (aus der Apotheke oder dem Reformhaus) in 100 ml Wasser, und geben Sie 1 TL Traubenzucker dazu.

2. Tag: Geben Sie wieder Reisschleim. Bei über 3 Monate alten Säuglingen mischen Sie den Schleim mit Karottengemüse.

3. Tag: Wenn kein Fieber vorhanden ist und das Allgemeinbefinden sich gebessert hat, können Sie an diesem Tag wieder mit etwas Milch beginnen.

Heilnahrung nach dem Durchfall
Lassen Sie 500 g frische Karotten in 1 l Wasser mindestens 2 Stunden köcheln, und geben Sie 1 kräftige Prise Salz hinzu. Die Suppe wird 2mal durch ein Haarsieb gestrichen, das verkochte Wasser auf 1 l aufgefüllt. Geben Sie diese Suppe als Flaschennahrung. Als Variante können Sie Milch 1:1 mit Wasser mischen; wirkt sehr gut.

Biostoffe gegen Durchfall
- Die Fruchtsäuren und niedrigen Proteinwerte der meisten Obstsorten dezimieren den Bestand der Fäulniserreger im Darm. Besonders gut geeignet sind die Fruchtsäuren von Äpfeln und Pfirsichen.
- Gerbstoffe hemmen Entzündungen in den Darmwänden. Man findet Gerbstoffe fast überall in der Pflanzenwelt; hervoruzheben sind jedoch Äpfel, Mispeln, Quitten, Brombeer- und Heidelbeerblätter sowie die Früchte der Heidelbeere.
- Pektine werden auch in der Marmeladen- und Konservenindustrie als Versteifungsstoff eingesetzt. Ähnliche Wirkungen erzielen sie im menschlichen Verdauungstrakt: Sie entziehen dem Darminhalt Wasser und sorgen dadurch auf natürliche Weise für die notwendige Festigkeit des Stuhls. Pektine befinden sich vor allem in der Schale von Äpfeln und Kartoffeln sowie in Heidelbeeren, Tomaten und Karotten.
- Vitamin A schützt die menschliche Schleimhaut und damit auch die sensible Darmschleimhaut des Kindes.

Vorbeugen – so bleibt Ihr Kind gesund

- **Versorgen Sie Ihr Kind mit genügend Ballaststoffen! Denn die pflanzlichen Faserstoffe binden Wasser und spülen Gifte, Fäulnisstoffe und schädliche Bakterien aus dem Darm.**
- **Geben Sie Ihrem Kind Vollkornbrot anstelle von Weißbrot, gewöhnen Sie es rechtzeitig daran, Müsli zum Frühstück zu sich zu nehmen!**

Mandelmilch bei Säuglingsdurchfall
Bei akuten Durchfällen des Säuglings bewährt sich oftmals eine Mischdiät aus Molke und Mandelmilch. Sie sollte jedoch unter ärztlicher Anleitung erfolgen. Die heilende Wirkung der Mandelmilch hat ihre Ursache vor allem in ihrem hohen Gehalt an Magnesium, Kalium und Pantothensäure.

Auf Reisen
Im Urlaub in anderen Ländern sollten Sie Wasser zum Trinken oder Kochen immer abkochen. Essen Sie auch kein ungewaschenes Obst, und verzichten Sie auf Eiswürfel. Durchfall lauert!

Medikamente
- **Deutschland: Elotrans, Oralpädon, Perenterol**
- **Österreich: Elotrans, Oralpädon**
- **Schweiz: Elotrans, Oralpädon, Perenterol**

Eine Wärmflasche auf dem Bauch hilft, den rebellierenden Magen zu beruhigen.

Erbrechen

Symptome

- **Entleerung des Magens durch die Speiseröhre**
- **Bauchkrämpfe**
- **Schweißausbrüche**
- **Schwindel, Übelkeit**
- **Mundgeruch**

Ursachen

- Meistens Viren oder Bakterien
- Infektion der oberen Luftwege (Erkältungskrankheiten)
- Infektionskrankheiten (Scharlach, Masern, Keuchhusten)
- Mandelentzündung
- Krankheiten des Magen-Darm-Kanals (z. B. Blinddarmentzündung)
- Harnwegsinfektionen (Blasen- und Nierenbeckenentzündung)
- Stoffwechselerkrankungen (Zuckerkrankheit)
- Verdorbener Magen
- Vergiftungen
- Nahrungsmittelallergie
- Seelische Labilität, psychische Belastung
- Aufregung, Trotz- und Angstreaktionen
- Schädelverletzungen

Rezeptfreie Medizin

Den Oberbauch – also den Bereich zwischen Nabel und Brustbein – sanft mit Kupfersalbe einreiben (Cuprum metallicum, in der Apotheke erhältlich).

Vorsicht!

Riecht der Atem Ihres Kindes nach Äpfeln oder Azeton (riecht wie Nagellackentferner), dann hat es möglicherweise das »azetonämische Erbrechen«, eine Krankheit, die sich bei manchen Kindern häufig wiederholt. Sie sollten mit Ihrem Kind möglichst bald einen Arzt aufsuchen.

Organische Hintergründe

Erbrechen tritt während der Kindheit häufig auf. Meistens steckt nichts Ernsthaftes dahinter. Trotzdem sollte der Krankheitsverlauf genau beobachtet werden. Das Erbrechen selbst ist keine Krankheit, sondern immer Warnzeichen für das Vorhandensein einer anderen Störung oder Krankheit. In der Regel völlig harmlos ist es, wenn Säuglinge beim Füttern oder danach noch ein wenig von der Milch oder dem Brei herauswürgen. Solange das Kind ansonsten gut trinkt und normal gedeiht, besteht kein Grund zur Sorge. Nicht umsonst sagt der Volksmund: »Speikinder sind Gedeihkinder.«

Bei älteren Kindern kommt es häufig zu Erbrechen, weil sie zuviel oder durcheinander gegessen haben. Auch zuviel kalte Getränke oder Eis können – neben sonstigen Magen-Darm-Beschwerden – Erbrechen hervorrufen.
Häufig müssen Kinder auch nach starken Hustenanfällen würgen oder erbrechen.

So helfen Sie Ihrem Kind

Naturheilmittel

Zur Beruhigung geben Sie Ihrem Kind am besten Kamillen-, Melissen- oder Pfefferminztee.
Diese Tees gibt man den Kindern am besten löffelweise. Achten Sie darauf, die Aufgüsse nicht zu stark zu machen, damit der Magen nicht erneut gereizt wird. Ihr Kind darf so viel Tee trinken, wie es mag, sollte aber auf andere Getränke verzichten.
Der Tee darf nur in kleinen Schlucken getrunken werden. Wenn sich das Erbrechen im Laufe des Tages nicht bessert, sollte der Arzt gerufen werden.

Bewährte Hausmittel

Atemwege freihalten
Erbricht ein Säugling, nehmen Sie ihn rasch mit dem Gesicht nach unten auf. Das Erbrochene kann nun aus dem Mund herauslaufen. Die Atemwege müssen unbedingt freigehalten werden. Wenn Sie den Säugling nach dem Erbrechen wieder ablegen, legen Sie ihn vorsorglich auf den Bauch oder auf die rechte Seite.

Helfend beistehen
Einem erbrechenden Kleinkind helfen Sie, wenn Sie es an der Stirn halten und ihm beim Vorbeugen des Oberkörpers helfen, damit das Gesicht nach unten mit dem Kinn an die Brechschale oder sonstige Behälter gelangt. Nach dem Erbrechen reinigen Sie das Gesicht des Kindes und spülen seinen Mund aus.

Achtung, Flüssigkeitsverlust!
Zur Vermeidung der Flüssigkeits- und Salzverluste muß reichlich Flüssigkeit in kleinen Portionen über den Tag verteilt getrunken werden – am besten geben Sie Ihrem Kind Kräutertee, dem 1 Prise Salz und etwas Zucker zugesetzt wurde.

Warmer Kamillenwickel
Dazu taucht man ein mehrfach in Längsrichtung zusammengefaltetes Frottiertuch in warmen Kamillentee und legt es auf den Bauch des Kindes. Darüber legt man ein Leinentuch und befestigt das

Selbsthilfe des Körpers
Bei Überfüllung des Magens, nach dem Genuß verdorbener Speisen und bei Vergiftungen ist Erbrechen eine sinnvolle Körperreaktion, damit Speisen und Gifte rasch wieder aus dem Magen entfernt werden. Das Erbrechen sollte in diesen Fällen möglichst nicht unterdrückt werden.

Unser Tip

Beruhigt den Magen
Das Kauen einer nicht mit Konservierungsmitteln behandelten Zitronenschale (vorher mit heißem Wasser abbürsten) hat eine stark beruhigende Wirkung auf die Magennerven.

Gelegentlich leiden Kinder, die zum erstenmal allein verreisen dürfen, vor lauter Aufregung unter Erbrechen. Überlegen Sie daher vor der Reise gut, ob Ihr Kind wirklich schon alt genug ist, um so eine Fahrt ohne Begleitung Erwachsener durchzustehen.

Hinweis

Warme Bauchwickel – vor allem im Unterbauchbereich – dürfen erst aufgelegt werden, wenn klargestellt ist, daß keine Blinddarmentzündung vorliegt! Halten Sie nötigenfalls mit dem Arzt Rücksprache!

Ganze mit einem Wollschal um den Leib. So wird der Magenbereich auch angenehm warm gehalten.
Zur Wirkungssteigerung kann noch eine leichte Wärmflasche aufgelegt werden. Der Wickel sollte etwa 1/4 Stunde liegen bleiben und kann nötigenfalls nach 1 Stunde wiederholt werden.
Wenn dem Kind der Druck unangenehm ist, sollte auf die Anwendung verzichtet werden.

Erbrechen beim Säugling

Wenn Säuglinge hin und wieder erbrechen, ist das völlig harmlos, solange die normale Gewichtszunahme dadurch nicht beeinträchtigt wird. Übermäßiges Erbrechen allerdings kann eine Unverträglichkeit der Babynahrung, der Milch oder anderer Nahrungsmittel anzeigen. Bei schwallartigem Erbrechen muß ein Magenpförtnerkrampf vom Arzt ausgeschlossen werden. Auch Überfütterung, Schnupfen und Zahnen können beim Säugling zum Erbrechen führen. Machen Sie dann warme Bauchwickel mit Kamillen- oder Melissentee.

Wenn das Erbrechen bei Ihrem Säugling von Fieber begleitet ist, muß immer der Arzt konsultiert werden.

Auf das Gewicht achten
Führen Sie auf jeden Fall regelmäßig eine Gewichtskontrolle durch. Geben Sie häufigere, kleinere Mahlzeiten, und lassen Sie dem Kind auch genügend Zeit zum Aufstoßen.
Bei Gewichtsstillstand bzw. -abnahme (bei zusätzlichem Erbrechen im Schwall) sollten Sie den Arzt aufsuchen, denn es kann sich bei den Beschwerden Ihres Babys um einen Magenpförtnerkrampf handeln. Der Arzt kann mit Medikamenten helfen oder auch zu einer Operation raten, die aber kein schwerwiegender Eingriff ist.

Homöopathie für Säuglinge
Bei Säuglingen müssen sich der Magen sowie der gesamte Verdauungstrakt erst stabilisieren. Mit homöopathischen Heilmitteln können Sie den Organismus des Kindes bei anfänglichen Störungen unterstützen.
Gegen Erbrechen in der ersten Lebenswoche hilft Cuprum D30 – 1mal täglich 5 Tropfen. Rufen Sie aber den Arzt, wenn sich der Allgemeinzustand Ihres Kindes verschlechtert.

Reisekrankheit

Dabei handelt es sich um Übelkeit und akutes Erbrechen, die während Auto-, Bahn-, Flug- oder Schiffsreisen auftreten. In funktioneller Hinsicht ist dabei der Gleichgewichtssinn gestört.
Die körperliche Ursache besteht in einer schwachen Tätigkeit der Magenmuskulatur, so daß die Verdauung verlangsamt wird oder ganz zum Erliegen kommt. Hintergrund ist meistens eine bestehende Magenschwäche, aber auch Verstopfung oder Ängstlichkeit können beteiligt sein.

Mittel gegen Reisekrankheit
- Geben Sie dem Kind vor und während der Reise keine schweren Speisen. Tee und Zwieback sind bei längeren Fahrten günstiger als Butterbrote oder Pommes frites aus der Raststätte.
- Achten Sie auf eine aufrechte Körperhaltung, bei der Magen und Darm nicht eingeknickt oder gedrückt werden.
- Während der Fahrt sollte das Kind nicht lesen oder Spiele spielen, bei denen es den Blick nach unten richten muß.
- Halten Sie das Kind dazu an, aus dem Fenster oder – bei Schiffsreisen – auf den Horizont zu schauen.
- Achten Sie darauf, daß das Kind viel frische Luft und Bewegung bekommt – bei Autoreisen durch regelmäßige Pausen, bei Schiffsreisen durch den Aufenthalt an Deck.

Kaugummi
Gegen Reisekrankheit gibt es auch spezielle Kaugummis in der Apotheke, die von etwas größeren Kindern gekaut werden können.

Ingwer
Bei Kindern über sechs Jahren lohnt sich der Versuch, mit Ingwer gegen Reisekrankheit anzugehen.

Medikamente
- **Deutschland: Zintona**
- **Österreich: Zintona-Kapseln, Biomed Ingwer-Kapseln**
- **Schweiz: Zintona-Kapseln**

Der Empfehlung des Arztes folgen

Erbrechen kann Symptom für die unterschiedlichsten Erkrankungen sein. Sollte es mehrere Tage anhalten, ist das Kind in jedem Fall zur ärztlichen Untersuchung zu bringen. Die Ernährung richtet sich dann natürlich nach den ärztlichen Anweisungen.

Einlauf

Hat Ihr Kind sich den Magen verdorben und muß deswegen erbrechen, hilft zunächst ein Einlauf (siehe Seite 306f.). Dieser gleicht auch den Flüssigkeitsverlust etwas aus und stoppt das Erbrechen in einigen Fällen.

Wann sollte Ihr Kind zum Arzt?

- Bei Verdacht auf Vergiftung (beispielsweise durch die Aufnahme von giftigen Pflanzensamen oder Putzmitteln)
- Bei unklarem, starkem und häufigem Erbrechen
- Bei hohem Fieber (über 39,5 °C) mit stark beeinträchtigtem Allgemeinbefinden
- Bei »Austrocknung« des Körpers (wenn Symptome wie Krämpfe, Atemstörungen, Verlust der Spannkraft der Haut, Bewußtlosigkeit auftreten)

Ernährung bei Erbrechen

Leichte Kost

Bei kurzfristigen Brechanfällen handelt es sich meistens um eine Magenverstimmung; hier hat die Ernährung die Aufgabe, den Verdauungstrakt langsam wieder an Speisen zu gewöhnen und ihn möglichst schonend zu behandeln.

Dazu dient vor allem eine leichte Kost aus wenig Fetten, wenig Proteinen und wenig Zusatzstoffen. Lebensmittel aus der Konserve sind tabu, genauso wie koffeinhaltige Getränke (Cola), Schokolade und Gewürze.

Nicht die Magenwände reizen

Unmittelbar nach einer Brechattacke, aber auch zur Vorbeugung bei Kindern mit starker Neigung zum Erbrechen, muß alles gemieden werden, was die Magenschleimhaut reizen könnte.

Hierzu gehören Colagetränke, Zitrusfrüchte und -säfte, Gewürze, rohe Zwiebeln, Kohl, Hülsenfrüchte, fritierte und stark fetthaltige Speisen, Sahne-, Käsekuchen und andere fettreiche Kuchensorten.

Reizarme Nahrungsmittel

Wenn sich der Magen durch Erbrechen entleert hat, sollte man ihm Gutes tun. Dazu eignen sich Nahrungsmittel wie Zwieback, Haferschleim, Milch- und Kartoffelbrei, Reis und Kompott.

Wichtige Nährstoffe ersetzen

Beim Erbrechen gehen Wasser und wichtige Mineralien verloren – vor allem bei Kindern, die ja weniger Nährstoffreserven besitzen als Erwachsene. Der Ausgleich der Defizite erfolgt am besten über Getränke aus 1 Teil Apfelsaft und 4 Teilen Mineralwasser, die das Kind in kleinen Schlucken nippt.

Melisse – das magenfreundliche Gewürz

Für alle Gerichte, zu denen man Zitronen oder Zitronensaft braucht, kann man auch Melisse verwenden. Sie ist im Unterschied zu Zitrusfrüchten auch für sensible oder gereizte Magenwände

leicht verträglich. Außerdem zählt der Lippenblütler zu den alten Heilkräutern, die sich gerade bei Magenkrämpfen immer wieder bewährt haben.
Beim Kochen verliert Melisse ihren Geschmack; sie darf bei gegarten Speisen also erst kurz vor dem Servieren als Gewürz zum Einsatz kommen!

Kohlenhydrate, Eiweiß, Fett
Nach dem Erbrechen sollte der Magen an die Nährstoffe in der Reihenfolge ihrer Verdaulichkeit gewöhnt werden. Zuerst geben Sie Ihrem Kind Kohlenhydrate, am nächsten oder übernächsten Tag Proteine (Eiweiß) und erst einige Tage später Fette!

Götterspeise
In vielen amerikanischen Krankenhäusern gibt man kleinen und großen Patienten nach dem Erbrechen erst einmal eine Portion Götterspeise. Dieses Gelatinedessert enthält viele Kohlenhydrate, wird gut vertragen – und schmeckt!

Bewährt: die Karottencremesuppe
Gerade Kinder fühlen sich nach dem Erbrechen schlapp und kraftlos. Eine Karottenkraftbrühe nach folgendem Rezept bringt sie wieder in Schwung, ohne daß dabei die gereizten Magenwände überfordert werden.
Geben Sie 1 Glas Karotten (am besten Babynahrung) in einen Topf mit 1/2 l milder Brühe. Das Ganze aufkochen und mit Suppenkräutern und etwas Muskat würzen. Diese Suppe bringt den Salz- und Kohlenhydrathaushalt des geschwächten Kindes wieder in Ordnung die Mineralien und Vitamine der Karotte (vor allem Provitamin A) sorgen darüber hinaus für die Genesung der strapazierten Magenschleimhaut. Selbstverständlich können Sie auch frische Karotten kochen, pürieren und zu Suppe verarbeiten. Nur auf scharfe Gewürze und Sahne zum Abschmecken sollten Sie verzichten.

Vorbeugen – so bleibt Ihr Kind gesund

- **Lassen Sie Ihr Kind nicht über die Sättigungsgrenze hinaus essen.**
- **Auch wenn nur noch ein Teelöffel voll auf dem Teller liegt, darf es aufhören zu essen.**
- **Vermeiden Sie fettige und schwere Speisen.**
- **Besonders abends und vor Reisen liegen solche Gerichte Ihrem Kind zu schwer im Magen.**

Ruhe für den Magen
Wurde das Erbrechen durch einfache Überfütterung des Kindes verursacht, bringen einige Tage Diät den Magen wieder in Ordnung. Dabei wird Teefasten und eine Apfel- oder Getreideschleimdiät wie bei Durchfallerkrankungen (siehe Seite 212ff.) durchgeführt.

Karotten und Kartoffeln
Auch ein Püree aus gekochten Karotten und Kartoffeln, in das Sie auch etwas Reis mischen können, läßt den strapazierten Magen wieder gesunden. Aber nur leicht würzen.

Nabel- und Leistenbruch

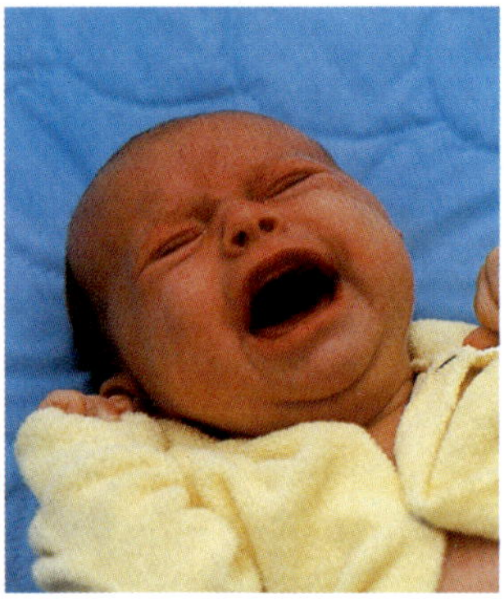

Durch kräftiges Schreien wird ein Nabelbruch oft erst richtig sichtbar.

Symptome

- **Nabelbruch**
  – Runde, meist pralle Vorwölbung der Haut am Nabel, mit dem Finger leicht zurückdrückbar (wenn nicht eingeklemmt)
  – Mögliche Erweiterung der Öffnung beim Schreien oder beim Pressen; dabei wölbt sich der Nabel stark vor
- **Leistenbruch**
  – Haselnuß- bis apfelsinengroße Schwellung in der Mitte der Leistenbeuge
  – Meist beschwerdefrei
  – Bei Einklemmung starke Schmerzen, die zu Übelkeit und Erbrechen führen können

Ursachen

In der Bauchdecke befinden sich weiche, nachgiebige Stellen, die leicht aufbrechen. Dabei kommt es zu einer Ausstülpung des Bauchfells. In dieser Ausstülpung können Eingeweide eingeschlossen sein (Darm, Eierstock usw.) und durch die Bauchdecke nach außen treten, so daß sie nur noch von der Haut bedeckt sind.

Vorsicht!

Ein Eingeweidebruch gehört in die Behandlung eines Arztes, wenn folgende Symptome auftauchen: Übelkeit, Erbrechen, anhaltendes Schreien des Kindes, Strecken der Beine beim Leistenbruch, Blauverfärbung der Vorwölbung beim Nabelbruch.

Rezeptfreie Medizin

Zur Behandlung eines Nabel- oder Leistenbruchs werden in der Regel Nabelpflaster, Nabelbinde oder Bruchsäckchen herangezogen. Viele dieser Eingeweidebrüche heilen allerdings bei Kindern innerhalb weniger Wochen von selbst ab. Eventuell können Sie mit Nux vomica D6, das Sie Ihrem Kind 2mal wöchentlich geben, die Verdauung regulieren und damit heftiges Pressen verhindern.

Organische Hintergründe

Leistenbruch

Ein Leistenbruch kann sich besonders bei Jungen leicht einklemmen. Das bedeutet, der Darm drückt sich direkt in den Bruchkanal bis in das Hodensäckchen hinein. Das kann zu einem Darmverschluß führen. Wegen dieser Gefahr sollte er möglichst bald operiert werden.

Nabelbruch

Fast immer bildet sich ein Nabelbruch im Laufe des ersten Lebensjahres von selbst zurück. Nur in seltenen Fällen schließt sich die Bruchlücke nicht wieder, oder der Bruch klemmt sich ein – dann muß Ihr Kind operiert werden.

So helfen Sie Ihrem Kind

Die meisten Nabelbrüche sind harmlos und verheilen von selbst. Warten Sie also in Ruhe ab; es sei denn, der Bruch klemmt sich ein. Nicht so beim Leistenbruch!

Bewährte Hausmittel

Hausmittel bei Leistenbruch
Ein warmes Bad entspannt das Kind. Auch feuchtware Umschläge, die auf die Schwellung gelegt werden, tun Ihrem Kind gut. Meist ist die Bauchlage für das Kind besonders angenehm.

Hausmittel bei Nabelbruch
Das Anlegen eines Nabelpflasters kann die Heilung möglicherweise beschleunigen. Nabelpflaster sollten möglichst 3 bis 4 Wochen getragen werden. Löst sich ein Pflaster, sollte es noch am selben Tag erneuert werden.

So hilft der Arzt

Leistenbruch
Nach dem Auftreten der Symptome sollte Ihr Kind möglichst bald einem Arzt vorgestellt werden. In leichteren Fällen wird der Arzt einen Leistenbruchverband anlegen, der manchmal das Heraustreten des Bruchsacks verhindert. Operiert werden muß aber trotzdem fast immer. Ein eingeklemmter Bruch bedarf einer sofortigen chirurgischen Behandlung, ansonsten können Sie zunächst noch etwas abwarten.

Nabelbruch
Wenn ein Nabelbruch nicht von selbst oder mittels eines Nabelpflasters verheilt – möglicherweise, weil die Bruchpforte zu groß ist –, ist ein kleiner operativer Eingriff notwendig. Dieser kann nach der Neugeborenenphase jederzeit durchgeführt werden, wenn der Allgemeinzustand gut ist. Spätestens wenn Ihr Kind in die Schule kommt, sollte die Bruchpforte geschlossen worden sein.

Vorbeugen – so bleibt Ihr Kind gesund

- **Manche Kinder leiden während der ersten Lebensmonate unter Verdauungsstörungen. Wenn der Stuhlgang Ihres Kindes sehr hart ist, oder es oft ohne Ergebnis preßt, sollten Sie dafür sorgen, daß der Stuhlgang möglichst sanft reguliert wird, damit er etwas weicher wird. Gerade durch Pressen können Darmschlingen durch noch bestehende Öffnungen in der Bauchdecke gedrückt werden.**

Alternative

Falls Ihr Kind auf ein Nabelpflaster allergisch reagiert, können Sie auch eine straff sitzende Bauchbinde anlegen.

Jungen stärker betroffen

Der Leistenbruch besteht oft schon von Geburt an, weil der Leistenkanal offengeblieben ist. Besonders bei Jungen findet sich eine Schwäche in diesem Gebiet, da die Hoden aus der Bauchhöhle durch den Leistenkanal in den Hodensack hinabsteigen. Häufig besteht eine familiäre Veranlagung für Leistenbrüche.

Unser Tip

Nabelpflaster und Bruchsäckchen
Lassen Sie sich genau erklären, wie man diese Verbände anlegt, damit Sie sie im Bedarfsfall selbst erneuern können.

Kinder empfinden Schluckauf meist als etwas Lustiges.

Schluckauf

Symptome

- **Typisches »Hicks«-Geräusch**

Ursachen

Hervorgerufen wird der Schluckauf durch eine Reizung der Nerven, die zum Zwerchfell führen. Das Zwerchfell erhält dadurch so etwas wie ein »Eigenleben«, indem es aus dem synchronen Verbund der Atemmuskeln ausschert und bereits das Ausatmen veranlaßt, obwohl die Einatmung noch gar nicht abgeschlossen ist.

Darüber hinaus werfen die irritierten Nerven auch das Öffnen und Schließen der Luftröhre aus der Bahn. Der Kehldeckel schließt die Luftröhre bereits, obwohl der Atemvorgang noch im Gange ist. Dadurch kommt es zum typischen Hicksen.

Vorsicht!

Ein sanfter Fingerdruck auf beide Augäpfel bewirkt einen Reflex, der u. a. in einer Verlangsamung von Pulsschlag und Atmung besteht. Er kann jedoch bei empfindlichen Kindern auch zu Brechreiz und Kollaps führen.

Sofern die ersten Anzeichen einer Übelkeit auftreten, muß der Druck sofort aufgegeben werden.

Erklären Sie dem Kind, daß es wirklich nur sanft und nicht länger als 15 Sekunden drücken darf. In der Hälfte der Fälle ist der Schluckauf anschließend beseitigt.

Rezeptfreie Medizin

Bei größeren Kindern hilft Estragon gegen Schluckauf. 1 TL des getrockneten Krauts wird mit 1 Tasse kochendem Wasser übergossen und soll 3 Minuten ziehen. Nach dem Abseihen lassen Sie den Tee etwas abkühlen und geben ihn dem Kind schluckweise zu trinken.

Organische Hintergründe

Die Neigung zum Schluckauf ist zum Teil eine Sache der Veranlagung. Doch meistens ist sie das Produkt von Fehlverhalten. Wer beispielsweise zuviel ißt oder trinkt, treibt durch die Überfüllung des Magens das Zwerchfell regelrecht in die Enge. Eiskalte Getränke können einen Schluckauf ebenfalls auslösen. Auch eine falsche Sprech- und Atemtechnik kann den Hickser provozieren. Manche Kinder setzen mit ihrem Sprechtempo ihre Atemmuskeln derart unter Druck, daß sie sich das Ausatmen durch den Hickser gewissermaßen »erzwingen« müssen. Viele Neugeborene haben während der ersten Monate nach jeder Mahlzeit Schluckauf. Lassen Sie es ein Bäuerchen machen. Der Schluckauf beruhigt sich meist von selbst.

So helfen Sie Ihrem Kind

Bei vielen Kindern, besonders bei Neugeborenen, verschwindet der Schluckauf, indem Sie sie ein wenig Flüssigkeit in winzigen Schlucken aus einer Tasse oder von einem Löffel trinken lassen.

Bewährte Hausmittel

Luft anhalten
Lassen Sie Ihr Kind so lange wie möglich die Luft anhalten. Dadurch wird das irritierte Zwerchfell in der Einatmungsposition stabilisiert.

Kristallzucker
Das Schlucken von 1 TL Kristallzucker zwingt das Atemsystem dazu, dem Schlucken mehr Raum zu lassen.

Eiswasser, Zitronensaft oder Apfelessig
Das sind alles Nahrungsmittel, die Kinder partout nicht ausstehen können. Es ist die darauffolgende langgezogene »Igitt!«-Reaktion, die den aufmüpfigen Kehldeckel wieder in den Rhythmus zwingt.

Pfeffer
Ein wenig Pfeffer durch die Nase einziehen lassen, und es kommt bekanntermaßen zum Niesen. Der heftige Niesreiz ist eine Schockatmung, die den Zwerchfellmuskel dazu »überreden« soll, sich wieder synchron zu verhalten.

Naturheilmittel

Pfefferminzblätter
Zerhacken Sie ein paar Pfefferminzblätter, die dann mit etwas Essig beträufelt werden. Wenn das Kind diese »saure Frische« ißt, sollte der Schluckauf vorbei sein; oft reicht es aber schon aus, wenn es sie riecht.

Vorbeugen – so bleibt Ihr Kind gesund

- Ihr Kind soll nicht gleichzeitig sprechen und essen.
- Ihr Kind muß lernen, ohne Hektik zu sprechen! Dazu gehört freilich, daß Sie sich die Zeit nehmen, ihm zuzuhören.
- Ein größeres Kind sollte nicht aus der Flasche trinken.
- Bei opulenten Mahlzeiten sorgen kohlendioxidhaltige Limonaden und Colagetränke für eine zusätzliche Irritation der Zwerchfellnerven. Vielleicht können Sie Ihr Kind ja zu Säften oder Saft-Wasser-Gemischen überreden. Die sind auch aus ernährungswissenschaftlicher Sicht wertvoller als Limonaden und Colagetränke.

Wichtig!
Schluckauf kommt häufiger bei Kindern vor, deren Eltern sich keine Zeit zum Zuhören nehmen. Die Kinder versuchen dann, die verbleibende Zeit mit möglichst vielen Worten zu füllen.

Ein weiteres Mittel
Lassen Sie Ihr Kind die Luft anhalten. Dabei soll es dann ganz langsam einige Kniebeugen machen. Das beruhigt in vielen Fällen das Zwerchfell.

Unser Tip

Ablenkung
Lenken Sie das Kind ab, indem Sie ihm eine spannende Aufgabe stellen. Es vergißt, sich auf die Atmung zu konzentrieren – häufig vergeht der Schluckauf dabei.

Zu seltener oder zu harter Stuhlgang ist oft die Folge von zu geringer Flüssigkeitsaufnahme.

Verstopfung

Symptome

- Feste, harte Kotknollen, die nur selten und in kleinen Mengen entleert werden
- Schmerzen beim Stuhlgang
- Völlegefühl
- Appetitlosigkeit
- Kopfschmerzen
- Bauchkrämpfe
- Geblähter Bauch

Ursachen

Der unverwertbare Teil der Nahrung bleibt zu lange im Dickdarm, wo dem Rest des Speisebreis das Wasser entzogen wird und der Stuhl dadurch sehr verfestigt.

In sehr vielen Fällen entsteht Verstopfung durch eine falsche Ernährung mit zuviel hellem Brot, Kuchen, Pudding, Fleisch, Wurst, Käse, Eiern und Süßigkeiten und zuwenig Obst, Gemüse und Vollkornprodukten. Der wichtigste Punkt ist allerdings, daß zuwenig Flüssigkeit aufgenommen wird.

Auch Wärmemangel kann bei Kindern die Ursache für eine Verstopfung sein. Dieser kann durch zu dünne Unterwäsche oder durch kalte und nasse Füße entstehen.

Nicht selten spielen auch seelische Probleme eine Rolle, etwa Schulstreß oder Familienprobleme.

Vorsicht!

Selbst in einem ernsten Fall von Verstopfung sollten Sie Ihrem Kind ohne ärztliche Anweisung kein Abführmittel geben. Schon gar nicht eines, das nur für Erwachsene bestimmt ist!

Rezeptfreie Medizin

Verdauungsfördernde Teemischung: 20 g Kamille, 10 g Fenchelsamen, 10 g Gänsefingerkraut, 20 g Baldrianwurzeln (nur bei nervös bedingter Verstopfung!). Lassen Sie die Kräuter in der Apotheke mischen. 1 TL der Mischung wird mit 1 Tasse kaltem Wasser aufgegossen. Der Aufguß muß 8 Stunden ziehen und kurz aufkochen. Von dem abgeseihten Tee lassen Sie Ihr Kind morgens und abends 1 Tasse trinken.

Organische Hintergründe

Die Verstopfung ist keine spezielle Kinderkrankheit, sondern ein Grundübel der westlichen Wohlstandsgesellschaft, von dem auch Kinder zunehmend betroffen sind. Oft tritt eine Verstopfung aber auch als Begleiterscheinung einer akuten Erkrankung wie Scharlach oder Mandelentzündung auf.

So helfen Sie Ihrem Kind

Bei einer chronischen Verstopfung oder zeitweiliger Darmträgheit helfen oft schon einige Schlucke Wasser – am besten lauwarm –, die morgens auf nüchternen Magen getrunken werden. Dieselbe Wirkung hat ein Apfel (im ganzen; gerieben stopft er).

Viel trinken
Ungenügende Flüssigkeitszufuhr dickt den Darminhalt ein. Kinder müssen im Verhältnis zu ihrem Körpergewicht mehr trinken als Erwachsene – am besten Kräutertees und Obstsäfte.
Es ist durchaus normal, wenn ein etwa dreijähriges Kind bis zu zwei Liter Flüssigkeit am Tag zu sich nimmt, besonders wenn es viel Bewegung hat.

Regelmäßige Darmentleerung
Sehr wichtig ist es, das Kind an eine regelmäßige Darmentleerung, z. B. am Morgen oder nach dem Essen, zu gewöhnen. Dafür muß es ausreichend Zeit haben. Es soll sich auch nicht unter »Erfolgszwang« gesetzt fühlen, sonst verkrampft sich der Darm, und das gewünschte Ergebnis wird verhindert.
In solchen Fällen ist es mitunter angebracht, das Kind mit Spiel- und Malsachen auf das Töpfchen oder mit einem Buch auf die Toilette zu setzen.

Ausreichende Bewegung
Bewegungsmangel fördert Darmträgheit! Ein Kind, das nicht täglich herumtollt und im Freien spielt, sondern sich nur im Zimmer aufhält, neigt unweigerlich zur Verstopfung.
Wenn Sie keinen Garten zur Verfügung haben, gehen Sie täglich mit Ihrem Kind spazieren, und suchen Sie einen Park oder einen Spielplatz auf.

Bequeme, warme Kleidung
Unzweckmäßige Bekleidung behindert oft den normalen Verdauungsvorgang. Der Unterleib braucht wohlige Wärme und genügend Bewegungsfreiheit. Unterwäsche aus guter Baumwolle, darüber ein echtes Wollhöschen (auch für Jungen) und einen Rock oder ein Hose ohne Einengungen.
Achten Sie besonders im Kleinkindalter auf das Wohlbefinden und die Gesundheit Ihres Kindes, wenn Sie Kleidung kaufen.

Bewährte Hausmittel

Rizinusumschlag
Bei plötzlicher Verstopfung, z. B. auf Reisen oder durch veränderte Lebensgewohnheiten, hilft sehr gut ein Rizinusumschlag. Dieser ist auch für kleine Kinder und Säuglinge geeignet.
Falten Sie ein Tuch so, daß es den Unterleib des Kindes bedeckt. Dann tränken Sie das Tuch mit etwas Rizinusöl (aus der Apotheke)

Beruhigend
Auch wenn eine Stuhlentleerung nur selten erfolgt, muß das nicht unbedingt eine Verstopfung sein. Zwar sollte es einmal täglich zu einer Stuhlentleerung kommen, aber auch wenn Ihr Kind nur jeden zweiten oder dritten Tag Stuhlgang hat, der Stuhl aber eine normale, nicht eingedickte Beschaffenheit zeigt, ist das ganz in Ordnung.

Unser Tip

Abführende Getränke
Buttermilch,
Dickmilch,
Mineralwasser,
Dörrpflaumensaft,
Tomatensaft,
Sauerkrautsaft.

Viel Flüssigkeit, dazu zählen nicht nur die Getränke, sondern auch wasserreiches Obst und Gemüse sowie Suppen aller Art, benötigt der Darm, um den Stuhl weich zu halten. Kochen Sie Ihrem Kind häufig Gemüsesuppen, die einen hohen Anteil an pflanzlichen Faserstoffen enthalten, um einer Darmträgheit vorzubeugen.

Hinweis

Oft entleeren gestillte Säuglinge täglich bis zu sieben weiche Stühle. Es kann aber auch sein, daß sie innerhalb von mehreren Tagen nur einen Stuhl absetzen, ohne daß dieser unnormal fest wäre. Dann nutzen sie die Milch so gut aus, daß nur wenig für die Ausscheidung übrig bleibt.

und binden es mit Hilfe eines zweiten Tuchs oder eines Schals um den Leib des Kindes.
Der Umschlag soll über Nacht wirken. Bei Schmerzen können Sie zusätzlich eine leichte Wärmflasche auf den Umschlag legen.

Massage
Häufig hilft auch schon eine leichte Massage des Unterleibs (am besten im Uhrzeigersinn), um Verstopfungen zu lösen und Krämpfe zu mildern. Unterstützt wird die Wirkung, wenn Sie zum Massieren etwas Rizinusöl verwenden.

Einlauf
Am besten – und außerdem schonend – wirkt bei hartnäckiger Verstopfung ein Einlauf mit Kamillentee.

Gerade bei Säuglingen muß man eventuell durch kleine Einläufe (Klistiere) gelegentlich nachhelfen, bis sich der Verdauungsvorgang eingespielt hat. Spezielle Klistiere für Säuglinge sind in der Apotheke erhältlich.
Die Technik des Einlaufs finden Sie auf Seite 306f. erklärt.

Mild und nebenwirkungsfrei: Milchzucker
Bei Säuglingen, die ausschließlich mit Milch (Kuhmilchmischungen oder Milchfertignahrung) ernährt werden, kann schon 1 TL voll Milchzucker in jedes Fläschchen oder 1- bis 3mal 1 TL Malzextrakt helfen. Milchzucker und Malzextrakt sind in der Apotheke oder im Reformhaus erhältlich.
Geben Sie Ihrem Kind außerdem Fruchtsäfte und Obstpüree mit abführender Wirkung – beispielsweise Orangen, Birnen, Pfirsiche, Aprikosen.

Hinweis
Stopfende Nahrungsmittel sind u. a.: Kakao, Bananen, Äpfel, Heidelbeeren, Schokolade, schwarzer Tee und Milch. Auf diese sollte deshalb möglichst verzichtet werden. Dies gilt auch für Fleisch (vor allem für Schweinefleisch) und für Eier.

So hilft der Arzt

Verstopfungen können Anzeichen einer ernsthaften Erkrankung sein. Wenn nach zwei bis drei Tagen keine Besserung eintritt, sollten Sie mit Ihrem Kind zum Arzt gehen.
Dies gilt vor allem:

- Wenn der Bauch des Kindes angeschwollen ist
- Wenn die Verstopfung Schmerzen verursacht
- Wenn das Kind entweder lustlos und apathisch oder aufgeregt ist

Diagnostische Maßnahmen
Wenn Ihr Kind immer wieder unter Verstopfung leidet, wird Ihr Arzt den Bauchraum gründlich untersuchen und auch den Enddarm austasten. Eventuell wird er eine Ultraschalluntersuchung (Sonographie) durchführen.

Gründliche Diagnostik
Wenn ein Kind öfter unter Verstopfung leidet, oder ein Säugling hartnäckig verstopft ist, sollten Sie eine gründliche ärztliche Untersuchung nicht unnötig aufschieben. Nur so konnen eventuelle Krankheiten oder Fehlbildungen des Verdauungstrakts erkannt oder ausgeschlossen werden.

Medikamentöse Hilfe
Möglicherweise verordnet der Arzt Glyzerinzäpfchen.
Bei chronischer Verstopfung muß Ihr Kind wahrscheinlich über mehrere Wochen ein ärztlich verordnetes Abführmittel nehmen. Erst wenn sich der Stuhlgang normalisiert hat, können eine vollwertige, ballaststoffreiche Nahrung und ausreichend Flüssigkeit die medikamentöse Behandlung ersetzen.

Psychotherapeutische Hilfe
Beruht die Verstopfung Ihres Kindes auf einer psychischen Störung oder seelischen Problemen, wird der Arzt mit Ihnen spezielle Verhaltensmaßnahmen beraten und eventuell die Hilfe eines Psychologen oder Psychotherapeuten empfehlen.

Ernährung bei Verstopfung

Tee statt Milch
Hat ein Kind schon alle gesunden Zutaten im Frühstücksmüsli, so helfen mitunter ein Honigbrötchen und Pfefferminztee anstelle der gewohnten Milch, um die Verdauung in Gang zu bringen.

Verstopfung aus Angst
Hat Ihr Kind häufig schmerzhaften Stuhlgang, so wird es aus Angst vor weiteren Schmerzen den Stuhldrang unterdrücken. Der Reflex zur Stuhlentleerung geht verloren, und der zu lange im Darm verbleibende Kot verhärtet sich immer weiter. Geben Sie Ihrem Kind regelmäßig ballaststoffreiche Kost und reichlich zu trinken, damit es diesem Teufelskreis entgeht.

Bitterstoffe regen die Verdauung an

Bitterstoffe werden nur selten genannt, wenn es um eine gesunde Ernährung geht. Dabei besitzen sie eine ganze Reihe von gesundheitsfördernden Effekten. Ihre verdauungsfördernde Wirkung besteht darin, daß sie die Geschmacksnerven auf der Zunge anregen, wodurch wiederum die Produktion der Verdauungssäfte in Magen und Bauchspeicheldrüse sowie die Darmbewegungen mobilisiert werden. Interessanterweise wird dabei die Geschwindigkeit, mit der die Nahrung durch den Verdauungstrakt läuft, nicht beschleunigt; es bleibt also den verdauenden Organen nach wie vor genug Zeit, die Nahrung zu verarbeiten.
Die verdauungsfördernde Wirkung der Bitterstoffe beginnt ungefähr 20 bis 30 Minuten, nachdem sie verzehrt wurden.

Wichtige Nahrungsmittel mit Bitterstoffen

- Mehrfach ungesättigte Fettsäuren wie Linol- und Linolensäure befinden sich in großen Mengen in Sonnenblumen-, Weizenkeim-, Erdnuß-, Lein- und Maisöl.
- Magnesiumsulfat, das »Bittersalz«. Fördert die Verdauung, gilt als ein Erste-Hilfe-Mittel bei Lebensmittelvergiftungen. Es befindet sich in den meisten Mineralwassersorten.
- Fein zerkleinerte Zwiebeln bekommen binnen weniger Minuten einen bitteren Geschmack. Verantwortlich dafür sind schwefelhaltige Substanzen, die nicht nur die Verdauung fördern, sondern auch die Vermehrung von schädlichen Darmkeimen verhindern.

Ballaststoffe gegen Verdauungsstreß

Ballaststoffe sind Pflanzenfasern, die unserer Verdauung widerstehen. Sie passieren den ganzen Weg vom Mund bis zum Dickdarm, ohne dabei verdaut zu werden.
Im Dickdarm werden sie am Ende zwar noch teilweise von Bakterien zerlegt, doch für eine Aufnahme in den Körper ist es dann bereits zu spät. Mit anderen Worten: Sie gehören im strengen Sinne eigentlich gar nicht zur Ernährung, weil sie ja nicht von unserem Körper aufgenommen werden.
Nichtsdestoweniger haben Ballaststoffe einen ausgesprochen positiven Einfluß auf die menschliche Verdauung. Sie mobilisieren die Ausschüttung wichtiger Verdauungssekrete und verschaffen dem Darm die notwendige Zeit, sich ausgiebig mit der Nahrung beschäftigen zu können.

Vorsicht, Blähungen!

Einige Ballaststoffe mobilisieren leider nicht nur die Verdauung, sondern sorgen auch für Blähungen. Blähungsgefahr besteht hauptsächlich bei Haferkleie, Hafermehl, Gerstenkleie, Karotten, roter Bete, Rettichen, Radieschen, Sellerie, Schwarzwurzeln, Zwiebeln, Hülsenfrüchten, Rosenkohl. Durch entsprechende Würze wie etwa Kümmel könnnen die Blähungen jedoch weitgehend vermieden werden; auch bei Gefriergemüse sind die Blähstoffe bereits deutlich reduziert.

Nahrungszusätze

Nahrungszusätze können oft sehr schnell eine Verstopfung auf sanfte und gesunde Weise beseitigen.

Trockenfrüchte
Schneiden Sie 6 Trockenfeigen oder 8 Trockenpflaumen (achten Sie unbedingt darauf, nur ungeschwefelte Früchte zu verwenden!) in kleine Stücke, und weichen Sie sie in 1 zugedeckten Glas Wasser über Nacht ein.
Den entstandenen Saft lassen Sie Ihr Kind morgens auf nüchternen Magen trinken. Die eingeweichten Früchte werden entweder auch nüchtern gegessen oder unter das Müsli gemischt.

Leinsamen
Weichen Sie 2 EL geschrotete Leinsamen und 1 EL ungeschwefelte Rosinen (beides im Reformhaus erhältlich) über Nacht in je 1 zugedeckten Glas Wasser ein. Aus den Leinsamen wird ein dicker Brei, unter den Sie am nächsten Morgen die Rosinen mischen. Dazu gibt es das Rosinenwasser zu trinken.
Sie können auch 1 TL geschrotete Leinsamen mit etwas Honig und einigen Tropfen Zitronensaft anrühren. In Dickmilch oder Suppe oder ins Müsli geben.

Vorbeugen – so bleibt Ihr Kind gesund

- **Vollwertige, ballaststoffreiche Nahrung hält den Darm fit und beweglich und bewirkt, daß die Nahrung nicht zu lange im Darm verweilt.**
- **Lassen Sie Ihr Kind ausreichend trinken. Dadurch quellen die Ballaststoffe im Darm auf und reizen den Darm zu den Bewegungen, die die Nahrung weitertransportieren.**
- **Neben einer vollwertigen Ernährung spielt auch die Bewegung eine große Rolle für die geregelte Funktion der Verdauung.**
- **Sorgen Sie dafür, daß Ihr Kind jeden Tag Zeit hat, sich ausreichend zu bewegen und zu toben.**

Ballaststoffreiche Nahrungsmittel mit einem geringen Blähungsrisiko
Weizenkleie, Weizenmehl, Getreideflocken, Obst, grünes Blattgemüse, Kürbiskerne, Sonnenblumenkerne, Naturreis, Sojaprodukte.

Gewürze, die die Verdauung fördern
Alant, Anis, Fenchel, Galgant, Ingwer, Kalmus, Kapern, Koriander, Kümmel, Majoran, Pfeffer, Tamarinde.

Kinder holen sich eine Wurmerkrankung oft von ihrem vierbeinigen Freund.

Wurmerkrankungen

Symptome

- Blutarmut
- Dunkle Ränder unter den Augen
- Nervosität, Unruhe
- Juckreiz an der Nasenspitze
- Juckreiz am After
- Wurmeier bzw. abgestoßene Wurmglieder oder ganze Würmer im Stuhl
- Plötzliches nächtliches Bettnässen
- Bauchkrämpfe
- Rötung und Schwellung der weiblichen äußeren Geschlechtsteile
- Puderartiger Ausschlag auf den Wangen
- Harter, trockener Husten ohne Zeichen einer Erkältung

Ursachen

Kinder bekommen besonders leicht Wurmerkrankungen. Von überall her können sie diese Parasiten mitbringen – vom Spielplatz, aus dem Kindergarten, aus der Schule, aber auch vom Spielen mit wurmbefallenen Hunden. Aber auch zu Hause besteht Gefahr. Würmer oder ihre Eier überleben in kurzgebratenem Fleisch (beispielsweise vom Gartengrill), in Gepökeltem sowie in nicht gründlich gewaschenen Salaten und Gemüsen.

Rezeptfreie Medizin

Geben Sie Ihrem Kind eine Woche lang täglich vor dem Frühstück 1 Tasse Sauerkrautsaft zu trinken, oder lassen Sie es 100 g rohes Sauerkraut essen. Das vertreibt die Würmer garantiert.

Vorsicht!

Wurmeier haften auch an Spielzeug oder Kleidungsstücken sowie an den Händen des Kindes. Auf diesen Wegen können sie auch auf andere Familienmitglieder übertragen werden. Achten Sie peinlich genau auf Hygiene.

Organische Hintergründe

Die häufigsten Darmschmarotzer des Kindesalters sind Madenwürmer. Die Infektion erfolgt durch ihre Eier, die mit schlecht gewaschenem Gemüse oder Obst oder durch die mit Stuhl verschmutzten Finger in den Mund gelangen.

Aus den Eiern entwickeln sich die weißen, etwa einen Zentimeter langen und fadendünnen beweglichen Würmer. Alle sechs bis sieben Wochen wandern die Weibchen zum After und legen dort ihre Eier ab. Dadurch wird ein quälender Juckreiz erzeugt.

So helfen Sie Ihrem Kind

Die Behandlung von Wurmerkrankungen ist immer Aufgabe des Arztes. Mit seiner Erlaubnis kann zunächst einmal eine Behandlung mit ungiftigen Heilpflanzen versucht werden, die vielleicht den Einsatz starker Medikamente erspart.

Karotten

Das ätherische Öl der Karotten wirkt auf die Muskulatur der häufigsten Eingeweidewürmer, die bei Kindern vorkommen. Die Würmer werden zunächst in Richtung Darmausgang getrieben und schließlich bei steigender Konzentration des ätherischen Karottenöls im Darm gelähmt. Nun können sie leicht mit dem Stuhl ausgeschieden werden, da sie keinen Widerstand mehr leisten.
Gerade die Entfernung von Madenwürmern, die sich ja im unteren Dickdarm aufhalten, gelingt mit Hilfe ausreichender Mengen an Karottensaft und frischen Karotten.
In einer gezielten Karottenkur geben Sie Ihrem Kind 2 Tage lang soviel Karottensaft und geschabte Karotten, wie es essen und trinken mag. Anschließend geben Sie ihm mehrere Wochen lang täglich 1/4 l Karottensaft zum Frühstück.

Kürbiskerne

Geben Sie Ihrem Kind morgens nüchtern 1 Handvoll geschälte Kürbiskerne zu essen. 3 Stunden später sollte es noch einmal die gleiche Portion zu sich nehmen. Wiederholen Sie diese Kur an 3 aufeinanderfolgenden Tagen.

Heidelbeeren

Heidelbeeren in jeder Form (als Saft, als Püree, im Müsli) sind als ein natürliches Wurmmittel geeignet, weil sie die Verdauung regulieren – Würmer entwickeln sich vorzugsweise im nicht richtig verdauenden Darm.

Natürliche Wurmmittel

Knoblauch, rohes Sauerkraut und Zwiebeln sollten reichlich angeboten und verzehrt werden!

Einlauf gegen Würmer

Machen Sie Ihrem Kind einen Einlauf nach dem folgenden Rezept: Lassen Sie 2 EL Leinsamen (aus der Apotheke) und 100 g geschälten Knoblauch in 1/4 l Wasser etwa 20 Minuten lang kochen.
Dann abseihen und auf 32 °C abkühlen lassen. In den Irrigator (aus der Apotheke) füllen und die Flüssigkeit langsam in den Darm einlaufen lassen.
Wiederholen Sie diese Behandlung 3 Tage hintereinander.

Nachweis

**Mit Sicherheit können Sie Wurmbefall feststellen, wenn Sie über Nacht einen Streifen durchsichtige Haushaltsfolie über den Darmausgang des Kindes legen oder einen Streifen Tesafilm darüber kleben.
Befinden sich auf diesem Streifen Eier, liegt eine Wurmerkrankung vor.**

Unser Tip

Familienbehandlung

Meist ist es sinnvoll, die ganze Familie einer Wurmkur zu unterziehen, weil Würmer sehr schnell übertragen werden, sonst der Kreislauf nicht gebrochen werden kann.

Peinlich genaue Hygiene ist oberstes Gebot, wenn Ihr Kind von Würmern befallen ist. Besonders das Händewaschen vor dem Essen sollte – nicht nur zur Vorbeugung von Wurmerkrankungen – auch bereits für die Kleinsten zur Selbstverständlichkeit werden.

Hinweis

Jede Kur mit Hausmitteln sollten Sie nach zwei Wochen noch einmal wiederholen, um eventuell nachgeschlüpfte Würmer zu beseitigen.

Die Hygiene beachten

Während einer Wurmkur ist auf peinlich genaue Sauberkeit zu achten – damit es nicht zu einer Wiederansteckung kommt. Außerdem sollte vermieden werden, daß die Würmer bzw. deren Eier auf andere Personen übertragen werden.

Achten Sie deshalb besonders auf eine sorgfältige Handwaschhygiene mit Seife, Nagelbürste und persönlichen Handtüchern. Ihr Kind sollte täglich die Unterwäsche wechseln, und Bettzeug und Nachtwäsche sollten häufiger als sonst ausgetauscht werden.

Das Spielzeug nicht vergessen

Auch die Spielsachen des Kindes sollten gründlich mit heißem Wasser und Spülmittel abgewaschen werden. Denken Sie auch daran, das Schlaf- oder Schmusetier Ihres Kindes zu waschen.

So hilft der Arzt

Cayennepfeffer und Sennesblätter

Sehr häufig wird der Arzt das Medikament Piperazin verschreiben. Dieses besteht aus den Extrakten von Cayennepfeffer und Sennesblättern. Der Pfeffer betäubt die Würmer, die Sennesblätter treiben sie aus.

Naturheilkundliche Kur

Der naturmedizinisch orientierte Arzt wird oft eine Dreitagekur mit Papayasan K verordnen. Davon erhält das Kind 3mal täglich 1 TL vor dem Essen. Während der Kur sollte das Kind unbedingt fleischlos ernährt werden!

Homöopathische Medizin

Als homöopathische Maßnahme hat sich die Einnahme von Allium/ Cuprum sulfuricum compositum bewährt. Je nach Alter des Kindes geben Sie 5 bis 10 Tropfen in etwas Tee oder Saft, und lassen Sie es 3mal täglich diese Mischung trinken.

Vorsicht, Ringelwürmer!

Die meisten Wurmarten, die Kinder befallen (Bandwürmer, Madenwürmer, Spulwürmer und Trichinen) sind zwar lästig, aber in der Regel ungefährlich.
Durch den Befall mit Ringelwürmern kann Ihr Kind jedoch in seiner Entwicklung erheblich gestört werden.
Ringelwürmer kommen vor allem in Ländern mit schlechten hygienischen Verhältnissen vor – besonders in den Tropen. Wenn Ihr Kind von Würmern befallen ist, und wenn Sie in der letzten Zeit in einem solchen Land waren, sollten Sie den Arzt darüber informieren, damit er das bei der Diagnostik in Betracht zieht und gegebenenfalls eine adäquate Therapie einleitet.

Vorbeugen – so bleibt Ihr Kind gesund

- **Haustiere sollten regelmäßig einer Wurmkur unterzogen werden.**
- **Achten Sie auf die Sauberkeit von Kinderspielplätzen. Vor allem, wenn dort Hunde- oder Katzenkot herumliegt, sollten Sie einen anderen Ort zum Spielen aufsuchen.**
- **Verhindern Sie möglichst, daß Ihr Kind beim Spielen seine Finger oder Sand in den Mund steckt.**
- **Bringen Sie Ihrem Kind bei, daß das Händewaschen nach dem Spielen im Freien oder mit einem Tier und vor allem vor dem Essen eine Selbstverständlichkeit ist.**

Homöopathische Heilmittel bei Madenwürmern

Geben Sie Ihrem Kind Abrotanum D3, Cina D4 oder Spigeliae D4 (3mal täglich 5 Globuli). Die Behandlung sollte 2 Wochen dauern. Teucrium D5 und Natrium phosphoricum D6 oder D12 eignen sich gegen Madenwürmer, helfen jedoch auch gegen alle anderen Wurmarten.

Gliadin, Bestandteil des Klebereiweißes Gluten, ist in Weizen- und Roggenprodukten enthalten.

Zöliakie

Symptome

- **Reizbarkeit, Verstimmung**
- **Appetitlosigkeit**
- **Leichte Verdauungsstörung**
- **Gewichtsstillstand**
- **Unangenehm riechende, fettglänzende, weißlich gefärbte, blasig-schaumige Stühle**
- **Großer, schwappend aufgeblähter und weit vorgewölbter Bauch**
- **Umrisse der Darmschlingen sind oft durch die dünne, schlaffe Bauchdecke sichtbar**
- **Abmagerung des übrigen Körpers; eingefallener Po**

Ursachen

Zöliakie ist eine Unverträglichkeit von Gliadin, einem Bestandteil des Gluten (Klebereiweiß im Weizen und Roggen). Sie entsteht im Kleinkindalter aus ungeklärter Ursache nach Beginn der Zufütterung von Getreideprodukten.

Vorsicht!

Da es sich bei der Zöliakie auch um eine Mangelerscheinung handelt, ensteht eine Neigung zu Knochenbrüchen, da das Skelett durch die verminderte Mineralstoffaufnahme sehr kalkarm wird.
In vielen Fällen kann es auch zu Krämpfen und Hautblutungen kommen.

Selbsthilfe und Solidarität

Zöliakie ist eine ernstzunehmende Erkrankung, die sich in der Regel sehr lange hinzieht. Die notwendige Diät muß oft ein Leben lang eingehalten werden. Überforderten Eltern hilft am besten die Aussprache mit ebenfalls Betroffenen. Also: Schließen Sie sich einer Selbsthilfegruppe an!

Organische Hintergründe

Bei der Zöliakie handelt es sich um eine durch Schädigung der Dünndarmschleimhaut hervorgerufene Störung oder schwere Beeinträchtigung der Aufnahme von Nahrungsbestandteilen durch die Dünndarmschleimhaut. Die Krankheit beginnt gewöhnlich schleichend im zweiten bis dritten Lebensjahr.

Da die Nahrung bei dieser Erkrankung den Darm sehr rasch durchläuft und der Verdauungsprozeß entsprechend mangelhaft ist, ist die Ausnutzung der Nahrungsstoffe gering, so daß ein Stillstand im Wachstum und erhebliche Abmagerung eintreten können. Durch die Darmveränderungen kommt es zu Enzymmangel und den hieraus entstehenden Eiweiß-, Vitamin- und Eisenmängeln.

So helfen Sie Ihrem Kind

Nur eine frühzeitige Diät unter völliger Vermeidung von Mehl und Nahrungsmitteln aus Weizen, Roggen, Hafer und Gerste kann diese chronische Verdauungsstörung heilen.

Spezialnahrungsmittel

Im Reformhaus gibt es spezielle gliadinfreie Getreidespeisen, die Sie Ihrem Kind nach Anweisung des Arztes geben können.
Die Diät muß oft das ganze Leben über durchgehalten werden. Allerdings können Sie nach einigen Jahren nach vorheriger Rücksprache mit dem Arzt versuchsweise wieder einmal Getreide verabreichen. Treten dabei erneut Beschwerden auf, müssen Sie es aber sofort wieder absetzen!

Naturheilmittel

Teekur

Unterstützen Sie die ärztlichen und diätischen Maßnahmen durch eine Teekur.
Übergießen Sie dafür 5 TL getrocknete Heidelbeeren (aus der Apotheke) mit 1/2 l kaltem Wasser. Bringen Sie es zum Kochen, lassen Sie die Beeren etwa 10 Minuten lang köcheln, und seihen Sie den Tee ab. Das Kind erhält täglich 3 Tassen Tee.

Bewährte Hausmittel

Infolge der Abmagerung und der Blutarmut haben die Kinder ein erhöhtes Wärmebedürfnis. Geben Sie Ihrem Kind deshalb eventuell eine Wärmflasche (nicht zu heiß, Verbrennungsgefahr!) mit ins Bett, und achten Sie tagsüber auf ausreichend warme Kleidung.

So hilft der Arzt

Wichtig ist die möglichst frühzeitige und genaue Diagnose. Gehen Sie deshalb bei den ersten Anzeichen einer Zöliakie mit Ihrem Kind sofort zum Arzt.
Die verordnete Diät muß ärztlich streng überwacht werden.

Vorbeugen – so bleibt Ihr Kind gesund

- **Stillen Sie Ihr Kind so lange wie möglich. Das Erkrankungsrisiko ist nämlich erhöht, wenn der Säugling bereits in den ersten vier Lebensmonaten mit Getreidezusätzen ernährt wird.**
- **Selbsthilfe Online: http://www.zika.co.al/shg/zoliakie.html Tips, vor allem was die notwendige Diät angeht, bietet auch die Deutsche Gesellschaft für Ernährung. Auch sie ist erreichbar über Online: http://www.dainet.de/dge/brotxt.htm**

Vorsicht!

Bei der Suche nach glutenfreien Lebensmitteln können Sie sich nicht immer auf die Zutatenliste verlassen.

Selbsthilfegruppe gründen

**Wenn es in Ihrer Nähe keine Zöliakie-Selbsthilfegruppe gibt, können Sie vielleicht selbst eine ins Leben rufen.
Wie so etwas am erfolgreichsten geht, erfahren Sie bei NAKOS, der Nationalen Kontakt- und Informationsstelle zur Anregung und Unterstützung von Selbsthilfegruppen, Albrecht-Achilles-Straße 65, 10709 Berlin.**

Herumtollen an der frischen Luft trägt genauso wie eine ausgewogene Ernährung zur gesunden Entwicklung Ihres Kindes bei.

Gesunde Lebensführung

Kurzinformation

- **Eine gesunde Lebensführung ist die optimale Voraussetzung für die Entwicklung Ihres Kindes**
- **Eckpfeiler einer gesunden Lebensführung neben einer vollwertigen Ernährung sind:**
  - **Bewegung an frischer Luft**
  - **Genügend Schlaf**
  - **Regelmäßiger Tagesablauf**
  - **Ausreichende Spielmöglichkeiten**

Bewegung und frische Luft

Bewegung im Freien ist für das Kind ein lebenswichtiges Bedürfnis. Wenn Sie keinen eigenen Garten haben, gehen Sie mit Ihrem Kind auf einen nahe gelegenen Spielplatz, oder machen Sie Spaziergänge im Park.

Das Beste ist, wenn sich mehrere Kinder zusammenfinden und miteinander spielen – auch wenn es dabei manchmal etwas rauh zugehen kann.

Raus an die Luft

Licht, Luft, Sonne und Wind machen Kinder widerstandsfähiger gegen Krankheiten und fördern ihre allgemeine körperliche und seelische Entwicklung. Auch das Kleinkind ist von Natur aus kein Stubenhocker! Es hat ein Bedürfnis nach Freiheit, muß seine Muskeln üben, laufen und seinen Bewegungsdrang austoben können.

Jedes Wetter ist geeignet

Lassen Sie Ihr Kind zu jeder Jahreszeit im Freien spielen. Im Sommer sollten Sie jedoch auf einen guten Sonnenschutz für die Haut Ihres Kindes achten. Auch bei schlechtem Wetter sollten Kinder sich wenigstens eine bis zwei Stunden im Freien bewegen.

Für Kinder gibt es im übrigen meist gar kein schlechtes Wetter. Sie planschen ebenso gerne in Pfützen oder im Schneematsch herum, wie sie im Sonnenschein spielen. Bei entsprechender Kleidung nehmen sie weder durch Nässe noch durch Sturm oder Kälte Schaden. Achten Sie aber darauf, daß das Kind nach dem Spielen trockene Strümpfe und Schuhe anzieht.

Wasser macht Spaß

Planschen oder Schwimmen macht den meisten Kindern Spaß. Stellen Sie an warmen Tagen ein aufblasbares Planschbecken oder einen ausreichend großen Behälter mit Wasser im Garten oder auf dem Balkon – wenn vorhanden – auf. Das zunächst kühle Wasser aus der Leitung erwärmt sich in der Sonne rasch. Ansonsten können Sie in ein Freibad gehen. Achten Sie allerdings darauf, daß Ihr Kind nicht bei windigem Wetter badet, und trocknen Sie es anschließend gut ab. Wichtig beim Spielen mit Wasser ist es, den Sonnenschutz häufiger zu erneuern, damit Ihr Kind keinen Sonnenbrand bekommt.

Genügend Schlaf

Gesunder Schlaf in ausreichender Menge ist ganz wesentlich für die Gesundheit Ihres Kindes. Beachten Sie aber, daß der Schlafbedarf einzelner Kinder sehr voneinander abweichen kann.

Regelmäßige Schlafzeiten und entspannte Atmosphäre

Ebenso wie Erwachsene gewöhnt sich auch das Kind an wiederkehrende Rhythmen. Deshalb kommen die Kinder leichter zur Ruhe, wenn sie an regelmäßige Schlafzeiten gewöhnt sind – und diese Entspannung fördert das Einschlafen.
Achten Sie darauf, den Tag harmonisch ausklingen zu lassen. Fernsehen ist kein geeignetes Entspannungsmedium für Kinder und fördert häufig beängstigende Träume; greifen Sie lieber zum altbewährten Vorlesen und Singen, oder reden Sie mit Ihrem Kind darüber, was am Tage passiert ist.

Kinder brauchen Rhythmen

Manche Eltern glauben, ein fester Tagesablauf schränke ihr Kind ein, aber die Bedürfnisse von Kindern und Eltern unterscheiden sich oft. Für Erwachsene sind andere Bedürfnisse vorrangig als für Kinder. Das Kind braucht feste Orientierungspunkte in der Gliederung seines Tages, um sich dem vielen Neuen, was ihm täglich begegnet, offen zuwenden zu können.

Gefahren im Haushalt

Im Haushalt lauern für Kinder viele Gefahren, die den Erwachsenen, die täglich mit Geräten, Haushaltschemikalien etc. umgehen, kaum in den Sinn kommen. Selbst wenn man sich einiger Gefahren bewußt ist und versucht, entsprechende Gegenmaßnahmen zu treffen, rechnet man häufig nicht mit dem Einfallsreichtum von Kindern, wenn es darum geht, etwas zu entdecken und auszuprobieren.

Die Hauptgefahrenquellen

Die häufigsten Unfallursachen für Kinder im Haushalt sind Haushaltschemikalien, elektrische Haushaltsgeräte oder nicht gesicherte Steckdosen. Viele Kinder tragen schwere Verbrühungen oder Verbrennungen davon, weil sie einen Topf vom Herd gezogen oder an den glühendheißen Backofen gefaßt haben. Informieren Sie sich ausführlich über mögliche Gefahrenquellen und entsprechende Sicherheitsmaßnahmen.

Spielen – Lebensschule für Kinder

Das kreative Spiel ist für das Kind wichtig, um sich im Leben zurechtzufinden, Verhaltensformen einzuüben oder Erlebnisse zu verarbeiten. Je freier ein Kind spielen kann, um so besser ist es!

Rituale beruhigen

Den meisten Kindern ist ein bestimmtes Einschlafritual sehr wichtig. Schlaftier oder Schmusedecke, Einschlafgeschichte oder Schlaflied, ein paar Minuten allein mit Papa, ein Gutenachtkuß – oder irgend etwas anderes, das regelmäßig wiederkehrt und den Tag beruhigend und harmonisch abschließt. Solche Rituale bringen die nötige Ruhe und Entspannung nach einem aufregenden Tag – und für Kinder ist jeder Tag aufregend!

Unser Tip

Sicherheitscheck

Es gibt inzwischen Sicherheitsberater, die sich Ihre Wohnung ansehen und auf Gefahrenquellen hinweisen. Meist läßt sich eine Wohnung für wenig Geld kindersicher gestalten, wenn man die kritischen Stellen und die entsprechenden Sicherheitsmaßnahmen kennt.

Eröffnen Sie doch ein kleines Naturkochstudio im Freien. Denn bereits kleineren Kindern kann man auf spielerische Weise die Grundregeln einer gesunden Ernährung nahebringen: Welche Zutaten geeignet sind und wie man sie schonend zubereitet.

Kreativität durch Malen

Eine gute Möglichkeit für das Kind, seine Phantasie auszuleben und mit Tagesereignissen fertigzuwerden, ist Malen. Aus den Bildern können Eltern vieles über das Seelenleben ihres Kindes erfahren – einmal anhand der Thematik, die es wählt, aber auch dadurch, wie groß es verschiedene Menschen und Dinge zeichnet.

Improvisation und Phantasie

Es ist ganz erstaunlich, was Kinder aus einem Tuch, einigen Stückchen Holz oder einigen Steinen machen können. Oft entstehen so ganze Welten, die auch für Sie als Eltern faszinierend sind und das Verständnis für Ihr Kind fördern können. Bauklötze, Tücher, Tannenzapfen usw. sind für ein Kind anregender als eine Barbiepuppe oder andere »perfekte« Spielzeuge. (Wenn ein solches Spielzeug allerdings der größte Herzenswunsch Ihres Kindes ist, sollten Sie durchaus darauf eingehen.)

Alles Vorgefertigte, Perfekte, alles, was nur auf eine einzige Art zu verwenden ist, tötet die Phantasie Ihres Kindes und wird meist nach kurzer Zeit beiseite gelegt. Ein Vorschulkind sollte deshalb auch möglichst wenig fernsehen oder Kassetten hören, diese Medien engen die Phantasie ein und fördern Klischees.

Durch Rollen- und Theaterspiel verarbeiten und lernen

Wichtig ist für Ihr Kind auch das sogenannte Rollenspiel. Dieses kann ihm wesentlich dabei helfen, mit Problemen fertigzuwerden.

Das Kind spielt, was es innerlich bewegt, und versucht, seine in Wirklichkeit oft unterdrückten Wünsche zu befriedigen – beispielsweise indem es Mutter oder Vater imitiert, die ihre Kinder ausschimpfen und strafen dürfen.

Das Kind spielt aber auch Situationen, mit denen es nicht fertiggeworden ist, in denen es unterlegen war. Diese Situation erlebt es erneut im Spiel und stellt sich dabei nun als Beherrscher der Lage, als Sieger dar. Das Kind spielt möglicherweise auch seine Not, seinen Schmerz, erlebte Schocks, beispielsweise die Eifersucht auf Bruder oder Schwester oder einen miterlebten Autounfall. Gerade solche Spiele dürfen Sie nicht stören oder unterbrechen, denn das ist für Ihr Kind eine wichtige und meist erfolgreiche Methode, das Erlittene zu verarbeiten und zu überwinden.

Hinweis

Spielen ist häufig auch Nachahmung dessen, was die Großen tun. Darum ist das Spiel mit »echten Dingen« so beliebt und wichtig. Spielzeugtelefone oder -schlüssel üben lange nicht so viel Faszination aus wie ihre echten Vorbilder. Erst sie bewirken, daß sich das Kind groß fühlt. Beobachten Sie Ihr Kind beim Spiel mit den Gegenständen aus der Erwachsenenwelt. Sie werden interessante Aufschlüsse über Ihr eigenes Verhalten bekommen.

Eltern als Vorbild

Gerade das Kind im Vorschulalter orientiert sich sehr stark an dem Vorbild seiner Eltern. Es lernt die meisten Dinge zunächst durch seinen angeborenen Nachahmungstrieb. Das gibt Ihnen als Eltern die Gelegenheit, »gute Gewohnheiten« zu verankern – beispielsweise die tägliche Körperpflege oder Ernährungsgewohnheiten.

Den Umgang mit anderen erlernen

Auch zwischenmenschliche Beziehungen wollen gelernt sein. Deshalb ist es wichtig, daß Sie in Gegenwart Ihres Kindes nicht abfällig über abwesende Personen sprechen. In jeder Familie kommt es einmal zu Auseinandersetzungen, vor allem zwischen Mutter und Vater. Wenn möglich, sollte das Kind nicht unbedingt einen lautstarken Streit miterleben müssen. Da es die Sachlage noch nicht einschätzen kann, bekommt es leicht Angst (vor allem Angst, daß es schuld ist am Streit der Eltern oder daß es verlassen wird).

Fehler zugeben

Machen Sie Ihrem Kind klar, daß auch Erwachsene sich nicht immer verstehen, daß dies aber nicht unbedingt von gravierender Bedeutung ist, weil man sich letztlich doch wieder einigen, »vertragen« kann. Wichtig ist vor allem, daß Sie Ihrem Kind erklären, daß manchmal eine Spannung besteht – instinktiv spürt es dies ohnehin und wäre ohne eine beruhigende Erklärung von Ihrer Seite verunsichert. Diese Verunsicherung kann sich auch körperlich niederschlagen – etwa in Erbrechen, Durchfall, Bettnässen usw.
Für größere Kinder kann es dagegen durchaus wichtig sein, auch einmal einen Streit mitzuerleben – vor allem, wenn sie dabei auch erfahren, wie man den Streit beilegen kann, und daß es viele Möglichkeiten gibt, wie man sich wieder versöhnt.

Impfungen

Die meisten Impfungen sind mit einem kleinen, (fast) schmerzlosen Piekser in den Po oder Oberarm verbunden.

Kurzinformation

- **Durch eine Schutzimpfung werden dem Körper abgeschwächte oder abgetötete Krankheitserreger zugeführt**
- **Das Immunsystem reagiert wie bei einer richtigen Infektion**
- **Antikörper werden gebildet**
- **Einige Impfungen wirken, wenn sie einmal verabreicht wurden, ein Leben lang, andere müssen regelmäßig wieder aufgefrischt werden**

Das Prinzip einer Schutzimpfung

- Schutzimpfungen sollen bestimmten Infektionskrankheiten vorbeugen. Durch Einspritzen oder Einnehmen von Impfstoffen wird der Organismus angeregt, Schutzstoffe zu bilden. Diese sind denjenigen ähnlich oder gleich, die durch Überstehen einer Infektionskrankheit als sogenannte Antikörper im Organismus gebildet werden. Die Impfungen bewirken einen mehr oder weniger starken Schutz vor der Erkrankung. Es handelt sich also um einen Vorgang künstlicher, aktiver Immunisierung.

Vorsicht!

Kinder sollten nicht geimpft werden, wenn sie unter einer akuten Erkrankung mit oder ohne Fieber leiden, Magen-Darm-Beschwerden (Erbrechen oder Durchfall) haben oder gerade eine andere Infektionskrankheit durchmachen.

Die richtige Stelle

Säuglinge und Kinder, die noch nicht sauber sind, sollten möglichst nicht in den Gesäßmuskel geimpft werden, da sich durch Schmierinfektionen die Impfstelle infizieren kann. Der Arzt wird kleine Kinder in den Oberschenkel, größere Kinder in den Oberarm impfen.

- Impfstoffe aus vermehrungsfähigen, aber geschwächten Erregern bezeichnet man als Lebendimpfstoffe, solche aus Spalt- und Stoffwechselprodukten der Erreger als Totimpfstoffe.
- Daneben gibt es eine sogenannte passive Immunisierung, die auch als Serumgabe oder passive Impfung bezeichnet wird. Bei ihr werden Schutzstoffe anderer Menschen oder Tiere einem durch die Krankheit gefährdeten Menschen eingespritzt; die Bildung eigener Antikörper wird so nicht angeregt.
- Diese fremden Schutzstoffe werden im Organismus jedoch wieder abgebaut, so daß höchstens zwei Monate lang ein nennenswerter Schutz besteht. Dagegen kann bei den aktiven Impfungen der Schutz – je nach Art der Impfung – über Jahre dauern, in bestimmten Fällen sogar lebenslang.

Wichtige Impfungen

Einige Impfungen sind unumgänglich und sollten – wenn keine ärztlichen Bedenken, etwa wegen einer chronischen Erkrankung, bestehen – in jedem Fall durchgeführt werden.

- Tetanus (Wundstarrkrampf). Die Erreger dieser Krankheit sind sehr häufig und können schon durch eine kleine Verletzung (Kratzer, Schürfwunden) in die Haut eindringen. Sie werden z.B. durch Katzenkrallen oder Gartenerde übertragen. Der Krankheitsverlauf ist meist schwer und endet oft tödlich. Häufig bleiben auch schwere Behinderungen zurück.
- Empfehlenswert ist weiterhin die Schluckimpfung gegen Kinderlähmung (Poliomyelitis; oder kurz Polio). Diese Viruserkrankung kann ebenfalls einen sehr schweren Verlauf nehmen und zu Muskel- und Atemlähmungen führen.
- Für Mädchen, die bis zum Pubertätsalter noch nicht an Röteln erkrankt waren, empfiehlt sich auch eine Rötelnimpfung – weniger zu ihrem eigenen Schutz, sondern vielmehr, weil eine Rötelninfektion während einer Schwangerschaft zu schweren Schädigungen des ungeborenen Kindes führen kann. Auch Jungen sollten gegen Röteln geimpft werden, damit sie keine schwangeren Frauen anstecken können.

Impfpläne

Es gibt eine Reihe alternativer Impfpläne, die einen Überblick über die modernen Impfmöglichkeiten geben. Sie bieten verschiedene Möglichkeiten der Anwendung von Einfach- oder Mehrfachimpfungen sowie für die Zusammensetzung und Reihenfolge der Impfungen.

Welcher Impfplan für Ihr Kind der richtige ist, kann nur in Zusammenarbeit mit dem Arzt herausgefunden werden.

Alle Impfungen werden in einen Impfpaß eingetragen, der Ihnen und dem Arzt den Überblick erleichtert.

Impfplan I (allgemein empfohlen)

- Neugeborene: in bestimmten Fällen Tuberkuloseschutzimpfung
- Als Grundimmunisierung im 3., 4. und 5. Lebensmonat oder ab dem 3. Lebensmonat im Abstand von 4 bis 6 Wochen als 4fachimpfung:
  - Diphtherie
  - Keuchhusten
  - Tetanus
  - Kinderlähmung
- Ab 15. Lebensmonat: Erstimpfung gegen Masern
- 4 bis 6 Wochen später Auffrischungsimpfungen gegen Kinderlähmung, Diphtherie und Tetanus

Angenehme Kühlung

Gegen Schwellungen und Rötungen nach einer Impfung hilft ein kalter Umschlag oder ein Eispack. Achten Sie darauf, die Haut mit einem Tuch vor Frostschäden zu schützen, wenn Sie einen Eisbeutel zur Kühlung benutzen.

Neue Impfstoffe

Seit einigen Jahren werden Kinder auch gegen Erreger einer bestimmten Lungenentzündung (HIB) ab dem 3. Lebensmonat geimpft. Neuerdings steht auch ein Impfstoff gegen Hepatitis B zur Verfügung.

Unser Tip

In der Frühe impfen

Lassen Sie Ihr Kind am Morgen impfen, dann können Sie den Arzt erreichen, wenn es zu einer heftigen Reaktion kommt.

In der Zeit kurz vor und nach einer Impfung – besonders bei Mehrfachimpfungen – benötigt das Immunsystem Ihres Kindes eine Unterstützung in Form von Vitaminen und Mineralien. Geben Sie Ihrem Kind daher besonders viel frisches Obst und Gemüse, in dem reichlich Vitamin C und Vitamin A enthalten sind.

Impfen gegen Kinderkrankheiten

Kinderkrankheiten werden vom kindlichen Körper – bei entsprechender Behandlung durch den Arzt – meist problemlos verkraftet. Allerdings ist die Komplikationsrate bei einigen Krankheiten recht hoch, und es können schwerwiegende Schäden bleiben. Die neuen Impfstoffe, die heute verwendet werden, bergen nur noch ein sehr geringes Impfrisiko; daher ist es in den meisten Fällen sinnvoll, ein Kind impfen zu lassen.

Impfplan II

- Neugeborene: in bestimmten Fällen Tuberkuloseschutzimpfung
- Als Grundimmunisierung im 3., 4. und 5. Lebensmonat oder ab dem 3. Lebensmonat im Abstand von 4 bis 6 Wochen als 5fachimpfung:
  - Diphtherie
  - Keuchhusten
  - Tetanus
  - Kinderlähmung
  - Masern
- Auffrischungsimpfungen im 12. bis 15. Lebensmonat zunächst gegen Masern, später gegen Kinderlähmung, Diphtherie und Tetanus.

Impfplan III

- Neugeborene: in bestimmten Fällen Tuberkuloseschutzimpfung
- Als Grundimmunisierung im 3., 4. und 5. Lebensmonat oder ab dem 3. Lebensmonat im Abstand von 4 bis 6 Wochen als 4fachimpfung:
  - Diphtherie
  - Masern
  - Tetanus
  - Kinderlähmung

- Oder 3fachimpfung:
- – Diphtherie
- – Tetanus
- – Kinderlähmung
- Im 12. bis 15. Lebensmonat Auffrischungsimpfungen. Eventuell Erstimpfung gegen Masern

Tuberkuloseschutzimpfung

Die Impfung des Neugeborenen mit abgeschwächten, nicht krank machenden, aber noch lebenden Tuberkelbakterien bezweckt eine erste gefahrlose Auseinandersetzung des kindlichen Organismus mit der Tuberkulose. Es wird eine harmlose Erstinfektion vorgenommen, damit der Körper gegen eine weitere Infektion mit natürlichen Tuberkelbakterien geschützt ist. Geimpft werden meist nur besonders gefährdete Kinder.

Der Impfschutz richtet sich vor allem gegen die schweren und auch gefährlichen frühkindlichen Tuberkuloseformen wie:

- Tuberkulöse Hirnhautentzündung
- Sogenannte Miliartuberkulose, bei der sich die Tuberkulose in Form von kleinen Knötchen in den Lungen und in anderen Organen festsetzt

Der Impfvorgang

Der Impfstoff wird flach in die Haut gespritzt, so daß nur kurz eine kleine, erbsengroße Quaddel entsteht. Geimpft wird in den meisten Fällen an der Außenseite des linken Oberschenkels oder der linken Gesäßhälfte.
Dort bildet sich nach etwa drei bis vier Wochen ein kleines, blaßrötliches Knötchen, das später eine kleine Narbe hinterläßt. Nur ganz selten kommt es zu einer leichten Geschwürbildung, die aber wieder abheilt.

Dauer des Impfschutzes

Der Schutz gegen tuberkulöse Erkrankungen hält nach dieser Impfung etwa sechs bis sieben Jahre an.

Mögliche Impfschäden

Die Verträglichkeit ist sehr gut. Nur in sehr seltenen Fällen treten Komplikationen auf.

Diphtherieschutzimpfung

Diphtherie kommt heute nicht mehr sehr häufig vor. Tritt sie gelegentlich auf, kann sie allerdings schwer verlaufen und lebensbedrohende Folgen haben.

Den kindlichen Körper unterstützen

Geben Sie zwei Wochen vor und einige Wochen nach einer Impfung reichlich Vitamin A und Vitamin C, etwa in Form von Karotten, Sanddorn, Zitronen oder Orangen. Sie können Ihrem Kind alle diese Vitamine auch als Saft verabreichen – entweder frisch gepreßt oder aus dem Reformhaus.
Die Ernährung sollte vollwertig sein, also viel Gemüse und Getreide enthalten, dazu reichlich Rohkost.
Vermeiden Sie in dieser Zeit jede körperliche Überanstrengung Ihres Kindes.

Achtung!

Erkrankt ein Erwachsener an einer Kinderkrankheit, z. B. an Masern, kann das sehr langwierig verlaufen. Oft kommt es auch zu teilweise schweren Komplikationen. Schutzimpfungen gegen Kinderkrankheiten wirken aber oft nicht das gesamte Leben, so daß eine spätere Erkrankung nicht ausgeschlossen ist.

Im Notfall
Nach einer verschmutzten Verletzung werden Kinder, die noch nicht gegen Wundstarrkrampf geimpft worden sind, vorsorglich passiv immunisiert. Das Serum stammt von hochimmunisierten menschlichen Spendern. Die früher gebräuchlichen, relativ allergiegefährlichen Eiweißstoffe von Pferden und Rindern werden inzwischen nicht mehr verwendet. Da der Körper die durch die Impfung aufgenommenen Schutzstoffe innerhalb von einigen Wochen wieder abbaut, ist eine solche passive Immunisierung nur sinnvoll bei einer akuten Verletzung.

Der Impfvorgang
Der Impfstoff wird in die Muskulatur eingespritzt, und zwar dreimal im Abstand von vier Wochen. Später folgen Auffrischungsimpfungen.

Dauer des Impfschutzes
Der Schutz der Impfung hält etwa fünf Jahre lang an. Dann sollte die Impfung durch eine weitere Injektion aufgefrischt werden.

Mögliche Impfschäden
- Komplikationen treten sehr selten auf, dann beispielsweise, wenn gleichzeitig eine andere Krankheit besteht. Diese können dann denen der Diphtherieerkrankung gleichen.
- Es kann zu allergischen Reaktionen kommen, da die Seren von Pferden und Rindern gewonnen werden.

Tetanusschutzimpfung
Zur Vorbeugung geeignet ist die aktive Immunisierung, bei der der Organismus zur eigenen Antikörperbildung angeregt wird. Für einen optimalen Impfschutz werden zwei Injektionen im Abstand von etwa einem Monat und eine dritte nach etwa einem Jahr empfohlen. Weitere Auffrischungen sollten im Abstand von jeweils fünf Jahren erfolgen. Die Impfungen gegen Wundstarrkrampf zählen zu den harmlosesten, die es gibt. Die unabgeschwächte Erkrankung ist eine der schwersten, die wir kennen. Sie verläuft in vielen Fällen tödlich.

Keuchhustenschutzimpfung
Keuchhusteninfektionen sind heute viel seltener und verlaufen weniger schwer als früher. Der Impfstoff wird in die Muskulatur eingespritzt, und zwar dreimal im Abstand von vier bis sechs Wochen.

Mögliche Impfschäden
Wegen der – selten vorkommenden – Impfschäden mit Beteiligung des Gehirns verzichten viele Kinderärzte auf Keuchhustenimpfungen nach dem sechsten Lebensmonat oder bei sogenannten Risikokindern, also bei Frühgeborenen und Kindern, die allgemein schwächlich sind. Bei den heute verwendeten Impfstoffen gibt es diese Komplikationen allerdings nicht mehr.

Masernschutzimpfung
Diese Impfung ist für alle Kinder empfehlenswert, ganz besonders für sogenannte Risikokinder, also Frühgeborene und Kinder, die schon andere schwere Krankheiten durchgemacht haben oder die allgemein schwächlich sind. Nach dem Einspritzen des Serums können Masern in abgeschwächter Form auftreten.

Dauer des Impfschutzes
Der Impfschutz hält viele Jahre an, wenn die Auffrischungsimpfungen durchgeführt worden sind.

Polioschutzimpfung

Seit der Einführung der Schluckimpfung gegen die Kinderlähmung sind Krankheitsformen mit Lähmungen sehr selten geworden und Epidemien nicht mehr aufgetreten. Diese Impfung bietet einen sicheren Schutz gegen die Kinderlähmung, an der früher viele Kinder schwer erkrankten.
Das Serum wird auf Zucker oder in einer Flüssigkeit geschluckt. Die Impfung muß nach zwei bis drei Monaten und nach zwölf Monaten wiederholt werden und dann alle zehn Jahre aufgefrischt werden.

Impfreaktionen

Nach einer Impfung kann es immer zu unvorhergesehenen Reaktionen kommen. Schließlich wird das Kind dabei ja mit einer milden Form einer schweren Erkrankung konfrontiert.
Diese normalen Impfreaktionen können vom Tag der Impfung an bis etwa zwei Wochen danach auftreten. Falls die Reaktionen nicht zu stark ausfallen, sind sie ein gutes Zeichen dafür, daß das Kind dabei ist, die gewünschte Immunität zu erlangen.

Husten und Verschleimung
Als Folge einer Keuchhustenschutzimpfung kann ein chronischer Husten auftreten, der monatelang kommt und geht. Er hört sich an wie eine leichte Form von Keuchhusten. Das Kind erbricht gelegentlich auch etwas Schleim. Außerdem kann es zu immer wieder auftretendem Fieber und zu Ohrenschmerzen kommen.
Als Folge einer Schutzimpfung gegen Kinderlähmung bildet sich in den Wochen nach der Impfung oft ein dicker, zäher und grauer Schleim in Nase und Brust, der auch einen starken Husten verursachen kann. Außerdem können die Drüsen anschwellen.
Als Folge einer Masernschutzimpfung kann das Kind einen fiebrigen Husten bekommen. Die Drüsen schwellen mitunter an, das Kind leidet unter Schlaflosigkeit und leichtem Hautausschlag.

Nebenwirkungen

Jede Impfung kann unerwünschte Nebenwirkungen hervorrufen, die jedoch sehr selten und häufig harmlos sind. Auf der anderen Seite sind Impfungen die beste Krankheitsvorsorge, die die Medizin zu bieten hat. Wenn Sie unsicher sind, ob es richtig ist, Ihr Kind impfen zu lassen, sprechen Sie mit Ihrem Arzt, und lassen Sie sich ausführlich beraten.

Auch für Erwachsene

Bei den meisten Erwachsenen liegt der Impfschutz im argen. Nutzen Sie die Chance, wenn Ihre Kinder geimpft werden, auch Ihren eigenen Impfschutz zu überprüfen und gegebenenfalls auffrischen zu lassen.

Typische Impfreaktionen

**Fieber,
Unruhe,
schlechte Laune,
Schlafstörungen,
Appetitmangel,
leichter Durchfall,
leichter, schleimiger Husten.**

MMR-Impfung

Nach einer kombinierten Masern-Mumps-Röteln-Impfung kann nach zehn Tagen ein leichter Ausschlag mit Fieber auftreten. Diese Symptome verschwinden von alleine wieder.

Nach dem Baden gut abtrocknen, sonst trocknet die empfindliche Kinderhaut aus.

Körperpflege

Kurzinformation

- **Hände und Füße gründlich sauberhalten**
- **Den ganzen Körper morgens und abends mit einem Schwamm oder Waschlappen gründlich reinigen**
- **Nach dem Baden eine pflegende Lotion oder ein Öl benutzen**
- **Regelmäßige Zahnpflege**
- **Nicht ohne Sonnenschutz in die Sonne gehen**

Duschen und Baden

Bis zum Ende des dritten Lebensjahres sollten Sie Ihr Kind täglich baden oder am ganzen Körper abwaschen (nicht bei sehr empfindlicher Haut). Dies geschieht am besten nach den Abenteuern des Tages, also am Abend. Anders als beim Säugling gehört nun viel Geschick dazu, das zappelnde, fröhliche und zu allerlei Schabernack aufgelegte Kind zu säubern. Am besten läßt man es dabei keinen Augenblick aus den Augen – sonst kann sehr schnell das ganze Badezimmer unter Wasser stehen. Legen Sie deshalb alle nötigen Hilfsmittel – Seife, Waschlappen, Bürste und Handtuch – griffbereit hin. Nehmen Sie sich außerdem ausreichend Zeit. Das Baden soll ja ein fröhliches Ereignis sein, ohne Hetze und ohne Tränen.

Gute Konstitution

Selbst bei größter Vorsicht lassen sich Unfälle und Kinderkrankheiten nicht immer vermeiden. Um aus den Krankheitserlebnissen gekräftigt hervorzugehen, braucht das Kind jedoch eine gute Gesamtkonstitution, für die Sie neben einer gesunden Ernährung auch durch verschiedene weitere Maßnahmen sorgen können.

Vorsicht!

Baden Sie Ihren Säugling vor dem Füttern. Nach dem Füttern sollte er ruhen. Erst ab ca. einem Jahr darf ein Kind auch nach der Abendmahlzeit baden, vor allem, wenn diese sehr früh eingenommen wird und bis zum Bad noch einige Zeit vergeht.

Nach dem Baden frottieren Sie den ganzen Körper Ihres Kindes kräftig ab, bis die Haut rosig und warm ist. Vor allem Hautfalten (Leistenbeugen, Achselhöhlen, Nacken, Gesäß) müssen sorgfältig abgetrocknet werden. Wirkt die Haut an einer Stelle gerötet oder entzündet (beispielsweise am After), reiben Sie diese mit Öl ein und cremen sie anschließend dünn ein.

Hautpflege

Wenn die Haut Ihres Kindes im Gesicht oder an den Händen rauh ist, cremen Sie sie nach dem Baden oder Duschen ein. In solchen

Fällen ist ein Schaumbad nicht empfehlenswert. Besser sind dann regelmäßige Kleiebäder aus der Apotheke.
Auch bei starker Hitze im Sommer und bei feuchter Kälte im Winter wird die Haut durch dünnes Auftragen eines Kinderöls oder einer Kindercreme vor Sonnenbrand und Aufspringen geschützt.
Bei stärkerem Wundsein, kleineren Hauteiterungen, stärkerer Schuppung oder entzündeten Hautstellen sollten Sie Ihren Kinderarzt um Rat fragen.

Wichtig!
Die Haut ist das größte Organ des Menschen. Durch die zunehmenden Umweltbelastungen ist sie immer stärker gefährdet. Eine richtige Hautpflege ist deshalb ein wesentlicher Teil der Gesundheitsvorsorge.

Zahnpflege

Sobald die ersten Zähnchen erscheinen, sollte jedes Kind daran gewöhnt werden, morgens und abends die Zähne zu putzen. Ein hübscher bunter Zahnbecher, eine Kinderzahnbürste sowie eine milde Kinderzahnpasta erleichtern die Prozedur.

Die richtige Technik

Bei den ganz Kleinen übernehmen Sie zunächst am besten selbst das Zähnebürsten. Zuerst werden die Innen- und Außenflächen der Zähne – beim Oberkiefer von oben nach unten, beim Unterkiefer von unten nach oben – gereinigt. Die Zahnbürste wird beim Bürsten der Innenflächen senkrecht gehalten. Anschließend werden die Kauflächen der Zähne und die Außenseiten des Zahnfleischs waagrecht gebürstet.
Schwierig ist es oft, kleineren Kindern das Nachspülen mit lauwarmem Wasser zu erklären. Sie schlucken es häufig einfach hinunter. Wenn sie Eltern und Geschwister beim Zähneputzen beobachten, lernen sie das Nachspülen am schnellsten.

Ernährung für die Zähne

Neben dem Zähneputzen ist eine richtige Ernährung wichtig für die Gesunderhaltung der Zähne. Nach dem abendlichen Zähneputzen sollten Sie Ihrem Kind nichts mehr zu essen geben. Vermeiden Sie dann vor allem auch süße, zuckerhaltige Getränke.
Rohe Karotten, Äpfel, festes Rohgemüse und Vollkornbrot sind wertvolle Hilfen zur Erhaltung der Zahngesundheit, denn sie regen die Kaufähigkeit und die Speichelbildung an. Dadurch werden die Nahrungsmittel auch besser verdaut.

> **Unser Tip**
>
> **Zeit für das Kind**
> **Seien Sie Ihrem Kind ein gutes Vorbild; wenn es dabei ist, wenn Sie sich täglich pflegen, dann ist das eine gute Motivation, es den Großen gleichzutun.**

Haarpflege

Die Körperpflege schließt auch die Haarpflege ein. Mindestens einmal wöchentlich sollten Sie Ihrem Kind die Haare waschen. Dies ist eine Maßnahme, die bei manchen Kindern auf heftigen Widerstand stößt. Achten Sie deshalb unbedingt darauf, ein Kindershampoo zu verwenden, das nicht in den Augen brennt! Das Haar muß nach dem Waschen sehr sorgfältig mit klarem Wasser gespült werden.

Auch Haarewaschen will gelernt sein. Lassen Sie Ihr Kind es ruhig selbst versuchen, das macht ihnen meistens mehr Spaß. Sie sollten nur darauf achten, daß alle Reste des Haarshampoos gut ausgespült werden.

Eigenständigkeit fördern
Lassen Sie Ihr Kind so früh wie möglich die Körperpflege mitmachen. Haare oder Zähne bürsten oder sich mit dem Waschlappen abwaschen kann in ein lustiges Spiel zwischen Mutter und Kind ausarten, bei dem das Kind sowohl sauber wird als auch die Tätigkeiten für eine eigenständige Körperpflege einübt.

Meistens genügt ein anschließendes Abfrottieren. Nur bei langem und sehr dichtem Haar ist Fönen notwendig. Lassen Sie Ihr Kind möglichst nicht längere Zeit mit nassem Haar herumlaufen – es erkältet sich sonst leicht.
Bürsten Sie das Haar Ihres Kindes täglich mit einer weichen Bürste, möglichst aus Naturborsten. Kunststoffbürsten würden die noch sehr zarte und empfindliche Kopfhaut schädigen. Kämmen erübrigt sich im Kleinkindalter meistens, es wird erst bei größeren Kindern nötig.

Nagelpflege

Da Kinder besonders häufig mit Schmutz und Staub in Berührung kommen, und kleine Kinder die Finger dann gerne in den Mund stecken, erfordert die Nagelpflege besondere Sorgfalt. Schneiden Sie die Nägel kurz (aber nicht zu kurz, sonst könnte das Nagelbett verletzt werden) – die Fingernägel rund, die Zehennägel gerade.

Das Nägelbürsten mit einer kleinen, weichen Nagelbürste macht den Kindern meistens Freude und ist schonender als der Gebrauch eines Nagelreinigers. Größere Kinder freuen sich allerdings auch über ein eigenes Nagelpflegeset (Necessaire). Die Nagelhäutchen sollten auf keinen Fall geschnitten, sondern nach jedem Händewaschen vorsichtig mit dem Handtuch zurückgeschoben werden.

Ohren nur außen reinigen

Säubern Sie bei den Ohren nur die Ohrmuschel und den Eingang zum Gehörgang, und vermeiden Sie es, den Gehörgang selbst zu reinigen. Zum einen ist das Ohr so konstruiert, daß Dreck und Ohrenschmalz von den feinen Härchen nach außen transportiert werden, zum anderen ist die Verletzungsgefahr sehr groß.

Nase reinigen

Gleiches gilt für die Nase. Auch hier sorgen feine Härchen dafür, daß Staub und Dreck aus der Nase heraustransportiert werden. Wenn die Nase verstopft ist, Ihr Baby nicht frei atmen kann, helfen Sie ihm, indem Sie ein Wattestäbchen befeuchten, damit den Schleim lösen und ihn vorsichtig entfernen.
Sobald Ihr Kind groß genug ist, daß es willentlich schneuzen kann, bringen Sie ihm das richtige Naseputzen bei. Wichtig dabei ist, daß immer ein Nasenloch zugehalten wird und die Luft durch das andere hinausgepreßt wird. Werden beide Nasenlöcher zugedrückt, wird der Nasenschleim nur in die Nebenhöhlen gedrückt.

Hinweis

In den meisten Fällen ist es nicht notwendig, das Baby täglich einzucremen. Wenn das Baby leicht wund wird, können Sie nässende Stellen in Hautfalten mit ein wenig Puder trocken halten. Hat Ihr Kind sehr trockene Haut, kann Babyöl oder Babycreme gute Dienste tun.

Vorbeugen – so bleibt Ihr Kind gesund

- **Körper- und Hautpflege spielen in der Versorgung des Kindes eine wichtige Rolle.**
- **Sie haben nicht nur wichtige psychische Funktionen, sondern sorgen auch für die Gesunderhaltung Ihres Kindes.**
- **Körperhygiene ist für Kinder ebenso wichtig wie für die Erwachsenen.**
- **Halten Sie Ihr Kind zur Sauberkeit an, und seien Sie ihm dabei ein Vorbild. Durch Nachahmen erlernt es am leichtesten die Abläufe der Mund-, Haut- und Körperhygiene.**
- **Aufwendige Kosmetikprodukte benötigt Ihr Kind nicht. Sie sollten jedoch auf eine spezielle, milde Kinderzahnpasta Wert legen.**
- **Zur Haarpflege empfehlen sich ein mildes Shampoo, das nicht in den Augen brennt, und eine weiche Bürste aus Naturborsten.**

Ballaststoffe verhindern, daß die Nahrung heruntergeschlungen wird, und bewirken gründliches Kauen.

Ballaststoffe und Wasser

Kurzinformation

- **Ballaststoffe und Wasser spielen eine wichtige Rolle in der Verdauung**
- **Sie regeln eine Reihe von Körperfunktionen und tragen zum reibungslosen Ablauf bei**

Ballaststoffe

Wichtig für Kauverhalten und Verdauung

- Ballaststoffe müssen lange und gründlich zerkaut werden und haben damit einen äußerst positiven Einfluß auf die hygienischen Verhältnisse in der Mundhöhle.
- Das Zahnfleisch wird massiert, der Zahnschmelz gekräftigt, verdauungsfördernder und desinfizierender Speichel wird ausgeschüttet, Zuckerreste werden aus den Zahnzwischenräumen gespült.
- Ballaststoffe vergrößern das Volumen der aufgenomenen Nahrung, dehnen Magen- und Darmwände und sorgen damit für eine schnellere Sättigung.
- Pflanzenfasern verzögern die Entleerung des Magens und sorgen für eine bessere Verarbeitung und Aufnahme der Nahrung.
- Sie reduzieren die Ausschüttung von Salzsäure im Magen und schonen damit die Magenwände.
- Viele Enzyme werden erst aktiv, wenn Ballaststoffe zur Verfügung stehen.
- Ballaststoffe sorgen für mehr Gewicht der Nahrungsreste im Darm und beschleunigen dadurch den Transport Richtung Darmausgang. Verstopfungen können weitgehend vermieden werden.
- Ballaststoffe sorgen für die rege Vermehrung verdauungsaktiver Bakterien.
- Sie binden Fette, Gallensäure, Cholesterin und Gifte an sich und tragen zu ihrer raschen Entsorgung bei.

Empfohlene Mengen

Bislang gibt es keine verbindlichen Empfehlungen bezüglich der empfohlenen Ballaststoffmenge für Kinder. Sicher ist jedoch, daß eine Gefahr der Überdosierung nicht besteht.
Ballaststoffreiche Lebensmittel sollten bei Kindern über zwei Jahren einen festen Bestandteil des Speiseplans bilden.
Isolierte Ballaststoffe erreichen nicht die Wirkung der natürlichen. Deshalb eignen sich Ballaststoffpräparate nicht zur Nahrungsergänzung für Kinder.

Ballaststoffreiche Nahrungsmittel

	g/100 g
Haferflocken	5,4
Puffmais	8,0
Artischocken	10,8
Kidneybohnen (reif)	15,7
Rosenkohl	4,4
Schwarzwurzeln	17,0
Pfefferminze	5,0
Schnittlauch	6,3
Eßkastanien	5,0
Erdnüsse	7,0
Haselnüsse	7,4
Mohnsamen	20,5
Sesam	7,9
Walnüsse	4,6
Heidelbeeren	4,9
Himbeeren	4,7
Pflaumen	9,0
Rosinen	5,4

Vorsicht, Blähungen!

Man unterscheidet wasserlösliche und wasserunlösliche Ballaststoffe. Die wasserunlöslichen Ballaststoffe werden im Dickdarm nur in geringem Umfang abgebaut. Sie binden Wasser an sich und erhöhen damit das Stuhlvolumen, wodurch die Darmarbeit kräftig unterstützt wird.

Wasserlösliche Ballaststoffe werden im Dickdarm von Bakterien zersetzt, wobei neben Fettsäuren und Essigsäure auch Gase wie Methan, Wasserstoff, Schwefelwasserstoff, Schwefeldioxid und Kohlendioxid enstehen, die zu Blähungen führen.

Wasser

Wichtige Funktionen

- Wasser dient als Lösungs- und Transportmittel für Nährstoffe, Enzyme, Hormone und Stoffwechselprodukte. Täglich werden bis zu neun Liter Flüssigkeit an den Verdauungstrakt abgegeben; davon stammen eineinhalb Liter aus dem Speichel.
- Wasser reguliert den Wärmehaushalt – und zwar nicht nur über den Schweiß, sondern auch über das Kondenswasser in der Atmung und den Wassergehalt im Blut. Die Blutgefäße in der Haut strahlen Wärme ab, und je besser das Blut in ihnen fließen kann, um so mehr tragen sie im Sommer zur Kühlung bei.

Der tägliche Bedarf

Kinder haben einen höheren Wasserbedarf als Erwachsene, der noch dadurch gesteigert wird, daß sie sich mehr bewegen und dadurch über die Haut und die Atmung mehr Wasser verlieren.

Pro Kilogramm Körpergewicht sollte ein Kind etwa 50 Milliliter Wasser aufnehmen. Babys benötigen sogar 180 Milliliter Flüssigkeit pro Kilogramm Körpergewicht.

Das richtige Trinken

Trinken deckt den Wasserbedarf, jedoch ist nicht jedes Getränk gleich gut geeignet. Ungeeignet wegen ihres hohen Zucker- und Kaloriengehalts sind Limonaden, Colagetränke und Kakao. Gut als Durstlöscher und zur Auffüllung der Wasserreserven im Körper eignen sich Gemische aus Mineralwasser und Fruchtsaft. Lassen Sie Ihr Kind immer trinken, wenn es Durst hat, auch kurz vor einer Mahlzeit, denn Trinken ist für den Organismus von größerer Dringlichkeit als Essen.

Besonders im Sommer haben auch wasserhaltige Speisen eine große Bedeutung. Dadurch, daß der Körper einige Zeit braucht, um das Wasser aus ihnen herauszuziehen, bilden sie eine Notreserve für Zeiten, in denen nicht sofort ein Getränk zur Verfügung steht. Der ideale Durstlöscher sind z. B. Wassermelonen.

Nahrungsmittel mit hohem Wassergehalt

	g/100 g
Auberginen	92,6
Blumenkohl	91,6
Bohnen, grün	90,3
Chinakohl	95,4
Eisbergsalat	95,6
Gurken	96,8
Kohlrabi	91,6
Paprika	91,0
Radieschen	94,4
Sauerkraut	94,0
Spargel	93,6
Tomaten	92,6
Äpfel (ohne Schale)	85,4
Brombeeren	84,7
Clementinen	87,5
Erdbeeren	89,5
Grapefruits	89,0
Heidelbeeren	84,6
Himbeeren	84,5
Sauerkirschen	84,8
Limonen	88,0
Mandarinen	86,7
Pfirsiche	87,5
Zitronen	86,6

Achtung, erhöhter Wasserbedarf!

Erhöhter Wasserbedarf besteht bei Sommerhitze, bei ausgiebigem Bewegungsspiel oder Sport sowie bei Durchfallerkrankungen, Erbrechen, Fieber, niedrigem Blutdruck, Blutungen, Verbrennungen, Nervosität.

Grundnahrungsstoffe

Vollkornnudeln enthalten gesunde Kohlenhydrate.

Kurzinformation

- Zu den Grundnahrungsstoffen gehören Kohlenhydrate, Eiweiße und Fette
- Während Fette und Kohlenhydrate vorwiegend der Energiegewinnung und -bereitstellung dienen, spielen Eiweiße eine wichtige Rolle als Bausteine von Körperzellen
- Besonders in Wachstumsphasen des Kindes sollten Eiweiße reichlich zur Verfügung stehen

Kohlenhydrate

Die Qualität ist entscheidend

Kohlenhydrate sind Zucker, die als Einfachzucker (z.B. im weißen Zucker) oder Mehrfachzucker (z.B. in Vollkornprodukten) vorkommen). Kohlenhydrate liefern wertvolle Energie, doch wie der Körper damit umgeht, hängt von ihrer Qualität ab.

Nahrungsmittel mit hochwertigen Kohlenhydraten

	g/100 g
Butterkekse	50,0
Cornflakes	77,6
Cracker	65,0
Puffmais	67,0
Salzstangen	74,5
Zwieback	72,5
Vollkornnudeln	58,0

Hochwertige Kohlenhydrate

Hoch- oder vollwertige Kohlenhydrate sind in der Regel natürliche Mehrfachzucker, die in Pflanzen oder Früchten vorkommen. Sie sind vielfältig im Geschmack und enthalten zusätzlich zu ihrer Energie wichtige Mineralstoffe, Vitamine und Spurenelemente.
Der Vorteil von Mehrfachzuckern besteht darin, daß sie vom Körper langsam abgebaut werden. Dadurch entsteht ein langsamer, andauernder Energiefluß, der die Körperzellen über mehrere Stunden hinweg mit Energie versorgt.

Minderwertige Kohlenhydrate

Industriell gefertigte Zucker, hergestellt aus Rohr- oder Rübenzucker, aber auch Frucht- und Traubenzucker bestehen nur aus einem oder zwei Zuckermolekülen. Ihr Vorteil ist, daß sie vom Körper schnell aufgenommen werden können und in kürzester Zeit viel Energie liefern. Das ist jedoch gleichzeitig auch ein deutlicher Nachteil. Denn oft ist die Menge an minderwertigen Kohlenhydraten, die von Kindern gegessen wird, so hoch, daß der Körper kaum damit fertig wird.
Die dauernden Zuckerrationen versucht der Körper zu verarbeiten, indem er mehr Insulin ausschüttet; dabei geht er so gründlich vor, daß letztendlich der Blutzuckerspiegel absinkt und deshalb die Kinder schnell müde und hungrig werden oder sich kaum noch konzentrieren können.

Biologische Nachteile minderwertiger Kohlenhydrate

- Einfachzucker sind wahre Kalorienbomben und fördern das Übergewicht.
- Sie fördern Karies, indem sie den Bakterien im Mundraum eine leichtverdauliche Nährsubstanz liefern. Diese Mikroorganismen produzieren Säure, die den Zahnschmelz angreifen. Dadurch werden die typischen Karieslöcher hervorgerufen.
- Einfachzucker rufen auch tiefer im Verdauungstrakt eine Übersäuerung hervor, die den Ausbruch von Pilzerkrankungen fördert.
- Sie gelten auch als Mineralstoffräuber, was sich gerade beim wachsenden Kind mit seinem erhöhten Mineralstoffbedarf verheerend auswirkt.
- Einfachzucker fördern Diabetes mellitus (Zuckerkrankheit), da sie den Insulinapparat des Körpers zu stark beanspruchen.
- Insulin wird bei hohem Zuckerkonsum dazu verwendet, überschüssige Zuckermoleküle aus dem Blut zu entfernen, und steht zum Abtransport von Fetten nicht ausreichend zur Verfügung. Dadurch steigt der Blutfettspiegel an. Eine Ernährung, die reich an minderwertigen Kohlenhydraten ist, gilt als einer der Hauptauslöser von hohen Blutfettwerten und Herz-Kreislauf-Erkrankungen.

Nahrungsmittel mit minderwertigen Kohlenhydraten

	g/100 g		g/100 g
Amerikaner	28,2	Weihnachtsstollen	30,2
Anisplätzchen	38,0	Zimtsterne	53,7
Baiser	62,0	Nuß-Nougat-Creme	53,0
Baumkuchen	24,0	Orangenmarmelade	69,5
Biskuits	30,2	Pflaumenmus	54,0
Butterkekse	20,0	Frosties	40,0
Donauwellen	20,0	Honeysmacks	48,0
Früchtekuchen	42,0	Fruchteis	24,0
Käsesahnetorte	22,4	Fruchtgummi	42,4
Königskuchen	29,5	Geleefrüchte	77,8
Kokosmakronen	39,6	Kaugummi (ohne Zuckerersatzstoff)	78,5
Lebkuchen	41,9	Kinderschokolade	38,0
Linzer Torte	28,3	Lakritze	57,5
Marmorkuchen	22,5	Marzipan	49,0
Nußecke	32,5	Milchschokolade	44,6
Nußplätzchen	24,8	Müsliriegel	34,1
Pfeffernüsse	36,0	Nougat	64,5
Printen	38,4	Softeis	21,7
Sandkuchen	24,2	Weiße Schokolade	58,3
Spekulatius	23,2		

Mangel vermeiden

Die Grundnahrungsstoffe, Kohlenhydrate, Fette und Eiweiße können sich gegenseitig vertreten, aber dieser Ersatzfunktion sind Grenzen gesetzt. Bei einseitiger Ernährung können gesundheitliche Schäden entstehen. Sie sind die Folge des Mangels an unverzichtbaren Nahrungsbestandteilen. Neben dem Energiegehalt ist also auch die vollwertige Zusammensetzung der Nahrung lebenswichtig.

Zucker – eine angeborene Leidenschaft

In Untersuchungen konnte herausgefunden werden, daß das Verlangen nach Zucker angeboren ist. Dazu gab man Babys vor dem ersten Stillen eine süße und eine saure Trinklösung. Das Zuckerwasser schmeckte den Säuglingen offensichtlich besser. Da sie niemals vorher andere Nahrung zu sich genommen hatten, muß diese Vorliebe für Süßes angeboren sein. Das macht es natürlich schwer, den Süßwarenkonsum der Kinder im Zaum zu halten.

Spezialfall Honig

Auch Honig enthält in hohem Maße Einfachzucker (75 Gramm auf 100 Gramm). Er enthält darüber hinaus zahlreiche wichtige Biostoffe, die ihn dem Fabrikzucker weit überlegen machen; er ist daher dennoch als Süßstoff oder Brotaufstrich für Kinder geeignet. Achten Sie darauf, einen qualitativ hochwertigen Honig zu kaufen, der nicht erhitzt wurde.

Hinweis

Erziehen Sie Ihr Kind dazu, nach jeder Mahlzeit, insbesondere aber nach dem Verzehr von Süßigkeiten, seine Zähne gründlich zu reinigen. Ist das ausnahmsweise einmal nicht möglich, regt ein zuckerfreier Kaugummi den Speichelfluß an. Dadurch werden die kariesfördernden Säuren verdünnt, und die Selbstreinigungskraft der Mundhöhle wird verstärkt.

Sonderfall Schokolade

Schokolade steht neuerdings im Verdacht, suchtauslösend zu sein. Wissenschaftlich ist diese These allerdings noch nicht belegt. Bekannt ist jedoch, daß Schokolade neben zahlreichen Einfachzuckern Substanzen enthält, die unmittelbar auf Nervenzellen einwirken.

Was Sie beim Zuckerkonsum Ihrer Kinder beachten sollten

- Bereiten Sie die vollwertige Mahlzeiten mit einem reichen Angebot an Mehrfachzuckern zu. Mehrfachzucker werden zum Teil schon durch den Speichel zerlegt. Wenn Ihr Kind langsam und gründlich kaut, entsteht auf der Zunge ein süßlicher Geschmack, der das Verlangen nach Süßem stillt, ohne daß Süßes gegessen werden muß.
- Zelebrieren Sie mit Ihrem Kind den Genuß von Süßigkeiten, und lassen Sie nicht zu, daß Ihr Kind Süßes aus Frust oder im Vorübergehen ißt.
- Unmittelbar vor und nach den Mahlzeiten sollte das Kind keine Süßigkeiten essen. Vor dem Essen stören sie den Appetit, nach dem Essen steigern sie die Aktivität der ohnehin schon in Gang gesetzten Insulinpumpe. Das Kind wird müde und möglicherweise hungrig, obwohl sein Magen voll ist.
- Aus Sicht der Zahnmedizin ist eine einmalige Zuckerorgie pro Tag besser als dauernder Zuckerkonsum in kleinen Mengen.

Proteine (Eiweiße)

Wichtige Baustoffe

Eiweiße dienen vor allem als Bausteine der Körperzellen. Eine zentrale Rolle spielen sie beim Aufbau der Muskulatur sowie bei der Kraftentwicklung des Kindes.

Eiweißbedarf
Kleinkinder im Alter von ein bis drei Jahren haben einen Eiweißbedarf von 1,2 Gramm pro Kilogramm Körpergewicht, im Alter von vier bis sechs Jahren sinkt der Bedarf auf 1,1 Gramm pro Kilogramm Körpergewicht. Wenn Sie feststellen, daß sich Ihr Kind gerade in einer Wachstumsphase befindet, können Sie die Eiweißzufuhr deutlich erhöhen; Ihr Kind darf dann ruhig 1,3 bis 1,5 Gramm Eiweiß pro Kilogramm Körpergewicht zu sich nehmen.

Die Qualität ist entscheidend
Eiweiß ist nicht gleich Eiweiß. Manche Eiweiße können vom Körper besser verwertet werden als andere. Als Maßzahl für die Verwertbarkeit von Eiweißen gilt heute die sogenannte PDCAAS (Protein Digestibility Corrected Amino Acid Score). Sie gibt an, inwieweit das Aminosäureprofil im Eiweiß eines Lebensmittels dem menschlichen Aminosäureprofil entspricht. Je ähnlicher sich die Aminosäuren sind, um so höher ist der Wert. Diese Maßzahl wird mit dem Eiweißgehalt des Nahrungsmittels multipliziert und ergibt den effektiven Eiweißgehalt (EE) eines Lebensmittels.

Eiweißgenuß mit Augenmaß
Eiweißunterversorgung führt zu Muskelschwund und Funktionseinbußen des Stoffwechsels, da bestimmte Enzyme nicht mehr richtig arbeiten können.
Typische Symptome für Eiweißmangel bei Kindern sind: ständiges Hungergefühl, häufig wiederkehrende Infekte, Muskelschwäche und Störungen der körperlichen Entwicklung. Ob eine Eiweißüberdosierung schädliche Konsequenzen hat, ist nach wie vor umstritten. Gesichert jedoch ist, daß pflanzliches Eiweiß gegenüber tierischem den Vorzug finden sollte, um den negativen Begleiterschei-

Eiweißreiche Nahrungsmittel und deren Qualität

	Eiweißgehalt/100 g	PDCAAS	EE
Hühnerei (gekocht)	12,4	1,0	12,4
Milch	3,3	1,0	3,3
Erbsen, grün	6,6	0,7	4,6
Kichererbsen	19,8	0,66	13,1
Linsen	23,5	0,52	12,2
Sojabohnen	35,9	0,92	33,0
Fisch	17	0,94	16,0
Rindfleisch (mager)	21,2	0,92	19,5
Schweinefilet	21,8	0,87	19,0

Hinweis
Einige Nahrungsmittel lassen sich zu regelrechten Eiweißbomben kombinieren.
Dabei kommen verschiedene Aminosäurestrukturen zusammen, die sich gut ergänzen und dadurch dem menschlichen Eiweißbedarf besonders entgegenkommen. Besonders wirkungsvoll sind folgende Kombinationen: Bohnen/Mais, Milch/Haferflocken, Vollei/Kartoffeln, Reis/Sojabohnen, Bohnen/Hirse, Erbsen/Getreide.

Allergiegefahr
Auch Weizenprodukte galten lange Zeit als Lieferant hochwertiger Proteine. Weizeneiweiß entwickelt sich jedoch zur Zeit zu einem problematischen Allergieauslöser. Der Grund dafür liegt darin, daß Weizen mit fremden Gräsern gekreuzt wurde, um seine Widerstandsfähigkeit, Halmstabilität und Ährengröße zu verbessern. Dadurch wurden jedoch auch seine Eiweißstrukturen verändert. Auf diese veränderten Strukturen ist das Immunsystem des Menschen jedoch nicht vorbereitet.

Achten Sie darauf, daß pflanzliche Nahrung Ihren Speiseplan dominiert, wobei Getreide und Gemüse den Vorzug vor Obst erhalten sollten. Nicht Gemüse, sondern Fleisch sollte Beilage und Nahrungsergänzung sein. Großmutters Grundsatz »Iß' das Fleisch und laß' die Kartoffeln den Schweinen!« wird durch die Erkenntnisse der Ernährungswissenschaft auf den Kopf gestellt.

nungen von zu hohem Fleischkonsum (hoher Fett- und Purinspiegel) aus dem Weg zu gehen.

Eiweiß ohne Fleisch

Was lange in Frage gestellt wurde, ist nun endlich geklärt. Auch ohne Fleisch ist eine ausreichende Eiweißversorgung zu erzielen. Bei rein vegetarischer Ernährung erfordert das jedoch ein gründliches Ernährungswissen sowie eine gewisse Disziplin. Einfacher tut man sich in der Regel mit laktovegetabiler Kost, die neben pflanzlichen Nahrungsbestandteilen auch Milch zuläßt. Allerdings verdauen manche Menschen Milchzucker nicht sehr gut. Ihnen hilft Joghurt, der die Bakterien für seine Verdauung selbst mitbringt.

Wichtige Ratschläge für die Eiweißzubereitung

- Eiweißstrukturen reagieren sehr empfindlich auf Hitze. Wer die Mahlzeiten lange erhitzt, reduziert den Proteingehalt drastisch.
- Rohkost ist eiweißhaltiger als gekochtes Gemüse. Für die gleiche Eiweißaufnahme muß die dreieinhalbfache Menge gekochtes Gemüse gegessen werden.
- Auch Fleisch verliert durch langes Garen an Eiweißgehalt. So hat ein Steak einen erheblich höheren Eiweißgehalt als ein Braten, der lange im eigenen Saft geschmort wurde.
- Koch- und Konservenfische enthalten kaum noch Eiweiß, wohingegen Bratfische zu den wichtigsten Eiweißlieferanten zählen.
- Milch wird beim Pasteurisieren 45 Sekunden lang auf 72 bis 74 °C erhitzt, beim Uperisieren nur 2 Sekunden lang auf 100 °C. Diese Zeiten sind eindeutig zu kurz, um das Aminosäureprofil entscheidend zu beeinflussen, aber lang genug, um Keime abzutöten und die Milch haltbar zu machen.

Fette

Fette liefern – wie Kohlenhydrate – wertvolle Energie für den Körper. Das ist besonders für Kinder wichtig, weil sie im Verhältnis zu ihrem Körpergewicht wesentlich mehr Energie benötigen als Erwachsene. Die jahrelange Empfehlung, Kinder möglichst fettarm zu ernähren, ist unrichtig. Im Alter von ein bis vier Jahren sollten Kinder etwa 35 bis 40 Prozent, im Alter von fünf bis zehn Jahren etwa 30 bis 35 Prozent ihres Energiebedarfs über Fettkonsum abdecken.

Fette – unentbehrlich für Wachstum und Entwicklung

- Fette sind als elastische Bausteine am Aufbau der Zellwände beteiligt.
- Sie halten die Organe elastisch und schützen sie vor mechanischen Belastungen. Das ist besonders bei Kindern mit einem starken Bewegungsdrang wichtig.
- Sie bilden ein Polster gegen die Witterung. Besonders Kleinkinder profitieren davon, da ihre Temperaturregelung noch nicht voll entwickelt ist. Die Körperoberfläche von Kindern ist viel größer als die von Erwachsenen, daher sind Kinder besonders anfällig gegen Kälte.
- Als Depotfett bilden sie ein Energiekonzentrat, das doppelt soviel Energie wie Eiweiße oder Kohlenhydrate zur Verfügung stellt.
- Nur in Anwesenheit von Fetten können die wichtigen Vitamine A, D, E und K vom Körper verwertet werden.

Die Stars unter den Fettsäuren

Zwei Fettarten werden neuerdings von Medizinern und Ernährungswissenschaftlern besonders positiv bewertet und sollten deshalb in der Ernährung Ihres Kindes nicht fehlen. Es sind mehrfach ungesättigte Fettsäuren und mittelkettige Fettsäuren.

Mehrfach ungesättigte Fettsäuren

Fehlen dem Körper mehrfach ungesättigte Fettsäuren, kommt es zu Hauterkrankungen, Organveränderungen und Störungen im Wasserhaushalt. Außerdem enthalten sie das lebenswichtige Vitamin E. In der Ernährung von Kindern (außer bei Säuglingen; sie vertragen noch keine mehrfach ungesättigten Fettsäuren) sind vor allem Linolsäure und Eikosapentaensäure von besonderer Bedeutung.

Mittelkettige Fettsäuren

Diese Form der Fettsäuren ist Balsam für die kindliche Bauchspeicheldrüse, da sie ihr die Produktion von Pankreaslipase (ein fettspaltendes Enzym) erspart. Dadurch gelangen weniger gesättigte Fettsäuren und Cholesterin in die Blutbahn. Mittelkettige Fettsäuren befinden sich in kaltgepreßten Pflanzenölen.

Tips für den Fettkonsum Ihres Kindes

- Achten Sie auf pflanzliche Öle und Nüsse in der Ernährung Ihres Kindes.
- Braten Sie mit ungehärteten Fetten oder Pflanzenöl. Vor allem Weizenkeimöl ist wegen seiner Hitzebeständigkeit geeignet.
- Erhitzen Sie beim Braten das Fett nicht über 150 °C.
- Verwenden Sie zum Fritieren nur reines Pflanzenfett.
- Lagern Sie Speiseöle und Speisefette kühl und dunkel.

Nahrungsmittel, die viele mehrfach ungesättigte Fettsäuren enthalten

	g/100 g
Kartoffelchips	20,1
Erdnüsse, gesalzen	16,5
Mohn	27,8
Sesam	25,5
Walnüsse	41,5
Distelöl	75,0
Leinöl	72,0
Maiskeimöl	50,9
Rapsöl	27,7
Sesamöl	42,5
Sojaöl	61,0
Sonnenblumenöl	60,7
Walnußöl	70,9
Weizenkeimöl	64,7

Nachteile tierischer Fette

Tierische Fette weisen im allgemeinen höhere Schadstoffbelastungen auf. Das liegt daran, daß Tiere in der Nahrungskette ziemlich weit hinten stehen und sich in ihrem Gewebe zahlreiche Schadstoffe ansammeln, die sich im Verlauf der Nahrungskette aufbauen. Kinder sollten deshalb in bezug auf Fleisch eher sparsam, aber nicht unbedingt fleischlos ernährt werden. Die notwendigen Fette sollten vorwiegend aus pflanzlichen Nahrungsmitteln stammen.

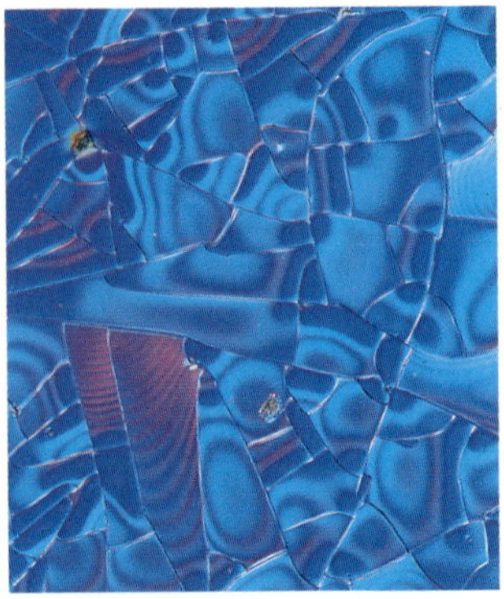

Das Knochenmineral Kalzium in 100facher Vergrößerung in einer Spezialaufnahme.

Mineralstoffe

Kurzinformation

- **Die Aufgabe von Mineralstoffen ist vielseitig**
- **Sie regulieren den Flüssigkeitshaushalt des Körpers und sorgen für konstante Druckverhältnisse in Blut- und Lymphgefäßen**
- **Dadurch bleibt die Funktionsfähigkeit der einzelnen biologischen Strukturen erhalten**
- **Zu den Mineralstoffen gehören Kalzium, Chlorid, Kalium, Magnesium, Natrium, Phosphat und Schwefel**

Kalzium

Kalzium ist am Aufbau von Knochen und Zähnen beteiligt, darüber hinaus aktiviert es wichtige Enzyme; auch Nervenerregungen wären ohne ausreichende Kalziumversorgung nicht möglich.

Kompromißlos gegen Kalziummangel

Der Körper ist penibel darauf bedacht, einen konstanten Kalziumspiegel im Blut aufrechtzuerhalten. Notfalls holt er sich das Kalzium aus den Knochen – und das hat gerade bei Heranwachsenden verheerende Auswirkungen.

Vorsicht!

Mineralstoffpräparate können in kurzer Zeit nicht ausgleichen, was durch eine jahrelange Ernährung mit zuviel mineralfressenden Süßigkeiten und zuwenig mineralspendendem Gemüse angerichtet wurde. Achten Sie daher bei Ihrem Kind von Geburt an auf Ausgewogenheit der Ernährung.

Wichtig!

Eine Überversorgung mit Kalzium über die Nahrung ist praktisch unmöglich; ein erhöhter Kalziumspiegel im Blut ist aber ein sicheres Anzeichen für eine schwere Erkrankung und muß unbedingt durch den Arzt abgeklärt werden.

Der Umgang mit Kalzium in der Nahrung

Der kindliche Kalziumspiegel wird durch zahlreiche Faktoren, insbesondere auch durch Hormone, beeinflußt.

- Vitamin D, einige Aminosäuren und Zitronensäure fördern die Aufnahme von Kalzium.
- Kalziumreiche Produkte sind Mohn, Sesam, Parmesan und Sojabohnen. Milchprodukte enthalten viel Vitamin D und gelten deswegen trotz etwas geringerer Kalziumwerte als kalziumreich.
- Falsche Zubereitung der Nahrung (zu langes Wässern und Kochen) verringert den Kalziumgehalt der Lebensmittel.

- Zu viele gesättigte Fettsäuren, z. B. aus Fleisch, Wurstwaren und Süßigkeiten, beeinträchtigen die Kalziumversorgung des Körpers.
- Auch Phosphat, das in Schweine- und Rindfleisch, Wurstwaren, Schmelzkäse, Cola- und Limonadengetränken sowie in Fertiggerichten vorkommt, wirkt sich negativ auf die Kalziumversorgung aus.
- Oxalsäure in Spinat, Rhabarber, Sauerampfer, schwarzem Tee und Schokolade boykottiert die Kalziumaufnahme.
- Auch Phytinsäure in Getreide und Müsli beeinträchtigt die Kalziumversorgung negativ. Sie zerfällt allerdings, wenn die Getreidespeisen lange eingeweicht werden.

Leider nicht kalziumreich
Schokolade enthält zwar aufgrund des hohen Milchanteils viel Kalzium. Da sie jedoch auch eine Reihe von Substanzen enthält, die die Kalziumaufnahme behindern, kann sie nicht zu den kalziumreichen Nahrungsmitteln gerechnet werden.

Chlorid

Chlorid ist zusammen mit Natrium für den Wasserhaushalt des Menschen verantwortlich. Darüber hinaus ist es Bestandteil von Knochen und Magensäure. Der Chloridbedarf liegt beim Säugling im Bereich von 0,3 bis 0,9 Gramm und steigt während der Kindheit auf bis zu 2,8 Gramm an.

Die Aufnahme von Chlorid erfolgt hauptsächlich über Kochsalz. Ein Chloridmangel ist daher sehr selten. Erst bei älteren Menschen muß der Chloridaufnahme erhöhte Aufmerksamkeit geschenkt werden. Diese leiden häufig an einem Mangel an Magensäure (oder auch an heftigen Schwankungen der Magensäurekonzentration). Bei der Bildung von Magensäure und dem Erhalt des richtigen pH-Werts im Magen sind Chloride aber unverzichtbar. Deshalb ist eine zu salzreiche Kost auch so gefährlich: Wenn die Nieren nämlich versuchen, überschüssiges Natrium auszuscheiden, geht auch viel Kalium mit dem Urin verloren.

In Ausnahmesituationen – etwa bei Erbrechen – kann es zu einem Chloridmangel kommen.

Vererbter Chloridmangel
Bei Neugeborenen kann ein vererbter Chloridmangel vorliegen. Die wichtigsten Symptome in diesem Fall: Durchfall, Wassermangel, schwacher Harndrang, schwerste Gedeih- und Wachstumsstörungen.

Kalium

Kalium ist zusammen mit Natrium an der Aufrechterhaltung des Wasserhaushalts beteiligt.

In der Natrium-Kalium-Pumpe wirken die beiden Mineralstoffe zusammen bei der Erregung der Muskelzellen. Weiterhin ist Kalium über den Eiweißaufbau beteiligt an der Massebildung der Muskulatur. Es nimmt damit im Wachstum und in der Kraftentwicklung des Kindes eine zentrale Rolle ein. Der tägliche Kaliumbedarf liegt im Grammbereich. Säuglinge benötigen 0,3 bis 1 Gramm, Kinder bis 14 Jahre ein bis drei Gramm und Jugendliche drei bis vier Gramm.

Kaliumhaltige Nahrungsmittel

- Fast alle Fischsorten enthalten mehr als 200 Milligramm Kalium pro 100 Gramm. Das gilt auch für die bei Kindern so beliebten Fischstäbchen und für Fischfrikadellen.

Kaliumhaltige Nahrungsmittel

	mg/100 g
Kartoffelchips	1190
Lebkuchen	212
Printen	220
Zwieback	250
Vollkorntoast	320
Haferflocken	340
Müsli mit Nüssen	450

Sojabohnen zählen zu den Gemüsesorten mit dem höchsten Eiweißgehalt, darüber hinaus sind sie reich an lebenswichtigen Aminosäuren, Magnesium, Kalium und Kalzium. Haselnüsse enthalten besonders viel Magnesium, Phosphor und Kalzium.

Magnesiumhaltige Nahrungsmittel

	mg/100 g
Kichererbsen	208
Sojabohnen	250
Haferflocken	140
Schmelzflocken	135
Haselnüsse	180
Mohn	330
Sesam	370
Sonnenblumenkerne	420

- Auch für Fleisch gelten vergleichbare Kaliumwerte. Als Grundregel gilt: je magerer das Fleisch, um so höher der Kaliumanteil.
- Gemüse, Pilze und Kräutersorten liegen ebenfalls in diesem Bereich. Bei Konserven kann der Kaliumgehalt jedoch bis zu zwei Drittel niedriger liegen.
- Obst besitzt gleichfalls gute Kaliumwerte. Überragend schneidet dabei getrocknetes Obst ab. So enthält eine getrocknete Banane beispielsweise 1490 Milligramm Kalium pro 100 Gramm.
- Relativ viel Kalium enthalten auch Süßwaren, insbesondere Schokolade. Die Nachteile des hohen Zuckeranteils wiegt jedoch der Kaliumanteil nicht auf.

Magnesium

Kaum ein Vorgang im menschlichen Stoffwechsel läuft ohne Magnesium ab. Das Mineral befindet sich in über 300 Enzymen und ist damit an der gesamten Verdauung von Fetten, Kohlenhydraten und Eiweißen beteiligt.

Gegen Krämpfe und Streß

Magnesium wirkt krampf- und spannungslösend. Es senkt die streßbedingte Erregbarkeit in Muskeln und Nerven. Daher hilft es bei Migräne, Spannungskopfschmerz, Rückenschmerzen, steifem Nacken und Wadenkrämpfen. Allerdings wird seine Wirkung auf Streß vielfach überschätzt. Letztlich kann Streß nur durch eine Veränderung der Lebensweise abgebaut werden.

Vorsicht, Magnesiumboykott!

Wissenschaftler schätzen, daß etwa jedes zehnte Kind in Deutschland mit Magnesium unterversorgt ist. Dabei spielt eine zu geringe Aufnahme von Magnesium aus der Nahrung nur eine untergeordnete Rolle. Häufiger werden Kinder mit Nahrungsmitteln versorgt, die den Magnesiumhaushalt stören. Die Magnesiumaufnahme wird besonders durch gesättigte Fettsäuren aus Fleisch und Wurstwaren behindert. Auch Phosphate, z. B. aus Schokolade oder Cola- und Limonadengetränken, beeinträchtigen den Magnesiumhaushalt.

Magnesiumverlust
Langes Wässern und Kochen entzieht der Nahrung Magnesium. Das schlägt sich auch auf Nahrungsmitteln, insbesondere Gemüse aus Konserven, nieder. Bevorzugen Sie frische oder tiefgefrorene Ware.

Natrium

Natrium reguliert im Körper vor allem den Wasserhaushalt sowie das Gleichgewicht von Säuren und Basen. Zusammen mit Kalium bildet es die sogenannte Natrium-Kalium-Pumpe, durch die in Muskeln und Nerven die Erregung weitergeleitet wird.

Meist zuviel Kochsalz

Der überaus hohe Salzkonsum hierzulande bewirkt häufig, daß Kinder mit Natrium mehr als reichlich versorgt sind. Dabei ist in vielen Lebensmitteln so viel Natrium enthalten, daß wir das Salz als Würzmittel eigentlich gar nicht nötig hätten. Nur in ganz seltenen Fällen (starkes Schwitzen, Erbrechen, Durchfall) kann es zu einem Natriummangel kommen. Er zeigt sich in Konzentrationsstörungen, Lethargie, Appetit- und Durstmangel, niedrigem Blutdruck, erhöhtem Puls und Muskelkrämpfen.

Natriumhaltige Nahrungsmittel

Sie werden keinerlei Schwierigkeiten haben, natriumreiche Nahrungsmittel zu finden, die Kindern schmecken. Salzstangen gehören ebenso dazu wie Maggi, fast alle Fleischwaren (Currywurst, Salami, Schinkenwurst, Wiener Würstchen etc.) sowie Schmelzkäse und die beliebte Pizza.

Gefahr durch Natriummangel
Natriummangel ist eine für den Körper sehr bedrohliche Situation, da die Gefahr des Austrocknens besteht. Besonders bei kleinen Kindern kann es dann ganz schnell zu lebensbedrohlichen Zuständen kommen. Rufen Sie den Notarzt, wenn Sie den Verdacht haben, daß Ihr Kind durch den Flüssigkeitsverlust bei starkem Erbrechen oder Durchfall zuviel Natrium verloren hat. Er kann gegebenenfalls mit einer Infusion helfen.

Phosphat

Phosphat ist in der letzten Zeit in Verruf geraten, nicht nur als wasserverschmutzender Waschmittelzusatz, sondern auch als Lebensmittelzusatz. Trotzdem ist Phosphor für den Organismus sehr

Zwiebeln, Knoblauch und Porree (Lauch) sind nicht nur ausgezeichnete Mineralstofflieferanten für Körper und Haare – sie sind auch leicht antibiotisch wirksam und stärken die körpereigenen Abwehrkräfte.

Eher zuviel als zuwenig

In der heutigen Zeit essen Kinder eher zuviel als zuwenig Phosphat. Der tägliche Bedarf wird meist deutlich überschritten. Schuld daran ist der übermäßige Genuß von Limonaden und Colagetränken. Außerdem werden Phosphate den unterschiedlichsten Lebensmitteln als Zusatz beigefügt.

wichtig: Ein Mangel führt zu Wachstumsstörungen, psychischen Erkrankungen, Knochenbeschwerden und Zahnschäden. Bei einer normalen, ausgewogenen Ernährung brauchen Sie sich jedoch keine Sorgen zu machen, nicht genügend Phosphor zu erhalten.

Schwerwiegende Vorwürfe

Als Lebensmittelzusatz gerieten Phosphate vor allem deswegen in Verruf, weil sie in Verdacht stehen, bei Kindern das hyperkinetische Syndrom (»Zappelphilipp-Syndrom«) hervorzurufen. Diese These ist allerdings umstritten. Fest steht jedoch, daß eine phosphatarme Kost den Heilungsverlauf der Krankheit begünstigt.

Phosphate in Lebensmitteln

- In vielen Fällen findet sich Orthophosphorsäure (E 338), Mononatriumorthophosphat (E 339 a), um beim Erwärmen die Ausscheidung von Fetten und Molke zu verhindern. Sie können Allergien auslösen und den Kalziumstoffwechsel behindern.

- In Zahnpasta, Backmischungen und Zuckersirup ist Dikalziumorthophosphat (E 341 b) und Trikalziumorthophosphat (E 341 c) zugesetzt. Die beiden Salze bewirken die notwendige Bleiche und einen gewissen Glanz. Sie können jedoch auch Allergien auslösen.
- Gefrorene Fischprodukte, vor allem Filets und Fischstäbchen, sind mit Polyphosphaten (E 450 a bis E 450 c) versetzt, die die Wasseraufnahme erhöhen und verhindern, daß beim Auftauen zuviel Masse verlorengeht. Diese Polyphosphate können ebenfalls Allergien und Störungen des Kalziumstoffwechsels auslösen.

Schwefel

Schwefel ist Baustoff für die Aminosäuren Zystein, Zystin und Methionin. Er erfüllt dadurch wichtige Aufgaben im Organismus. Schwefel ist an der Produktion von Insulin beteiligt sowie am Aufbau der Haarsubstanz.
Damit gehört er zu den wichtigsten Schönheitsstoffen für Haare, Haut und Nägel.

Giftentsorgung und Infektionsbekämpfung

Schwefel vermag in Form von Schwefelsalzen Gifte zu binden und Wasser in den Darm zu schleusen. Dadurch fördert er die Verdauung und den Abbau von giftigen Substanzen wie z.B. Kadmium oder Arsen.
Schwefelverbindungen aus Meerrettich, Kresse, Senf, Kohl, Rettich, Zwiebeln, Lauch und Knoblauch wirken antibiotisch. Die aufgeführten Lebensmittel eignen sich zum Einsatz gegen Erkältung, Bronchitis und andere Infektionen.

Schädlicher Schwefel

Einige Schwefelverbindungen können jedoch schwere Schäden verursachen. So werden bis heute die Salze der schwefligen Säure, Sulfite, sowie Schwefeldioxid als Farb- und Konservierungsstoffe eingesetzt. Bedenklich können industriell gefertigte Kartoffelprodukte und Trockenfrüchte sein.
Die Schwefelsubstanzen haben jedoch schwere Nebenwirkungen. Sie zerstören die Vitamine der B-Gruppe und hemmen die Arbeit wichtiger Enzyme. Weiterhin verstärken sie die Wirkung von krebserzeugenden Substanzen, wie etwa von Verbrennungsresten aus Zigaretten- und Auspuffqualm. Manche Menschen reagieren schon bei kleinsten Mengen mit Brechreiz und Kopfschmerzen.

Biopositive Schwefelverbindungen in Nahrungsmitteln

Haferflocken, Meerrettich, Eier und Walnüsse enthalten wichtige und für den Körper wertvolle Schwefelverbindungen. Dasselbe gilt für Fisch und Käse.

Ungesunder Schwefel

Achten Sie auf die Qualität des Schwefels in den Nahrungsmitteln. Meiden Sie Lebensmittel mit schwefelhaltigen Konservierungsstoffen. Besonders industriell verarbeitete Kartoffelprodukte sollte Ihr Kind nur in Maßen essen.

Schwefel – gut für das Immunsystem

Natürliche Schwefelverbindungen – vor allem in Eiern, Milch und Milchprodukten enthalten – stärken die Immunabwehr. Vor allem helfen sie, die Leber und die Augen zu schützen, und machen unempfindlich gegen Streß.

Das Spurenelement Eisen ist unbedingt für den Sauerstofftransport durch die roten Blutkörperchen vonnöten.

Spurenelemente

Kurzinformation

- **Spurenelemente werden vom Körper nur in geringsten Mengen benötigt**
- **Bei mangelhafter Versorgung kommt es, ebenso wie bei Überdosierung, zu klinischen Symptomen und Beeinträchtigungen der Gesundheit**
- **Wichtige Spurenelemente sind Chrom, Eisen, Fluor, Jod, Kupfer, Mangan, Selen, Silizium und Zink**

Chrom

Wichtig für die Energiesicherung

Chrom verdichtet das Netz der Insulinrezeptoren (Andockstellen für Insulinmoleküle) und sorgt dafür, daß Insulin sich besser an den Körperzellen festsetzen kann. Da Insulin für den Transport von Zucker und Fett zuständig ist, bleibt das Blut unter »energetischer Kontrolle«. Insulin und Chrom bewirken, daß die Energieträger Zucker und Fett im Blut ihre Richtwerte einhalten und weder nach oben noch nach unten abweichen.

Dieser Mechanismus ist besonders für Kinder wichtig, da sie sich in der Regel mehr bewegen als Erwachsene. Durch Chrom hält ihre Energie länger an.

Chromreiche Nahrungsmittel

	µg/100 g
Vollkornbrot	49
Rindfleisch	bis 30
Kakao	11 bis 15
Nüsse	bis 11,5

Chrom in der Nahrung

Der Tagesbedarf an Chrom liegt bei 0,05 bis 0,2 Milligramm. Durch den ausgiebigen Konsum von Süßigkeiten oder zuckerhaltigen Limonaden kann jedoch der Bedarf um ein vielfaches erhöht sein. Chrom kommt in Fleisch, Vollkorn und Pflanzenöl vor.

Überdosierungen an Chrom führen zu schweren Vergiftungen, sind jedoch über die Nahrungszufuhr praktisch ausgeschlossen. Chromvergiftungen entstehen meist im Zusammenhang mit Industrieunfällen.

Eisen

Eisen bildet den Metallkern des Blutfarbstoffs Hämoglobin.

Nur bedingt verwertbar

Eisen ist mit einem Anteil von fünf Prozent das häufigste Schwermetall in der Erdkruste und ist daher auch ausgiebig in den Nahrungspflanzen enthalten. Dennoch leiden 50 Prozent der Weltbevölkerung und 5 Prozent der Deutschen an Eisenmangel.

Das Hauptproblem bei der Eisenversorgung liegt darin, daß Eisen in der Natur nur in Verbindungen existiert, die vom Körper schwer oder gar nicht verwertbar sind.

Eisenmangel erkennen
Brüchige Fingernägel, spröde Haut, dünne Haare, Lippenrisse, Verhaltens- und Schlafstörungen sowie Beeinträchtigungen im Erlernen von Sprache und Bewegung sollten Sie an einen Eisenmangel denken lassen. Der Arzt kann das über eine Blutanalyse feststellen.

Eisenhaltige Nahrungsmittel
Das Eisen aus tierischen Speisen wird erheblich besser vom kindlichen Körper aufgenommen als das aus Pflanzenkost. Aus diesem Grunde sollten ab und zu Wurst, Fleisch und Eier auf dem Speiseplan Ihres Kindes stehen. Wissenschaftliche Untersuchungen an rein vegetarisch ernährten Kindern haben zum Teil bedenklichen Eisenmangel aufgedeckt.

Fluor

Fluor spielt eine überragende Rolle in der Mundhygiene. Es wirkt vorbeugend gegen Karies und ist imstande, selbst bei bereits bestehenden Kerieslöchern den dort ablaufenden Abbau der Zahnsubstanz aufzuhalten. In höherer Konzentration stoppt es das Wachstum der Bakterien, die durch ihre Säuren das Entstehen von Zahnerkrankungen begünstigen.

Die Dauer macht's
Wer allerdings glaubt, allein durch fluoridhaltige Zahnpasten die Kariesprobleme seines Kindes lösen zu können, ohne gleichzeitig Süßigkeiten, Cola und andere Zahnschmelzkiller vom Speiseplan zu steichen, irrt sich. Entscheidend für die Kariesentstehung ist der Säuregrad im Mund. Ein paar Minuten Reinigen mit Fluor können das ständige Säureniveau, das durch andauernden Genuß von zuckerhaltigen Speisen laufend zu hoch ist, nicht ungeschehen machen.

Vorbeugen durch richtige Ernährung
Eine fluoridhaltige Ernährung (Tagesbedarf von Säuglingen 0,25 Milligramm, bei Kindern ab zehn Jahren bis 1,0 Milligramm) vermag jedoch dem Kariesbefall vorzubeugen und kleinere Löcher in ihrer Weiterentwicklung zu bremsen.

Vorsicht!
Fluorpräparate sind bei größeren Kindern fast immer zuviel des Guten, denn hier besteht die Gefahr der Überdosierung, in deren Folge es zu Wachstumsstörungen, Schilddrüsenerkrankungen sowie

Achtung!
Nimmt Ihr Kind Eisenpräparate ein, dann sollte der Zeitpunkt der Einnahme einen Abstand von mindestens zwei Stunden zu den Mahlzeiten haben. Ansonsten bildet Vitamin E aus der Nahrung zusammen mit Eisen einen Komplex, der beide Substanzen für die Verwertung durch den Körper ungeeignet macht.

Unser Tip

Fluor braucht Zeit zum Wirken
Drei Minuten Zähneputzen ist das Minimum, nicht nur, um eine gründliche Reinigung zu erzielen, sondern auch, um dem Fluor Zeit zu geben, seine Wirkung gegen Karies voll zu entfalten.

In Erbsen finden sich Mangan, Eisen, Kupfer, Zink, Molybdän und Fluorid. Walnüsse sind besonders reich an Eisen, Chrom, Fluorid und Mangan. Meeresfisch ist ein hervorragender Lieferant von Jod und Selen.

Fluoridhaltige Nahrungsmittel

	µg/100 g
Roggenknäcke	**210**
Sesamknäcke	**195**
Vollkornkekse	**95**
Eier	**100**
Vollkornnudeln	**105**
Kasseler	**150**
Rauchfleisch	**200**
Salami	**120**
Eisbergsalat	**100**
Feldsalat	**100**
Petersilie	**110**
Butter	**130**
Walnüsse	**680**

Zahn- und Knochenerweichungen kommen kann. Sollte Ihr Kind Fluorpräparate einnehmen, sollten Sie sich vor einer Auslandsreise darüber informieren, ob in diesem Land dem Trinkwasser Fluor zugesetzt wird. Beraten Sie sich mit dem Arzt über eine sinnvolle Dosis.

Jod

Das körperliche und seelische Empfinden des Kindes steht und fällt mit der Arbeit seiner Hormone. Eine zentrale Rolle spielt hierbei die Schilddrüse mit der Bildung zweier jodhaltiger Hormone.

Nicht auf die leichte Schulter nehmen: Jodmangel

Zur Produktion der Schilddrüsenhormone muß ausreichend Jod zur Verfügung stehen. Ansonsten kommt es zu schweren körperlichen Symptomen.

Steht nicht ausreichend Jod zur Verfügung, so schwillt die Schilddrüse an, um die Produktion der Hormone dennoch zu ermöglichen. Es bildet sich ein sogenannter Kropf. Er ist deutlich sichtbar als Schwellung an der Halsvorderseite und drückt häufig gegen die Luftröhre, wo er die Atmung beeinflußt. Bleibt der Jodmangel weiterhin bestehen, kann die Schilddrüse jedoch auch durch diese Veränderung nicht genügend Hormone produzieren. Es kommt zu

Stoffwechselstörungen, die sich in Antriebsarmut, großem Schlafbedürfnis, Depressionen, Sprachstörungen und Kälteschüben äußern. Betroffene Kinder haben auch häufig eine trocken, ungesund teigig erscheinende Haut.

Die richtige Nahrung für eine ausreichende Jodzufuhr

- Versorgen Sie Ihr Kind regelmäßig mit jodreichen Lebensmitteln. Besonders geeignet ist Fisch – besonders in Form von Meeresfisch. Ein- bis zweimal Fisch pro Woche trägt schon wesentlich zur Jodversorgung Ihres Kindes bei.
- Auch Käse trägt zur Jodversorgung bei. Ersetzen Sie die Wurst zum Frühstück, auf dem Schulbrot oder zum Abendessen wenigstens teilweise durch Käse.
- Jodreiches Speisesalz ist eine gute Hilfe, um den Jodhaushalt Ihres Kindes – und der gesamten Familie – in Ordnung zu halten.
- Beachten Sie, daß Kohl und Sojaprodukte die Jodaufnahme blockieren. Da sie aber hinsichtlich anderer Aspekte der Ernährungswissenschaft wertvoll sind, sollten Sie zwei bis drei Tage nach einer Kohl- oder Sojamahlzeit wieder einen jodreichen Tag z.B. mit Fisch einlegen.

Achtung!

**Etwa 50 Prozent der Kröpfe bilden sich bereits in der Jugend.
Etwa acht Prozent aller achtjährigen und 20 Prozent aller zwölfjährigen Kinder haben bereits eine vergrößerte Schilddrüse. Schon aus diesem Grund sollten Sie bereits im Kindesalter auf eine ausreichende Jodzufuhr achten.
Säuglinge benötigen 50 bis 60 Mikrogramm, Kinder ab zehn Jahren 200 Mikrogramm Jod.**

Kupfer

Kupfer besitzt ein vielfältiges Wirkungsprofil. Als Bestandteil des Enzyms Caeruloplasmin löst es das Eisen aus den Speisen heraus und führt es der Blutbildung zu. Es unterstützt den Eiweißstoffwechsel, den Aufbau der Nerven und den Farbstoffwechsel der Haut und der Haare. Ohne Kupfer wäre das menschliche Aussehen im wahrsten Sinne des Wortes farblos. Außerdem ist Kupfer beteiligt am Aufbau der Knochengrundsubstanz.

Kupfer in der Nahrung

Wegen der vielfältigen und zum Teil lebenswichtigen Aufgaben des Kupfers empfiehlt die indische Ayurvedamedizin für junge Menschen die Aufnahme von Erbsen und Sojabohnen, da diese Hülsenfrüchte besonders viel Kupfer enthalten.

Kupferhaltige Nahrungsmittel

	mg/100 g
Kichererbsen	0,9
Sojabohnen	1,5
Haselnüsse	1,3
Mohn	2,2
Sesam	4,1

Mangan

Über Mangan bestehen immer noch eine Reihe von Wissenslücken. Sicher ist jedoch, daß es die Blutgerinnung und die Knochenbildung unterstützt. Mangan ist außerdem an vielen Enzymen sowie am Zuckerstoffwechsel beteiligt.

Krank durch Manganmangel

Die menschliche Haut ist um so anfälliger gegen Enzündungen, je weniger Mangan mit der Nahrung aufgenommen wird.

Mangan und Epilepsie

**Kanadische Forscher fanden bei epilepsiekranken Kindern einen ausgeprägten Manganmangel im Blut;
ob jedoch eine Therapie mit manganhaltigen Präparaten zur Heilung der Epilepsie beitragen kann, ist nicht geklärt.**

Der Umgang mit manganhaltigen Nahrungsmitteln

- Der tägliche Manganbedarf liegt bei zwei Milligramm täglich. Reich an Mangan sind Haferflocken, Roggen- und Weizenvollkornbrot, frische Erbsen, Petersilie und Reis.
- Kochen Sie Gemüse nicht zu lange, denn bei langem Garen und Wässern gehen bis zu 30 Prozent Mangan verloren.

Selen

Selenhaltige Nahrungsmittel

	µg/100 g
Kohlrabi	**50**
Petersilie	**50**
Bananenmilch	**10**
Erdbeermilch	**10**
Kakaotrunk	**10**
Reis	**10**

Selen unterstützt den Körper bei der Entsorgung von Giften, die beim Fettstoffwechsel anfallen und ansonsten die Körperzellen schädigen könnten. Auch Vergiftungserscheinungen durch Arsen, Blei, Kadmium und Quecksilber können durch ausreichende Selenzufuhr zumindest gedämpft werden.

Stärkung des Immunsystems

Selen mobilisiert das Immunsystem, besonders das noch nicht ausgereifte und damit anfällige Immunsystem von Kindern. Es unterstützt die Therapie von infektiösen Erkrankungen. Außerdem wirkt Selen gegen bestimmte allergische Erkrankungen, besonders gegen Allergien gegenüber Chemikalien.

Gesundes Mineralwasser

Mineralwasser gibt es in den verschiedensten Zusammensetzungen. Diese sind abhängig von der Quelle, aus der das Wasser stammt. Besonders empfehlenswert ist Mineralwasser mit hohem Siliziumanteil.

Selennotstand

Die Selenversorgung in Deutschland und in anderen europäischen Gebieten liegt im argen. Der Tagesbedarf von 0,1 Milligramm bei Kleinkindern und 0,2 Milligramm bei Kindern über sieben Jahren wird fast nie erreicht. Darüber hinaus bewirkt die zunehmende Umweltverschmutzung, daß zahlreiche Schwefelverbindungen und Schwermetalle in den Körper gelangen. Zu ihrer Entsorgung wird wertvolles Selen benötigt, das dann an anderen Stellen nicht mehr zur Verfügung steht.

Pflanzliche Nahrung bevorzugen

Gemüse, Reis und Milchmixgetränke sind selenreiche Nahrungsmittel, die von vielen Kindern gerne verzehrt werden. Auch im Fleisch kommt Selen vor. Allerdings kann dieses Selen vom Körper nur eingeschränkt verwertet werden.

Silizium

Silizium und Kieselerde, die zu 98 Prozent aus Siliziumoxid besteht, wirken positiv gegen Akne, Hautreizungen, Mund- und Halsentzündungen, Bänderschwäche, Bandscheibenschäden, Magen- und Darmentzündungen sowie Verbrennungen und Schürfwunden.
Silizium kommt in der Natur relativ häufig vor, läßt sich aber vom menschlichen Körper nur in sehr geringem Maße aus den Nahrungsmitteln erschließen und verwerten.

Günstig ist eine Ernährung mit Produkten von Pflanzen, die ein stabiles Stützgewebe haben, weil solche Produkte sehr siliziumreich sind. In Frage kommen dafür Getreide und Gemüse. Leider geben die wenigsten Eltern ihren Kindern diese ballaststoffreiche Kost in ausreichendem Maße. Im Gegenteil: Die meisten Lebensmittel für Kinder sind von Natur aus weich oder werden extra aufgeweicht oder weich gekocht.

Zink

Zink aktiviert über 70 Enzyme und wirkt damit an zahlreichen Stellen des Körpers in vielfältiger Weise.
Zink ist in Muskelfleisch, Leber, Seefisch, Getreide, Milch und Eiern enthalten. Ein Mangel an Zink führt zu einem verzögerten Wachstum, Appetitmangel, schlechter Wundheilung und Hautveränderungen.

Verschiedenartigste Aufgaben

- Als Bestandteil des Insulin-Zink-Komplexes in der Bauchspeicheldrüse erhöht Zink die Wirkung des Insulins und wirkt sich dadurch positiv auf den Fett- und Zuckerspiegel im Blut aus.
- Zink verbessert die Aufnahme von Vitamin A.
- Es fördert in Zusammenarbeit mit Folsäure und Vitamin B6 die Regeneration der Körperzellen.
- Zink kräftigt die Immunabwehr. Grippale Infekte verschwinden schneller, wenn man frühzeitig Zinkpastillen schluckt.
- Zink aktiviert den Geruchs- und Geschmackssinn und fördert damit den Appetit. Bei Zinkmangel kommt es zu Appetitlosigkeit.
- Zink unterstützt den Heilungsprozeß unterschiedlichster Hauterkrankungen von Akne bis Lippenherpes.

Zink in der Nahrung

Der tägliche Bedarf an Zink wächst in der Kindheit ständig an. Beträgt er beim Säugling drei bis fünf Milligramm, so benötigen Schulkinder schon zehn Milligramm und Jugendliche ab etwa 13 Jahren 15 Milligramm.

Der Umgang mit zinkhaltigen Nahrungsmitteln

- Geben Sie Ihrem Kind regelmäßig Hülsenfrüchte zu essen.
- Bevorzugen Sie Zubereitungsarten mit kurzen Garzeiten, damit nicht zu viele Inhaltsstoffe wie Zink zerstört werden.
- Bierhefe ist eines der zinkhaltigsten Lebensmittel. Es gibt eine Reihe von geschmacksneutralen Produkten, die auch von Kindern anstandslos genommen werden (nicht länger als sechs Monate!).
- Stillen Sie Ihr Kind so lange wie möglich, und sorgen Sie während der Stillzeit für eine gute Zinkversorgung.

Vorsicht, Konservenkost!
Auch für Spurenelemente gilt, daß frische oder gefrorene Produkte den Speisen aus Konserven vorzuziehen sind, weil durch die Konservierung eine Reihe von Inhaltsstoffen verlorengehen oder zumindest in ihrem Gehalt erheblich reduziert werden.

Achtung!
Bestimmte Medikamente (wie z. B. einige Antibiotika) rauben dem Körper das wichtige Zink. Fragen Sie daher im Falle einer medikamentösen Behandlung Ihres Kindes nach dem Einfluß, den das Medikament auf den Zinkspiegel ausübt.

Von Kindern heiß geliebt – die vitaminreiche Erdbeere.

Vitamine

Kurzinformation

- **Vitamine sind lebensnotwendige Verbindungen, die der Körper nicht selbst herstellen kann; deshalb müssen sie ihm vollständig oder in Vorstufen von außen zugeführt werden**
- **Im Gegensatz zu Grundnährstoffen werden nur geringe Vitaminmengen benötigt**
- **Säuglinge und Kleinkinder haben einen erhöhten Vitaminbedarf – das gilt besonders für die Vitamine A und D**

Vitamin A (Retinol)

Vitamin A hat keinen einheitlichen Wirkmechanismus. Es wirkt auf viele Systeme ein und kann als »Allrounder« bezeichnet werden. Vitamin A gehört – ebenso wie die Vitamine D, E und K – zu den fettlöslichen Vitaminen.
Der Körper kann diese Vitamine nur ausnützen, wenn sie gleichzeitig mit etwas Fett in den Körper gelangen. Fettlösliche Vitamine können sich im Körper anreichern und bei Überdosierung zu Vergiftungserscheinungen führen.

Vitamin-A-Bedarf

	mg/100 g
Säuglinge:	
bis 4 Monate	0,5
5 bis 12 Monate	0,6
Kinder:	
1 bis 4 Jahre	0,6
5 bis 7 Jahre	0,7
8 bis 10 Jahre	0,8
11 bis 13 Jahre	0,9
Jugendliche:	
14 bis 18 Jahre	
Mädchen	1,0
Jungen	1,1

Vitamin A für Augen und Schleimhäute

- Vitamin A ist an der Produktion des Sehfarbstoffs Rhodopsin beteiligt. Sehstörungen, wie z. B. Nachtblindheit, können häufig auf einen Vitamin-A-Mangel zurückgeführt werden.
- Vitamin A hält die Schleimhäute feucht. Es hat vorbeugende und heilende Wirkung und wirkt z. B. gegen Gastritis (Magenschleimhautentzündung), Husten, Bindehautentzündung und Rachenentzündung.
- In der Immunabwehr bekämpft Vitamin A Bakterien, Viren und andere Krankheitserreger.
- Vitamin A regt die Produktion von Eiweißen an, durch die die Körperzellen miteinander in Verbindung treten. Dadurch schützt es vor Krebs.

Wo kommt Vitamin A vor?

Fertiges Vitamin A kommt nur in tierischer Kost vor. In pflanzlicher Nahrung existieren Karotinoide, die vom menschlichen Verdauungssystem problemlos zur Vitamin-A-Herstellung genutzt werden können. Karotinoide werden daher auch als Provitamine bezeichnet.

Vorsicht, Überdosierung!
Der Körper benötigt sechs Einheiten Karotinoide, um eine Einheit Vitamin A herzustellen. Deshalb ist eine Vitamin-A-Vergiftung über die Zufuhr pflanzlicher Kost praktisch unmöglich. Beim übermäßigen Verzehr tierischer Produkte, die schon fertiges Vitamin A enthalten, kann es hingegen durchaus zu Problemen kommen.
Auf keinen Fall dürfen Sie Ihr Kind ohne ärztliche Aufsicht mit Vitamin-A-Präparaten versorgen, da es hierdurch zu Vergiftungen kommen kann.

Den Vitamin-A-Gehalt ermitteln
Der tatsächliche Vitamin-A-Gehalt ergibt sich aus der Menge an »fertigem« Vitamin A (Retinol), zu der ein Sechstel der Menge an Karotinoiden addiert wird. In nebenstehender Tabelle wurde diese Umrechnung bereits durchgeführt. Die Werte geben Auskunft über die bioaktive Vitamin-A-Menge in den Lebensmitteln.

Tips für die Zubereitung Vitamin-A-reicher Kost
- Vitamin A ist fettlöslich, muß also immer zusammen mit etwas Fett oder Öl verzehrt werden, damit es vom Organismus verwertet werden kann. Wenn Karotten zusammen mit Fleisch verzehrt werden, reicht das darin enthaltene Fett jedoch vollkommen aus.
- Lange Zeit galten Vitamin A und Karotinoide als äußerst licht- und hitzeempfindlich. Neuere Untersuchungen haben daran jedoch Zweifel geweckt. In einem Test bekamen Versuchspersonen Tomatensaft, der zuvor eine Stunde gerührt worden war – einmal bei Zimmertemperatur und einmal bei 100 °C. Nur bei den Personen, die den erhitzten Saft getrunken hatten, stiegen die Karotinoide im Blut erheblich an.

Vitamin B1 (Thiamin)

Thiamin zählt zu den Psychovitaminen und entfaltet seine Wirkung hauptsächlich im Nervensystem. Thiaminmangel führt zu Reizbarkeit, Störungen des emotionalen Gleichgewichts, Konzentrationsschwäche, chronischer Müdigkeit, Appetitmangel und Schlafstörungen.
- Thiamin schließt Glukose auf und sorgt dafür, daß die Nervenzellen ausreichend mit Energie versorgt werden.
- In vielen Studien konnte gezeigt werden, daß hochdosiertes Thiamin auch schmerzlindernde Eigenschaften hat. In den USA wird es bereits erfolgreich gegen Kopfschmerzen, Wirbelsäulenbeschwerden, Gelenkschmerzen und Neuralgien eingesetzt.

Vitamin B2 (Riboflavin)

Riboflavin garantiert unsere Energieversorgung, indem es als Enzymbestandteil die Energieproduktion aus Kohlenhydraten und Fetten

Vitamin-A-reiche Lebensmittel

	µg/100 g
Brokkoli	316
Feldsalat	650
Karotten, jung	888
Karotten, alt	2000
Dill	1016
Petersilie	1208
Crème fraîche (40%)	480
Gouda (50%)	360
Mascarpone	568
Schlagsahne (42%)	520
Ziegenkäse	313
Aprikosen	300
Backobst	250
Honigmelonen	292
Mangos	462

Unser Tip

Zeit für das Kind
Frisch- oder Tiefkühlgemüse sind dem Gemüse aus der Dose überlegen. Ihre Karotinwerte sind zum Teil um 50 Prozent höher.

Thiamin geht beim Garen zum großen Teil verloren. Daher sind ursprünglich thiaminreiche Nahrungsmittel wie Schweinefleisch, Reis und Hülsenfrüchte beim Verzehr eher thiaminarm. Folgende Nahrungsmittel enthalten viel Thiamin: Haferflocken, Honeysmacks, Müsli mit Nüssen oder Vollkorn, Reiscrispis, Mohn und Sesam. Thiaminhaltig sind auch Bierschinken, Schinkenwurst, gekochter Schinken und Teewurst.

Thiaminbedarf

	mg/100 g
Säuglinge:	
bis 4 Monate	**0,3**
5 bis 12 Monate	**0,4**
Kinder:	
1 bis 4 Jahre	**0,7**
5 bis 7 Jahre	**1,0**
8 bis 10 Jahre	**1,1**
11 bis 14 Jahre	
Mädchen	**1,2**
Jungen	**1,4**
Jugendliche:	
15 bis 18 Jahre	
Mädchen	**1,3**
Jungen	**1,4**

ankurbelt. Symptome, die auf einen Vitamin-B2-Mangel hindeuten sind:

- Gerötete Zunge, Risse im Mundwinkel, aufgesprungene Lippen, müde Augen, schuppige Haut an Nase und Mund, Konzentrationsmangel, depressive Verstimmungen, Lichtempfindlichkeit, Muskelschwäche

Nahrungsmittel, die Riboflavin enthalten

Hefe, Getreide, Gemüse (besonders Erbsen und reife Sojabohnen) sowie Fleisch (Schweineschnitzel) und Milch enthalten überdurchschnittlich viel Vitamin B2.

Vorsicht!

Eine ausschließlich vegetarische Ernährung vermag häufig den Vitamin-B2-Bedarf nicht zu decken. Die Pflanzenkost sollte zumindest mit einer ausreichenden täglichen Menge an Milchprodukten ergänzt werden.

Der Umgang mit Vitamin-B2-haltigen Nahrungsmitteln

- Riboflavin bleibt auch beim Erhitzen relativ stabil. Da es aber wasserlöslich ist, gehen große Anteile ins Kochwasser über.
- Bereiten Sie die Nahrung mit so wenig Wasser wie möglich zu, und verwenden Sie das Kochwasser zur weiteren Zubereitung der Mahlzeit, dann halten sich die Verluste in Grenzen.
- Riboflavin ist möglicherweise lichtempfindlich. Deshalb sollten Sie Gemüse nur kurz und möglichst dunkel lagern.
- Kartons oder getönte Flaschen sind ideal zur Aufbewahrung von Fruchtsäften und Milch.

Vitamin B3 (Niazin)

Vitamin B3 sorgt für die richtige Verteilung der Energien. Der Körper kann Niazin in der Regel ohne weiteres aus der Nahrung aufnehmen.

Natürliches Beruhigungsmittel

Die Anwesenheit von Niazin im Blut entscheidet darüber, ob die Aminosäure Tryptophan in den Energiestoffwechsel eingeschleust wird – und dadurch zu erhöhter Aktivität führt – oder zur Beruhigung der Nerven eingesetzt wird.

Ein Niazinmangel oder eine niedrige Niazinversorgung führt zu Nervosität und Unruhe. Eine Extraportion Niazin kann unter Umständen schneller zur Beruhigung der Nerven führen als Baldrian, Johanniskraut oder andere Beruhigungsmittel.

Nahrungsmittel, die Niazin enthalten

Niazinreich sind Fleisch (Schweineschnitzel), Fisch, Hülsenfrüchte (frische Erbsen, reife Linsen, reife Soja- und Mungobohnen), geröstete, gesalzene Erdnüsse, Mandeln und einige Pilzsorten.

Der Verlust beim Kochen oder Braten beträgt durchschnittlich 20 Prozent.

Achtung!

Auch Getreide enthält nicht unbeträchtliche Mengen an Niazin. Dieses ist jedoch an unverdauliche Substanzen gebunden und kann daher nicht vom Körper verwertet werden.

Vitamin B5 (Pantothensäure)

Vitamin B5 ist an der Produktion von zahlreichen Enzymen und dadurch an einer ganzen Menge sehr unterschiedlicher Vorgänge im Körper beteiligt. Über den genauen Bedarf gibt es unterschiedliche Ansichten. Er liegt wahrscheinlich zwischen sechs und zwölf Milligramm pro Tag, kann sich aber bei Streß sowie bei körperlicher und psychischer Belastung deutlich erhöhen.

Vitamin-B2-Bedarf

	mg/100 g
Säuglinge:	
bis 4 Monate	0,3
5 bis 12 Monate	0,5
Kinder:	
1 bis 4 Jahre	0,8
5 bis 10 Jahre	1,2
11 bis 15 Jahre	1,4
Jugendliche:	
bis 18 Jahre	1,8

Vitamin-B5-haltige Nahrungsmittel

Pantothensäure ist in Eiern, Leber, Fleisch, Früchten, Gemüse und Hefe enthalten.

Natürliches Wundheilmittel

- Vitamin B5 mobilisiert in der Nebennierenrinde die Ausschüttung des Hormons Kortisol und trägt damit indirekt zur Hemmung von Entzündungen bei. Deshalb werden Vitamin-B5-Präparate heute bereits in der Therapie von Sportverletzungen und rheumatischen Erkrankungen eingesetzt.
- Pantothensäure unterstützt die Wundheilung. Pantothenhaltige Salben (mit dem Wirkstoff Dexpanthenol) werden in der Behandlung von Brandwunden oder anderen äußerlichen Verletzungen eingesetzt.
- Darüber hinaus ist Vitamin B5 zentraler Bestandteil des Koenzym A und bewirkt, daß den Zellen nicht die Energie ausgeht.

Aloe bei Verbrennungen

Aloe enthält einen hohen Anteil an Pantothensäure und Vitamin E. Hat sich Ihr Kind verbrannt, beginnt der Wundheilungsprozeß nach etwa zwei Tagen. Diesen können Sie mit dem Saft der Aloe unterstützen, indem Sie vorsichtig einige Tropfen der frischen Frucht auf die verbrannten Stellen träufeln.
In Apotheken und Drogerien sind auch aloehaltige Salben und Lotionen erhältlich.

Reich an Vitamin B5

	mg/100 g
Blumenkohl	1,01
Brokkoli	1,30
Haferflocken	1,09
Limburger Käse	1,10
Sonnenblumenkerne	1,40

Zubereitung Vitamin-B5-haltiger Nahrung

Pantothensäure geht beim Kochen und Backen nur in geringem Umfang verloren, sie reagiert jedoch empfindlich auf Säure. Fleisch eignet sich daher nur wenig zur Versorgung des Körpers mit Vitamin B5. Auf seinem Weg durch die Verdauungsorgane hinterläßt es relativ viele Säurefelder, die das Vitamin B5 dann nach und nach ausschalten.

Vitamin B6 (Pyridoxin)

Vitamin B6 erfüllt im menschlichen Organismus eine Reihe von unterschiedlichen Aufgaben. Es unterstützt den Aufbau der Proteine, indem es dafür sorgt, daß der Aminosäurestoffwechsel funktioniert. Dieser Prozeß ist für den Körper von entscheidender Bedeutung. Eine Störung führt zu schwerwiegenden Konsequenzen.

Vitamin-B6-Bedarf

	mg/100 g
Säuglinge:	
bis 4 Monate	0,3
5 bis 12 Monate	0,6
Kinder:	
1 bis 4 Jahre	0,9
5 bis 7 Jahre	1,2
8 bis 10 Jahre	1,4
11 bis 15 Jahre	1,6
Jugendliche:	
bis 18 Jahre	
Mädchen	1,8
Jungen	2,1

Schwere Störungen

Chemiker und Physiologen gehen davon aus, daß jeder sechste Mensch nur deshalb krank wird, weil Vitamin B6 fehlt. Auch bei Kindern kann es zu schwerwiegenden Mangelerscheinungen kommen, wenn sie zuwenig Vitamin B6 zu sich nehmen. Denken Sie daran, wenn Ihr Kind häufig erkrankt (Immunschwäche!), an Blutarmut oder Muskelschwäche leidet, sich nicht konzentrieren kann oder wenn es zu depressiven Verstimmungen neigt.

Umgang mit Vitamin-B6-haltigen Nahrungsmitteln

In pflanzlichen Lebensmitteln liegt Vitamin B6 hauptsächlich als reines Pyridoxin vor, in tierischen Produkten kommt es als Pyridoxal und Pyridoxamin vor. Hierin liegt jedoch ein entscheidender Unterschied.

Während das Vitamin B6 aus Pflanzen ausgesprochen hitzebeständig ist, kann es beim Zubereiten (Kochen, Braten) tierischer Lebensmittel zu Verlusten von bis zu 70 Prozent kommen. Ähnliches gilt für pasteurisierte Milch und Fisch. In bezug auf den verwertbaren Vitamin-B6-Gehalt sind also pflanzliche Nahrungsmittel den tierischen Produkten weit überlegen.

Biotin

Biotin gehört ebenfalls in die Gruppe der B-Vitamine. Es wirkt im wesentlichen über seinen Einfluß auf den Stoffwechsel.

- Eine der wichtigsten Funktionen des Biotins ist der Aufbau von Energiereserven in Leber und Muskeln.
- Biotin bewirkt jedoch gleichermaßen das Freisetzen dieser in Leber und Muskeln gespeicherten Energie.
- Außerdem sorgt Biotin für den Aufbau von Haut, Haaren und Nägeln.

Biotinversorgung

Das Besondere an Biotin ist, daß der Körper es zum Teil selbst herstellen kann und dadurch eine gewisse Unabhängigkeit vom Biotingehalt der Nahrung hat.

Bei Kindern ist diese Fähigkeit der Biotinproduktion jedoch noch sehr schwach ausgeprägt. Für sie hat der Biotingehalt der Nahrung also eine größere Bedeutung. Die Deckung des Bedarfs aus der Nahrung ist in der Regel kein Problem.

Wichtig – eine gesunde Darmflora

Voraussetzung für die Aufnahme von Biotin ist eine gesunde Darmflora. Darm und Darmbakterien müssen einwandfrei arbeiten können. Leider wird die Darmflora auch durch scheinbar harmlose Speisen leicht gestört. So sinkt ihre Arbeitsbereitschaft schon nach dem Genuß einer Tafel Schokolade deutlich ab.

Achtung, Antibiotika!

Besonders schädlich für die Biotinproduktion sind Antibiotika, da durch sie nicht nur die Krankheitskeime, sondern auch wichtige Darmbakterien abgetötet werden. Schon deshalb sollten sie bei Kindern nur bei sehr schweren Krankheitserscheinungen eingesetzt werden. Außerdem sollte eine Antibiotikatherapie immer von einer biotinreichen Kost begleitet werden.

Pyridoxinreiche Nahrungsmittel

	mg/100 g
Kartoffelchips	0,89
Sesamknäcke	0,35
Honeysmacks	2,00
Kartoffeln	0,33 bis 0,44
Kichererbsen	0,54
Linsen, reif	0,60
Sojabohnen	1,19
Schnittlauch	0,42
Avocados	0,53
Bananen	0,40
Erdnüsse	0,60
Sesam	0,75
Walnüsse	0,87

Biotinbedarf

	µg/100 g
Säuglinge	10
Kinder, 1 bis 6 Jahre	25
Kinder, 7 bis 10 Jahre	30
Jugendliche bis 18 Jahre	50

Gerade die Vitamine der B-Gruppe sind in Nüssen und vielen Vollkornprodukten in einer idealen Kombination vertreten. Daher sind das Müsli zum Frühstück und Nüsse als kleiner Zwischensnack für die gesunde, ausgewogene Ernährung Ihres Kindes soviel besser geeignet als ein Toastbrot mit Marmelade und ein Schokoriegel.

Vitamin-B12-Bedarf

	µg/100 g
Säuglinge:	
bis 4 Monate	0,5
5 bis 12 Monate	0,8
Kinder:	
1 bis 4 Jahre	1,0
5 bis 7 Jahre	1,5
8 bis 10 Jahre	1,8
11 bis 13 Jahre	2,0
Jugendliche:	
bis 18 Jahre	3,0

Kobalaminreiche Nahrungsmittel

	µg/100 g
Frühstücksei	1,4
Omelett	2,2
Schweineschnitzel	1,8
Alpkäse	2,7
Mozzarella	2,0
Quark	0,7 bis 1,0
Ziegenkäse	3,5
Cervelatwurst	1,9
Rauchfleisch	6,0

Biotin in der Nahrung

Biotin geht beim Kochen und Braten nur in geringem Umfang verloren, es wird jedoch durch starken Lichteinfall zerstört. Optimal für den Körper verwertbar ist Biotin, das aus pflanzlicher Nahrung stammt. Besonders hohe Biotinwerte haben Sojabohnen, Haferflocken, Erdnüsse, Mandeln und Walnüsse.

Im Fleisch ist Biotin an Proteine gebunden. In dieser Verbindung kann der Körper das Biotin nicht optimal aufnehmen.

Eier, die nicht mindestens vier Minuten gekocht wurden, enthalten Avidin. Diese Substanz hemmt die Aufnahme von Biotin.

Achten Sie deshalb darauf, daß Ihr Kind nicht zu viele weiche Frühstückseier bzw. mit rohen Eiern zubereitete Speisen zu sich nimmt.

Vitamin B12 (Kobalamin)

Im Unterschied zu den meisten anderen Vitaminen spielen Pflanzen für die Versorgung mit Kobalamin keine Rolle. Der Bedarf muß über tierische Nahrungsprodukte gedeckt werden.

Nervenschutz und positive Gefühle

- Kobalamin ist ein typisches Vitamin der B-Gruppe und unterstützt den menschlichen Stoffwechsel. Im Zusammenspiel mit Folsäure unterstützt es die Herstellung von Cholin, einem wichtigen Nervenstoff. Dadurch ist Vitamin B12 ein wirksames Mittel gegen Nervosität.

- Kobalamin unterstützt die Umwandlung von Karotinoiden in Vitamin A. Selbst der Verzehr von zwei Kilogramm Karotten ginge spurlos an der Vitamin-A-Versorgung vorüber, wenn nicht gleichzeitig kobalaminhaltige Speisen verzehrt werden.
- Ohne die enzymatische Tätigkeit von Kobalamin gäbe es kein Methionin. Diese Aminosäure wirkt in besonderer Weise auf das kindliche Gehirn ein und sorgt für angenehme Gefühle wie Wärme, Glück, Harmonie und Freude.

Folsäure

Die Folsäure ist der wichtigste Partner des Kobalamins. Diese beiden B-Vitamine beeinflussen sich gegenseitig in ihrer Wirkung; der Mangel des einen führt zu Funktionseinbußen des anderen.

Das Blutvitamin

- Folsäure regt die Bildung von Antikörpern an und ist damit an der allgemeinen Mobilmachung des Immunapparats beteiligt.
- Sie verbessert die Verwertung der Nahrungsproteine.
- Im Zusammenwirken mit Kobalamin sorgt sie für das Wachstum und die Teilung der roten und weißen Blutzellen.

Der Umgang mit folsäurehaltigen Nahrungsmitteln

Folsäure existiert in tierischen und pflanzlichen Lebensmitteln. In tierischen Produkten ist sie jedoch an eine Verbindung gekettet, die vom Körper nur eingeschränkt verwertet werden kann. Im Hinblick auf die Folsäure ist daher pflanzliche Kost zu bevorzugen.

Besonders reichhaltig ist Folsäure in Honeysmacks zu finden. Aber auch Karotten, Salat, Spargel, Tomaten, Dill, Petersilie, frische Orangen und Avocados sind gute Folsäurelieferanten.

Vitamin C

Vitamin C gehört zu den Alleskönnern unter den Vitaminen. Sein täglicher Bedarf beträgt bei Säuglingen 50 Milligramm, bei Kindern 60 Milligramm und bei Jugendlichen 80 Milligramm.

Vielseitige Aufgaben

Vitamin C ist das wohl wichtigste Vitamin der körperlichen Abwehr. Es macht den Freßzellen des Immunsystems Appetit auf ungebetene Eindringlinge wie Viren oder Bakterien. Bei guter Versorgung mit Vitamin C ist die Wahrscheinlichkeit, an einer Erkältung zu erkranken, um 50 Prozent geringer.
Vitamin C verbessert die Kalzium- und Eisenaufnahme des Körpers. Das ist für Kinder, die sich ja noch im Wachsen befinden, besonders wichtig – für den Aufbau und das Wachstum der Knochen.

Rohkosttag für eine gute Folsäure- und Vitamin-C-Versorgung

Legen Sie mit Ihrem Kind öfter mal einen Rohkosttag ein, bei dem auf gekochtes Essen möglichst verzichtet werden sollte. An anderen Tagen sorgen Sie dafür, daß Ihr Kind täglich ein Stück frisches Obst oder Gemüse ißt, z. B. als Vorspeise oder als Zwischenmahlzeit. Besser noch wäre eine Rohkostmahlzeit pro Tag.

Vitamin-C-haltige Nahrungsmittel

	mg/100 g
Feldsalat	35
Kohlrabi	63,3
Paprika	139
Tomaten	24,2
Dill	50
Petersilie	166
Schnittlauch	47
Guaven	270
Kiwis	71
Litschis	45
Mangos	39
Orangen	50
Orangensaft	44
Papayas	82

Außerdem wirkt dies anämischen Erkrankungen, wie der sogenannten Blutarmut, entgegen.

Vom Umgang mit Vitamin-C-haltigen Nahrungsmitteln
Vitamin C ist licht-, hitze- und sauerstoffempfindlich. Daher sind die Verluste, die durch langes Lagern, Konservierungsmittel sowie Kochen oder Braten entstehen, enorm hoch. Bei Kartoffeln z.B. befindet sich Vitamin C in und direkt unterhalb der Schale, wird also beim Schälen einfach weggeschnitten. Aber auch bei ungeschälten Kartoffeln geht das meiste Vitamin C durch das Kochen verloren.

Raus an die Luft
Die Vitaminproduktion in der Haut kann einen wesentlichen Beitrag zur Bedarfsdeckung leisten. Bringen Sie daher Ihr Kind so oft und lange wie möglich an die frische Luft, um wenigstens Gesicht und Hände ausgiebig dem Licht auszusetzen. Schützen Sie es jedoch vor direkter Sonneneinstrahlung. Zur Vitamin-D-Bildung reicht das Licht im Schatten eines Baumes oder Schirmes vollständig aus. Übrigens: Auch Erwachsene halten sich viel zuwenig im Freien auf!

Vitamin D

Vitamin D kommt in der Natur relativ selten vor, kann aber von der menschlichen Haut hergestellt werden. Ausgangspunkt dabei ist eine Verbindung des Cholesterins. Zur körpereigenen Vitaminproduktion ist jedoch unbedingt frische Luft bzw. Sonnenlicht notwendig. Je mehr Tageslicht die Haut bekommt, um so weniger Vitamin D muß über die Nahrung zugeführt werden.

Vielseitige Pflichten

- Es ist noch gar nicht lange her, daß dem Vitamin D lediglich die Rolle des Knochen- und Zahnfestigers zugesprochen wurde. Inzwischen weiß man jedoch um andere wichtige Funktionen, die Vitamin D übernimmt.
- Vitamin D wirkt als Entzündungsmodulator, d.h. es dämpft bestimmte chemische Botenstoffe und vermindert damit die Entzündungsbereitschaft des Gewebes. Entwickeln sich harmlose Pickel oder Pusteln immer wieder zu schmerzhaften Eiterherden, dann könnte ein Vitamin-D-Mangel bestehen.
- Vitamin D unterstützt die Bildung von Abwehrzellen in der Thymusdrüse.
- Es beeinflußt den Kalziumstoffwechsel und unterstützt damit die Signalübertragung von einer Nervenzelle auf die nächste. Dadurch wird die Konzentrationsfähigkeit und Lernbereitschaft Ihres Kindes gefördert.
- Vitamin D nimmt im Darm dieselben Transportmechanismen in Anspruch wie Blei. Durch eine ausreichende Vitamin-D-Versorgung ist der Körper besser vor den schleichenden Bleivergiftungsprozessen geschützt, denen man heute nur schwer entgehen kann.

Viele Menschen hierzulande halten sich zuwenig im Freien auf. Deshalb gilt als allgemeine Empfehlung, daß bis zu einem Alter von einem Jahr zwölf Mikrogramm, darüber hinaus fünf Mikrogramm Vitamin D verzehrt werden sollten. Obwohl Milch und Milchprodukte als Vitamin-D-reich eingeschätzt werden, kann dieser Bedarf über sie in keiner Weise gedeckt werden.

Vitamin-D-reiche Nahrungsmittel

	µg/100 g
Frühstücksei	1,8
Omelett	1,6
Avocados	5 bis 10
Hering	25
Vollkorngetreide	3
Leber	1

Auch Pflanzen enthalten bis auf einige Ausnahmen kein Vitamin D. Industriell gefertigte Säuglingsnahrung ist daher mit Vitamin D angereichert.

Vitamin E

Vitamin E existiert in der Natur in unterschiedlichen Formen, die hinsichtlich ihrer Auswertbarkeit für den menschlichen Körper stark voneinander abweichen.

Gegen Schmerzen und Infektionen

- Vitamin E schützt empfindliche Substanzen wie etwa Vitamin A, Fettsäuren oder Körperzellen vor freien Radikalen.
- Im Immunsystem fördert Vitamin E die Bildung von Antikörpern. Zusammen mit Vitamin C gehört es zu den wirksamsten Substanzen bei Infektionen.
- Vitamin E bindet Arachidonsäure, eine Substanz, die bei der Entstehung von Schmerzen eine wichtige Rolle spielt. Vitamin-E-Mangel bewirkt eine Verschlimmerung von Entzündungen und Schmerzen. Daher wird in der Schmerztherapie (z. B. bei rheumatischen Erkrankungen und Migräne) der Einsatz von Vitamin-E-Präparaten als Therapieergänzung diskutiert.

Vitamin E ist empfindlich gegen Hitze, Sauerstoff und Licht. Beim Kochen gehen bis zu 55 Prozent verloren.
Die hochwertigste Form von Vitamin E existiert in tierischen Nahrungsmitteln in Form von Alpha-Tokopherol, liegt jedoch nur in geringen Mengen vor. Größere Mengen finden sich in pflanzlicher Nahrung, besonders in Pflanzenölen, auch wenn diese pflanzlichen Tokopherole meist nur ein Viertel der biologischen Verfügbarkeit haben wie tierische.
In der Tabelle sind die Anteile des wirksamen Vitamin E aufgeführt.

Vitamin K

Der Bedarf an Vitamin K wird durch die Nahrung gut abgedeckt. Es ist nicht hitzeempfindlich und geht beim Kochen nicht verloren.

Spezialisierte Aufgaben

Erst seit wenigen Jahren weiß man um die Bedeutung des Vitamin K. Seine Aufgabe liegt in der Produktion des Blutgerinnungsstoffs Prothrombin. Blutende Wunden heilen schneller, wenn der Körper ausreichend mit Vitamin K versorgt ist.
Leidet Ihr Kind unter schlecht heilenden Wunden oder hartnäckigen Pickeln, kann es nützlich sein, das Kind eine Vitamin-K-Diät machen zu lassen. Dazu eignen sich besonders Lebensmittel wie Huhn, Blumenkohl, Brokkoli und Feldsalat.

Vitamin-E-haltige Nahrungsmittel

	mg/100 g
Makronen	**6,0**
Vollkornkekse	**7,6**
Honeysmacks	**12,0**
Erdnüsse, (ohne Schale)	**9,1**
Haselnüsse, (ohne Schale)	**26,0**
Nougat	**8,0**
Distelöl	**75,0**
Maiskeimöl	**30,0**
Olivenöl	**12,0**
Sonnenblumenöl	**55,0**
Weizenkeimöl	**215,0**

Vitamin-K-Bedarf

	µg/100 g
Säuglinge:	
bis 4 Monate	**5**
5 bis 12 Monate	**10**
Kinder:	
1 bis 4 Jahre	**15**
5 bis 7 Jahre	**20**
8 bis 10 Jahre	**30**
11 bis 13 Jahre	**40**
Jugendliche:	
14 bis 16 Jahre	**50**
17 bis 18 Jahre	**80**

Ihr Kind braucht während einer Krankheit besonders viel Zuwendung und Liebe.

Pflege des kranken Kindes

Kurzinformation

- **Kranke Kinder brauchen besondere Zuwendung und Pflege**
- **Bei starkem Schwitzen, müssen Schlafanzug und Bettwäsche häufig gewechselt werden**
- **Die Nahrungszubereitung erfordert besondere Aufmerksamkeit**
- **Kranke Kinder haben meist nur wenig Appetit**

Das Krankenzimmer

Kinder haben in der Regel ein sehr gutes Gefühl dafür, was ihnen und ihrem Körper guttut, und können meist selbst sehr kompetent entscheiden, ob sie im Bett sein wollen, allein oder in Gesellschaft, ob sie schlafen oder spielen wollen.

Die Bedürfnisse des Kindes akzeptieren

Sie brauchen nichts weiter zu tun, als die Wünsche des Kindes umzusetzen. Braucht es Ruhe, sollten Sie seine Geschwister fernhalten und ihm die Möglichkeit geben, die Tür hinter sich zu schließen.
Ist es anlehnungsbedürftig, sollten Sie für es dasein. Wichtig ist, daß das Kind sich geborgen fühlt und weiß, daß immer jemand in Rufweite ist, wenn es Hilfe braucht oder sich ängstlich fühlt.

Nächtliche Versorgung

Wenn das Kind schwer krank ist und Komplikationen zu befürchten sind, ist es besser, wenn Sie bei ihm im Kinderzimmer schlafen, als daß Sie das Kind zu sich ins Schlafzimmer nehmen.

Dem Sicherheitsbedürfnis des Kindes entsprechen

Stellen Sie Ihrem Kind deshalb ein Glöckchen auf den Nachttisch oder auf die Bettdecke, so daß es Sie »herbeiläuten« kann, wenn es etwas braucht, denn ein sehr krankes Kind kann oft nicht laut genug rufen, während der Klang der Glocke durchdringend ist.
Das genesende Kind braucht das Glöckchen dann nicht mehr. Vor allem würde es dann oft nur aus lauter Langeweile läuten. Gehen Sie deshalb dazu über, regelmäßig zu ihm hereinzuschauen und mit ihm zu spielen, ihm vorzulesen usw.

Klima im Krankenzimmer

Das Krankenzimmer soll angenehm warm, aber nicht überhitzt sein. Während des Tages sollten Sie das Zimmer etwa jede Stunde für 10 bis 15 Minuten lüften. Achten Sie darauf, daß dabei keine Zugluft entsteht, und decken Sie Ihr Kind gut zu. Frische Luft ist die beste Vorbeugung gegen die Bettlungenentzündung. Diese entsteht, wenn ein schwerkrankes, liegendes Kind nur flach und oberflächlich atmet. Frischluft vertieft die Atmung.

Lüften Sie das Zimmer schnell, aber gründlich. Machen Sie das Fenster weit auf, damit verbrauchte, abgestandene Luft vollständig erneuert wird. Gelüftet werden sollte immer morgens und abends sowie nach jeder Mahlzeit und nach jeder Stuhlentleerung, wenn diese im Krankenzimmer stattfindet.

Die Helligkeit dämpfen

Häufig sind kranke Kinder lichtempfindlich. Schließen Sie deshalb bei direkter Sonneneinstrahlung die Vorhänge auf der Seite, wo die Sonne hereinscheint, und achten Sie auch darauf, daß die Strahlen der Lampe nicht direkt die Augen des Kindes treffen.

Hilfreich – eine Ablage

Angenehm ist für das kranke Kind ein Bettischchen, an dem es essen und spielen kann, sobald es sich aufsetzen kann. Es gibt diese Tischchen fertig zu kaufen. Man kann sich aber auch mit einem Aufsatz eines Servierwagens oder einem Fußbänkchen behelfen. Auch ein großes und stabiles Tablett läßt sich verwenden.

Gründliche Reinigung

Bei der Reinigung des Krankenzimmers sollten Sie Möbelstücke und Fußboden feucht wischen, um keinen Staub aufzuwirbeln – dieser enthält viele Keime, die durch Haut und Atemwege des Kindes aufgenommen werden können.

Das Krankenbett

Vorsicht bei langem Liegen

Bei Kindern, die bei einer sehr schweren Erkrankung mehrere Wochen lang im Bett liegen müssen, besteht die Gefahr des Durchliegens. Das bedeutet, daß sich am Rücken oder am Po schmerzhafte Druckstellen bilden können, die wund werden und sich mitunter zu Geschwüren entwickeln.
Eine nicht zu weiche Matratze oder eine Schaumgummiauflage können dem vorbeugen. Auch ein häufiger Lagewechsel (Seitenlage, Rückenlage, Bauchlage) hilft, eine solche Entwicklung zu vermeiden. Massieren Sie in so einem Fall mehrmals täglich den Rücken und die Beine des Kindes mit einem Massageöl oder verdünntem Franzbranntwein.

Matratzenschutz

Legen Sie während der Krankheit des Kindes eine Schutzunterlage zwischen Laken und Matratze. Dadurch wird nicht nur das Feuchtwerden der Matratze durch Schwitzen verhindert. Auch größere Kinder können während der Erkrankung wieder einnässen, und Erbrochenes dringt so nicht bis auf die Matratze vor.

Ruhig bleiben

Versuchen Sie, ruhig zu bleiben, wenn Sie Ihr krankes Kind pflegen, auch wenn manche Aufgaben ungewohnt und schwierig sind. Ihre Ruhe gibt dem Kind Sicherheit und Geborgenheit.

Unser Tip

Machen Sie Ihrem Kind ab und zu eine kleine Extrafreude, wenn es lange krank ist.

Regelmäßiges Fiebermessen gibt Ihnen Auskunft, wann Sie am besten fiebersenkende Maßnahmen einleiten sollten bzw. ob die Behandlung angesprochen hat. Außerdem können Sie dann auch sehen, ob die fieberfreie Phase anhält, und leichter entscheiden, wann der kleine Patient wieder aufstehen oder wieder in den Kindergarten bzw. in die Schule gehen darf.

Hinweis

Setzen Sie das Kind während des Bettenmachens in einen bequemen Sessel, und decken Sie es gut zu, oder legen Sie es für einige Minuten in Ihr eigenes Bett. Wenn das Kind nicht im Raum ist, können Sie diese Zeit auch zum Staubsaugen nützen. Anschließend gut lüften!

Angenehmes Bettklima

Machen Sie das Bett mehrmals täglich, vor allem vor und nach dem Nachtschlaf. Aufgeschüttelte Kissen und Bettdecken und glattgezogene Laken wirken immer tröstlich und beruhigend auf ein krankes Kind. Sie verhindern auch, daß sich durch Falten schmerzhafte Druckstellen bilden. Wenn Ihr Kind stark schwitzt, reicht es nicht, das Bett glattzustreichen. Dann müssen Bettwäsche und Schlafanzug des Kindes gewechselt werden.
Legen Sie Ihrem Kind ein Taschentuch oder eine Spuckwindel griffbereit in oder neben das Bett.

Saubere und trockene Kleidung

Schwitzt Ihr Kind stark, so waschen Sie es mit einem feuchten Tuch ab und trocknen es gut ab. Dann bekommt es einen frischen Schlafanzug. Gegebenenfalls wird auch das Bett frisch bezogen. Auch wenn das Kind erbricht oder die Wäsche mit Stuhl oder Urin beschmutzt ist, wird diese sofort gewechselt.
Baumwolle, Batist oder Frotteestoff sind den meisten Kindern als Materialien angenehmer als Wäsche aus einem Synthetikmaterial.

Die Körperpflege

Wenn das Kind nicht aufstehen kann, muß die Körperpflege im Krankenzimmer stattfinden. Achten Sie darauf, daß das Zimmer angenehm warm ist und keine Zugluft entsteht. Oft ist der Körper des Kindes durch die Krankheit und durch längeres Liegen besonders schmerzempfindlich. Gehen Sie deshalb besonders sanft mit ihm um.

Zügig, aber vorsichtig waschen

Waschen Sie den Körper Ihres Kindes mit warmem Wasser zügig ab, und gehen Sie partienweise vor. Ziehen Sie also das Kind nicht vollständig aus, sondern waschen Sie ihm erst den Oberkörper, bekleiden Sie ihn wieder, und waschen Sie anschließend den Unterkörper. Vergessen Sie auch die Mundpflege nicht, bei der Sie ebenfalls besonders sanft vorgehen sollten.

Anschließend ruhen

Nach der Körperpflege wird das Kind meistens ziemlich erschöpft sein und sich erst einmal ausruhen wollen. Während dieser Zeit können Sie das Zimmer lüften (das Kind dabei gut zudecken) und das Frühstück zubereiten.

Besondere Pflege braucht das Haar. Lange Haare werden zu Zöpfen geflochten, damit sie nicht jucken oder den Nacken unnötig erwärmen.

Die Mahlzeiten

Bei fiebrigen Erkrankungen wird fast immer die Nahrung verweigert. Darüber sollten Sie sich aber keine Sorgen machen! Es schadet Ihrem Kind nicht, wenn es einige Tage wenig oder gar nichts ißt. Sein Nahrungsbedarf ist bei Bettruhe ohnehin gering, und der Körper spart Kraft, wenn er keine Nahrung aufnehmen und verarbeiten muß. So kann das Kind seine ganzen körpereigenen Kräfte auf die Bekämpfung der Krankheit richten.

Hoher Flüssigkeitsbedarf

Ein krankes Kind darf nie dursten. Der Flüssigkeitsbedarf ist sogar durch Fieber, Schwitzen, Erbrechen oder Durchfall noch erhöht. Geben Sie deshalb Ihrem Kind reichlich Kräutertee, Fruchtsäfte und Mineralwasser ohne Kohlensäure. Bei Erbrechen oder Durchfall darf das Kind keine Milch bekommen.

Bei großem Flüssigkeitsverlust durch Durchfall oder Erbrechen geben Sie Ihrem Kind am besten Kräutertee mit etwas Traubenzucker und einer Prise Salz in kleinen Portionen, aber in ausreichender Menge. Das Salz wird zum Ausgleich für die durch den Flüssigkeitsverlust verlorenen Mineralstoffe gegeben.

Nicht zum Essen zwingen

Zu Beginn einer Krankheit oder während einer schweren Erkrankung mögen Kinder meistens nichts oder nicht viel essen. Zwingen Sie Ihr Kind deshalb auch nicht zur Nahrungsaufnahme.

Hinweis

Wenn das Kind wieder essen mag, sollte es seine Mahlzeiten unbedingt regelmäßig und zu festgesetzten Zeiten bekommen. Am besten ist es, wenn Sie die Mahlzeiten des kranken Kindes vor die eigentlichen Familienmahlzeiten legen. So können Sie es in Ruhe füttern oder bei ihm sitzen, während es ißt.

Praktisch
Wenn das Kind beim Essen sitzen kann, empfiehlt sich die Verwendung eines stabilen Tabletts (eventuell noch ein kleines Kissen darunter legen, damit es stabil steht) oder eines Betttisches.

Nahrung bei Genesung

Mit der Besserung des Allgemeinbefindens stellt sich auch der Appetit wieder ein. Bieten Sie Ihrem Kind dann leichtverdauliche Nahrung, vorwiegend in flüssiger oder breiiger Form, an.
Fast alle Kinder essen gerne Kompott, Apfel- und Bananenbrei, Quarkspeisen und Joghurt. Später können Sie auch Bouillon, Reis, gekochtes Kalb- oder Geflügelfleisch sowie Kartoffelbrei geben.

Lieblingsessen

Geben Sie dem Kind immer nur kleine Portionen zu essen. Ein zu voller Teller wirkt oft abschreckend auf den Appetit.
Bereiten Sie – soweit es im Rahmen der Erkrankung vertretbar ist – die Lieblingsspeisen Ihres Kindes zu, und richten Sie das Essen hübsch an. Gerade bei einem kranken Kind ißt das Auge mit!

Fiebermessen

Digitalthermometer
Moderne Digitalthermometer erleichtern das Fiebermessen. Ein Signalton zeigt an, wann die Messung beendet ist, und die Digitalanzeige macht das Ablesen ganz einfach.

Bei kleinen Kindern sind fiebrige Erkrankungen häufig. Deshalb ist es wichtig, daß Sie die Technik des Fiebermessens beherrschen und der Vorgang nicht in einen Kampf ausartet.

Rektalmessung

Die genauesten Werte erhält man bei der Messung im After.
Vor jeder Messung muß die Quecksilbersäule des Thermometers heruntergeschlagen werden. Dies tun Sie, indem Sie das Thermometer kräftig schütteln. Besser noch, Sie verwenden ein Digitalthermometer. Fetten Sie die Spitze des Thermometers mit etwas Creme oder Öl ein, damit sie besser gleitet. Führen Sie dann das Thermometer mit der Spitze voran vorsichtig in den After ein.
Ein Säugling oder Kleinkind liegt dabei auf dem Rücken. Dabei heben Sie die Beinchen an den Knöcheln hoch und halten sie mit einer Hand fest. Mit der anderen Hand halten Sie das Thermometer etwa drei Minuten lang fest; lesen Sie dann die Temperatur ab.
Ein größeres Kind kann auf der Seite liegen, am besten mit angezogenen Knien. Auch hier sollten Sie das Thermometer während des Messens festhalten, damit das Kind es nicht herausdrückt oder sich gar verletzen kann.

Messung in der Achselhöhle

Beim Temperaturmessen in der Achselhöhle, das nur bei größeren Kindern in Frage kommt, muß darauf geachtet werden, daß das Thermometer etwa zehn Minuten lang dort bleibt und mit dem an den Körper gelegten Arm festgehalten wird.
Die Achselhöhle muß trocken sein, sonst gibt es zu niedrige Werte, die das Bild verfälschen können. Wischen Sie deshalb vor dem Messen sorgfältig den Schweiß ab.

Fiebersenken mit Bedacht
Viele Krankheiten im Kindesalter verlaufen mit erhöhten Temperaturen. Fieber ist eine Reaktion des Körpers auf Krankheitserreger und hilft dem Organismus, sich mit der Krankheit auseinanderzusetzen. Erst wenn das Allgemeinbefinden des Kindes erheblich gestört ist, sind fiebersenkende Maßnahmen angezeigt.

Der richtige Zeitpunkt zum Fiebermessen
Die besten Zeiten zur Temperaturmessung sind morgens nach dem Aufwachen und nachmittags etwa zwischen 15 und 17 Uhr bzw. wenn Sie den Eindruck haben, daß das Kind fiebert. Sie sollten die Temperatur des Kindes möglichst vor den Mahlzeiten messen. Unmittelbar nach einer Mahlzeit ist die Temperatur durch die angeregte Verdauung meist höher als normal. Deshalb sollten Sie auch erst mindestens zwei Stunden nach einer Mahlzeit die Temperatur messen. Die normale Körpertemperatur liegt zwischen 36,5 °C und 37,2 °C. Beachten Sie beim Fiebermessen, daß die Werte bei Messungen in der Achselhöhle um 0,5 °C bis 0,6 °C niedriger sind als die im After gemessenen. Außerdem ist die Körpertemperatur abends gewöhnlich etwas höher als morgens. Sie steigt ebenfalls, wenn das Kind sich tagsüber aufgeregt oder körperlich angestrengt hat. Lassen Sie Ihr Kind deshalb vor dem Fiebermessen eine Weile ausruhen.

Vorsicht!
Bei unklaren Bauchschmerzen, vor allem in der rechten Bauchseite, sollte im After und in der Achselhöhle gemessen werden. Ist die Temperatur im After mehr als 0,5 °C höher als in der Achselhöhle, besteht Verdacht auf Blinddarmentzündung!

Medikamente verabreichen

Medikamente stehen in verschiedenen Darreichungsformen zur Verfügung. Zum Einnehmen gibt es Tabletten, Filmtabletten, Dragees, Kapseln, Pulver, Saft oder Tropfen. Zum Auftragen auf die Haut stehen Salben, Cremes, Lotionen oder Mixturen zur Verfügung. In den Darm werden Zäpfchen oder Einläufe eingeführt, und Spritzen werden in Blutgefäße, in die Muskulatur oder unter die Haut verabreicht. Manche Medikamente, beispielsweise Augen-, Ohren- und Nasentropfen, dürfen nur äußerlich angewendet werden. Andere muß das Kind inhalieren (einatmen).

Sichere Aufbewahrung
Bewahren Sie die Medikamente immer außer Reichweite Ihres Kindes auf. Medikamente können, in falscher Dosierung genommen, zu Vergiftungen führen, die lebensbedrohlich werden können.

Die Vorschriften beachen
Richten Sie sich bei der Medikamentengabe immer genau nach den Vorschriften des Arztes bzw. nach den Angaben auf der Packungsbeilage. Wenn Sie unsicher sind, scheuen Sie sich nicht; fragen Sie lieber einmal zuviel nach als einmal zuwenig. Auch der Apotheker kann wertvolle Hinweise geben.
Geben Sie die verordneten Medikamente unbedingt so lange, wie der Arzt es vorschreibt. Auch wenn es Ihrem Kind schon besser geht, braucht es oft noch die Unterstützung durch das Medikament, damit es vollständig gesunden kann.

Kontrolle
Geben Sie Medikamente nicht in eine größere Menge Flüssigkeit ein. Auch der Nahrung sollten Sie möglichst keine Medikamente zusetzen. Trinkt das Kind seinen Saft oder Tee nicht aus oder ißt es den Brei nicht zu Ende, bekommt es die Arznei nur unvollständig.

Medikamente schlucken

Tabletten, Pulver, Tropfen oder Granulate können meist in einem Löffel Obstsaft, gesüßtem Wasser oder gesüßtem Tee aufgelöst werden. Manchmal ist es besser, das aufgelöste Medikament in ein kleines Glas zu geben, damit nicht so leicht etwas davon verschüttet wird. Anschließend geben Sie Ihrem Kind noch etwas Saft oder Tee zu trinken.
Bitter schmeckende Medikamente können unter einen Löffel gequetschte Bananen oder geriebene Äpfel gemischt werden.

Flüssige Medizin einnehmen

Geben Sie flüssige Medikamente möglichst weit hinten nahe dem Zungengrund auf die Zunge des Kindes.
Medikamente in Tropfenform sollten Sie nie direkt auf die Zunge des Kindes geben. Der Flaschenstöpsel könnte herausrutschen, oder Sie könnten sich bei der Dosierung der Tropfen verzählen, so daß das Kind eine zu große Menge des Medikaments erhält. Da einige Medikamente mit Metall reagieren, eignet sich zum Eingeben von Tropfen am besten ein Plastiklöffel.
Säfte werden vom Kind meistens ohne Schwierigkeit eingenommen.

Wichtig!
Wenn die Medikamenteneinnahme zu einem Kampf wird, Sie zu einer drastischen Prozedur greifen müssen, ist es ganz wichtig, daß Sie Ruhe und Geduld mit Ihrem Kind bewahren. Denken Sie daran, daß es schon durch die Krankheit verunsichert genug ist und die Einnahme des Medikaments nicht als Bestrafung erleben sollte.

Schwierige Fälle

Ist Ihr Kind auch mit Engelszungen nicht zu überreden, die verordneten Tropfen oder den Saft bzw. das aufgelöste Medikament einzunehmen, ist es hilfreich, wenn eine zweite Person zur Unterstützung anwesend ist.
Nehmen Sie Ihr Kind auf den Schoß. Fixieren Sie mit der einen Hand die Stirn des Kindes, und lehnen Sie seinen Kopf an Ihre Brust. Beugen Sie den Kopf des Kindes leicht nach hinten. Halten Sie mit der anderen Hand die Hände des Kindes fest.
Eine zweite Person führt nun den Löffel so an den Mund des Kindes, daß die Löffelspitze hinter die oberen Schneidezähne gelangt. Langsam wird dann der Löffelinhalt unter leichtem Kippen des Löffels in den Mund entleert, wobei der Löffel immer engen Kontakt mit der oberen Zahnreihe behalten muß. Anschließend geben Sie dem Kind Saft oder Tee zu trinken.

Zäpfchen einführen

Lösen Sie das Zäpfchen aus seiner Schutzhülle (Silberfolie oder durchsichtige Plastikhülle). Manche Zäpfchen müssen vor dem Einführen leicht angefeuchtet werden (siehe Packungsbeilage).
Führen Sie das Zäpfchen behutsam in den Darm ein – bei Babys, indem Sie in Rückenlage die Beinchen vorsichtig hochheben, bei größeren Kindern in der Seitenlage bei leicht angezogenen Beinen. Wenn das Kind beim Einführen preßt, geht es leichter.

Damit das Kind das Zäpfchen nicht herauspressen kann, sollten Sie es so weit einführen, daß Sie es nicht mehr vor dem Finger spüren. Sicherheitshalber pressen Sie nach dem Einführen des Zäpfchens das Gesäß des Kindes noch einige Minuten lang sanft zusammen.

Einreibungen

Salben, Mixturen und Cremes werden mit ganz leichtem Druck auf der Haut verteilt. Achten Sie unbedingt darauf, daß Sie vorher Ihre Hände gut gereinigt haben.

Injektionen (Spritzen)

Spritzen werden im allgemeinen vom Arzt oder einer medizinischen Fachkraft gegeben. Bei zuckerkranken Kindern wird der Arzt Sie genauestens in die Technik des Spritzens einweisen.

Inhalationen

Unter Inhalieren versteht man das Einatmen von Dämpfen, denen ein heilsames ätherisches Öl zugesetzt wurde.
Eine sehr gebräuchliche und empfehlenswerte Form der Inhalation ist das Dampfbad (beispielsweise mit Kamille oder Thymian). Dazu geben Sie eine Handvoll getrocknete Kräuter (aus der Apotheke) in eine Schüssel und übergießen sie mit kochendem Wasser.

Setzen Sie Ihr Kind vor diese Schüssel, und lassen Sie es die aufsteigenden Dämpfe – möglichst durch die Nase – einatmen. Wenn das Wasser abzukühlen beginnt und nicht mehr ganz so stark dampft, soll das Kind den Kopf über die Schüssel beugen. Dann decken Sie über Kind und Schüssel ein großes Frotteetuch.
Das Kind soll nun die Kräuterdämpfe tief einatmen. Während dieser Prozedur können Sie dem Kind etwas erzählen oder vorlesen.
Oft aber sind die Kinder sehr fasziniert von den Blüten oder Kräutern, die im Wasser herumschwimmen, und hängen ihren Gedanken nach.
Anschließend reiben Sie das Gesicht Ihres Kindes mit einem feuchtkühlen Tuch ab und trocknen es gut ab.

Augentropfen und Augensalbe

Setzen Sie Ihr Kind mit leicht nach hinten gelegtem Kopf auf einen Stuhl und lassen es zur Zimmerdecke schauen. Nun ziehen Sie die Wangenhaut an der äußeren Seite des Auges leicht nach unten.
Dadurch wird das Unterlid nach außen verzogen und die Spalte zwischen Unterlid und Augapfel geöffnet.
In diese Spalte träufeln Sie nun die Tropfen (Anzahl nach Anweisung des Arztes oder des Beipackzettels), ohne den Augapfel zu berühren.

Wichtig!

Besonders bei Antibiotika ist es wichtig, daß Ihr Kind sie so lange und in der Dosierung nimmt, wie es vom Arzt vorgeschrieben worden ist. Auch wenn es Ihrem Kind schon wieder gutgeht, ist das wichtig, damit es nicht zu einem Rückfall kommt.

Leichter inhalieren

Heute gibt es Inhalationsapparate, bei denen nur eine kleine Maske auf den Mund und die Nase des Kindes gesetzt wird. Diese Geräte sind leicht zu handhaben. Dennoch sollte Ihr Kind beim Inhalieren nicht alleine bleiben.

Das Verabreichen von Nasentropfen ist bei einem kleinen Kind manchmal eine wahre Tortur für Eltern und Kind. Versuchen Sie, ihm die Notwendigkeit dieser kleinen Unannehmlichkeit zu erklären.

Das Kind soll die Augen für kurze Zeit schließen, damit die Tropfen sich gleichmäßig verteilen können. Auf dieselbe Weise wird auch Augensalbe mit Hilfe eines feinen, der Salbenpackung beigelegten Glasstabs aufgetragen.

Ohrentropfen

Legen Sie das Kind in Seitenlage auf das gesunde Ohr. Dann ziehen Sie die Ohrmuschel des kranken Ohrs sanft nach hinten oben. Nun können Sie die Ohrentropfen leicht einträufeln.
Lassen Sie das Kind noch einige Minuten in dieser Position liegen, damit die Tropfen nicht wieder aus dem Ohr herauslaufen.

Wichtig!
Ein Dampfbad ist nur geeignet für größere Kinder, bei denen nicht die Gefahr besteht, daß sie die Schüssel umstoßen und sich möglicherweise mit dem heißen Wasser verbrühen. Dennoch sollten auch sie nicht unbeaufsichtigt bleiben!

Nasentropfen, Nasensalbe, Nasenspray

Nasentropfen

Lassen Sie das Kind zunächst die Nase durch Schneuzen reinigen, oder wischen Sie sie selbst aus. Nun legt das Kind den Kopf leicht zurück, so daß Sie die Nasentropfen einträufeln können. Das Kind sollte nun möglichst leicht die Luft hochziehen. Halten Sie sanft ein Taschentuch vor die Nase, damit die Tropfen nicht herauslaufen.

Nasensalbe

Bei der Anwendung von Nasensalbe wird die Tube mit einem Ansatzstück verlängert, das vorsichtig in die Nase eingeführt wird. Die Salbe wird durch dieses in die Nase gedrückt.

Nasenspray

Beim Gebrauch von Nasensprays muß der Kopf des Kindes gerade gehalten werden. Die eindrückbare Plastiksprayflasche wird aufrecht gehalten und wenige Millimeter in den Naseneingang eingeführt. Durch ein ein- bis zweimaliges Zusammendrücken des Fläschchens wird das Spray in die Nase gesprüht.

Neugeborene und Säuglinge dürfen keine öligen Nasentropfen erhalten, die in die Atemwege gelangen könnten. Geben Sie die Nasentropfen auf ein Wattestäbchen, und wischen Sie damit vorsichtig die Nase aus.

Genesungsphase

Wenn das akute Krankheitsstadium vorbei, das Fieber gesunken ist, werden die Kinder meistens rasch wieder munter und wollen aufstehen und spielen. Da sie in dieser Zeit der Rekonvaleszenz (Genesung) aber noch Schonung brauchen, sollten einige Regeln beachtet werden, damit es zu keinem Rückfall kommt.

- Am wichtigsten ist es, in der Zeit der Gesundung alles langsam angehen zu lassen. Um so schneller und sicherer kommt das Kind ohne Rückfall wieder zu Kräften.
- Halten Sie Ihr Kind noch einige Tage lang von Spielkameraden oder anderen Besuchern fern. Seine körperliche Abwehrkraft ist durch die Krankheit vermindert. Dadurch ist es beispielsweise infektanfälliger als in gesundem Zustand. Diese Abwehrschwäche tritt besonders nach Masern, anderen Viruserkrankungen und Lungenentzündungen auf.
- Steigern Sie die körperliche Belastung Ihres Kindes nur langsam und schrittweise. Das bedeutet, daß das Kind zunächst nur zu den Mahlzeiten aufstehen darf. Verträgt es das Aufsein ohne Beschwerden (Übelkeit, Kopfschmerzen, Mattheit), darf es täglich eine halbe Stunde bis eine ganze Stunde länger aufbleiben.
- In den ersten Tagen des Aufstehens nach einer überstandenen Krankheit sollte ausgelassenes Toben noch vermieden werden. Im Eifer des Spiels überschätzt das Kind leicht seine Kräfte. Dadurch kann es zu einem Rückfall kommen.
- Vor allem nach längerer Bettruhe muß der Aufenthalt im Freien vorsichtig dosiert werden. Lassen Sie Ihr Kind also anfangs nur zweimal täglich eine halbe Stunde lang hinausgehen, am nächsten Tag zweimal eine Stunde usw.
- Bei nebligem, feuchtem, stürmischem und drückend heißem Wetter bleibt das Kind zunächst besser in der Wohnung.
- Erst wenn das Kind wieder ganz hergestellt ist, darf es in den Kindergarten oder in die Schule gehen.
- Auch größere Kinder sollten in den ersten Tagen nach einer überstandenen Krankheit eine längere Mittagsruhe einhalten.

Langsam an Nahrung gewöhnen

Die meisten Kinder essen während einer Krankheit nichts oder nur sehr wenig. Wenn es ihnen bessergeht, kehrt auch der Hunger zurück. Geben Sie Ihrem Kind zunächst nur kleine Mahlzeiten, um seinen entwöhnten Magen nicht zu überfordern. Verträgt es diese eine Portion, können Sie ihm einige Zeit später wieder eine kleine Portion geben.

Bei Mumps bringt beispielsweise ein Wickel Linderung.

Begleitende Behandlung

Kurzinformation

- **Kompressen, Wickel, Waschungen gehören zu den bewährten Hausmitteln und stehen in einer langen Tradition**
- **Sie unterstützen die Maßnahmen des Arztes und haben meist eine sofortige lindernde Wirkung; sie können auch vorbeugend eingesetzt werden**

Wickel, Kompressen und Umschläge

Diese Anwendungen sind sowohl altbewährte Hausmittel als auch klassische Methoden der Naturmedizin. Sie sind schonend, dabei aber außerordentlich wirksam.

Kühle Kompressen

Anwendungsbereich

- Ekzeme oder andere Hautausschläge
- Prellungen, Verstauchungen, Blutergüsse

Anwendung

Feuchten Sie die Kompresse (Mullbinde, sauberes Taschentuch, sauberes Geschirrtuch) immer wieder mit Wasser oder mit einem Heiltee an. Achten Sie darauf, daß die behandelte Körperstelle nicht unterkühlt, indem Sie entweder eine mit einem Handtuch umwickelte Wärmflasche darauf legen oder eine Heizsonne zur Erwärmung verwenden.

Vorbereitung

Lesen Sie vor der Anwendung genau durch, wie Sie vorgehen müssen, und legen Sie alle benötigten Tücher, Essenzen usw. bereit, bevor Sie beginnen.

Spezielle Anwendungen

- Bei Verstauchungen und Prellungen, wie sie bei Kindern ja häufig vorkommen, wirken Kompressen mit Arnika besonders gut. Verdünnen Sie dafür Arnikaessenz (aus der Apotheke) im Verhältnis 1:9 mit Wasser. Wringen Sie ein großes, sauberes Tuch in dieser Lösung aus, und legen Sie es auf die verletzte Stelle. Am besten fixieren Sie das Tuch mit einer Mull- oder Elastikbinde.
- Sie können auch Auflagen mit Arnikasalbe (ebenfalls aus der Apotheke) anwenden. Dazu streichen Sie die Salbe etwa 1 mm dick auf ein sauberes Tuch, legen dieses auf die verletzte Stelle und umwickeln das Ganze mit einer Mullbinde.
- Bei nässenden Wunden und Schürfwunden verwenden Sie Kompressen mit Calendulaessenz (aus der Apotheke). Verdünnen Sie die Essenz im Verhältnis 1:9 mit kaltem Wasser. Wringen Sie ein saube-

res Geschirrtuch darin aus. Das Tuch sollte frisch gebügelt sein, damit es möglichst keimfrei ist. Legen Sie dieses sehr glatt und faltenfrei auf die betroffene Stelle.
Umwickeln Sie die Kompresse mit einem Frottee- oder Wolltuch. Gießen Sie mit einem Löffel oder einem Kännchen immer wieder etwas von der verdünnten Essenz in den Wickel, so daß das Innentuch immer feucht bleibt. Wechseln Sie die Kompresse stündlich. Nach einigen Stunden dieser Behandlung lassen Sie die Wunde dann an der Luft trocknen.
Mit dieser Kompresse lassen sich übrigens auch verklebte Verbände schmerzfrei lösen.

Heiße Kompressen

Anwendungsbereich

- Lösung schmerzhafter Verkrampfungen, beispielsweise Koliken
- Bronchitis
- Rippenfellentzündung
- Gelenkentzündung
- Pseudokrupp
- Keuchhusten
- Asthma

In allen Fällen können heiße Kompressen begleitend zur ärztlichen Therapie zur Erleichterung der Beschwerden führen.

Anwendung

Wringen Sie ein zusammengefaltetes Handtuch in heißem Wasser aus. Schlagen Sie das Handtuch in ein Frotteetuch ein, und legen Sie es auf die schmerzende Stelle. Das Ganze decken Sie mit einem Wolltuch ab. Die Kompresse sollte nicht länger als etwa 20 Minuten liegen bleiben, weil sie danach abkühlt und unwirksam wird.
Bei Bedarf kann diese Behandlung mehrmals täglich wiederholt werden.
Vorsicht: Das Handtuch darf nicht triefend naß sein, sonst kommt es zu Verbrühungen!

Spezielle Anwendungen

Gegen feuchte Ekzeme machen Sie Umschläge mit einem Tee aus Ackerstiefmütterchen (aus der Apotheke). Dazu übergießen Sie 2 TL Stiefmütterchen mit 1/2 l kochendem Wasser. Den Aufguß lassen Sie einige Minuten ziehen, gießen ihn aber nicht ab, da die überbrühten Kräuter ebenfalls Heilkraft haben. Mit dieser Flüssigkeit tränken Sie ein Tuch, das Sie noch warm auf die betroffene Stelle legen und mit einem Frottee- oder Wolltuch abdecken. Sie können diesen Umschlag mehrmals täglich anwenden.

Vielseitig

Teebaumöl wirkt gut gegen Haut- und Atemwegserkrankungen. Geben Sie einige Tropfen auf die Kompresse, um eine entsprechende Wirkung zu erzielen.

Unser Tip

Psychologisch wichtig

Anwendungen wie Wickel, Umschläge oder Massagen tun nicht nur dem Körper des Kindes gut, sondern auch seiner Seele.

In jedem Haushalt lassen sich zwei vielseitig verwendbare Lebensmittel finden: Zwiebeln und Kartoffeln. Beide eignen sich hervorragend zum Einsatz bei Wickeln, aber auch ihr Saft bietet heilende Kräfte. Die Arnika ist eine Heilpflanze, die ebenfalls sehr vielseitig ist: als Essenz, homöopathische Verdünnung oder Tinktur.

Bauchkompressen

Vorsicht!
Bauchkompressen dürfen auf keinen Fall angewendet werden, wenn der Verdacht auf eine Blinddarmentzündung besteht!

Anwendungsbereich

- Bauchschmerzen
- Erbrechen
- Schlafstörungen

Anwendung

Bestreichen Sie ein Tuch mit Cuprum-metallicum-Salbe (aus der Apotheke), und legen Sie es auf den Unterbauch (bei Bauchschmerzen) oder auf den Magen (bei Erbrechen). Befestigen Sie das Salbentuch mit einem Wolltuch. Die Kompresse kann einige Stunden oder auch über Nacht liegen bleiben.
Das Salbentuch kann einige Male verwendet werden, indem Sie vor der nächsten Verwendung wieder etwas Salbe daraufstreichen.

Spezielle Anwendungen
Bei Darmkrämpfen empfiehlt sich die Auflage eines Heublumensäckchens. Dieses bekommen Sie in der Apotheke oder im Reformhaus. Übergießen Sie das Säckchen mit 1/2 l kochendem Wasser, und lassen Sie es 10 Minuten lang zugedeckt im Wasser liegen.
Danach pressen Sie den Sack gut aus (beispielsweise zwischen zwei Frühstücksbrettchen).
Wickeln Sie nun das Heublumensäckchen in ein Frotteetuch ein, und legen Sie es auf den Bauch des Kindes. Danach gut mit einem großen Handtuch oder Wolltuch umwickeln, damit es nicht verrutscht. Lassen Sie das Heublumensäckchen etwa eine Stunde lang liegen.

Breiumschläge

Anwendungsbereich
- Zur örtlichen Erwärmung
- Zur Anregung der Durcblutung
- Bei entzündlichen Erkrankungen
- Bei Mumps
- Bei Halsschmerzen

Hinweis
Für einen Breiumschlag eignen sich: Kartoffelbrei, Leinsamenbrei, Haferbrei.

Anwendung
Streichen Sie den warmen Brei etwa 2 cm dick auf ein sauberes Geschirrtuch, und schlagen Sie ihn gut ein.
Fetten Sie die kranke Hautpartie mit einer Creme ein, und legen Sie ein dünnes Flanelltuch darüber, damit es nicht zu Verbrennungen kommen kann. Nun legen Sie den warmen Breiumschlag auf. Umwickeln Sie diesen mit einem Handtuch oder einem Schal.
Der Breiumschlag behält lange seine wohltuende Wärme und sollte erst nach etwa 2 Stunden abgenommen werden.

Wickel

Allgemeines
Wickel sind wirksame entzündungshemmende und fiebersenkende Maßnahmen. Sie beruhigen ein fieberndes und unruhiges Kind und helfen außerdem, den Einsatz von Medikamenten hinauszuzögern oder gänzlich zu vermeiden.
- Vor Anlegen eines Wickels sollte das Kind die Blase entleeren, damit es in Ruhe den Wickel auf sich einwirken lassen kann und nicht zwischendurch aufstehen muß.
- Sie sollten während des Wickels in Rufweite des Kindes bleiben.
- Schläft das Kind während des Wickels ein, kann der Wickel ruhig mehrere Stunden lang liegen bleiben.
- Auch wenn das Kind fieberfrei ist, sollte es nach Abnahme eines Wickels noch eine Stunde im Bett bleiben.

Wichtig!
Bevor Sie den ersten Wadenwickel anlegen, müssen die Beine Ihres Kindes heiß sein, und das Kind darf nicht frieren oder frösteln – sonst besteht die Gefahr eines Kreislaufkollapses.

Wichtig!
Bleiben Sie während der gesamten Badezeit bei Ihrem Kind. So können Sie sofort eingreifen, falls es sich unbehaglich fühlt. Während der Badezeit sollten Sie Ihrem Kind eine Geschichte erzählen oder vorlesen. Sie können ihm auch etwas vorsingen oder seine Lieblingskassette mit Musik oder einem Hörspiel ablaufen lassen. Ihr Kind soll das Bad als etwas Angenehmes empfinden.

Kamillensitzbad
Bei Windelausschlag, Ekzemen oder Entzündungen im Pobereich eignen sich Kamillensitzbäder zur Behandlung. Lösen Sie dazu 1 EL Kamillenlösung (aus der Apotheke) in 1 bis 2 l warmem Wasser auf. Setzen Sie Ihr Kind für 10 bis 15 Minuten in diese Lösung.

Nach dem Bad

Das Bad sollte etwa 30 Minuten lang dauern. Nach dem Bad nehmen Sie Ihr Kind vorsichtig aus der Wanne (es wird wahrscheinlich ziemlich erschöpft sein), hüllen Sie es in ein vorgewärmtes Badelaken und legen Sie es dann in das mit einer Wärmflasche vorgewärmte Bett.
Es kommt nun meistens zu einem Nachschwitzen, bei dem Ihr Kind wahrscheinlich ebenfalls durstig sein wird. Sorgen Sie auch jetzt für reichliche Flüssigkeitszufuhr.

Häufigkeit der Anwendung

Bei akuten Erkrankungen können Sie das Überwärmungsbad täglich wiederholen. Bei chronischen Krankheiten reicht ein Bad alle 2 bis 3 Tage aus.

Kalte Armbäder

Anwendungsbereich

- Bei nervösen Herzbeschwerden
- Bei Kreislaufschwäche

Anwendung

Füllen Sie ein Waschbecken oder eine breite, tiefe Schüssel mit kaltem Wasser. Lassen Sie das Kind beide Arme gleichzeitig bis zu den Achseln in das Wasser tauchen und sofort wieder herausziehen.
Das kalte Armbad sollte höchstens 30 Sekunden lang dauern. Anschließend die Arme gut abtrocknen. Ein Armbad führt im ersten Moment zu einem Kälteschmerz mit anschließender wohltuender Erwärmung.

Warme Armbäder

Anwendungsbereich

- Bei Verkrampfungen
- Bei Schmerzen
- Bei Herz- und Kreislaufbeschwerden
- Bei Lymphschwellungen
- Bei Rheuma
- Bei Wunden
- Bei Geschwüren

Anwendung

Das Armbad muß Körpertemperatur haben, also ungefähr zwischen 36 ° und 38 °C warm sein. Das Kind sollte die Arme etwa 10 bis 20 Minuten im warmen Wasser lassen.
Beenden Sie das Bad mit einem kalten Wasserguß über die Arme, und trocknen Sie diese anschließend gut ab.

Anwendung ansteigender Armbäder
Ein ansteigendes Armbad empfiehlt sich vor allem bei rheumatischen Beschwerden, Lymphschwellungen, Wunden und Geschwüren an den Armen. Dazu beginnen Sie mit einer Wassertemperatur von 35 °C, die Sie durch Zugießen von heißem Wasser allmählich auf 39 ° bis 41 °C erhöhen. Achten Sie beim Zugießen des heißen Wassers darauf, daß Sie nicht die Arme des Kindes verbrühen!
Ein ansteigendes Armbad sollte zwischen 10 und 20 Minuten dauern. Beenden Sie es mit einem kalten Wasserguß über die Arme, die Sie anschließend gut abtrocknen.

Ansteigendes Fußbad

Ansteigende Fußbäder werden von den Kindern meistens als sehr angenehm empfunden.

Anwendungsbereich
- Als Vorbeugung gegen Erkältungen (z. B. wenn Ihr Kind nasse oder kalte Füße bekommen hat)
- Bei Erkältungskrankheiten
- Bei starkem Schnupfen oder verstopfter Nase
- Bei chronischen Erkrankungen der oberen Luftwege
- Bei akutem Asthmaanfall

Anwendung
Füllen Sie eine möglichst hohe Schüssel (oder einen Eimer, in dem aber die Füße gut Platz haben) mit angenehm warmem Wasser. Steigern Sie nun die Temperatur des Fußbades langsam durch Zugießen von heißem Wasser.
Achten Sie dabei aber darauf, daß Sie nicht die Füße Ihres Kindes verbrühen! Das Fußbad sollte etwa 10 Minuten lang andauern. Nach dem Bad trocknen Sie Beine und Füße des Kindes gut ab und ziehen ihm Wollsocken an.

Zusätze
Um die Wirkung zu intensivieren, können Sie dem Fußbad auch 2 EL Senfmehl oder Eukalyptusöl (aus der Apotheke oder dem Reformhaus) zusetzen.

Wechselfußbäder

Wechselfußbäder wirken wegen des raschen Kalt-Warm-Reizes durchblutungsfördernd und abhärtend.

Anwendungsbereich
- Bei Blasen- und Nierenleiden (allerdings nur nach Absprache mit dem Arzt)

Heilend und desinifzierend
Das Öl des australischen Teebaums eignet sich gut als Zusatz zu Arm- und Fußbädern. Es heilt Fußpilz und Nagelbettentzündungen und ist ein wirksames Deodorant gegen Schweißfüße.

Ablenkend
Bringen Sie diese Behandlung Ihrem Kind spielerisch nahe, indem Sie ihm etwa eine begleitende Geschichte erzählen. So wird es die ganze Prozedur nicht nur geduldig überstehen, sondern sie auch als angenehme Abwechslung erleben.

Langsam beginnen
Wenn Ihr Kind auf die Ganzkörperwaschung mit kaltem Wasser ängstlich oder ablehnend reagiert, können Sie zunächst auch mit Teilwaschungen der Arme und Beine beginnen. Wenn Ihr Kind sich daran gewöhnt hat, empfindet es die Waschungen in den meisten Fällen als sehr angenehm.

Wichtig!
Bei Säuglingen und kleinen Kindern sollten Sie statt kaltem lieber lauwarmes Wasser verwenden. Ein frierendes Kind sollte nicht mit kaltem Wasser behandelt werden. Auch auf kalte Haut sollten Sie kein kaltes Wasser bringen. Empfindet das Kind eine Anwendung mit kaltem Wasser als unangenehm, sollten Sie diese nicht wiederholen.

Anwendung

Sie benötigen 2 Eimer, tiefe Schüsseln oder kleine Wannen. Eine wird mit kaltem, die andere mit körperwarmem Wasser gefüllt. Zunächst stellt sich Ihr Kind für etwa 5 Minuten in das warme Fußbad. Dann wechselt es für 10 bis 20 Sekunden in das kalte Fußbad über. Anschließend geht es erneut für 5 Minuten ins warme Wasser zurück. (Achten Sie darauf, daß das Wasser warm bleibt, indem Sie immer wieder heißes Wasser zufügen.)
Der Wechsel kann 2- bis 3mal wiederholt werden. Abgeschlossen wird die Anwendung mit einem kurzen kalten Fußbad.

Waschungen

Waschungen gehören zu den angenehmsten und doch sehr wirkungsvollen Anwendungen der Naturheilkunde. Die Waschung leitet das Blut von den inneren Organen in die Haut, belebt Stoffwechsel und Blutkreislauf und hebt das allgemeine Wohlbefinden. Sie strengt den kleinen Patienten kaum an und bringt meistens sofort eine große Entlastung.

Anwendungsbereich

- Bei Einschlafstörungen
- Bei schlechtem körperlichem Gedeihen
- Bei ständig wiederkehrenden Erkältungen
- Bei fiebrigen Erkrankungen

Anwendung

Wringen Sie ein Frotteetuch in kaltem Wasser aus. Reiben Sie damit – immer zum Herzen hin – Füße und Beine, Hände und Arme, zuletzt Brust, Bauch und Rücken des Kindes rasch ab. Die Waschung sollte nur wenige Sekunden dauern, damit das Kind nicht auskühlt. Achten Sie deshalb auch darauf, daß der Raum, in dem Sie das Kind abwaschen, angenehm warm ist. Nach der Waschung ziehen Sie Ihrem Kind, ohne es vorher abzutrocknen, den Schlafanzug an und bringen es ins warme Bett.
Meist schlafen Kinder nach dieser Anwendung rasch und tief ein; deshalb ist es am besten, wenn Sie diese Waschungen am Abend vor dem Zubettgehen durchführen.

Einlauf

Anwendungsbereich

- Bei hohem bis sehr hohem Fieber (das Fieber kann um über 1 °C gesenkt werden)
- Bei Erbrechen
- Bei Durchfall
- Bei allgemeinem Unwohlsein

Anwendung

Füllen Sie ein Gummiklistier oder einen Irrigator (beides in der Apotheke erhältlich) mit lauwarmem Wasser, besser noch mit lauwarmem Kamillentee.
Für Säuglinge benötigen Sie 70 bis 100 ccm, für Kleinkinder bis 250 ccm. Bei größeren Kindern benötigen Sie deutlich mehr Flüssigkeit, nämlich bis zu 500 ccm.

Das richtige Gerät
Für Babys verwenden Sie ein Gummiklistier, für größere Kinder einen Irrigator.

Den Irrigator einführen

Fetten Sie die Spitze des Klistierballs oder Irrigators mit etwas Babycreme oder -öl ein, damit sie besser und schmerzloser in den After gleitet. Beim Säugling halten Sie in Rückenlage die Füßchen hoch, führen das Klistier sehr vorsichtig in den After ein und entleeren es mit einem kräftigen Druck.

Größere Kinder sollten mit leicht angezogenen Beinen auf der Seite liegen; in dieser Körperhaltung ist der Schließmuskel am ehesten entspannt. Öffnen Sie nun den Hahn des Irrigators, und lassen Sie etwa 1/3 der Flüssigkeit in den Darm einlaufen, damit zunächst der im Schlußteil des Darms angesammelte Kot aufweichen kann. Nach etwa 2 bis 3 Minuten entleeren Sie den Rest des Wassers bzw. des Kamillentees in den Darm des Kindes.

Nur Mut!
Besonders für Eltern, die ihrem Kind zum erstenmal einen Einlauf machen, ist dies eine ziemlich aufregende Erfahrung. Aber Sie können sicher sein: Es funktioniert auf jeden Fall – und Ihrem Kind wird es danach bessergehen. Beim nächstenmal werden Sie die Technik schon sehr viel besser beherrschen!

Einwirken lassen

Häufig empfindet das Kind schon während der Behandlung einen plötzlichen Stuhldrang. Dieser geht aber meist schnell vorüber, ohne daß ihm nachgegeben werden muß. Während der Einlauf einwirkt, sollten Sie die Pobacken des Kindes sanft zusammenhalten, damit die Flüssigkeit nicht sofort wieder ausläuft. Wenn möglich, sollte sich das Kind während dieser Zeit auch einmal auf die andere Seite legen, damit die Einlaufflüssigkeit den ganzen Darm gut durchspülen kann.
Nach etwa 10 bis 15 Minuten kommt es dann zu der erleichternden Darmentleerung, der nach weiteren 20 Minuten noch eine Nachleerung folgen kann.
Danach wird das Kind meistens gut und tief einschlafen.

Wichtig während dieser ganzen Anwendung ist, daß Sie dem Kind, dem diese Prozedur durchaus unangenehm sein kann, ruhig und sachlich klarmachen, was Sie gerade tun und warum es wichtig ist. Wenn möglich, sollte eine zweite Person den Vorgang unterstützen. Immerhin sind ja das »Gerät« zu bedienen, die Beine bzw. der gesamte Körper des Kindes in die richtige Lage zu bringen und dem Kind gut zuzureden – eine Aufgabenansammlung, mit der eine Person leicht überfordert ist.

Erklären Sie Ihrem Kind am besten schon vor dem Arztbesuch, was er eventuell für Untersuchungen machen wird. Sie können Abhorchen, Mund- und Ohrenuntersuchungen schon zu Hause mit Ihrem Kind durchspielen, z. B. mit einer Puppe. Das nimmt die Angst.

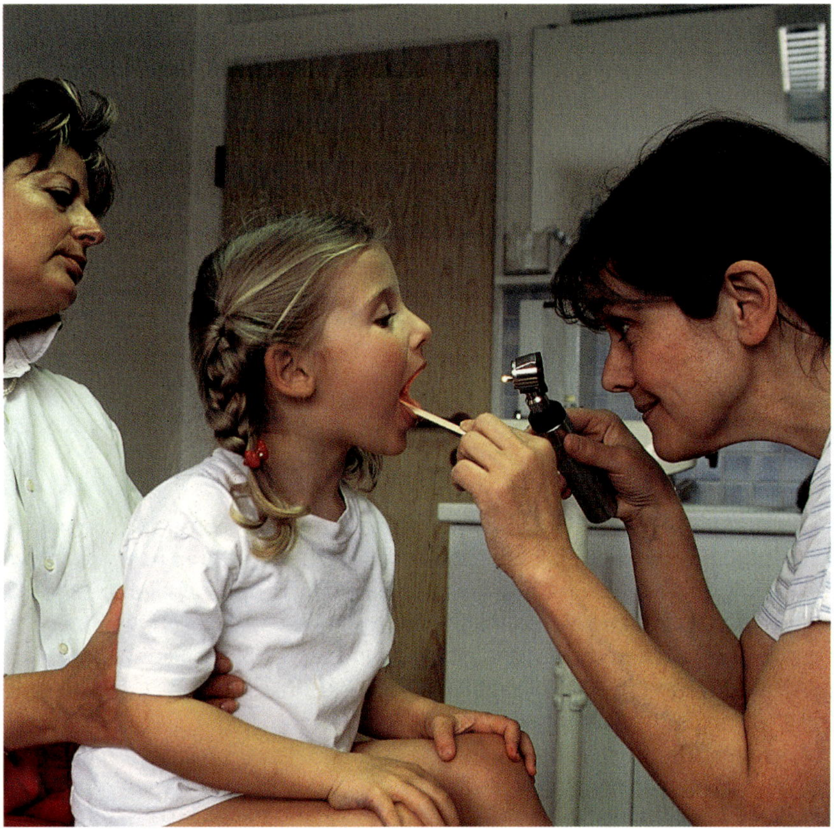

Unterlagen, die der Arzt benötigt

- Das Untersuchungsheft, in dem bis zum vierten Lebensjahr alle Untersuchungstermine und -ergebnisse der Vorsorgeuntersuchungen eingetragen sind
- Bei kleineren Kindern Ihren Mutterpaß
- Falls vorhanden: Impfpaß, Allergiepaß, Brillenpaß des Kindes

Notieren Sie auch die Erkrankungen (mit Datum und Behandlungsweise) Ihres Kindes, und legen Sie diese Notizen ins Untersuchungsheft. Überstandene Krankheiten können bei späteren Untersuchungen große Bedeutung für die Diagnose des Arztes haben!

Für das Krankenhaus einpacken

Genügend Schlafanzüge oder Nachthemden, Zahnbürste, Zahnpasta, Kamm oder Bürste, Waschlappen, Seife, Hautcreme, Schlaf- oder Schmusetier, Schnuller, Bücher, Bilderbücher, eventuell Familienfotos.

Ihr Kind muß ins Krankenhaus

Natürlich ist ein Krankenhausaufenthalt für ein krankes Kind eine Art »Ausnahmezustand«. Kinder bis zum Schulalter sollte man daher wirklich nur in Notfällen dorthin schicken. Aber der behandelnde Arzt wird seine Entscheidung für die Einweisung ins Krankenhaus nicht leichtfertig treffen, sondern immer das Wohl Ihres Kindes im Auge haben.

Positive Einstellung der Eltern
Wenn Ihr Kind spürt, daß auch Sie glauben, daß ein Krankenhausaufenthalt für seine Gesundung das beste ist, wird es mehr Vertrauen in die Maßnahmen der Ärzte und Schwestern haben. Trotzdem ist ein Krankenhausaufenthalt nicht leicht für das Kind und kann in manchen Fällen auch seelische Probleme nach sich ziehen.
Aber in den meisten Fällen machen sich die Eltern mehr Sorgen als die Kinder. Für die Kinder ist das Zusammensein mit anderen Kindern, die ebenfalls krank sind und versorgt werden müssen, auch eine sehr positive Erfahrung.

Dem Kind die Angst nehmen
Auf jeden Fall sollten Sie Ihr Kind selbst ins Krankenhaus bringen. Erklären Sie ihm vorher, daß es bald wieder heimkommen wird, und sagen Sie ihm, daß Sie es sehr lieb haben.
Auf keinen Fall darf Ihr Kind den Krankenhausaufenthalt als eine Art Bestrafung empfinden!

So oft wie möglich beim Kind sein
Auch bei der Aufnahmeuntersuchung sollten Sie unbedingt bei Ihrem Kind sein. Wenn irgend möglich, sollten Sie Ihr Kind im Krankenhaus selbst ins Bett bringen und auch bei der ersten Mahlzeit dabeisein.

Gemeinsam Ärzte und Schwestern kennenlernen
Als Eltern sollten Sie auch die Kontakte zwischen dem Kind und dem Arzt sowie den Schwestern vermitteln.
Spürt das Kind, daß die Eltern und die Krankenschwestern sich gut verstehen, wird es viel leichter Zutrauen zu ihnen fassen.
Machen Sie die Krankenschwestern auf eventuelle Besonderheiten aufmerksam – etwa, daß Ihr Kind nur mit seinem Schmusetier einschlafen kann, daß es einen besonderen Kosenamen hat, daß es bestimmte Dinge nicht essen mag usw.
So erleichtern Sie sowohl Ihrem Kind als auch dem Krankenhauspersonal die Situation.

Trösten und ermutigen
Machen Sie Ihrem Kind keine Versprechungen, die nicht einzuhalten sind – etwa: »Es wird bestimmt nicht weh tun« (viele notwendige Maßnahmen sind nun einmal mit Schmerzen verbunden), oder: »Morgen darfst du wieder nach Hause«, wenn das Kind länger im Krankenhaus bleiben muß. Reden Sie offen mit ihm, aber machen Sie ihm Mut; unterstreichen Sie immer wieder, daß sowohl Sie selbst als auch Ärzte und Krankenschwestern alles tun, um das Kind so schnell wie möglich wieder gesund zu machen.

Wieder daheim
Wenn Ihr Kind schließlich nach Hause darf, muß es sich erst wieder an den heimischen Tagesablauf gewöhnen; sein Schlaf- und Eßrhythmus haben sich im Krankenhaus vielleicht verändert und müssen sich erst wieder einpendeln.
Haben Sie Geduld!

Über die Krankheit sprechen

Gespräche mit Ärzten oder Krankenschwestern über den Gesundheitszustand des Kindes sollten nicht in Gegenwart des Kindes stattfinden. Viele Dinge versteht das Kind dabei nicht – oder es versteht sie falsch und wird dadurch nur noch zusätzlich geängstigt. Erklären Sie Ihrem Kind hinterher in einfachen Worten, was der Arzt gesagt hat und was als nächstes gemacht wird.

Erholung

Wenn Sie sich mit Ihrem Kind ins Krankenhaus einweisen lassen, sorgen Sie dafür, daß Sie täglich wenigstens für eine oder zwei Stunden abgelöst werden können, damit Sie etwas entspannen können und wieder zu sich selbst kommen.

Vertraute Gegenstände mitnehmen

Trotz der Aufregung, die eine Krankenhauseinweisung auch für Sie als Eltern mit sich bringt, sollten Sie nicht vergessen, Ihrem Kind sein Lieblingsspielzeug, sein Lieblingsbuch und das Schlaf- und Schmusetier mitzugeben.
Wenn möglich, sollte das Kind auch seine eigene gewohnte Kleidung, seinen Zahnputzbecher und seine eigenen Hausschuhe mitbekommen. All das macht ihm die beängstigende Fremde des Krankenhauses vertrauter. Wenn es sich bei der Krankenhauseinweisung nicht um einen Notfall handelt, lassen Sie das Kind mit entscheiden, welche Dinge eingepackt werden sollen.

Gemeinsamer Krankenhausaufenthalt

Kinder sind meistens zutiefst verunsichert durch die Trennung von ihren Eltern – zumal wenn sie von einer Krankheit oder von einem Unfall betroffen sind. Deshalb reagieren sie auch auf die medizinischen Maßnahmen nicht immer so positiv wie erwünscht. Viele Krankenhäuser haben daraus inzwischen die Konsequenz gezogen, daß ein Elternteil des Kindes mit aufgenommen wird.

Gut für Körper und Psyche

Wenn es also möglich ist, daß ein Elternteil mit in das Krankenhaus aufgenommen wird, sind dadurch nicht nur bessere Voraussetzungen für eine schnellere Gesundung gegeben, sondern auch die Gefahr psychischer Störungen wird gemindert.
Bei Kindern unter fünf Jahren ist die Mitaufnahme eines Elternteils – solange es die räumlichen Gegebenheiten der Klinik erlauben – meistens kein Problem, in vielen Fällen sogar erwünscht. Wenn Sie bei Ihrem Kind sind, sollten Sie so viele Dinge wie möglich selbst tun. Waschen, Füttern, Umziehen – all das ist für das Kind vertrauter, wenn Sie es machen, anstatt es einer Schwester zu überlassen.

Hinweis

Eine Hausapotheke sollte außerhalb der Reichweite von Kindern hängen und unbedingt verschließbar sein. Lassen Sie den Schlüssel nicht stecken, damit Ihr Kind nicht an Medikamente etc. herankommt.

So oft wie möglich besuchen

Wenn eine Aufnahme zusammen mit dem Kind nicht möglich ist, sollten Sie darauf achten, daß Sie Ihr Kind so häufig wie möglich besuchen können – und zwar nicht nur innerhalb der normalerweise geltenden Besuchsregelung. Meistens stößt dies auf keine Probleme, da auch das Klinikpersonal daran interessiert ist, den Krankenhausaufenthalt für das Kind so angenehm wie möglich zu gestalten, um damit seinen Gesundungsprozeß zu unterstützen.

Nicht überfordern
Wenn der Arzt es erlaubt, dürfen auch Geschwister oder Verwandte das Kind besuchen. Das bringt Ihrem Kind Abwechslung, ist aber auch anstrengend. Deshalb sollten Sie Besuche absprechen, damit nicht alle auf einmal kommen, und das Kind hinterher völlig fertig ist. Süßigkeiten sollten als Mitbringsel vermieden werden – besser sind frisches Obst oder Obstsäfte (wenn der Arzt nichts Gegenteiliges anordnet). Auch Bilderbücher oder Malbücher eignen sich als kleine Geschenke.

Vorbereitende Maßnahmen
Drohen Sie Ihrem Kind nie mit dem Krankenhaus, sondern versuchen Sie immer, ihm die positive Seite eines Krankenhausaufenthalts klarzumachen.
Nehmen Sie Ihr Kind mit, wenn Sie einen Krankenhausbesuch machen. Zeigen Sie ihm, daß hier den Menschen geholfen wird, wieder gesund zu werden.
Schenken Sie Ihrem Kind einen Spielzeugarztkoffer. So kann es sich selbst spielerisch – mit seinen Puppen und Teddys oder mit Spielgefährten – an Krankheitssituationen gewöhnen, die im Krankenhaus behandelt werden müssen.

Bis der Arzt erreichbar ist – die Hausapotheke

In jedem Haushalt sollte sich eine kleine Hausapotheke befinden, damit im Bedarfsfall die wichtigsten Mittel griffbereit sind. Ordnen Sie Ihre Hausapotheke übersichtlich, und entsorgen Sie regelmäßig abgelaufene oder unkenntliche Präparate.
Salben und Tropfenlösungen trocknen durch Wärme ein. Bringen Sie Ihre Hausapotheke deshalb nicht über Heizung oder Ofen an.

Die übersichtliche Hausapotheke
- Medikamente ohne Aufschrift, angebrochene Tropfenlösungen sowie Medikamente mit verfallenem Wirkungsdatum sollten regelmäßig aussortiert und zur Entsorgung in die Apotheke gebracht werden. Werfen Sie niemals Medikamente in die Toilette oder in den Mülleimer!
- An der Innenseite der Hausapotheke sollte ein Zettel mit der Telefonnummer des Hausarztes und den Rufnummern des Unfall- und Rettungsdienstes angebracht sein. Ebenfalls sinnvoll ist es, die Nummer der Giftnotrufzentrale zu notieren. Sie können diese Nummern außerdem auch direkt neben Ihrem Telefon anbringen!

Inhalt der Hausapotheke

Instrumente:
Fieberthermometer, feine Pinzette, Verbandschere, Klistierball und/oder Irrigator, Sicherheitsnadeln.

Verbandsmaterial:
Päckchen sterile Mulltupfer, Heftpflaster in verschiedenen Breiten, Leukoplast, Desinfektionsmittel, Jodtinktur bzw. jodfreie Hautdesinfektionslösung, Mullbinden, elastische Binden, Franzbranntwein, Brandsalbe.

Medikamente:
Fieberzäpfchen für Säuglinge und Kleinkinder, Nasentropfen, Ohrentropfen, Augentropfen, Wundpuder, Einreibmittel gegen Erkältung, Salbe (oder Teebaumöl) gegen Insektenstiche, Arnikaessenz.

Tees:
Fencheltee, Kamillentee, Pfefferminztee.

Die Natur hat uns eine geradezu unerschöpfliche Palette an Heilpflanzen und -kräutern beschert. Das Sammeln, Zubereiten und Anwenden erfordert aber genaues Wissen.

Wichtig!

Heilpflanzen selbst zu sammeln, erfordert großes Wissen. Es ist nicht nur wichtig, die Pflanzen zu kennen und zu wissen, welche Teile eine heilende Wirkung haben, Sie müssen auch auf die richtige Behandlung und Konservierung achten. Auch ist die Konzentration der heilenden Substanzen Schwankungen unterworfen, je nachdem, zu welcher Jahreszeit Sie die Pflanzen gesammelt haben.

Unproblematische Anwendungen

Aber auch Sie selbst können die heilende Wirkung der Pflanzen bei der Behandlung oder zur Begleitung einer medizinischen Therapie Ihres Kindes einsetzen. Heiltees, Kompressen und Bäder sind einige der Anwendungsgebiete dieser sanften Medizin.

Der richtige Umgang mit Kräutern

Getrocknete Heilkräuter erhalten Sie in der Apotheke und in vielen Reformhäusern. Auch fertige Kräuteröle, -tinkturen und -essenzen gibt es dort. Meist steht eine Gebrauchsanleitung auf der Packung; ansonsten halten Sie sich genau an die in diesem Buch angegebenen Rezepte.

Heilpflanzen selbst sammeln

Sie können Heilpflanzen aber auch selbst sammeln – entweder im Garten oder in der freien Natur. Am »ergiebigsten« ist der Monat Juni, weil gerade dann eine Vielzahl von Kräutern grünt und blüht, die auch der Laie leicht erkennen kann.

Vielseitig einsetzbar und leicht zu erkennen sind Ackerschachtelhalm, Brennesseln, Brombeerblätter, Holunderblüten, Lindenblüten, Schafgarbe, Wegerich und Kamille.

Die richtige Tageszeit

Zum Kräutersammeln ist am besten ein warmer, sonniger Tag geeignet.

- Blüten werden am späten Morgen geerntet, wenn der Tau abgetrocknet ist.
- Blätter und ganze Pflanzen suchen Sie am besten um die Mittagszeit. Dann ist der jeweilige Wirkstoff am höchsten.
- Meiden Sie frisch gedüngte Wiesen, Äcker, die mit Pflanzenschutzmitteln gespritzt wurden, Straßenränder und verschmutzte Bahndämme. Kräuter von dort schaden mehr, als daß sie heilen.
- Zarte Blüten und Blätter werden abgezupft, derbere können Sie mit der Schere abschneiden.
- Sammeln Sie nur saubere Kräuter, denn Kräuter dürfen auf keinen Fall gewaschen werden.
- Bewahren Sie die Kräuter zum Transport nicht in Plastiktüten auf, sondern legen Sie sie locker in einen Korb oder einen Leinenbeutel.
- Manche Kräuter – beispielsweise Thymian und Pfefferminze – können Sie auch selbst anbauen. Sie können sie als Topfpflanzen im Gemüseladen oder auf dem Wochenmarkt kaufen. Beim Gärtner und im Lebensmittelgeschäft gibt es viele Kräuter auch als Sämereien. Saatanleitung und Hinweise zur Kultivierung finden Sie auf den Samentütchen.
- Viele Kräuter entfalten erst durch Trocknung ihre ganze Wirksamkeit – so z.B. die Kamille, die ihren Wirkstoff Azulen erst beim Trocknen entwickelt. Legen Sie Blüten und Blätter locker auf Zeitungspapier aus, und wenden Sie sie alle paar Tage. Ganze Pflanzen können Sie auch in Büscheln aufhängen.
- Wählen Sie zum Trocknen der Kräuter einen luftigen, schattigen Platz. Feuchtigkeit oder Nässe schaden den Kräutern ebenso wie direkte Sonneneinstrahlung. Es ist also durchaus nicht richtig, Kräuter zum Trocknen in die Sonne oder an den Ofen zu legen – die Wirkstoffe würden zerstört.
- Die Kräuter sind erst dann richtig trocken, wenn sie rascheln und leicht brechen.
- Bewahren Sie die Kräuter in Schraubgläsern oder fest verschließbaren Blechdosen auf.
- Kräuter sollten nicht länger als ein Jahr aufbewahrt werden – manche Pflanzen verlieren nach dieser Zeit ihre Wirksamkeit. Beschriften Sie deshalb die Gefäße mit Angabe des Inhalts und des Einlagerungsdatums.

Hinweis

Sammeln Sie nur Kräuter, die Sie wirklich genau kennen!
Sammeln Sie keine Kräuter am Straßenrand oder in der Nähe von Fabriken. Sie sind durch die Umweltverschmutzung zu sehr belastet!

Sanfte Medizin

Heilkräuter und -pflanzen sind Medizin aus der Natur; sie wirken sanft und stärken den Körper. Aber sie ersetzen im Ernstfall nicht den Arzt.

Wichtig!

Bedenken Sie beim Sammeln der Heilpflanzen, daß viele von ihnen unter Naturschutz stehen!

Therapie mit Bach-Blüten

Die Bach-Blütentherapie ist sehr einfach und hat ein breites Wirkungsspektrum. Sie basiert auf 38 verschiedenen Mitteln, die aus den Blütenblättern bestimmter Pflanzen gewonnen werden.
Die Medikamente werden dabei nicht nach den Symptomen der Erkrankung ausgewählt, sondern richten sich ausschließlich nach der seelischen Verfassung des Patienten.

Die Zeichen der Seele erkennen

Versuchen Sie deshalb stets, die seelische Grundstimmung Ihres Kindes zu erkennen. Natürlich kann das mitunter sehr schwierig sein, besonders wenn Ihr Kind sehr unter den Symptomen der Erkrankung leidet und diese die psychische Grundstimmung des Patienten kaum erkennbar werden lassen. Wenn die Symptome zu unklar sind, geben Sie dem Kind zunächst »Holly« oder »Wild Oat«.
Bei akuten Erkrankungen ähnelt die Reaktion des Kindes sehr derjenigen auf andere Therapien. So fühlt sich beispielsweise ein fieberndes Kind rasch besser und beginnt zu schwitzen.
Bei chronischen Erkrankungen kommt es dagegen eher zu einer Bewußtseinsänderung: Das Kind kann sich besser mit seinen eigenen Gefühlen und Gedanken auseinandersetzen.

Wichtig – das Gespräch

Zur Bach-Blütentherapie gehören nicht nur die verschiedenen Blütenkonzentrate, die einzunehmen sind, sondern vor allem auch das Gespräch mit dem Arzt oder Therapeuten. Im Mittelpunkt der Therapie stehen nicht die körperlichen Beschwerden, sondern der ihnen zugrundeliegende Gemütszustand des Patienten.

Die Seele in den Mittelpunkt gestellt

Die Bach-Blütentherapie wurde von dem englischen Arzt Dr. Edward Bach (1886–1936) entwickelt. Nach seiner Niederlassung als praktischer Arzt in London entdeckte er, daß bei vielen seiner Patienten ganz offenbar seelische Schwierigkeiten die Ursache für die körperliche Erkrankung waren – etliche Erkenntnisse der heute als Psychoneuroimmunologie anerkannten Disziplin hat Bach bereits zu Beginn unseres Jahrhunderts gewonnen. Folgerichtig wandte er sich zunächst der Homöopathie zu, entwickelte jedoch bald eine eigene, auf die Seele des Patienten konzentrierte Methode: die Blütentherapie. In seinen letzten sechs Lebensjahren versuchte er, in der Abgeschiedenheit seiner walisischen Heimat den »geistigen« Gehalt von Pflanzen nutzbar zu machen.

Anwendung von Bach-Blüten

Bach-Blütenkonzentrate erhalten Sie in Ihrer Apotheke oder können Sie dort bestellen. Viele Heilpraktiker und Naturmediziner arbeiten inzwischen mit dieser Therapie.
Die Urlösung wird stark verdünnt. Füllen Sie eine Tropfflasche, die ca. 25 ml faßt, zur Hälfte mit abgekochtem Mineralwasser, und fügen Sie 2 bis 3 Tropfen der Urlösung hinzu. Von dieser Mischung geben Sie Ihrem Kind, wenn nicht anders verordnet, 4mal täglich 2 bis 3 Tropfen – entweder direkt unter die Zunge oder in die Nahrung.

Kleiner Überblick über die einzelnen Bach-Blüten

Seelische Grundbefindlichkeit des Kindes	Bach-Blüten	Wirkung
Das Kind neigt zu starken Angstgefühlen, mitunter zu Alpträumen	Rock Rose (Gelbes Sonnenröschen) Mimulus (Gefleckte Gauklerblume) Cherry Plum (Kirschpflaume) Aspen (Zitterpappel) Red Chestnut (Rote Kastanie)	Bewährt bei Fieber, zur Vorbeugung von Fieberkrämpfen, bei Bettnässen, Hyperaktivität, asthmatischen Erkrankungen, bei Reisekrankheit
Das Kind leidet unter Unsicherheit und Selbstzweifeln	Cerato (Bleiwurz) Scleranthus (Einjähriger Knäuel) Gentian (Herbstenzian) Gorse (Stechginster) Hornbeam (Hainbuche) Wild Oat (Waldtrespe)	Bewährt zur Stärkung nach überstandener Krankheit und bei Schlafstörungen
Das Kind ist unaufmerksam, lust- und interesselos	Clematis (Weiße Waldrebe) Honeysuckle (Geißblatt) Wild Rose (Heckenrose) Olive (Olive) White Chestnut (Weiße Kastanie) Mustard (Wilder Senf) Chestnut Bud (Kastanienknospe)	Bewährt bei Schlafstörungen und bei Fieber
Das Kind ist sehr in sich zurück gezogen, mitunter kontaktarm	Water Violet (Sumpfwasserfeder) Impatiens (Springkraut) Heather (Schottisches Heidekraut)	Bewährt bei Erkältungskrankheiten und bei Verstopfung
Das Kind reagiert überempfindlich auf äußere Einflüsse, vor allem auf Veränderungen	Agrimony (Odermenning) Centaury (Tausendgüldenkraut) Walnut (Walnuß) Holly (Stechpalme)	Bewährt nach Schockerlebnissen, nach Unfällen, nach tragischen Familienereignissen usw.
Das Kind leidet an einem Mangel an Selbstvertrauen	Larch (Lärche) Pine (Schottische Kiefer) Elm (Ulme) Sweet Chestnut (Edelkastanie) Star of Bethlehem (Doldiger Milchstern) Willow (Weide) Oak (Eiche) Crab Apple (Holzapfel)	Bewährt bei großen seelischen Erschütterungen
Das Kind neigt zu Perfektionismus, Egoismus, Intoleranz	Chicory (Wegwarte) Vervain (Eisenkraut) Vine (Weinrebe) Beech (Rotbuche) Rock Water (Quellwasser)	Bewährt bei starker Nervosität und innerer Unruhe des Kindes

Rescue Remedy
Diese Notfalltropfen bzw. Notfallsalbe sollte nur als Mittel bei außergewöhnlichen Belastungen oder Situationen eingesetzt werden.

Rescue-Tropfen

Diese sind ein bewährtes Erste-Hilfe- und Notfallmittel. Sie bestehen aus einer Kombination aus Star of Bethlehem, Rock Rose, Impatiens, Cherry Plum und Clematis. Sie können sie fertig gemischt kaufen. Erhältlich ist das Rescue-Mittel auch als Creme zum Auftragen auf schmerzende oder verletzte Körperteile.
Sie können die Tropfen auch zur Vorbeugung anwenden, beispielsweise vor einer Operation. Am häufigsten verwendet werden sie allerdings bei Unfällen, Verletzungen, Schockerlebnissen und bei schweren Krankheiten. Wenn das Kind bewußtlos ist, können Sie, bis der Arzt oder der Krankenwagen kommt, seine Lippen mit den Rescue-Tropfen betupfen oder sie auf der Stirn und auf den Handgelenken (über dem Puls) verreiben.

Massagen

Massagen gehören zu den ältesten und natürlichsten Heilmethoden. Sie sind besonders gut für die Behandlung von Kindern geeignet, weil sie sehr sanft sind und weil der Körperkontakt während der Massage den Kindern wohltut. Es gibt verschiedene Formen der Heilmassage, die der Arzt Ihrem Kind im Bedarfsfall verordnen wird. Aber auch Sie selbst können durch sanfte Massagen Ihrem Kind bei der Überwindung von allerlei Beschwerden helfen und seine Schmerzen lindern.

Angenehme Entspannung
Eine Massage soll angenehm sein und Ihrem Kind guttun. Wenn sie ihm Schmerzen bereitet oder sich Ihr Kind aus anderen Gründen dagegen wehrt, ist es besser, auf diese Behandlung zu verzichten.

Grundregeln der Massage

- Der Raum, in dem das Kind massiert wird, sollte warm und ruhig sein.
- Achten Sie darauf, daß Sie während der Massage nicht gestört werden.
- Sie selbst und das Kind sollten vor der Massage ruhig und entspannt sein. Oft helfen einige Atemübungen vorher.
- Wenn Ihr Kind zum erstenmal massiert wird, lassen Sie es zunächst an dem Massageöl schnuppern, um es Vertrauen gewinnen zu lassen. In der Apotheke erhalten Sie angenehm duftende und heilende Massageöle.
- Wenn Sie das Kind im Liegen massieren, sollten Sie darauf achten, daß es bequem liegt und daß Sie alle Körperteile gut erreichen können.
- Ihre Hände sollten vor der Massage immer gut angewärmt sein. Das gleiche gilt für das Massageöl. Legen Sie die Flasche, in ein Handtuch gewickelt, nötigenfalls kurz vorher auf die Heizung.
- Massieren Sie sanft, aber zügig, und lassen Sie immer eine Hand auf dem Körper des Kindes.
- Sprechen Sie während der Massage sanft und beruhigend mit Ihrem Kind.

Anwendungsmöglichkeiten der Massage

Kopfschmerzen

- Das Kind sitzt entspannt auf einem Stuhl und schaut Sie an. Halten Sie den Kopf des Kindes mit beiden Händen, und streichen Sie zunächst mit dem einen, dann mit dem anderen Daumen von der Nasenwurzel nach oben bis zum Haaransatz. Etwa 50mal wiederholen.
- Oder streichen Sie mit Ihren beiden Daumen sanft von der Stirnmitte zu den Schläfen. Etwa 50mal wiederholen.
- Das Kind sitzt mit dem Rücken zu Ihnen auf einem Stuhl. Halten Sie den Kopf des Kindes mit beiden Händen, legen Sie Ihre beiden Daumen außen neben die beiden Muskelstränge, die das Genick halten, und lassen Sie Ihre Daumen dann sanft auf der Stelle kreisen. Etwa 50mal wiederholen.

Husten

- Setzen Sie das Kind auf Ihren Schoß, so daß es Ihnen das Gesicht zuwendet. Halten Sie es mit Ihren Händen unter den Armen fest. Massieren Sie die Brust des Kindes nun sanft mit Ihren Daumen, indem Sie von der Mitte der Brust nach außen zu den Brustwarzen streichen. Etwa 100mal wiederholen.
- Setzen Sie das Kind rücklings auf Ihren Schoß, und halten Sie es unter den Armen fest. Massieren Sie nun den Rücken des Kindes zwischen den Schulterblättern, indem Sie mit festem Griff von oben nach unten zum Ende der Schulterblätter streichen. Etwa 100mal wiederholen.

Bauchschmerzen und Verdauungsstörungen

- Das Kind liegt bequem auf dem Rücken. Massieren Sie seinen Bauch sanft, indem Sie Ihre Fingerspitzen im Uhrzeigersinn darüber kreisen lassen. Etwa 100mal wiederholen.

Harnwegbeschwerden und Bettnässen

- Das Kind liegt bequem auf dem Rücken. Massieren Sie den Bauchbereich unterhalb des Nabels mit sanftem Druck mit Ihren Handballen. Dabei sollten Sie im Uhrzeigersinn verfahren. Etwa 50mal wiederholen.
- Das Kind liegt auf dem Bauch. Massieren Sie nun seinen Rücken längs der Wirbelsäule bis zu den Hüftknochen sanft, aber fest mit Ihren Handballen. Etwa 100mal wiederholen.

Fieber mit Angst und Unruhe

- Halten Sie die Hand Ihres Kindes in einer Hand, und streichen Sie sanft mit Zeige- und Mittelfinger der anderen Hand auf der Innenseite des Unterarms bis zum kleinen Finger. An jedem Arm etwa 50mal wiederholen.

Massage – auch für die Seele

Auch wenn Sie kein ausgebildeter Masseur sind, können Sie Ihrem Kind mit einer Massage viel Gutes tun. Abgesehen davon, daß es oft relativ einfach ist, verspannte Muskeln zu lockern, vermitteln Sie dem kleinen Patienten durch intensive Zuwendung und Hautkontakt Vertrauen und eine optimistische Einstellung. Eine solche seelische Haltung ist ein wichtiger Beitrag zur Mobilisierung der Selbstheilungskräfte und hilft oft mehr als jede Pille.

Autogenes Training

Die Entspannungstechnik des autogenen Trainings wurde von dem Nervenarzt J. H. Schultz in den zwanziger Jahren unseres Jahrhunderts entwickelt. Es beruht auf seinen Erfahrungen im Ersten Weltkrieg, als es ihm mit dieser Methode gelang, in den Schützengräben seine Angst zu überwinden.

Entspannungstechniken
Autogenes Training ist nur eine Möglichkeit der Entspannung. Volkshochschulen und Familienbildungsstätten bieten die unterschiedlichsten Techniken auch in für Kinder geeigneten Kursen an. Auskunft darüber geben auch die Krankenkassen.

Zahlreiche Anwendungsgebiete

Der erste Schritt des autogenen Trainings ist die Entspannung. Sind die entsprechenden Techniken erlernt (Ruhe-, Schwere-, Wärme- und Kältespürübungen), werden formelhafte »Vorsatzbildungen« formuliert. Dadurch gelingt es, viele Ängste in Grenzen zu halten. Auch bei vielen psychosomatischen Erkrankungen (Kopfschmerzen, Magenbeschwerden usw.) kann das autogene Training hilfreich eingesetzt werden.

Das Prinzip

Das autogene Training beruht im wesentlichen auf der Selbstsuggestion (»Ich bin ganz ruhig«, »Mein Kopf wird ganz kühl« usw.). Auch Kinder können diese Methode erlernen und so nicht nur ihre Ängste überwinden, sondern auch selbständig zur Linderung von Krankheitsanfällen (beispielsweise Koliken, Asthmaanfälle usw.), die durch Angstreaktionen verstärkt werden, beitragen.

Kinder brauchen besondere Kurse

Wichtig ist unbedingt die fachliche Anleitung. Zwar bieten fast alle Volkshochschulen entsprechende Kurse an, aber diese sind fast ausschließlich auf Erwachsene ausgerichtet, während das Kind besondere und teilweise andere Bedingungen und Anleitungen braucht. Fragen Sie Ihren Arzt oder Heilpraktiker nach entsprechenden Möglichkeiten.

Ratgeber
Im Südwest Verlag ist ein ausführlicher Ratgeber von Udo Neumann über »Autogenes Training für Kinder« erschienen. Sie erfahren in diesem Buch, wie Sie diese Entspannungstechnik mit Ihren Kindern spielerisch umsetzen können.

Kunsttherapie

Noch vor wenigen Jahren war die Kunsttherapie eine der am meisten belächelten Heilweisen der alternativen Medizin. Heute wird sie in fast jedem Krankenhaus ergänzend zu anderen Therapien, auch parallel zu schulmedizinischen Maßnahmen, eingesetzt.
Bekannt ist die heilsame Wirkung der Kunsttherapie vor allem aus der Krebsbehandlung, weil durch sie eine positive Grundstimmung der Patienten entsteht, die ihnen (und den behandelnden Medizinern) eine erfolgreiche Bewältigung der Krankheit ermöglicht.

Ein Zugang zum Unterbewußtsein

An erster Stelle stehen Malen und Plastiken herstellen. Dabei können die bewußten und unbewußten Ängste der Erkrankten an die

Oberfläche dringen und so einer rationalen Auseinandersetzung zugänglich gemacht werden. Dieses wirkt sich in jedem Fall positiv auf die Heilung der Krankheit aus. Aber auch die Musiktherapie kann in vielen Fällen hilfreich sein. Eine besondere Möglichkeit ist außerdem die Heileurythmie, die häufig von der anthroposophischen Medizin eingesetzt wird.

Neue Ausdrucksmöglichkeiten

Gerade Kinder sprechen auf die Kunsttherapie sehr gut an. Für die behandelnden Therapeuten sind ihre Bilder und Figuren oft sehr aufschlußreich und helfen wesentlich bei der weiteren Behandlung. Die Kinder selbst können sich auf diese Art nicht nur von inneren Ängsten und Spannungen befreien, sondern auch durch die Beschäftigung mit Farben, Ton, Wachs usw. Fähigkeiten entwickeln, die zur Gesundung beitragen. Erkundigen Sie sich nach entsprechenden Möglichkeiten bei Ihrem Arzt oder Heilpraktiker.

Weitere Therapieangebote

Kinder, die mit gestaltenden Therapien nicht so viel anfangen können, sprechen vielleicht auf Musik oder Bewegung besonders gut an. Auch hierfür gibt es entsprechend ausgebildete Therapeuten und Programme.

Aromatherapie

Naturreine ätherische Öle haben medizinische und kosmetische Wirkungen – das ist seit langem bekannt. Da sie über die Atemwege aufgenommen werden, erreichen sie sehr schnell das Nervenzentrum im Gehirn, wo sie ihre entspannende und schmerzlindernde Wirkung tun. Innere Organe und tieferliegendes Gewebe erreichen die Aromaöle über die Bestandteile, die über die Haut aufgenommen werden.

So wirken Aromaöle

Wissenschaftlich nachgewiesen hat man bisher folgende heilende Wirkungen von Duftölen:

- Sie stimulieren die Drüsen, besonders die des Hormonsystems.
- Sie wirken bakterientötend und desinfizierend.
- Sie wirken entspannend, aber auch anregend, ohne zu Nervosität zu führen.
- Sie regen die Darmmuskulatur an und fördern so die Verdauung.
- Sie wirken positiv auf das seelisch-psychische Gesamtbefinden.

Bitte beachten

Aromaöle sollten Sie nicht direkt auf die Haut geben – es kann zu allergischen Reaktionen kommen (über Ausnahmen, z. B. Teebaumöl, berät Sie der Apotheker). Für die Anwendung auf Schleimhäuten oder innerlich sind sie völlig ungeeignet.

Anwendung

Aromaöle können Sie einzeln verwenden oder sich Ihre persönliche Mischung zusammenstellen. Eingesetzt werden sie hauptsächlich in einer Duftlampe, die die Wasser-Öl-Mischung langsam zum Verdunsten bringt (5 bis 8 Tropfen Öl auf eine Füllung).
Für Inhalationen reichen ebenfalls wenige Tropfen. Aus 15 bis 20 Tropfen können Sie sich ein Massageöl mischen (mit 50 ml Mandel-, Avocado-, Oliven- oder Sesamöl) oder, verrührt mit 2 EL Sahne, Honig oder Neutralseife, ein Vollbad herstellen.

Heilpflanzen helfen auf sanfte Art

Der Huflattich hat sich bei Erkrankungen der Atemwege bewährt.

Die im folgenden genannten Heilpflanzen können entweder selbst gesammelt oder in der Apotheke gekauft werden.
In leichten Krankheitsfällen können Sie Ihrem Kind dadurch Linderung verschaffen, in schweren Fällen die ärztliche Therapie unterstützen.

Ackerschachtelhalmkraut (Zinnkraut)

- Anwendungsbereich

Ackerschachtelhalm eignet sich sehr gut zur unterstützenden Behandlung bei Husten und Bronchitis. Auch bei Nieren- und Blasenleiden können Sie diesen Tee geben.

- Zubereitung

Übergießen Sie 1 TL Ackerschachtelhalmkraut mit 1/4 l kochendem Wasser. 5 Minuten lang ziehen lassen, danach abseihen und eventuell mit etwas Honig süßen. Geben Sie Ihrem Kind 2 Tassen täglich von diesem Tee.

Anissamen

- Anwendungsbereich

Anistee hilft bei Blähungen und ist auch für Säuglinge verträglich.

- Zubereitung

Übergießen Sie 1/4 TL Anissamen mit 1 Tasse kochendem Wasser. 10 Minuten ziehen lassen, abseihen. Setzen Sie 30 ccm der Flaschennahrung zu, oder geben Sie den Tee vor der Mahlzeit.

Baldrianwurzel

- Anwendungsbereich

Baldriantee wirkt vor allem gegen Nervosität und Schlafstörungen. Sie können diesen Tee aber auch bei Blähungen und Koliken geben. Leider riecht dieser Tee nicht sehr gut. Möglicherweise braucht Ihr Kind etwas Zeit, um sich an den Geruch zu gewöhnen.

- Zubereitung

Setzen Sie 2 TL Baldrianwurzeln mit 1/4 l kaltem Wasser an. Einige Stunden lang ziehen lassen, danach abseihen. Bei Bedarf mit etwas Honig süßen. Geben Sie Ihrem Kind morgens und abends 1 Tasse des erwärmten Tees.

Brennesselkraut

- Anwendungsbereich

Brennesseltee wirkt sehr gut gegen alle Hautkrankheiten. Auch bei Allergien wie Neurodermitis können Sie diesen Tee mit großem Erfolg einsetzen.

- Zubereitung

Übergießen Sie 1 TL Brennesselkraut mit 1/4 l kochendem Wasser. 5 Minuten lang ziehen lassen, danach abseihen und mit etwas Honig süßen. Geben Sie Ihrem Kind – je nach Alter – bis zu 1 l täglich von diesem Tee.

Brombeerblätter

- Anwendungsbereich

Die in den Blättern enthaltenen Gerbstoffe wirken stopfend und sind deshalb gut zur Behandlung von Durchfällen geeignet.

- Zubereitung

Übergießen Sie 1 TL Brombeerblätter mit 1/2 l kochendem Wasser. 10 Minuten lang ziehen lassen, danach abseihen, eventuell mit etwas Honig süßen. Geben Sie Ihrem Kind bis zu 1 l Tee pro Tag schluckweise zu trinken.

Fenchelsamen

- Anwendungsbereich

Fencheltee wirkt besonders gut gegen oder bei Blähungen und gegen alle Magenbeschwerden.

- Zubereitung

Übergießen Sie 1 TL Fenchelsamen (oder einen fertigen Teebeutel) mit 1/4 l kochendem Wasser. 10 Minuten lang ziehen lassen, danach abseihen.
Setzen Sie etwa 30 ccm der Flaschennahrung zu, oder geben Sie den Tee vor der Mahlzeit.

Heidelbeeren

- Anwendungsbereich

Heidelbeeren sind vor allem geeignet zur Unterstützung der diätetischen und medikamentösen Behandlung bei Durchfällen.
Sie können aber genauso bei Mukoviszidose und Zöliakie verwendet werden.
Größere Kinder kauen 3 bis 5 getrocknete Beeren vor jeder Mahlzeit, kleineren Kindern gibt man den Tee.

- Zubereitung

Setzen Sie 5 TL getrocknete Heidelbeeren in 1/2 l kaltem Wasser an. Bringen Sie die Mischung zum Kochen, und lassen Sie sie etwa 10 Minuten lang sachte köcheln. Dann abseihen. Geben Sie Ihrem Kind 3mal täglich 1 Tasse von diesem Tee.

Holunderblüten

- Anwendungsbereich

Holunderblütentee ist ideal bei Erkältungen und fiebrigen Erkrankungen, weil er zum Schwitzen und damit zur Entgiftung des Körpers anregt.

- Zubereitung

Übergießen Sie 1 TL Holunderblüten mit 1/4 l kochendem Wasser. 10 Minuten lang ziehen lassen, danach abseihen. Bei Bedarf mit etwas Honig süßen. Geben Sie Ihrem Kind 3- bis 5mal täglich 1/2 oder 1 Tasse von diesem Tee.

Huflattichblätter

- Anwendungsbereich

Alle Arten von Husten werden durch Huflattichtee gelindert. Der Tee wirkt auch bei Keuchhusten und spastischer Bronchitis.

- Zubereitung

Übergießen Sie 2 TL Huflattichblätter mit 1/4 l kochendem Wasser. 10 Minuten lang ziehen lassen, danach abseihen und mit etwas Honig süßen.
Geben Sie Ihrem Kind 3- bis 5mal täglich 1/2 oder 1 Tasse dieses Tees (möglichst warm trinken lassen).

Kamillenblüten

- Anwendungsbereich

Bei jeder Form von Magen- und Darmbeschwerden sollten Sie Ihrem Kind als erste Maßnahme ungesüßten Kamillentee geben.
Auch als Gurgelmittel, beispielsweise bei Mandelentzündung, kann Kamillentee verwendet werden.

- Zubereitung

Übergießen Sie 1 EL Kamillenblüten (oder einen Teebeutel) mit 1/2 l kochendem Wasser. 10 Minuten lang ziehen lassen, danach abseihen. Ihr Kind kann mehrere Tassen pro Tag von diesem Tee trinken.

Kümmelsamen

- Anwendungsbereich

Kümmeltee ist ein ideales Mittel gegen Blähungen und kann auch Säuglingen gegeben werden.
Der Tee wirkt auch sehr gut gegen Übelkeit.

- Zubereitung

Übergießen Sie 1/4 TL (für Säuglinge) oder 1/2 TL (für Klein- und Schulkinder) Kümmelsamen mit 1/2 l kochendem Wasser. 10 Minuten ziehen lassen, danach abseihen.
Säuglingen setzen Sie entweder 15 ccm des Tees der Flaschennahrung zu oder geben ihn vor der Mahlzeit.
Größere Kinder erhalten 2 bis 3 Tassen Kümmeltee täglich.

Lindenblüten

- Anwendungsbereich

Lindenblütentee ist der beste Tee bei allen fiebrigen Erkrankungen, denn er regt den Stoffwechsel an und fördert das Schwitzen.
Wichtig: Der Tee sollte möglichst heiß getrunken werden – wodurch das Fieber noch etwas ansteigen kann.
Ist das Fieber allerdings schon sehr hoch (über 39 °C), bereiten Sie den Tee nicht so stark zu und geben ihn nur lauwarm.

- Zubereitung

Übergießen Sie 1 TL Lindenblüten mit 1/4 l kochendem Wasser. 5 Minuten lang ziehen lassen, danach abseihen und mit etwas Honig süßen.
Geben Sie Ihrem Kind – je nach Alter – 3- bis 5mal täglich 1/2 oder 1 Tasse von diesem Tee.

Melissenblätter

- Anwendungsbereich

Der Tee wirkt wunderbar beruhigend, vor allem bei Kindern, die die Tagesereignisse nicht gut verarbeiten können und abends noch lange wachliegen.
Sie können diesen Tee auch bei Übelkeit und Kopfschmerzen geben.

- Zubereitung

Übergießen Sie 1 TL Melissenblätter mit 1 Tasse kochendem Wasser. 10 Minuten lang ziehen lassen, danach abseihen. Geben Sie Ihrem Kind abends oder vor dem Mittagsschlaf 1 Tasse von diesem Tee.

Pfefferminzblätter

- Anwendungsbereich

Pfefferminztee ist zur Behandlung aller Magen- und Darmstörungen geeignet. Er wirkt auch gegen Kopfschmerzen.
Wichtig: Geben Sie diesen Tee nicht länger als eine Woche lang ungemischt – die Wirkung kann sich sonst umkehren (mögliche Zumischungen: Kamille, Melisse).

- Zubereitung

Übergießen Sie 1 TL Pfefferminzblätter (oder einen Teebeutel) mit 1/2 l kochendem Wasser. 5 Minuten lang ziehen lassen, danach abseihen. Geben Sie Ihrem Kind 3mal täglich 1 Tasse von diesem Tee schluckweise zu trinken.

Salbeiblätter

- Anwendungsbereich

Salbeitee ist das beste Gurgelmittel bei allen Formen von Halsentzündungen.
Wichtig: Der Tee darf nicht zu stark aufgebrüht werden, sonst wird er von den Kindern wegen seiner Bitterkeit abgelehnt. Außerdem kann er dann auch die Schweißbildung unterbinden.

- Zubereitung

Übergießen Sie 1/2 TL Salbeiblätter mit 1/4 l kochendem Wasser. 5 Minuten lang ziehen lassen, danach abseihen.
Lassen Sie Ihr Kind 1mal stündlich mit einem Schluck dieses lauwarmen Tees gurgeln und ihn anschließend hinunterschlucken.

Spitzwegerichblätter

- Anwendungsbereich

Spitzwegerichtee ist vor allem zur Behandlung von trockenem Husten geeignet, wenn der Schleim sich nicht recht lösen will.

- Zubereitung

Übergießen Sie 1 TL Spitzwegerichblätter mit 1/4 l kochendem Wasser. 5 Minuten lang ziehen lassen, danach abseihen und mit etwas Honig süßen.
Geben Sie Ihrem Kind bis zu 3 Tassen täglich von diesem Tee.

Stiefmütterchenkraut

- Anwendungsbereich

Stiefmütterchentee wirkt hervorragend – vor allem äußerlich als Kompresse angewendet – bei allen Formen von nässenden Ekzemen. Der Tee kann aber auch zur Unterstützung getrunken werden.

- Zubereitung

Übergießen Sie 2 TL Stiefmütterchenkraut mit 1/2 l kochendem Wasser. 5 Minuten lang ziehen lassen, danach abseihen. Bei Bedarf mit etwas Honig süßen.
Geben Sie Ihrem Kind 2 bis 3 Tassen täglich von diesem Tee.

Thymiankraut

- Anwendungsbereich

Thymiantee ist wirksam bei allen Arten von Husten.

- Zubereitung

Übergießen Sie 2 TL Thymiankraut mit 1/4 l kochendem Wasser. 10 Minuten lang ziehen lassen, danach abseihen und eventuell mit etwas Honig süßen.
Geben Sie Ihrem Kind 3- bis 5mal täglich 1/2 oder 1 Tasse von diesem Tee.

Veilchenblüten

- Anwendungsbereich

Veilchentee hat eine schleimlösende Wirkung bei Husten.

- Zubereitung

Übergießen Sie 1 TL Veilchenblüten mit 1 Tasse kochendem Wasser. 5 Minuten zugedeckt ziehen lassen, danach abseihen, mit Honig süßen. Lassen Sie Ihr Kind über den Tag verteilt 3 Tassen schluckweise trinken.

Medizinische Fachbegriffe

Oft verwendet der Arzt Ausdrücke, die Ihnen nicht bekannt sind. Dieselben Bezeichnungen finden Sie auch auf Packungsbeilagen und Medikamenten wieder – und nicht selten auch in Ratgeberbüchern, die Eltern bei der Behandlung von Kinderkrankheiten helfen sollen.
Nicht immer können Eltern mit diesen Ausdrücken etwas anfangen. Deshalb ist im folgenden ein kleines Lexikon medizinischer Fachbegriffe zusammengestellt.

Damit Sie die Beipackzettel besser verstehen.

Abdomen
Bauch, Unterleib

Abszeß
Eitergeschwür

Adenoide Wucherungen
Vergrößerung der Rachenmandeln, Polypen

Adenotomie
Operative Entfernung der Rachenmandeln

Adoleszenz
Zeit nach der Pubertät

Akne
Hautkrankheit mit Mitessern, Knötchen und Pusteln

Akut
Unvermittelt auftretend, schnell und heftig verlaufend

Akzeleration
Körperliche Entwicklungsbeschleunigung bei jungen Menschen, die heute in allen Industrienationen zu beobachten ist

Albumin
Wasserlöslicher körpereigener Eiweißstoff

Akne – vorwiegend eine Erkrankung Jugendlicher
Die Akne tritt in der Regel erst in der Pubertät auf und verschwindet bis etwa zum 25. Lebensjahr wieder. Da die betroffenen Jugendlichen oft erheblich unter den entzündlichen Hauterscheinungen leiden, sollte eine Akne frühzeitig und intensiv behandelt werden. Dazu stehen verschiedene Medikamente und Naturheilmittel zur Verfügung.

Albuminurie
Ausscheiden von Albumin mit dem Urin

Allergen
Allergieauslösender Stoff

Langwierige Suche
Um den oder die allergieauslösenden Stoffe zu identifizieren, müssen häufig viele unterschiedliche Testverfahren angewendet werden. Beim sogenannten Epikutantest werden z.B. verschiedene Testsubstanzen in einer Reihe mit einem Pflaster auf die Haut am Rücken bzw. am Unterarm aufgeklebt. Nach einiger Zeit kann dann eine mögliche allergische Reaktion in Form von Rötungen oder Quaddeln abgelesen werden. Beim Reibtest wird die verdächtige Substanz auf der Haut verrieben, beim Scratchtest wird sie in die aufgeritzte Haut aufgetragen, und beim Intrakutantest spritzt sie der Arzt als stark verdünnte Lösung unter die Haut.

Allergie
Überempfindlichkeitsreaktion gegen bestimmte Stoffe, die Gesunde problemlos vertragen; eine Allergie führt zu krankhaften Reaktionen der Haut und/oder der Verdauungs- und Atemwege

Allopathie
Schulmedizin (im Gegensatz zur Naturmedizin oder Homöopathie)

Aminosäuren
Bausteine der Eiweiße; im menschlichen Körper werden zur Eiweißsynthese 25 verschiedene Aminosäuren benötigt, davon zehn lebenswichtige (essentielle). Diese müssen ausreichend mit der Nahrung zugeführt werden

Anal
Den After betreffend

Analgetika
Schmerzstillende Mittel

Anämie
Blutarmut

Anamnese
Vorgeschichte einer Krankheit

Anästhesie
Ausschaltung der Empfindungen für Schmerz-, Temperatur- und Berührungsreize (etwa durch eine Narkose)

Anästhesist
Facharzt für Narkose

Angina
Entzündung der Gaumenmandeln

Antibiotika
Arzneimittel, die Bakterien im Wachstum hemmen oder abtöten (beispielsweise Penizillin)

Antigene
Substanzen oder Organismen (beispielsweise Bakterien), die den Körper zur Bildung von Abwehrstoffen veranlassen, um sie zu vernichten

Antihistaminika
Mittel, die die Wirkung des bei Allergien freigesetzten Botenstoffs Histamin abschwächen oder verhindern

Antikörper
Von den Körperzellen gebildete Abwehrstoffe, beispielsweise gegen Bakterien

Antimykotikum
Arzneimittel mit spezieller Wirkung gegen Hautpilze

Antitoxine
Gegenstoffe, die tierische, pflanzliche oder mikrobielle Gifte an sich binden und deren Wirkung aufheben

Anurie
Stark geminderte oder fehlende Harnproduktion

Anus
After, Darmausgang

Aorta
Hauptschlagader des Körpers

Apathie
Teilnahmslosigkeit

Apgar-Index
Punktzahl zur Beurteilung des Gesundheitszustands des Neugeborenen in den ersten zehn Minuten nach der Geburt

Aphthen
An den Lippen und an der Mundschleimhaut auftretende, gelblichweiße Pusteln oder Bläschen, die schmerzhaft sind

Apnoe
Atemstillstand

Appendix
Wurmfortsatz des Blinddarms

Spezielle körpereigene Abwehrwaffen

Der Organismus setzt zur Abwehr von Erregern ganz bestimmte Waffen ein: die Antikörper. Dringt ein Erreger, das Antigen, in den Körper ein, wird dieser Feind von den sogenannten B-Lymphozyten (eine spezielle Gruppe von weißen Blutkörperchen) genau analysiert. Aufgrund der Eigenschaften des Antigens – insbesondere der Oberflächenbeschaffenheit – bauen die B-Lymphozyten einen spezifischen Antikörper, der exakt zum Antigen paßt. Dringt der gleiche Erreger nach einiger Zeit wieder in den Körper ein, stehen nun die genau passenden Waffen für die Abwehr zur Verfügung.

Appendizitis
Entzündung des Wurmfortsatzes; in der Umgangssprache als Blinddarmentzündung bezeichnet

Arterie
Schlagader; transportiert Blut vom Herzen weg

Arthritis
Gelenkentzündung

Askariden
Spulwürmer

Aspiration
Einatmen von flüssigen oder festen Stoffen in die Atemwege; kann zur Lungenentzündung führen

Asthenisch
Schmalwüchsig

Asthma
Anfallsweise auftretende Atembehinderung, krampfhafte Atemnot

Astigmatismus
Sehfehler infolge abnormer Hornhautkrümmung des Auges

Ataxie
Störung des Ablaufs koordinierter Muskelbewegungen

Atrophie
Schrumpfung und Verkleinerung von Organen; auch starke Abmagerung

Auskultation
Abhorchen des Körpers

Autoimmunkrankheit
Durch Immunreaktion (Antigen-Antikörper-Reaktion) auf körpereigene Substanzen verursachte Krankheit

Axillar
Zur Achsel gehörend, unter der Achsel

Azidose
Übersäuerung des Körpers, beispielsweise bei Zuckerkrankheit

Die Untersuchung beim Arzt

Der Kinderarzt will zuerst die Krankengeschichte des Kindes (in der Fachsprache: Anamnese) erfahren. Dazu erkundigt er sich nach den Beschwerden des Kindes, nach bisher durchgemachten Erkrankungen, eventuellen Besonderheiten bei Eß- und Trinkverhalten, aber auch nach in der Familie vorkommenden Krankheiten. Danach folgt die sogenannte Inspektion, bei der er sich das Kind von Kopf bis Fuß genau betrachtet. Anschließend wird er den kleinen Patienten möglicherweise abtasten (Palpation genannt), um schmerzhafte Stellen oder Organvergrößerungen zu entdecken. Dann wird er noch eine Auskultation durchführen, d.h., er horcht Herz und Lunge des Kindes mit dem Stethoskop ab.

Bakterien
Einzellige Kleinlebewesen, die Krankheiten verursachen können, aber auch zur normalen Haut-, Darm- oder Schleimhautflora des Menschen gehören

Bakteriämie
Vorhandensein von Bakterien im Blut

BCG-Impfung
Tuberkuloseschutzimpfung
(aus dem Französischen: bacille Calmette-Guérin)

Biopsie
Entnahme einer Gewebeprobe zu Untersuchungszwecken

Breitbandantibiotika
Antibiotische Heilmittel mit breitem Wirkungsspektrum gegen zahlreiche unterschiedliche Bakterienarten

Bronchitis
Entzündung der Schleimhaut der baumartigen Verzweigung der Luftröhre (Bronchien)

Bronchopneumonie
Durch eine in die Bronchien absteigende Infektion bedingte Lungenentzündung

Chemotherapeutika
Sammelbegriff für natürliche oder synthetische Substanzen, die Krankheitserreger und Geschwulstzellen in ihrem Wachstum hemmen oder abtöten können; dazu werden u.a. Antibiotika, Antipilzmittel und Medikamente gegen Krebs gezählt

Chromosom
Träger der Gene

Chronisch
Sich langsam entwickelnd, über einen längeren Zeitraum ausdehnend

Colitis (auch Kolitis)
Entzündliche Darmerkrankung

Colon (auch Kolon)
Dickdarm

Ein weitverzweigtes Röhrensystem

Die Luftröhre (Trachea) ist ein 12 bis 15 Zentimeter langer Abschnitt der Atemwege. Sie endet in der Höhe des vierten Brustwirbelkörpers mit der Aufzweigung (Bifurkation) in den rechten und linken Stammbronchus. Diese Bronchien wiederum verzweigen sich in den einzelnen Lungenlappen in immer kleinere Bronchialäste. Die feinsten Verzweigungen nennt man medizinisch Bronchiolen. Sie haben einen Durchmesser von etwa 0,7 bis 1,0 Millimeter. Luftröhre und Bronchien sind mit einem sogenannten Flimmerepithel ausgekleidet. Hierbei handelt es sich um eine Gewebeschicht, die mit winzig kleinen, beweglichen Zellfortsätzen für den Transport – z.B. von Schleim – bedeckt ist.

Computertomographie
Verfeinertes Röntgenverfahren, mit dem Schichtaufnahmen des Körperinneren angefertigt werden

Crohn-Krankheit
Morbus Crohn; chronische Darmentzündung

Darmflora
Besiedelung der Darmschleimhaut mit nützlichen Bakterien, die wichtige Aufgaben im Körperhaushalt erfüllen

Zuckerkrankheit bei Kindern
Der sogenannte Diabetes mellitus Typ I (Insulinmangeldiabetes) ist die Zuckerkrankheit, die meistens im Jugendalter beginnt. Man nennt ihn auch juveniler Diabetes. Er äußert sich meist durch einen auffälligen Gewichtsverlust und großen Durst. Patienten, die unter dieser Form des Diabetes leiden, müssen das Hormon Insulin spritzen, das für den Abbau von Zucker im Blut zuständig ist. Es wird beim Gesunden in der Bauchspeicheldrüse (Pankreas) produziert. Beim Diabetiker Typ I versiegt die körpereigene Insulinherstellung allmählich, bis die Bauchspeicheldrüse zuletzt gar kein Insulin mehr ausschüttet.

Dehydratation
Austrocknung

Dekompensation
Unfähigkeit zum Ausgleich bestimmter Störungen des Körpers

Dermatitis
Hautentzündung

Dermatologe
Facharzt für Hautkrankheiten

Desensibilisierung
Behandlung einer Allergie durch Gewöhnung des Körpers an kleinste Dosen des allergieauslösenden Stoffs

Diabetes mellitus
Zuckerkrankheit

Diagnose
Erkennung und Benennung einer Krankheit

Dialyse
Blutwäsche

Diarrhö
Durchfall

Distorsion
Verdrehung eines Gelenks mit Zerrung der Gelenkbänder

Drainage
Ableitung von Flüssigkeitsansammlungen aus Körperhöhlen oder von Wundsekret aus Wunden

Duodenum
Zwölffingerdarm; Anfangsstück des Dünndarms

Dyspepsie
Verdauungsstörung mit Appetitlosigkeit und Brechreiz

Dysplasie
Mißgestaltung, Fehlbildung

Dyspnoe
Kurzatmigkeit, Atemnot

Dystrophie
Leichte Form einer chronischen Ernährungsstörung beim Säugling mit Abmagerung, Durchfall und Erbrechen; auch Abmagerung durch Unterernährung

Echokardiographie
Ultraschalldiagnose des Herzens

EEG
Elektroenzephalogramm; Aufzeichnung der Gehirnströme

EKG
Elektrokardiogramm; Aufzeichnung der Herztätigkeit

Ekzem
(Meist) nicht ansteckende, juckende Entzündung der Haut

Elektroenzephalogramm
EEG; Kurvenaufzeichnung der elektrischen Hirnaktionsströme

Elektrokardiogramm
EKG; Kurvenaufzeichnung der elektrischen Herzaktionsströme

Embryo
Ungeborenes Kind in der Gebärmutter während der ersten drei Schwangerschaftsmonate. Vom vierten bis zum neunten Monat wird es als Fötus oder Fetus bezeichnet

Emesis
Erbrechen

Emphysem
Luftansammlung im Gewebe

Den Herzschlag sichtbar machen

Mit dem Elektrokardiogramm (EKG) steht dem Arzt ein wichtiges, schmerzloses Untersuchungsverfahren zur Verfügung, mit dem er viele Erkrankungen des Herzens erkennen kann.

Entzündungen der Haut

Die Medizin kennt verschiedene Formen von entzündlichen Hauterkrankungen, die alle als »Ekzem« bezeichnet werden. Dazu zählen u.a. das atopische oder endogene Ekzem (Synonym für Neurodermitis), das mikrobielle Ekzem (wahrscheinlich durch eine Reaktion auf Bakterien hervorgerufen), das seborrhoische Ekzem (vermutlich durch eine erhöhte Talgdrüsenaktivität; häufig im Säuglingsalter vorkommend) und das Kontaktekzem (allergische Hautreaktion durch direkten Kontakt mit einem allergieauslösenden Stoff).

Darmkatarrh

Unter einem Darmkatarrh bzw. einer Enteritis versteht man im allgemeinen eine entzündliche Erkrankung des Dünndarms. Man unterscheidet dabei verschiedene Enteritisarten, je nachdem, welchen Abschnitt des Magen-Darm-Trakts sie befallen: Sind Magen und Dünndarm betroffen, handelt es sich um eine Gastroenteritis; ist der Dickdarm mitbeteiligt, spricht man von einer Enterokolitis. Bei einer Enteritis kommt es u.a. zu Durchfällen, krampfartigen Bauchschmerzen, eventuell zu Übelkeit und Erbrechen sowie zu Fieber. Verursacher der Enteritis können z.B. Bakterien oder Viren, aber auch allergieauslösende Nahrungsmittel sein.

Enanthem
Schleimhautausschlag

Endogen
Im Körper selbst entstanden, von innen heraus

Endoskopie
Spiegelung der Innenflächen von Körperhohlorganen, z.B. Gastroskopie (Magenspiegelung), Rektoskopie (Enddarmspiegelung)

Enkopresis
Einkoten bei Kindern über drei Jahren

Enteritis
Entzündliche Erkrankung des Darms

Enterobien
Madenwürmer

Enteroviren
Krankheitserregende Viren, die sich im Darm vermehren

Enuresis
Bettnässen

Enzephalitis
Gehirnentzündung

Enzephalopathie
Nichtentzündliche Hirnerkrankung

Enzyme
Eiweißstoffe, die chemische Prozesse im Körper beschleunigen (katalysieren), in eine bestimmte Richtung lenken oder auf andere Weise steuern

Epiglottitis
Kehlkopfdeckelentzündung

Epilepsie
In den meisten Fällen mit Bewußtseinsstörungen einhergehende Anfallskrankheit

Epistaxis
Nasenbluten

Erythrozyten
Rote Blutkörperchen

Eustachische Röhre
Ohrtrompete, Ohrtube; Verbindung zwischen Rachen und Ohr

Exanthem
Hautausschlag

Exogen
Von außen kommend

Fäkalien
Kot

Favus
Kopfgrind

Fetus (auch Fötus)
Ungeborenes im Mutterleib nach dem dritten Schwangerschaftsmonat

Fissur
Spalt, Einriß

Fontanelle
Natürliche Knochenlücke im Schädel des Säuglings, die später verknöchert

Fraktur
Knochenbruch

FSME
Frühsommermeningoenzephalitis; meistens durch Zeckenbiß hervorgerufene Hirnhautentzündung

Fungizid
Pilztötend

Galaktosämie
Stoffwechselstörung mit Galaktoseunverträglichkeit bei Säuglingen; führt zu Leberschädigungen

Galaktose
Bestandteil des Milchzuckers

Die roten Blutkörperchen

Die Erythrozyten (rote Blutkörperchen) sind runde, blasse, scheibenförmige Zellen. Sie weisen in der Mitte eine kleine Delle auf und sehen daher Gummidrops ähnlich. Sie haben einen Durchmesser von nur acht Mikrometern. Die Erythrozyten beherbergen den roten Blutfarbstoff, das sogenannte Hämoglobin. Die Hauptaufgabe der roten Blutkörperchen ist der Sauerstofftransport im Blut. Ein gesunder Erwachsener hat etwa 25 000 Millionen Erythrozyten mit rund 650 Gramm Hämoglobin. Die durchschnittliche Lebensdauer eines roten Blutkörperchens beträgt 120 Tage.

Gamma-Globulin
Bluteiweißstoffe, die Träger der Antikörper sind

Gaster (auch Ventriculus)
Magen

Gastritis
Magen(schleimhaut)entzündung

Gastroenteritis
Brechdurchfall bei Magen-Darm-Infekten

Gastroskopie
Magen-Darm-Spiegelung

Gen
Träger der Erbinformation

Erbanlagen
Die Informationen für den Bau des gesamten Organismus sowie für alle Stoffwechselfunktionen sind durch die Gene festgelegt. Sie sind die Erbfaktoren, die auf den sogenannten Chromosomen in den Zellen aneinandergereiht sind. Ein bestimmtes Merkmal, z.B. die Haar- oder Augenfarbe, wird durch mehrere Gene, d.h. eine Folge von Genen, bestimmt. Für den Bauplan eines kleinen Moleküls genügt hingegen oftmals ein einziges Gen.

Genitalien
Geschlechtsorgane

Genuin
Angeboren

Gestagene
Weibliche Geschlechtshormone

Glans
Eichel des männlichen Glieds

Glukose
Traubenzucker

Gluten
Klebereiweiß im Getreide

Gneis
Ekzem des behaarten Kopfes, gekennzeichnet durch dicke, fettige Schuppen auf geröteter Haut

Hämangiom
Blutschwämmchen

Hämatom
Bluterguß

Hämoglobin
Roter Blutfarbstoff

Hämolyse
Auflösung der roten Blutkörperchen

Helminthiasen
Wurmkrankheiten

Hepatitis
Leberentzündung

Hernie
Eingeweidebruch

Herpes labialis
Fieberbläschen, Herpes-simplex-Infektion im Bereich der Lippen

Herpes simplex
Gutartige, wenn auch lästige virusbedingte (Herpes-simplex-Virus) Hauterkrankung mit Bläschenbildung

Herpes zoster
Gürtelrose

Hiatus
Spalte, Öffnung

Histamin
Gewebshormon, das u.a. die Durchlässigkeit der Blutgefäßwände erhöht und am Entstehen von Allergien beteiligt ist

Homöopathie
Heilverfahren mit hochverdünnten Wirkstoffen aus Krankheitserregern, welche die Körperabwehr speziell gegen die Ursachen einer Krankheit anregen

Hordeolum
Gerstenkorn

Hydrozele
Wasserbruch im Hodensack

Hydrozephalus
Wasserkopf

Entzündungen der Leber
Die Hepatitis ist eine Leberentzündung, die durch unterschiedliche Viren hervorgerufen wird. Inzwischen sind etwa zehn verschiedene Hepatitisviren bekannt. Gegen Hepatitis A und B existiert heute bereits ein Impfstoff. Die Wissenschaft forscht jedoch intensiv an der Entwicklung weiterer Impfstoffe gegen die anderen Hepatitisformen.

Hyperkalzämie
Erhöhter Kalziumgehalt des Blutes

Hyperkinese
Bewegungsunruhe, übermäßig gesteigerter Bewegungsdrang (»Zappelphilipp-Syndrom«)

Hyperopie
Weitsichtigkeit

Hyperplasie
Organvergrößerung durch krankhafte Zellvermehrung; diese Zellen können eventuell entarten und zu Krebs führen

Vergrößerte Schilddrüse
Die häufigste Form der Schilddrüsenerkrankung in unseren Breiten ist der Kropf (die sogenannte Jodmangelstruma). Hierbei versucht die Schilddrüse, weil sie zuwenig Jod über die Nahrung erhält, durch Vermehrung ihres Gewebes trotzdem ausreichend Schilddrüsenhormone zu produzieren. Jod ist ein wichtiger Bestandteil dieser Schilddrüsenhormone. Erst wenn auch die Gewebevermehrung nicht mehr für eine genügende Hormonproduktion ausreicht, kommt es zur Hypothyreose, der Schilddrüsenunterfunktion.

Hypersekretion
Vermehrte Absonderung

Hyperthyreose
Schilddrüsenüberfunktion

Hypertonie
Bluthochdruck

Hypoglykämie
Stark verminderter Blutzuckergehalt

Hypokalzämie
Herabgesetzter Kalziumgehalt des Blutes

Hypophyse
Hirnanhangsdrüse

Hyposensibilisierung
Schrittweises Herabsetzen der Empfindlichkeit bei Allergien durch eine langsame, kontrollierte Gewöhnung an die allergieauslösenden Substanzen

Hypothyreose
Schilddrüsenunterfunktion

Hypotonie
Niedriger Blutdruck

Hypoxämie
Verminderter Sauerstoffgehalt des Blutes

Ikterus
Gelbsucht

Ileus
Darmverschluß

Imbezillität
Mittelgradiger Schwachsinn

Immunglobuline
Körpereigene Eiweißstoffe mit Antikörpereigenschaften

Immunität
Unempfindlichkeit gegenüber Infektionskrankheiten durch vorhandene Abwehrkörper; die Immunität wird entweder durch Schutzimpfung erreicht oder bleibt bei verschiedenen Infekten nach einer überstandenen Krankheit vorübergehend (Grippe, Erkältung) oder lebenslänglich (bei vielen Kinderkrankheiten wie etwa Masern und Windpocken) zurück

Immunsystem
Gesamtsystem der körpereigenen Abwehrmechanismen

Infektion
Ansteckung mit Krankheitserregern

Influenza
Virusgrippe, »echte« Grippe

Inhalation
Einatmung

Injektion
Einspritzung

Inkompatibilität
Unverträglichkeit

Inkubationszeit
Zeitspanne zwischen der Infektion und dem Auftreten der ersten Krankheitszeichen

Insulin
Hormon aus der Bauchspeicheldrüse zur Regulierung des Blutzuckerspiegels; Insulinmangel führt zu Diabetes mellitus

Gelbsucht der Neugeborenen
Am zweiten bis dritten Lebenstag eines Neugeborenen tritt häufig eine Gelbsucht (Ikterus) ohne Krankheitswert auf, die bis zum 14. Tag wieder abklingt. Eine länger anhaltende Gelbsucht muß jedoch behandelt werden (z.B. mit einer Bestrahlung durch UV-Licht). Sie tritt vor allem bei Frühgeburten auf, da hier die Leber noch sehr unreif ist, oder als Folge von Medikamentenunverträglichkeit bzw. durch Infektionen. Andere, zum Teil schwerwiegende Formen der Gelbsucht beim Neugeborenen entstehen z.B. durch eine Zersetzung des kindlichen Bluts durch eine Blutgruppenunverträglichkeit zwischen Mutter und Kind.

Juvenil
Jugendlich

Kapillaren
Haargefäße, feinste Blutgefäße

Karies
Zahnfäule

Karzinom
Krebs, bösartige Geschwulst

Katarrh
Entzündung der Schleimhaut

Keratokonjunktivitis
Hornhaut- und Bindehautentzündung am Auge

Kernspintomographie
Diagnoseverfahren, das statt mit Röntgenstrahlen mit Magnetwellen arbeitet und Schichtbilder vom Körperinneren herstellt

Klistier
Darmeinlauf

Kolik
Krampfartiger Schmerzanfall, z. B. bei Gallensteinen

Kolitis (auch Colitis)
Dickdarmentzündung

Kollaps
Zusammenbruch

Koma
Tiefe Bewußtlosigkeit

Kompression
Quetschung

Konjunktivitis
Augenbindehautentzündung

Konnatal
Während der Geburt erworben oder angeboren

Karies – Gefahr schon für das Milchgebiß

Die ersten Milchzähne, das sind die mittleren Schneidezähne, brechen durchschnittlich im siebten Lebensmonat durch. Es folgen die äußeren Schneidezähne (achter bis zwölfter Monat), die ersten Mahlzähne (12. bis 16. Monat), dann die Eckzähne (16. bis 20. Monat) und schließlich die zweiten Mahlzähne (20. bis 30. Monat). Das vollständige Milchgebiß umfaßt 20 Zähne. Vor allem durch einen zu großen Zuckerkonsum und mangelnde Zahnhygiene wird das Auftreten von Karies bereits am Milchgebiß gefördert. Es liegt aber auch bei einem Teil der Kinder eine gewisse genetische Veranlagung für Zahnfäule vor.

Kontusion
Prellung, Verletzung durch stumpfe Gewalt

Kortison
Hormon der Nebennierenrinde

Kretinismus
Allgemeine Entwicklungsstörung der körperlichen und geistigen Fähigkeiten

Kryptorchismus
Hodenhochstand, Zurückbleiben von einem oder beiden Hoden in der Bauchhöhle

Kutis
Haut

Kyphose
Buckel, konvexe Verkrümmung der Wirbelsäule

Laryngitis
Kehlkopfentzündung

Larynx
Kehlkopf

Leukämie
Form von Blutkrebs, bei der eine Überproduktion von weißen Blutkörperchen erfolgt

Leukozyten
Weiße Blutkörperchen

Lidphlegmone
Eitrige Entzündung des Zellgewebes am Lid

Lokalanästhetikum
Örtlich wirkendes Betäubungsmittel

Lordose
Krümmung der Wirbelsäule nach vorn (Hohlkreuz)

Lumbalpunktion
Gewinnung von Gehirn- und Rückenmarksflüssigkeit durch Einstich in die Rückenmarkhaut in Höhe der Lendenwirbelsäule

Vielseitiges Hormon
Das Nebennierenhormon Kortison ist ein wichtiger Bestandteil vieler Stoffwechselvorgänge. Seine entzündungshemmenden Eigenschaften werden in der Medizin als Zusatz von Salben, Tabletten oder Inhaliersprays genutzt. Diese Medikamente dürfen aber nur nach ganz genauer Anleitung des Arztes eingesetzt werden, da die Gefahr von Nebenwirkungen sonst sehr groß werden kann. Wenn Sie die Dosierung und die Dauer der Anwendung genau beachten, besteht kein Risiko für Ihr Kind.

Die angeborene Hüftgelenkverrenkung
Diese Bezeichnung »angeborene Hüftgelenkverrenkung« trifft nicht genau zu, denn die Kinder kommen nicht mit einer ausgerenkten Hüfte auf die Welt. Bei ihnen liegt vielmehr ein nicht vollständig ausgebildetes Hüftgelenk (Hüftdysplasie) vor. Betroffen ist dabei meist die Hüftgelenkpfanne, die noch zu stark abgeflacht ist. Kommt es nicht rechtzeitig zu einer fachgerechten Behandlung des Hüftgelenks, kann bereits innerhalb der ersten Lebensmonate der Oberschenkelkopf aus der zu flachen Hüftpfanne herausrutschen und das Hüftgelenk verrenken (Hüftgelenkluxation). Dies kann bleibende Schäden am Gelenk verursachen. Nutzen Sie daher die Möglichkeit, durch eine einfache Ultraschalluntersuchung eine angeborene Hüfterkrankung bei Ihrem Kind rechtzeitig zu erkennen.

Luxation
Verrenkung, Ausrenkung eines Gelenks; meist infolge von Gewalteinwirkung; kann auch angeboren sein (z. B. Hüftgelenkluxation)

Lymphadentitis
Lymphknotenentzündung

Lymphom
Gut- oder bösartige Lymphknotenvergrößerung

Lymphozyten
Weiße Blutkörperchen, die in den lymphatischen Organen entstehen

Maligne
Bösartig

Menarche
Erste Regelblutung

Meningitis
Hirnhautentzündung

Meningoenzephalitis
Entzündung von Hirnhäuten und Gehirn

Menstruation
Monatsblutung, Regel, Periode

Meteorismus
Blähsucht, Gasansammlung im Darm

Migräne
Anfallsweise auftretende, halbseitige Kopfschmerzen

Mikroorganismen, Mikroben
Kleinstlebewesen (beispielsweise Bakterien und Pilze)

Mikrophthalmie
Abnorm kleiner Augapfel

Mikrozephalie
Abnorm kleiner Schädel

Molar
Backenzahn

Mononukleose, infektiöse
Pfeiffersches Drüsenfieber

Morbilli
Masern

Morbus
Krankheit

Motorik
Körperliche Bewegungsabläufe

Mukosa
Schleimhaut

Mukoviszidose
Zystische Fibrose; erbliche Erkrankung mit gestörter Ausscheidung der Drüsenabsonderungen

Multiple Sklerose
Erkrankung des Zentralnervensystems mit meist in Schüben verlaufenden Lähmungen

Mykose
Pilzkrankheit

Myopie
Kurzsichtigkeit

Nephritis
Nierenentzündung

Nephrose
Nicht entzündliche Nierenerkrankung

Neuralgie
Nervenschmerz

Neurologe
Facharzt für Nervenkrankheiten

Neurosen
Seelische Fehlentwicklungen als Folge von ungelösten Konflikten, die oft bis in die Kindheit zurückreichen und Verhaltensstörungen, Ängste, Depressionen und körperliche Beschwerden hervorrufen

Pilze lieben es feucht und warm

Eine Hautpilzerkrankung (Mykose) entsteht bevorzugt auf feuchtwarmen Hautbezirken – und gerade Babys bieten den Pilzen unfreiwillig solch ein Biotop: im Windelbereich. Hier machen sich die Schmarotzer gerne breit. Die ständige Feuchtigkeit unter der Windel führt dazu, daß die Haut quillt und aufweicht. Außerdem ist in diesem Bereich meist auch der Säureschutzmantel der Haut gestört – das bietet Pilzen (meist der Hefepilz Candida albicans) die ideale Wachstumsgrundlage. Sorgen Sie daher durch möglichst häufiges Windelwechseln und entsprechende Pflege für eine trockene Babyhaut.

Ärztliche Betreuung

Die ersten Tage seines Lebens wird das Neugeborene im Krankenhaus von einem Neonatologen (Facharzt für die Neugeborenenperiode) betreut. Für Säuglinge, Klein- und Schulkinder ist der Kinderarzt (Pädiater) zuständig. Er führt die Vorsorgeuntersuchungen durch und behandelt das Kind im Krankheitsfall. Ihr Kind kann natürlich auch von Ihrem Hausarzt mit betreut werden. Für spezielle Untersuchungen müssen Sie mit Ihrem Kind eventuell zu Ärzten verschiedener Fachrichtungen: Ophthalmologe (Augenarzt), Orthopäde (Facharzt für den Bewegungsapparat), Internist (Facharzt für innere Erkrankungen), Neurologe (Nervenarzt), Gastroenterologe (Spezialist für Magen und Darm), Endokrinologe (Facharzt für Drüsen und Hormone), Kardiologe (Herzspezialist), Radiologe (Röntgenarzt).

Nystagmus
Zuckende Augenbewegung

Obstipation
Verstopfung

Ödem
Schwellung des Gewebes infolge krankhafter Flüssigkeitsansammlung, z. B. durch Eiweißmangel, Durchblutungsstörungen

Onkologie
Lehre von den Geschwulstkrankheiten

Ophthalmologe
Facharzt für Augenkrankheiten

Ophthalmoskop
Augenspiegel

Oral
Den Mund betreffend

Orchitis
Hodenentzündung

Orthopäde
Facharzt für Krankheiten des Bewegungsapparats

Osteoporose
Vorzeitige Entkalkung der Knochen

Östrogene
Weibliche Geschlechtshormone

Otitis media
Mittelohrentzündung

Otoskop
Ohrenspiegel

Pädiater
Facharzt für Kinderkrankheiten

Palpation
Abtasten der Organe

Pankreas
Bauchspeicheldrüse

Paralyse
Lähmung

Parotitis epidemica
Mumps

Pathologisch
Krankhaft

Penis
Männliches Glied

Perforation
Durchbruch, Durchstoßung

Peripher
Außen, am Rande, entfernt

Peritonitis
Bauchfellentzündung

Perkussion
Beklopfen der Körperoberfläche

Pertussis
Keuchhusten

Phimose
Vorhautverengung

Physiologisch
Normal, dem gesunden Lebensvorgang entsprechend

Physiotherapie
Behandlung mit natürlichen Mitteln wie Wasser, Wärme, Licht, Luft, Massage und Gymnastik

Pigmente
Farbstoffe

Plaque
Zahnbelag

Vorhautverengung

Viele Jungen haben bei der Geburt eine leichte Vorhautverengung, die sich bei den meisten jedoch von selbst wieder gibt. So empfiehlt es sich, erst einmal abzuwarten – es sei denn, das Kind hat Schmerzen oder es kommt zu einer Vorhautentzündung. Nur bei etwa zwei Prozent der Neugeborenen besteht eine echte Phimose, die operativ behandelt werden muß.
Sie sollten auf keinen Fall versuchen, eine Vorhautverengung zu lösen, weil es dabei leicht zu kleinen Einrissen und in der Folge zu narbigen Verwachsungen kommen kann. Die Behandlung der Phimose ist Sache eines Arztes.

Leib und Seele
Die Psychosomatik ist die Lehre von der Beziehung zwischen Leib und Seele. Inzwischen weiß man, daß bei jeder Krankheit psychosomatische Einflüsse eine mehr oder weniger große Rolle spielen. Im engeren Sinne werden Erkrankungen als psychosomatisch aufgefaßt, bei denen sich organische Veränderungen im Zusammenhang mit einem chronischen psychischen Konflikt entwickeln. Zu den typischen psychosomatischen Krankheiten werden Asthma, Zwölffingerdarmgeschwüre sowie chronische Darmerkrankungen wie etwa die sogenannte Colitis ulcerosa gezählt.

Pleura
Brustfell, Rippenfell

Pneumonie
Lungenentzündung

Poliomyelitis
Kinderlähmung

Polypen
Gutartige Schleimhautwucherungen

Pränatal
Vor der Geburt

Präpubertät
Zeit vor der Pubertät

Prophylaxe
Vorbeugung

Psychisch
Das Seelenleben betreffend

Psychosomatisch
Seelisch-körperlich; z. B. körperliche Krankheiten, die durch seelische Ursachen entstanden sind

Psychotherapie
Behandlung seelischer Krankheiten

Pubertät
Entwicklungsperiode zur geschlechtlichen Reife

Pulmonal
Die Lunge betreffend

Pyelitis
Nierenbeckenentzündung

Pyrogene
Fiebererzeugende Substanzen

Rachitis
Vitamin-D-Mangelkrankheit

Reflexe
Unwillkürliche Reaktionen des Nervensystems – ohne Einschaltung des Gehirns – auf äußere Reize

Regeneration
Wiederherstellung der normalen Funktionsfähigkeit

Rektal
Den Mastdarm betreffend

Rektum
Mastdarm

Resorption
Aufsaugen, Aufnahme

Respiration
Atmung

Retardierung
Zurückbleiben, Verzögerung z. B. der geistigen Entwicklung

Rezidiv
Rückfall

Rhesusfaktor
Erbliche Blutgruppeneigenschaft

Rhinitis
Nasenschleimhautentzündung, Schnupfen

Rubeola
Röteln

Salmonellose
Durch Salmonellen hervorgerufene Infektionskrankheit

Scarlatina
Scharlach

Seborrhö
Gesteigerte Absonderung der Talgdrüsen

Sepsis
Blutvergiftung

Blutgruppen
Aufgrund von erblichen, unterschiedlichen strukturellen Eigenschaften von Blutbestandteilen werden die einzelnen Blutgruppen festgelegt. Man unterscheidet vier Hauptgruppen: A, B, AB und O. Des weiteren existiert eine Vielzahl von verschiedenen Untergruppen. Die wichtigste davon ist der sogenannte Rhesusfaktor (rh), der 1939/40 entdeckt wurde. Inzwischen sind über 40 Rhesusfaktoren bekannt.
Für ein zweitgeborenes Kind kann die sogenannte Rhesusunverträglichkeit zu schweren Komplikationen führen. Daher muß eine rh-negative Mutter, die bereits ein Kind mit einem rh-positiven Mann hat, direkt nach der Geburt des ersten Kindes eine spezielle Immunprophylaxe erhalten, damit ihr Körper nicht gegen die Blutgruppeneigenschaft »rh-positv« sensibilisiert wird.

Sinusitis
Entzündung der Nasennebenhöhlen

Skabies
Krätze

Skoliose
Verbiegung der Wirbelsäule

Skrotum
Hodensack

Somatogramm
Darstellung der Beziehung zwischen Alter, Größe und Gewicht

Sonographie
Ultraschalluntersuchung

Soor
Pilzerkrankung von Haut und Schleimhaut

Spasmus
Verkrampfung

Stenose
Verengung

Stethoskop
Instrument zum Abhorchen

Stomatitis
Mundschleimhautentzündung

Strabismus
Schielen

Struma
Kropf, Vergrößerung der Schilddrüse

Symptom
Krankheitszeichen

Syndrom
Gleichzeitiges Auftreten mehrerer Krankheitszeichen, Erkrankung mit charakteristischem Symptomkomplex

Nasennebenhöhlen
Die Nasennebenhöhlen sind luftgefüllte, mit Schleimhaut ausgekleidete Hohlräume, die mit der Nasenhöhle in Verbindung stehen. Dazu zählen die beiden Kieferhöhlen (Sinus maxillaris), die Stirnhöhle (Sinus frontalis), die Keilbeinhöhle (Sinus sphenoidalis) sowie die Siebbeinzellen (Cellulae ethmoidalis). Sie bilden sich im Lauf der ersten zehn Lebensjahre aus. Ist eine Nebenhöhle akut oder chronisch entzündet, spricht man von einer Sinusitis. Sie entsteht in der Regel durch die Fortleitung einer Infektion der Nasenhöhle mit Viren oder Bakterien. Bei Kindern sind meist die Siebbeinzellen betroffen, bei Erwachsenen eher die Kieferhöhlen.

Tachykardie
Beschleunigung des Herzschlags

Tachypnoe
Beschleunigung der Atmung

Taenien
Bandwürmer

Testis
Hoden, männliche Keimdrüsen

Tetanus
Wundstarrkrampf; akute schwere Infektionskrankheit, die durch das Gift (Toxin) des Tetanuserregers verursacht wird

Therapie
Behandlung

Thorax
Brustkorb

Thrombose
Bildung eines Blutpfropfens innerhalb der Blutbahn

Thrombozyten
Blutplättchen; für die Blutgerinnung wichtige Blutzellen

Tomographie
Röntgenschichtbildverfahren

Tonsillektomie
Entfernung der Gaumenmandeln

Tonsillen
Gaumenmandeln

Tonsillitis
Mandelentzündung

Tonus
Spannungszustand der Muskulatur

Torsion
Drehung

Die Blutplättchen

Die Thrombozyten (Blutplättchen) sind Zellen, die wesentlich an der Blutgerinnung beteiligt sind. Sie wurden bereits 1846 erstmals nachgewiesen. Sie haben einen Durchmesser von bis zu vier Mikrometern. Ein gesunder Erwachsener hat zwischen 150 000 und 400 000 Thrombozyten in einem Mikroliter Blut. Die durchschnittliche Lebensdauer eines Blutplättchens beträgt acht bis zwölf Tage. Es wird dann in der Milz abgebaut.

Toxin
Gift

Toxoplasmose
Durch Parasiten verursachte Infektionskrankheit, die über rohes Fleisch und Haustiere (Katzen) auf den Menschen übertragen werden kann

Trachea
Luftröhre

Tracheotomie
Luftröhrenschnitt

Transfusion
Übertragung von Flüssigkeiten, insbesondere von Blut

Transplantation
Übertragung von Gewebe und Organen

Trauma
Verletzung, auch unsichtbarer seelischer Schaden

Entstandener Schaden
Der Begriff »Trauma« kommt aus dem Griechischen und bedeutet »Wunde, Verletzung«. Als »Trauma« bezeichnet man eine den Organismus schädigende (traumatisierende) Einwirkung bzw. den daraus entstandenen Schaden. Zu den körperlichen Traumen wird jede Läsion gezählt, die durch von außen einwirkende physikalische oder chemische Faktoren verursacht wird. Als psychisches Trauma wird ein Erlebnis (vor allem in der Kindheit) bezeichnet, das von dem Betroffenen nicht adäquat verarbeitet werden kann und daher aus dem Bewußtsein verdrängt wird. Das psychische Trauma kann so eventuell zu einer Neurose führen.

Tremor
Zittern

Tumor
Geschwulst, örtlich begrenzte Gewebewucherung

Ulkus
Geschwür

Ultraschalluntersuchung
Sonographie; Diagnoseverfahren, das mit Schallwellen arbeitet, die vom Körpergewebe – je nach dessen Dichte unterschiedlich stark – reflektiert werden; zur Diagnose innerer Krankheiten

Urämie
Harnvergiftung

Urtikaria
Nesselsucht, Hautausschlag

Vagina
Scheide

Varizellen
Windpocken

Varizen
Krampfadern

Vaskulitis
Entzündung im Bereich der feinen arteriellen und venösen Blutgefäße

Vegetatives Nervensystem
Autonomes Nervensystem; Teil des Nervensystems, das unserem Willen nicht untersteht

Vene
Blutader; führt Blut zum Herz

Ventrikel
Kammer (Herzkammer, Hirnkammer)

Verrucae
Warzen

Viren
Kleinstlebewesen, die verschiedene Infektionskrankheiten hervorrufen können

Zentralnervensystem
Gehirn und Rückenmark

Zirkumzision
Beschneidung des männlichen Glieds

Zöliakie
Chronische Erkrankung der Dünndarmschleimhaut mit charakteristischen Durchfällen durch Aufnahme glutenhaltiger Nahrungsmittel bei Glutenunverträglichkeit

Zyanose
Bläuliche Verfärbung der Haut

Zystitis
Blasenentzündung

Zytologe
Wissenschaftler auf dem Gebiet der Zellen

Der Lebensmotor Herz

Das Herz besteht aus zwei Abschnitten, dem linken und dem rechten Herzen, die sich in je einen Vorhof (Atrium) und eine Kammer (Ventrikel) gliedern. Das aus dem Körper (mit Ausnahme der Lunge) zum Herzen zurückfließende kohlendioxidhaltige und sauerstoffarme (venöse) Blut tritt in den rechten Vorhof ein, strömt von hier in die rechte Herzkammer, verläßt das Herz durch die Lungenschlagader, und diese führt es in die Lunge. Dort wird es mit Sauerstoff angereichert. Über die großen Lungenvenen erreicht das Blut den linken Vorhof und gelangt von hier in die linke Kammer. Von dort wird es mit großem Druck über die Hauptschlagader (Aorta) in den Körper gepumpt.

Impressum

2. Auflage 1999

Hinweis

Das vorliegende Buch ist sorgfältig erarbeitet worden. Dennoch erfolgen alle Angaben ohne Gewähr. Weder Autoren noch Verlag können für eventuelle Nachteile oder Schäden, die aus den im Buch gemachten praktischen Hinweisen resultieren, eine Haftung übernehmen.

Lektorat:
Dr. Judith Schuler
Redaktionsleitung und medizinische Fachberatung:
Dr. med. Christiane Lentz
Bildredaktion:
Bettina Huber
Produktion:
Manfred Metzger
Umschlag: Michael Keller
Layout:
Till Eiden
DTP/Satz:
Reiner Löb

Printed in Italy

Gedruckt auf chlor- und säurearmem Papier

ISBN 3-517-01782-5

Über die Autoren

Dr. Norbert Kriegisch ist Arzt für Naturheilverfahren mit eigener Praxis in München. Seine Schwerpunkte sind die ganzheitliche Betrachtung von Gesundheitsstörungen und die natürlichen Behandlungsmethoden.

Gisela Sommer ist Journalistin und freie Autorin. In vielen Einzelveröffentlichungen widmete sie sich vor allem den Themen Naturheilkunde, alternative Heilmethoden und Naturkosmetik.

Literatur

Cramer, A.: Kinder fördern durch Sprechen und Singen. Südwest Verlag. München 1995
Eisele, Dr. H.: Mein krankes Kind sanft und wirksam heilen. Südwest Verlag. 2. Auflage, München 1996
Keudel, Dr. H.: Kinderkrankheiten. Gräfe & Unzer Verlag. München 1994
Martin, M./Lentz, Dr. C.: Kinder vor Umwelterkrankungen bewahren. Südwest Verlag. München 1996
Neumann, U.: Autogenes Training für Kinder. Südwest Verlag. 2. Auflage, München 1995
Oberbeil, K./Lentz, Dr. C.: Obst und Gemüse als Medizin. Südwest Verlag. 4. Auflage, München 1997
Stoppard, Dr. M.: Das große Buch der Kinderkrankheiten. Ravensburger Buchverlag. Ravensburg 1987
Stumpf, W.: Homöopathie. Gräfe & Unzer Verlag. München 1993

Bildnachweis

Bavaria Bildagentur, Gauting: Titelbild li. (P.V.); Busert, Andreas, München: 152; Kerth, Ulrich, München: 112 o., 158, 230, 238, 256, 266 o. und u., 270 o li. u. re. und u., 274, 276, 280, 316; Low, Tim, Australien: 118; Mainbild, Frankfurt: 10, 294 (Schindler), 130 (Kanicki), 136 (N.N.), 140 (Ladislav Janicek), 156 (Maximilian Weinzierl); N.N.: 246; Pasieka, Alfred, Hilden: 22, 26, 28, 42, 122, 262, 268; Rehm, Claudia, Stockdorf: Titelbild re., 134, 200, 202, 242; Tony Stone, München: 102 (Tom Landecker); Transglobe Agency, Hamburg: 8, U4, 260 (Gable/Jerrican), 16 o. (W. Seeling), 16 u., 20 o. und u., 112 u., 148, 180, 252, 264 u., 296 re. u. und o. (P. Kanicki), 18 (Interfoto/Günter Zucchi), 30 o. (Fotopic) und u. (Digo Ferchland), 32 (Ladislav Janicek), 14, 34, 74, 92, 104, 106, 110, 116, 126, 146, 166, 178, 194, 210, 212, 218, 236, 286, 292, 329 (Antje Wiech), 36 li. und re. (N.N.), 40 (Hinrich Bäsemann), 44, 142, 154, 214 o. li., 308 (Matthias Stolt), 46 (Tom Rider), 12, 50, 68, 78, 284 (Reporters/M. Verpoorten), 54 (D. Schirdewal), 58 (Fotopic), 60 (Gert Georg), 62 (N.N.), 66 (N.N.), 72 (N.N.), 76 (Limier), 80 (N.N.), 82, 98, 226, 228 (Jerrican), 84 (Horst Löber), 86 (Limier), 88 (N.N.), 94 (Interfoto/Lederer), 96 (P. Ache), 100, 174 (Labat/Jerrican), 108 (Fotostock), 114, 220 (Tobias Wahl), 124 (N.N.), 132, 264 o. (H. Tschanz-Hofmann), 144 (I. Blume-Firle), 150 (Maximilian Weinzierl), 160, 240, 244 (Gaillart/Jerrican), 162, 250 (Reporters/B. Chederros), 168 (Zone 5), 172 (Charles van Gelder), 182 (Retna/G. Huang), 184 (Dalbopress), 188 (Coverfoto), 192 (Thomas Rusch), 198 (Ewing Reeson), 204 (W. Allgöwer), 206 (N.N.), 208 (Di Girolamo), 214 u. (Uwe Widmann), 214 o. re. (Stephan Wallocha), 224 (N.N.), 226 (Retna/Jenny Acheson), 234 (Hüttermann), 254 (Reporters/A. Schroeder), 296 li., 310 (Petra Becker), 314 (Aloha/Großruck), 324 (R. König); Wiech, Antje, Altdorf: 24, 38, 48, 56, 90

Beschwerden- und Symptomeregister

Heilmittelregister

Sachregister